ana+archi=Anarchy

ana아나 : 아니다

Archi아르키, 아키: 지배, 군주, 중요한, 시작, 근본, 통치자들바울서신, 정부현대

Anarchy아나키: 무지배, 무통치, 무강권

모든 통치자들아르키의 지배에 대해 초연하며 영향을 받지 않는 상태.

그리스도인은 인간의 아르키가 역사를 결정한다고 생각할 수 없다.

Christian Anarchy

Jesus' Primacy over the Power

Vernard Eller

기독교 무지배

지은이	버나드 엘러
옮긴이	황의무 배용하
초판발행	2022년 6월 22일
펴낸이	배용하
책임편집	배용하
교열교정	김정현
등록	제364-2008-000013호
펴낸 곳	도서출판 대장간
	www.daejanggan.org
등록한 곳	충청남도 논산시 가야곡면 매죽헌로1176번길 8-54
편집부	전화 (041) 742-1424
영업부	전화 (041) 742-1424 · 전송 0303 0959-1424
ISBN	978-89-7071-586-5 03230
분류	기독교	세계관	아나키

이 책은 저작권법에 의해 보호를 받는 출판물입니다.
기록된 형태의 허락 없이는 무단 전재와 복제를 금합니다.

 값 25,000원

이 책을 읽으세요.

그리고 더는 같은 방식으로 세상을 보지 마세요.

이 책은 주변의 모든 것을 바라보는 방식을 바꿔 주는

새로운 가능성의 문을 여는 일에 결정적인 역할을 할 것입니다.

세계가 '아키' 구조의 망 안에서 경쟁하고 있다는

엘러의 주장은 매우 귀기울일만한 가치가 있습니다.

군림하지 않는 세계관

기독교 무지배

버나드 엘러

옮긴이 **황의무 배용하**

차 례

헌사

나를 기독교 무지배로 이끌었을 뿐아니라,
더 풍성한 하나님의 진리 속으로 이끌어 준
자끄 엘륄에게 감사를!.
고마워요. 동지!

옮긴이 글

두 번의 선거가 지나간 자리에 양대 보수정당의 지지자들 사이에 생긴 골이 생각보다 깊다. 정작 정치인들은 정치적으로 타협하고 양보하는 시늉이라도 하는데, 지지자들 사이에는 그런 말이 비집고 들어갈 여지를 찾기가 쉽지않다. 생활정치라는 말이 유행하는 시대에 "비정치적"이라는 수식어를 사용하는 것은 그 대상이 무엇이건 이기적이고 무관심해 보이는 인상을 주기 쉽다. 이 책은 세속의 힘권력에 대한 기독교적 이해의 한 면을 다루고 있다. 아나뱁티스트 계열의 형제교회 목사이자 교수인 저자는 이 부분에서 예수의 탁월함을 힘있게 주장하는데, 너무 보수적이고 진보적인 엘러의 생각을 따라가는 재미가 적지 않다.

개인이건 단체건 국가건 주류가 관심을 갖는 것은 "지배" 하는 것이다. 교회사를 보면 교회는 쉼 없이 지배신앙이 되려했거나, 그 지배력을 유지하려는 끊임없는 투쟁의 기록이었음을 알 수 있다. 어떤 종교도 탈출하지 못한 이러한 욕망은 때로는 혐오와 배제로, 때로는 피의 전쟁으로 파국을 달렸다. 종교 스스로의 선함으로 상대를 지배하지 않는 방향으로 역사가 진보하는 것이 가능하기는 한 걸까?

엘러가 기독교 역사에서 가져와 인용하는 인물은 예수, 바울, 자끄 엘륄, 칼 바르트, 키에르케고르, 블룸하르트, 본회퍼다. 이들은 교회사에서 한결같이 비주류였고 한국에서는 더욱 그렇다. 어떤 이들은 이들의 이름이 어느정도 알려졌으니 주류가 아니냐고 되물을 수도 있다. 그러나 이들의 삶과 주장이 대부분 그리스도인의 삶에서 실천으로 드러나지 않는 것으로 보아 이들의 가르침과 통찰이 기독교의 주류신앙의 결이라고 보기는 어렵다. 그렇게 예수를 믿는 사람들이 많은데, 왜 기독교인들 때문에 예수와 하나님이 굴욕을 당하고 있는가? 주류 기독교인의 신앙생활, 즉 지배적인 신학이 그들의 삶과 괴리가 있다는 것을 부인하기 어렵다. 만약에 그들이 자신들의 신학대로 사는 것이라고 한다면 즉, 아는대로 행한 것이 지금의 결과라면 그들의 지배신학에 문제가 있다는 반증이기도 하다.

힘권력과 통치지배에 대한 엘러의 주장은 정치가 세상을 개선하는 길이며, 그리스도인이라면 각자의 방식으로 정치적이 되어야 한다는 것이다. 그러나 예수의 복음에 대한 통찰에서 지배신학과 차이점을 보인다.

엘러는 기독교 복음에 도덕적 우월성을 부여하는 것을 위선이라며 경계한다. 기독교 복음 안에 세상과 비교할만한 도덕적 우월성 따위는 없다며 직접적으로 표현한다. 이 부분은 자끄 엘륄과도 맥을 같이 한다.

또 하나는 예수의 복음은 세상의 정치처럼 '적대적'이지 않다는 것이다. 세상 정치에는 다툼이 있을 수밖에 없다. 오직 모든 반대 진영을 위협하고 제압하며 억누르고 힘으로 장악하는 것이 세속의 정치가 가진 속성이기 때문이다. 만약 복음의 정치를 말할 때 이런 의미로 사용한다면, 기독교인이 정치적이어서는 안 된다.

그것이 무엇이라고 단언할 수는 없지만, 엘러는 하나님의 도덕적 판단에 복종하라고 한다. 그에 의하면 하나님의 정치는 한쪽 편을 드는 것이 아니라 대립하는 이들을 중재하고 화목하게 한다. 이점에서 하나님의 정치는 노예된 자들을 풀어준다는 의미라기보다, 모든 인간을 정치의 노예상태에서 자유롭게 한다는 의미에서 해방의 정치로 이해하는 것이 옳다.

기독교의 복음은 통치하고 군림하는 지배가 아니라, 하나님의 정치Politics under God에 순종하는 것이다. 이것이 제3의 길이며, 거듭난 자, 즉 새로운 인류가 걸어야 할 길 아닐까? 저자가 서문에서 언급한 찬송가를 다시 한번 들려 드리고 싶다. 찬송은 곡조가 있는 기도이기에….

"영원한 왕 되신 주 우릴 지키소서
성결한 길 따르면 참 평화 오겠네
창검이 쓸데 없고 군마도 덧없네
사랑과 자비로서 천국문 이르리."

2022년 6월 옮긴이를 대표해서 배용하

칼 바르트의 『로마서』 인용 부분은 손성현이 번역한 『로마서』복있는사람 역간, 자끄 엘륄의 인용은 자끄엘륄총서대장간 역간, 키에르케고르, 본회퍼 등은 이미 번역된 다양한 책의 도움을 받았습니다.

서문

이 책이 얼마나 중요한지 알기를 바란다. 하지만 당신이 그러거나 말거나 이책은 나에게 너무나 중요하다. 30년 이상 글을 쓰면서, 마침내 "나는 누구인가"라는 질문에 대한 답을 찾았기 때문이다. 물론 나는 내 사상이 처음부터 재세례신앙의 전통에있는 형제교회에 의해 형성되었으며, 특히 오늘날의 어떤 주장보다 고전적이고 역사적인 표현에 더 많은 영향을 받았다는 사실을 잘 알고 있다. 또한 이러한 나의 사상을 더욱 심화시킨 사상가들이 누구인지도 잘 알고 있다. 나의 박사 논문은 키에르케고르의 사상과 초기 형제주의 사상의 접점을 추적하는 데 초점을 맞추었다. 나는 그 후 블룸하르트 부자 Blumhardts를 발견하고 그들의 책에서 발췌한 내용으로 책을 출간했다. 그 후 곧 자끄 엘륄이 이들과 연관이 있다는 사실을 알았고, 그에 대해 연구하며 그와 서신을 주고 받으며 의견의 일치를 보았다. 최근에는 칼 바르트가 또 한 명의 대표적 학자라는 점을 조금씩 인식하게 되었다. 나의 문제점은 내가 어디있는지도 전혀 모르고 헤매고 있는 것이 아니다. 나는 내가 누구인지에 대해서만 확실하지 않았을 뿐, 내가 어디에 있는지는 정확히 알고 있었다.

나는 이 전통이 "급진적 기독교 제자도"나는 이 표현이 정확하다고 생각한다로 규명된다는 사실도 알았다. 그렇치만 이 명칭은 처음 얼마 동안은 효력을 발휘하는 것처럼 보였으나, 다른 기독교 전통과의 충분한 차이점을 설명해주진 못했다. 나는 내가 급진적 기독교 제자도를 표방하는 개인이나 단체와 끊임없이 갈등하고 있다는 사실을 알았다. 이 전통은 확실히 나를 평화주의자가 되게 했지만, 나는 현대 형제주의의 "평화주의"에 전혀 만족하지 못했다. 나는 자문했다. 나는 왜 언제나 평화, 정의, 평등, 해방, 페미니즘을 주장하는 기독교 좌파의 반대편에 서 있는 것일까? 어쨌든 나는 **아웃사이더**가 아니라 그들과 한 무리가 되어야 했다. 그들이 나에 대해 무엇이라고 하든, 나는 그들의 "자유주의"에 맞서 싸우고 있는 "근본주의자"가 아니라는 사실을 깨달았다. 나는 자유주의의 주장처럼 근본주의의 주장에도 만족하지 못했다. 그렇다면 급진주의자도 자유주의자도 근본주의자도 아닌 내가 서 있는 곳은 도대체 어디란 말인가? 다른 선택권이 있기는 한걸까?

이어지는 장들에서 내가 발견한 "기독교 무지배"Christian Anarchy에 대해 다룰 것이다. 기독교 무지배는 쉽게 정의될 수 있으면서도 잠재의식에 철저히 숨어 있는 개념이다. 나는 이 전통과 함께 하면서 비로소 안정을 찾았다. 이것으로 지난 30년간 이어온 나의 투쟁은 앞뒤가 맞았고 이해가 되었다. 이제 나는 전체의 일관성을 볼 수 있다. 내가 지금까지 무엇을 했으며, 왜 제대로 그것에 이름을 붙이지 못했는지 알게 되었다.

내가 이렇게 변한 핵심은 "지배arky"와 "지배 신앙arky faith"이라는 파생어와 함께 "무지배"anarchy라는 중요한 용어를 찾은 것이라고 믿는다. 물론 성경이 제시하는 용어들은 마땅히 이러한 통찰력으로 이어져야 했음에도 불구하고 그렇지 못했다. 성경의 "권력"에 대한 언급으로도 그런 접근이 가능했지만, 우리가 맞서 싸우는 대적만 악한 권력으로 규명하고 호의를 가지고 받아들이는 좋은 권력은 제외했다. 마찬가지로 예수님의 "세상에 속하지 말라"나 바울의 "세상을 본받지 말라"라는 권면도, 세상의 나쁜 권력만 멀리하고 좋은 권력은 괜찮다는 식으로 해석했다. 그 결과 예수님 이후 위대한 기독교 무지배주의자아나키스트들조차 분명히 정립된 용어가 없다. 이 때문에 그들도 독자가 분명한 고찰이나 분석 혹은 토론을 할 수 있을 만큼 자신이나 자신의 상황에 대해 분명하게 제시하지 못했다.

그러나 자료는 충분하다. 사실, 이 책의 몇몇 장들은 내가 '기독교 무지배'를 발견하기 전에 이미 작성해놓았던 자료들이다. 나는 이 자료들을 전례 없는 분명함과 타당성을 가질 수 있도록 지배와 관련된 용어로 전환하여 일치시키고 생동감을 부여하는 작업을 해야 했다. 사실 나는 이전에 쓴 어떤 자료에 대해서도 "'아나키'라는 개념만 있었어도, 내가 하고 있는 말에 대해 당연히 알았을 것"이라고 말할 수 있다. 나는 한때 이 통찰력에 거의 닿을 뻔했던 순간이 있었다. 『약속』*The Promise*, New York: Doubleday, 1970이라는 나의 책에는 '지금은 무슨 내용인지 분명하지만' 그때는 미숙아로 태어난 "복음의 위대한 불일치"라는 장이 있다. 그곳에서 나는 예수님의 위대한 불일치에 대해 언급한 바 있다. 돌이켜보면, 이 장은 순수한 기독교 무지배로 볼 수 있다. 그러나 당시에는 적합한 용어가 없었기 때문에 "나는 누구인가?"에 대한 답을 찾기 위해 15년을 더 기다려야 했다. 안타까운 일이 아닐 수 없다. 그럼에도 불구하고 이 책은 나에게 가장 중요한 책이다.

이 책이 나오기까지 도와주신 분들에게 감사드린다. 당시 나의 상황은 책을 내기 어려운 상태였다. 원고는 잡동사니처럼 여기저기 흩어져 있었고, 일부 개념 및 자료는 공적인 발표와 토론에 사용되고 있었다. 그동안 이 책에 대해 유익한 조언과 비판을 제시했던 분들을 이 자리에서 일일이 기억하기 어려울 정도이다. 따라서 나는 여기서 자신의 전공 분야에서 전문적인 비판을 제시해준 학자들에 대해서만 열거하고자 한다. 이들은 대부분 이 책에서 언급된다. 아래에 소개하는 학자들이 모두 이 책의 이론에 공감하는 것은 아니다. 두 학자의 경우 결정적인 반대 의견을 가지고 있다.

그러나 나는 여기서 다음의 탁월한 교수들에 대해 큰 빚을 진 것에 대해 깊은 감사의 말씀을 드린다. 여러 분야에 뛰어난 식견을 가진 자끄 엘륄과 역사학자인 제임스 스테이어를 제외하면 대부분이 신학자와 성경학자들이다. 버나드 램Bernard Ramm, 자끄 엘륄Jacques Ellul, 조지 훈싱어George Hunsinger, 워렌 그롭Warren Groff, 마르쿠스 바르트Markus Barth, 마틴 룸샤이트Martin Rumscheid, 제임스 스테이어James Stayer, 하워드 클락 키Howard Clark Kee.

이 외에도 이 책이 나오기까지 많은 분이 도움을 주었다. 내가 할 수 있는 것은 이 책에 기여했다고 생각하는 모든 분에 대해 이 자리를 빌려 진심으로 감사하다는 말씀을 전하는 것이다.

또한 나는 가족에 대해 항상 고마운 마음을 가지고 있다. 그들 중에는 이 특별한 책에 직접 공헌한 분들도 있다. 그들 모두 이 책이 나오기까지 나를 지탱해준 큰 힘이 되었다.

버나드 엘러VERNARD ELLER

들어가기 전에

이 책에 대한 핵심적인 비판이 무엇인지 내가 확실히 알 만큼, 원고는 이미 주변에 있는 자료이다. 따라서 본론에 들어가기 전에 이곳에서 내가 답하는 것이 이치에 맞는다고 생각한다. 이렇게 함으로써 독자는 이 책의 이슈가 무엇인지 파악할 수 있을 뿐만 아니라, 책을 읽는 과정에서 미리 찬반 입장에 대해 정리할 수 있을 것이다.

이곳에서 제시한 나의 관점은 나를 본질적으로 비정치적이게 했다. 따라서 나는 전적으로 비참하고 무책임한 세상에 대해 무관심하고 침묵한다는 말을 들어왔고 앞으로도 그럴 것이다.

첫째로, 나의 대답은 이 책이 정확히 '내 입장'을 반영하는 것은 아니라는 것이다. 이 책은 내 입장에 앞서 (1) 성경특히, 예수님과 바울의 입장, (2) 자끄 엘륄Jacques Ellul과 칼 바르트의 입장, (3) 키에르케고르Søren Kierkegaard, J. C.와 블룸하르트Christoph Blumhardt 및 본회퍼Dietrich Bonhoeffer의 입장, (4) 현대 신학자들의 입장을 발견하기 위해 노력했다. 반영의 비중은 순서대로다.

따라서 소위 "나의 입장"은 오직 이들 자료로부터 나온 것이다. 그러므로, 버나드 엘러의 "비정치주의"에 대해 무조건 비판하기에 앞서, 먼저 성경과 앞서 언급한 사람들에 대해 비판할 의도가 있거나, 내 해석이 잘못되었다는 것을 밝힐 준비가 되었는지에 대해 생각해보아야 할 것이다. 나는 어느 쪽이든 대처할 준비가 되어 있지만, 비평가는 먼저 자신의 입장부터 밝혀야 할 것이라고 생각한다.

그러나 나는 이 이슈 자체에 대한 우리 입장이 "비정치적"이라는 이유로 비난받는 것이 적절하느냐의 여부는 "정치적"이라는 용어에 대한 정의를 어떻게 규명하느냐에 달려 있다고 생각한다. 좁은 의미에서 "정치"는 세상이 정치적 행위의 규범으로 받아들이는 수단이나 방법을 의미한다. 따라서 이 책이나 나의 입장은 분명히 비정치적이다. 그러나 넓은 의미에서 "정치"는 "도시"폴리스의 삶에 공적인 영향을 미치는 행위라는 인식론적 의미이며, 이 경우 이 책이나 내 입장을 비정치적인 것이라고 비난할 근거는 없다.

아니, 우리의 입장은 정확히 세상의 방식이 정치적 효과를 개선하는 유일한 길이라는 가정에 도전하는 것이다. 따라서 우리는 모든 그리스도인이 자기만의 방식으로 최대한 정치적이 되기를 촉구하는 바이다. 그렇지 않고 복음이 세상이 규명하는 정치를 그대로 믿고 받아들이기만 해야 한다면, 그런 복음에서는 세상의 권력 정치를 효과적으로 하기 위한 조언과 가르침만 기대해야 할 것이다. 그런 것을 복음이라고 할 수 없다. 적어도 '기쁜 소식'은 그보다 나아야 한다는 것이 나의 생각이다.

그러므로 나는 세속적 정치와 기독교적 정치의 근본적인 차이점은 세상 정치에는 매우 중요하지만, 복음은 전적으로 거부하는 두 가지 가정에 있다고 제안한다.

첫째로, 세속 정치는 인간의 도덕 능력에 대한 근거 없는 자신감, 특히 다른 사람의 이데올로기는 무시하고 유일한 '합법적' 이데올로기에 절대적인 도덕적 우월성을 부여하는 교만한 오판에 의존한다. 이처럼 거만한 주장은 "오직 우리만 무엇이 '옳은지' 안다"는 도덕적 지혜뿐만 아니라, "우리만 옳다. 그러므로 잘못 생각하고 있는 이들에게 우리의 '올바름'을 시행하기 위한 선전, 실증, 배척 및 모든 힘의 전술은 정당하다"는 도덕적 권위로 확산된다. 세속 정치는 도덕적 우월성에 대한 위선적 주장에 기초하지만, 기독교 복음 안에는 그런 것이 전혀 없다.

둘째로, 세속적 정치의 중요한 특징은 항상 '적대적 투쟁'을 형성한다는 것이다. 그곳에는 다툼이 있을 수밖에 없다. 자신을 유일한 "선, 진실, 아름다움"으로 지칭하는 하나의 정당, 이데올로기, 집단, 압력 단체나 권력 연합은 그러한 미덕에 합당하다고 생각하는 모든 반대 진영을 위협하고 제압하며 억누르고 힘으로 장악한다. 도덕적 위선자들에게서 볼 수 있는 이러한 권력 다툼을 '정치적'이라고 부른다면, 나와 동료들은 "비정치적"으로 불리는 것을 감사하게 생각할 것이다.

그러나 우리는 복음이 온전히 인정하는 또 하나의 정치 형태도시에 영향을 미치는 또 하나의 행위가 있다고 주장한다. 이 형태에서는 하나의 세속적 집단이 다른 모든 것을 도덕적으로 판단하는 것이 아니라, 우리의 정치적 행위를 만물과 인류에 대한 하나님의 도덕적 판단에 복종시킨다. 이 판단이 하나님 자신의 편에 선 자들에게 가장 먼저 적용된다는 것은 분명하다. 이 정치는 한쪽 편을 드는 것이 아니라, 모든 적대적 투쟁과 힘의 논리를 객관적으로 비판한다. 이것은 한쪽의 승리를 뒷받침하는 대신 양측을 중재하고 화목하게 하는 정치다. 이것은 오직 인간을 세속 정치의 노예상태로부터 풀어주는 해방의 정치 신학이다.

이 책 어느 곳에도, 그리스도인에게 우리 시대의 심각한 사회 문제에 관심을 가질 필요가 없다고 말하는 사람은 찾아볼 수 없다. 나는 이 책에 인용된 사람 가운데 칼 바르트의 "이 세상에 속하지 않는" 정치에 대해 어렵다고 느낄 사람은 없을 것이라고 생각한다. 바르트에 대해 다룬 장에서 가져온 몇 개의 인용문을 살펴보자.

> 그 바르트는 마치 이 문제가 자유재량에 달린 사안인 것처럼, 교회가 정치적 결정을 명령해서도 안 되고 내버려 둬서도 안 된다고 생각한다. 교회의 임무는 이슈를 분명히 하는 것이다. 이 "이슈를 분명히 한다"는 것은 목회자나 다른 관계자가 그리스도의 뜻이라고 결정한 하나의 이데올로기적 노선만 밀어붙이기보다 모든 해석과 관점을 공개적이고 객관적으로 제시한다는 뜻이다.
>
> 세상의 정의에 대한 교회의 선포는 하나님의 구체적인 명령을 제시할 때는 유익하지만, 정치적 이데올로기에 대한 추상적 진리를 제시할 때는 그렇지 못하다.
>
> 교회는 국가가 하는 일에 책임감을 가지고 적극적으로 동참해야 한다. 그러나 바르트의 관점에 따르면, 국가에 대한 교회의 가장 중요한 본분은 당연히 선포에 있다. "교회는 신적 정의/공의를 선포함으로써 인간의 정의를 확립하고 유지하는 데 최상의 기여를 할 수 있다."
>
> 교회는 정치적 변화의 와중에서 독립적인 태도를 가질 때… 그리고 옛 질서와 새 질서기존의 체제를 지지하는 우파와 혁명을 지지하는 좌파를 대표하는 자들에게 겸손과 인간성 및 하나님의 영광을 촉구한다. 교회는 그리스도의 죽음과 부활을 통한 위대한 변화를 믿고 그의 계시에 대한 소망을 가지라고 권면할 수 있을 만큼 공감하는 마음을 가질 때… 최상의 사

역을 수행하고 있는 것이다.

바르트의 입장은 확실히 당파적 권력 투쟁이라는 의미에서 "비정치적"이라고 부를 수 있다. 바르트가 세속 관료 사회에 대해 예수님을 영접하고 그의 다시 오심을 믿으라고 촉구한 것을 어떻게 정치적이라고 말할 수 있겠는가? 그러나 "비정치적"이라는 말이 "사회적으로 무관심한"이나 "변화의 가능성에 대해 기대하지 않는"이거나, "하나님이나 교회가 공적으로 행동하기에 무력하다"는 뜻이라면, 칼 바르트는 결코 이러한 의미에서는 "비정치적"이지 않다.

"예수께서 다시 오심"지금도 진행 중인은 세상이 목도할 가장 큰 정치적 변화 즉, 세속 정치가 도덕적 위선과 적대적 다툼과 함께 사라지는 것과 관련된다는 사실에 주목하라. 이것이 예수님의 오심을 보여주는 전조가 된다면, 이러한 사라짐은 그리스도의 몸의 지체들 가운데에서 가장 먼저 나타나야 할 것이다. 따라서 하나님의 지시는 우리가 하고 있듯이 교회가 이러한 정치를 정화하려 하기보다 강경파 간에 극단으로 치닫는 정치하드볼 폴리틱스로부터 한걸음 물러나는 것이다. 한 세기 전의 한 찬송가 저자는 이러한 진리에 대해 알고 있었다.

"창검이 쓸데 없고 군마도 덧없네
사랑과 자비로서 천국문 이르리."

제1장

▶

기독교 무지배: 개념

우리는 왜 한 번쯤이라도 급진적이라는 말을 제대로 이해하지 않는가? 물론, 나는 '급진적'이라는 단어를 '제자도'에 적합한 형용사로 이해하기가 쉽지 않다는 사실을 알고 있다. 혁명이나 혁명적이라는 말을 그런 의미로 받아들이기는 더 어렵다. 그러나 여러분은 내가 "무지배"라는 개념으로 나아가는 것이 언어적으로 허용될 수 없다고 생각하는가? 여러분은 내가 상황을 더 악화시킨다고 생각하는가? 그렇지 않다. 나는 혁명에서 무지배로의 전환은 잘못된 길에서 바른길로, 오해에서 이해로, 비성경적인 것에서 성경적인 것으로, 세상에서 복음으로 향하는 것임을 보여줄 준비가 되어 있다. 또한 우리는 사실상 무지배를 기쁜 소식, 곧 복음으로 받아들이는 새로운 마음의 변화가 필요하다.

무지배ANARCHY의 접두사 an은 영어의 un아니다에 해당한다. 이것은 구체적인 '반대'나 '대적'을 의미하지 않는다. 따라서 이 단어는 무엇에 반대하거나 맞선다기보다 "그것이 아닌" 것에 대한 언급으로 보아야 한다. "지배"archy라는 어근나는 arky라는 영어 단어로 고쳐 사용할 것이다은 "우위," "수위,"

"최초의," "중요한," "군주"와 같은 뜻을 가진 헬라어이다. 이 단어들에 사용된 라틴어 접두사 pri는 헬라어로 arky에 해당한다. 신약성경에서 "아르키"는 주로 "시작"이라는 뜻으로 제시된다. 골로새서 1:18에서 바울은 사실상 예수님을 "시작," "근본," "아르키"로 제시한다. 그러나 우리의 관심사는 이 단어를 "통치자들"로 번역한 바울서신에 집중된다. 확실히 바울 사도는 우리가 끊임없이 세력다툼을 벌이며 멸망으로 이끄는 아르키로 가득한 세상에 살고 있다는 사실을 보여준다.

따라서 우리에게는 최고의 사회적 가치를 요구하는 어떤 지배 원리도 아르키가 된다. 확실히 인간의 행위와 사건을 지배govern하는 정부government는 아르키와 동의어로 볼 수 있다. 우리를 지배하는 유일한 아르키가 정치적 아르키뿐이라고 생각하지 않는 한, 정치적 지배만 아르키인 것은 아니다. 교회, 학교, 철학적 원리, 사회적 지위, 동료 집단의 압력, 유행과 패션, 광고, 계획적 기법, 심리학적 및 사회학적 이론은 모두 우리를 지배하는 아르키이다.

따라서 "무지배"지배가 아님는 "감동을 받지 않은", "무관심한", "회의적인" 상태를 가리키며, 모든 통치자들아르키의 거만한 주장에 대해 초연하며 영향을 받지 않는다. 이 책의 특별한 주제인 "기독교 무지배"는 그리스도인으로서 갖추어야 할 "무지배"이다. 예수님은 근본The Arky, 만물의 으뜸, 최고 선, 평화의 주Lord이시자 모든 것들의 주인이시다. 그러므로 그리스도인은 감히 인간의 아르키를 주장할 수 없다. 역사의 주인은 하나님이시기 때문에 우리는 결코 인간의 아르키가 역사를 결정한다고 생각해서는 안 된다.

확실히 '권력'이라는 개념은 '아르키'와 밀접한 관계가 있다. 두 개념은 불가분리의 관계이다. 사실 바울은 아르키를 항상 "통치자들"이라는 의미로 사용하며, 헬라어로 "권력"을 뜻하는 단어들 가운데 하나와 연결한다. 그러나 우리는 "권력"이나 "아르키"와 관련하여 명확히 해야 할 내용이 있다. 즉,

우리는 언제나 부과된 권력이나 정부를 생각한다는 것이다. 물론, "사랑의 힘권력"이라고 말할 수도 있다. 그러나 사랑은 어떤 것도 부과하지 않는다는 점에서 전혀 다른 의미의 아르키다. 구절 자체만 보면, "하나님의 나라"는 다른 아르키와 전혀 차이가 없는 것처럼 보인다. 그러나 우리는 그렇지 않다는 사실을 발견하게 될 것이다. "내 나라는 이 세상에 속한 것이 아니니라"라는 예수님의 말씀은 세상의 아르키는 모두 강요하지만 그의 나라는 강제적이 아니며 강요할 필요도 없다는 점에서 근본적으로 다르다는 의미이다.

이러한 아르키의 강요 문제는 우리를 타율성이라는 유익한 용어로 인도한다. 이 타율성은 자신과 "전혀 다른," "무관한," 또는 "제외한" 법이나 규칙의 지배를 받는 것을 의미한다. 세상의 모든 아르키는 본질상 타율적이며, 다른 사상을 가진 자들에게 자신이 옳다고 생각하는 사상을 강요한다.

그 결과로 세속적 무정부주의자들의 해법은 "자율성"이다. 즉 자신이 법이 되는 것이며, 우리는 습관적으로 이것을 "무정부주의"로 해석해왔다. 그러나 기독교는 자율성은 또 하나의 타율성일 뿐이라고 주장한다. 자기가 자기를 지배하는 자율적 이미지는 사실상 자신에게 타율적 아르키를 강요하는 행위이다. 자신에 대해서와 자신에게 유익한 것이 무엇인지를 자신이 가장 잘 안다는 가정은 자신이 피조물그것도 죄인이라는 사실과 자신을 만드시고하나님은 자신보다 훨씬 지혜로우시다 자신 보다 더 자신을 잘 아시는 창조주가 계시다는 것을 망각한 것이다.

따라서 그리스도인 무지배주의자에게 무지배의 목적은 "신에 의한 통치"이다. 즉, 하나님의 통치와 질서, 지배를 받아들이는 것이다. 물론, 세상은 이 개념에 대해 하나님의 통치도 정도의 차이는 있겠지만, 다른 아르키와 마찬가지로 강제적이라고 주장한다. 그러나 그리스도인은 그렇지 않다고 대답한다. 여기에는 두 가지 이유가 있다. 첫째로, 하나님은 예수 그리스도를 통해 계시되셨기 때문에 그의 아르키는 강요적이 아니며, 오히려 그것과 반대다. 즉 아가페의 사랑으로 자신을 내어주신 십자가의 아르키이다. 둘째로, 하나님의 아르키, 우리를 향한 그의 뜻은 인간의 참된 목적 및 존재와 무관한 것이 아니라 가장 밀접한 관계가 있다. 아나키스트 키에르케고르Søren Kierkegaard는 "의무"라는 덴마크 단어에 대한 분석을 통해 이러한 사실을 각인시킨다. "의무"는 우리의 상황에서 우리를 위한 하나님의 아르키를 나타낸다. 그는 "의무는 강요적인 개념이 아니라[1), 맡은바 본분을 가리킨다.[2)"고 말한다. 하나님의 아르키는 타율적 강요가 아니라 자신과 자신의 세계에 대한 진실을 발견하는 것이다.

따라서 기독교 무지배가 주장하는 것은, 세속적 아르키는 "아담 안에서" 죽은 "모든 사람"에게 해당되며 "그리스도 안에서" 삶을 얻은 "모든 사람"과는 무관하다는 것이다. 고전 15:22 결과적으로 하나님의 아르키그의 나라가 자신 속그리고 자신이 그 안에서 살기 위해서는 세속적 아르키가그리고 자신도 그것에 대해 죽어야 한다.

따라서 우리는 이 시점에서 "혁명"이라는 용어의 개념은 결코 무지배적이 아니라는 사실을 알아야 한다. 혁명주의자는 그들이 "나쁘다"고 생각하거나 "나쁜 사람들"의 일이라고 생각하는 아르키에 대해서는 강력히 반대한다. 그러나 그들은 자신이나 자신과 같은 좋은 사람들의 일이라고 생각하는 "선한" 아르키에 대해서는 강력히 지지한다. 예를 들면, 이 혁명가들은 극단적 무정부주의자이며, 미국의 기존 아르키에 대해서는 어떤 선도 발견하지 못한다. 그러나 그들은 혁명적 산디니스타Sandinista [3) 아르키에 대해서는 좋

---

1) 덴마크어에서 paalaeg는 문자적으로 "강요된 것"이라는 뜻이다.

2) 덴마크어에서 paaliger는 문자적으로 "달려 있다"라는 뜻이다

3) (편집자주) 산디니스타는은 1930년대 미국이 니카라과를 침공할 때 이에 저항한 아우구스토 세사르 산디노의 이름에서 유래했다. 이들은 1979년 소모사 정권을 무너뜨리고 산디니스타 해방전선 혁명 정부를 세웠다. 권력을 얻은 산디니스타는 1979년에서 1990년

은 것만 발견하는 지배적 성향의 소유자들로 변신한다. 정상적인 "혁명" 방식은 현재 권력을 쥐고 있는 "악한" 아르키를 무너뜨리고 대체하거나 근본적으로 바꿀 수 있는 "선한" 권력아르키을 형성하는 것이다. 이러한 선택적 정의는 지배적 권력이 인간의 선을 이룰 수 있다는 열정적 믿음에서 우러나온 것으로, 인간의 모든 아르키에 대한 진정한 무지배적 의심이나 불신과는 거리가 멀다. 따라서 "무지배적"이라는 말은 "비당파적"이라는 말과 동의어이며, "무지배"와 "당파심"은 상반된 관계이다.

이 책의 저술 동기는 내가 쓴 다른 책과는 전혀 다르다. 어떤 책은 요청에 의해, 어떤 책은 나 자신의 필요에 의해, 어떤 책은 확실한 기대감으로, 어떤 책은 우연히 책을 쓰기 시작했다. 하지만, 이 책의 경우 자신이 무슨 일을 하는지도 모르는 한 순진한 유혹자에 이끌려 시작하게 되었다. 근본주의자보다 철저한 복음주의자이자 미국 웨스트 침례교 신학교American Baptist Seminary of the West의 교수인 나의 오랜 친구 버나드 램Bernard Ramm은 나에게 다음과 같은 짧은 편지를 보냈다.

> 자네가 보낸 "수동적 아나키즘passive anarchism"에 대한 편지에 감사하네. 이 주제에 대한 자료는 대부분 다양한 러시아적 관점이나 혁명적 관점에 대해 다룬다네. 그러나 나는 모든 정부 체제는 똑같이 악하다는 "수동적 기독교 아나키즘"에 대해 의구심을 가지고 있다네. 블룸하르트에 대해 언급한 평론에 대한 이야기라네. 내 기억이 맞는다면, 아마

까지 대략 11여년간 니카라과를 지배했다. 이들은 처음에는 혁명 재건 위원회의 일부였으나 나중에 위원회에서 중도파들이 탈퇴하면서, 해방전선은 1981년 3월부터 권력을 독점했다. 1984년 선거가 열렸고, 이들은 과반수를 얻었다. 2006년에도 다니엘 오르케가가 니카라과 대통령에 취임하였다.

도 자네는 그들 부자에 대한 책을 가지고 있을 것이네.

　이 딱한 친구는 확실히 무엇을 시작하겠다는 의도 없이 나에게 편지를 보냈다. 그럼에도 불구하고 나는 그에게 장문의 편지를 시작으로 그가 요구하는 것을 제공하였다. 나는 이 자료를 나의 논문에 활용할 생각이었으나 결국 이 책의 일부로 수록하기에 이르렀다.

　그러나 램의 편지에 대한 나의 첫 번째 반응은 "도대체 무슨 말을 하고 있는거지? 나는 '수동적 기독교 아나키즘'은 커녕 '아나키즘 단계'라는 개념 자체에 대해 모르는데. 게다가 블룸하르트와 관해서 아는 것이 전혀 없는데. 버나드가 무엇인가 오해하고 있는 것이 분명하다"는 것이었다.

　그러나 버나드가 계속해서 나의 학문적 명성을 추켜세우는 허세를 부리도록 내버려 두려면 무엇인가 생각해내어야 했다. 나는 엘륄이 수 년 전에 이 주제에 대해 쓴 글이 떠올랐다. 나는 그의 논문을 처음 읽었을 때 지겹거나 무미건조하다고 느꼈던 것이 분명했다. 왜냐하면 나는 엘륄의 글을 지극히 평범한 글이라고 일축했기 때문이다. 지금 기억나는 것은 엘륄이 자신이 개인적으로 생각하는 기독교그는 "아나키즘"과 동일시했다와 램이 "다양한 러시아적 관점이거나 혁명적 관점"이라고 부른 세속적 아나키즘이 일치함을 보여주었다는 것이다. 당시 내가 받은 인상은 엘륄이 자신의 기독교 아나키즘에 대해, 실제적인 "아나키" 개념이 전적으로 배제된 개념으로 규명했다는 것이다.

　그러나 나는 램에게 제공할 자료를 위해 이 오래된 논문, 『아나키즘과 기독교』*Anarchism and Christianity*, KATALLAGETE [1980년 가을], 이후로 Anarchism [아나키즘]으로 부를 것임를 파헤치지 않을 수 없었다. 물론 나는 그 글을 다시 읽었다. 아니, 사실 나는 그것을 처음으로 읽었다. "오! 이것이 바로 당신이 말한

'기독교 아나키즘'이었네요. 옳소이다, 자끄 형제여! 그것이 당신이 말하는 아나키즘이라면, 당신은 정확히 블룸하르트 부자와 같은 곳에 서 있는 것이 분명합니다."

따라서 이제 "마침내 눈이 열린 자의 신탁"으로서 나는 여기서 엘륄의 통찰력을 기독교 역사 자체에 대한 하나의 이론으로 확장해야 한다고 주장한다. 엘륄은 특정 버전의 아나키즘램이 말한 "수동적"이라는 형용사는 바른 수식어가 아니다이 성경 전체, 특히 신약성경의 사회정치적 입장을 대변한다는 사실을 결정적으로 보여준다는 것이 나의 판단이다. 덧붙이자면, 이 통찰력은 "급진적 제자도"와 가장 일치하는 교회 전통이 받아들였으며, 그것은 엘륄 자신에게까지 영향을 주었다는 것이다.

나는 다소 희미한 아나키 전통에 대해 넓은 범주에서 추적해 들어갈 것이다. 이 주제는 초기 교회사 여기저기에서 산발적으로 나타나지만, 제대로 자리를 잡은 것은 16세기의 급진적 개혁을 통해서이다. 이 전통은 메노나이트를 비롯한 여러 집단의 전신인 재세례파아나뱁티스트에서 볼 수 있다. 내가 속한 형제교회도 18세기에 이 전통에서 출발했다. 다른 교단 가운데 이 사상의 영향을 어느 정도 받은 곳도 있다. "아나키즘"이라는 용어를 사용한 것은 아니지만, 이 전통의 정신과 사상은 모두 이들 공동체의 초기 삶에서 찾아볼 수 있다.

제도적 집단으로부터 개인적 사상가로 눈을 돌리면, 아나키즘은 더욱 쉽게 발견할 수 있다. 내가 발표한 박사 논문 제목은 "키에르케고르와 급진적 제자도"*Kierkegaard and Radical Discipleship*였다. 아마도 "급진적 제자도"라는 표현을 사용한 첫 번째 문헌일 것이다. 키에르케고르가 교회와 국가 및 사회에 대해 매우 아나키적인 태도를 취했다는 사실은 쉽게 보여줄 수 있다.

나는 램이 '아나키'라는 단어를 블룸하르트와 관련된 어떤 자료에서 찾아

냈는지 알 수 없지만, 그의 규명은 정확하다. 내가 발견한 분명한 용례는 아들 블룸하르트의 진술을 통해서이다.

물론, 이 방향으로 생각이 지나치게 가기 전에 우리는 오늘날 거의 금지된 한 단어를 만난다. 여기에는 이유가 있다. 그러나 나는 솔직하게 진술하겠다. 그것은 아나키이다. 지구상에 사는 모든 사람에게 자유, 진정한 무지배는 개개인을 모든 위대한 사상에 귀를 막은 동물 집단으로 만들어버린 단단히 고정된 작금의 상황보다는 나을 것이다.*Thy Kingdom Come* 4), Eerdmans, 1980, p. 21

단어는 나타나지 않지만, 다음과 같은 언급에는 이 사상이 상세하게 제시된다.

지금까지 우리가 가지고 있었던 모든 것무지배 상태은 내리막길로 치닫고 있다. 우리의 신학은 갑작스러운 먹구름과 함께 힘을 잃고 있다. 우리의 교회적 인식은 급속히 정치화되고 있다. 우리의 예배는 세속화되고 있다. 따라서 지금까지 있었던 모든 것은 멈추어야 하고 끝나야 하며, 다시 한번 새로운 것, 즉 하나님의 나라를 받아들여야 한다.

뿐만 아니라,

사람들은 세상의 붕괴를 두려워한다. 그러나 나는 그것을 기대하고 있

---

4) (편집자 주) 크리스토퍼 블룸하르트,편집자 버나드 엘러, 『세상을 위한 하나님나라』, 황의무 옮김, 2022, 대장간 역간.

다. 나는 세상이 즉시 부서지기를 원한다. 이 인간 중심 세상은 모든 비극의 원인이며 앞으로도 그럴 것이기 때문이다. 그들은 아무것도 할 수 없다. 이 선의의 사람들, 이 훌륭한 일과 사역자들, 이 탁월한 고위 성직자들과 교황들은 아무 것도 할 수 없다. 그들은 아무리 노력해도 안 된다. 나는 그들 모두에게 "당신은 할 수 없다"고 말할 것이다.

이어지는 인용문에서 블룸하르트는 우리가 이 세상에 대해 아나키적이 될 수 있는 것은 종말론적 신앙 때문이라는 사실을 분명히 한다.

"볼지어다 내가 세상 끝날까지 너희와 항상 함께 있으리라."마 28:20 구주께서 우리와 함께 계시겠다는 것은 계속성에 대한 언급이 아니라 종말에 대한 언급이다. … 예수님은 오직 지상의 목숨을 부지할 목적으로 사는 사람들과 함께 하지 않으신다. 주님은 세상을 계속해서 유지시키려는 노력을 기울일 생각이 없으시다. 세상은 결국 부패할 것이며, 이제는 썩어져가는 세상이 닳아 없어지고 새로운 세상이 들어서기를 기다리는 수밖에 없다.

우리는 당분간 우리가 가진 것으로 최선을 다해야 한다.… 그러나 우리는 모든 사역에서 세상의 지속이 아니라 그 끝을 주시해야 한다.pp. 121-22

블룸하르트에 이어 칼바르트와 본회퍼의 순서로 아나키적 경향을 드러내었다. 칼바르트는 로마서 주석 두 번째 판에서 다음과 같이 진술한다.

모든 사람에게 보편적으로 해당되는 것은 하나님의 사람들에게도 해당된다. 인간으로서 그들은 다른 사람과 다르지 않다.… 죄인들의 회중에 성도는 없다.… 세상에 대한 그들의 비판과 비난과 공격은, 자신을 대상으로 하지 않는 한, 자신을 세계 속에 가두며, 그들도 세상에 속한 자임을 보여준다.… 이것은 하나님 나라의 선지자이자 사도인 바울과, 예레미야, 루터, 키에르케고르 및 블룸하르트도 마찬가지이다.p. 57

이곳에 표현된 생각 자체가 아나키적이라는 사실은 알만한 사람은 알고 있다. 그러나 우리의 목적에 도움이 되는 내용은 마지막 진술에 우연히 드러난 생각이다. 바르트는 확실히 즉흥적인 방식으로, 자신이 생각하는그들은 결코 스스로 성도라고 주장하지 않을 것이다 그리스도인 성도들에 대해 언급한다. 그럼에도 불구하고 우리의 연구는 그가 말한 사상가들 가운데 예레미야를 제외한 모든 사람을 기독교 아나키의 전승으로 묶을 것이다. 바르트는 의식적이든 잠재적이든, 자신이 우리가 생각하는 계승자의 위치에 있음을 인식한다.

끝으로, 자끄 엘륄은 이 개념을 구체화하고, 이 전통이 생성할 수 있는 가장 자의식적이며 분명한 설명을 제시한다. 이제 우리는 처음으로 그것에 대해 말할 수 있는 장으로 나와 있다.

오늘날 형제교회 및 메노나이트 교회를 이끄는 지성인과 신학적 지도자 및 새로운 복음주의의 회심자들도 해당되지만, 이 시대의 급진주의 전통을 가장 잘 보여주는 전형적이고 현저한 모델은 아마도 「나그네Sojourners 순례자」라는 잡지일 것이다. 그러나 기독교 무지배 개념은 오늘날 매우 중요하다. 왜냐하면 이 개념은 급진적 제자도로 통하는 사상이 우리가 지금까지 추적한 성경적, 역사적 전통을 명백히 벗어나는 오류에 처해 있다는 사실을 보여주기 때문이다. 엘륄의 말처럼, "우리가 언급한 신학적 사상과 관련된 그리스도인은 정치적으로 좌파, 심지어 극좌파이다. 그러나 사실상 그들은 아나키즘의 진정한 의미에 대해 모른다"*Anarchism*, p. 15

　최근에 엘륄은 『때를 얻든지 못 얻든지』*In Season, Out of Season* Harper & Row, 1982; 이후로는 *Season*라는 인터뷰 형식의 책을 냈다. 그는 이 책에서 가끔 아나키라는 용어를 사용하지만, 기독교 무지배christian anarchy라는 용어는 사용하지 않는다. 그러나 광범위한 본문이 관련된다. 예를 들면, "당신은 자신을 아나키스트라고 생각합니까?"라는 질문에 대해 엘륄은 다음과 같이 대답한다.

> 아나키스트[무정부주의자]는 내가 종종 편안함을 느끼는 유일한 환경입니다. 나 자신은 그곳에 있습니다. 한편으로 나는 나에게 관심이 없는 우파나, 나를 과격한 사회주의자나 소극적인 공산주의자로도 보지 않는 좌파에게서는 이런 편안함을 느끼지 못합니다. 또한 나는 기독교 좌파에게서는 정말이지 결코 편안함을 느끼지 못합니다.…

　[인터뷰 진행자가 물었다] 그럼에도 불구하고 당신은 보다 이성적인 사회를 지지하지 않습니까?

> 오, 아닙니다. 전혀 그렇지 않습니다. 오히려 나는 오늘날 사회에서 일어날 수 있는 최고 선은 기존 질서의 붕괴라고 믿습니다. 나는 결코 다른 사회적 질서를 촉구하지 않습니다. 나는 모든 제도적 권력의 붕괴를 촉구합니다. *Season*, pp. 195-96

엘륄의 "아나키즘"은 "새로운 기독교적 사회 질서"의 창출을 계획하는 자들과 구별 및 대립된다. 그는 그들을 "기독교 좌파"로 규명한다. 우리가 여기서 "현대적 버전의 급진적 제자도"라고 부르는 것은 적어도 기독교 좌파의 한 영역을 형성한다. 앞으로 명확히 드러나겠지만, 문제는 이 사람들이 엘륄이 그리스도인에게 촉구한 "아나키"가 아니라 "혁명"에 전적으로 헌신한다는 것이다. 두 개념은 의미가 다를 뿐만 아니라 사실상 상호 대립적이다. 이어지는 고찰에서도 계속해서 이 부분에 대해 상기시킬 것이다.

엘륄은 자신의 기독교 아나키 개념을 성경에 대한 핵심적 개관을 통해 뒷받침하며, 특정원형적 아르키나 시민 정부 또는 국가에 대한 성경적 주장에 초점을 맞춘다. 나는 이 책에 필요한 부분을 중심으로 그의 개관을 더욱 요약적으로 제시할 것이다.

핵심이 되는 주제적 진술로서, 엘륄은 이스라엘이 꿈꾸는 1인 지배가 어떤 결과를 초래할 것인지에 대한 하나님과 사무엘의 경고를 제시한다. 가장 먼저 사울이 하나님과 사무엘이 경고한 말씀이 사실임을 보여준다. 이어서 엘륄은 다윗의 통치를 "예외"로 부르며, 계속해서 나머지 왕조의 비극적 역사를 제시한다. 그러나 나는 다윗이 예외가 아니라 사실상 이 패턴의 핵심이라고 주장한다. 나는 엘륄의 말을 무조건 복음 진리로 받아들이는 사람이 아니다. 그것은 전혀 잘못된 생각이다.

다윗이 밧세바와 간음하고 그의 남편을 살해하는 시점까지, 그는 강력한 지배아르키를 성공적으로 수행하며 이스라엘을 위해 많은 것을 성취한다. 그러나 다윗의 범죄가 드러나자 하나님은 왕에게 다음과 같이 말씀하신다.

내가 너를 이스라엘 왕으로 기름 붓기 위하여 너에게 온갖 좋은 것들을 주었으며 … 만일 그것이 부족하였을 것 같으면 내가 네게 이것 저것을 더 주었으리라. 그러한데 어찌하여 네가 여호와의 말씀을 업신여기고 나 보기에 악을 행하였느냐.삼하 12:7-9

사실상 다윗의 성취는 그의 아르키의 힘에 의한 것이 아니다. 그것은 그와 함께 하신 하나님의 아르키의 구현이었다. 따라서 다윗의 죄는 정확히 그러한 아르키를 자신의 아르키라고 주장한 것이며, 그의 왕적 지배가 살인을 금한 하나님의 도덕적 통치권보다 위에 있음을 보여주었던 바로 그 행위였다. 다윗처럼 훌륭하고 헌신적인 신자조차 권력의 아르키를 남용한다면, 다른 인간의 아르키에 무슨 기대를 걸 수 있겠는가? 이러한 선의의 사람들, 훌륭한 왕들과 사역자들, 탁월한 성직자 및 교황, 열성적인 기독교 혁명가들에 대한 블룸하르트의 말을 들어보라. "당신은 할 수 없다."

다윗은 예외가 되기는커녕 가장 좋은 논거가 된다. 다윗의 생애는 비록 회개는 했지만, 그의 가식적 지배로 말미암아, 솔로몬 시대 왕국의 분열 및 후대 왕들의 비극적 재앙으로 이어진다. 실제로 저자는 여호람 왕의 대단한 아르키통치 지배에 대해 진술하면서 "여호와께서 그의 종 다윗을 위하여 유다 멸하기를 즐겨하지 아니하셨으니 이는 그와 그의 자손에게 항상 등불을 주겠다고 말씀하셨음이더라"왕하 8:19고 기록한다. 하나님의 언약적 약속은 다윗의 아르키를 유지하는 유일한 힘이었다. 물론, 이 통탄할 선박조차 마침내 예루살렘 함락 및 바벨론 유수로 말미암아 가라앉고 말았다.

그렇다면 다윗에 대한 하나님의 언약은 무익하다는 것인가? 결코 그렇지 않다. 모든 선지자는 하나님의 약속의 궤도가 다윗의 인간적 아르키를 향한 것이 아님을 보여준다. 그것은 잘못된 접근이다. 그의 언약의 실제적 궤도는 진정한 다윗의 후손, 오실 메시아에 초점을 맞춘다. 예수님은 사람을 부리거나 타율적이지 않으며 이 세상 나라에 속하지 않은 참되고 유일한 아나키스트의 왕으로 드러나신다. 정치에 대한 성경의 핵심적 전통이 가장 "무지배적"이며 전적으로 "아나키스트"에 해당한다는 엘륄의 말은 옳다.

우리의 논의가 전적으로 엘륄에 의존하는 것은 아니다. 이런 모순 어법을 사용할 수 있다면, 신약성경에서 예수님은 역사상 최고의 아나키스트로 제시된다. 독일의 신약성경 학자 예레미아스Joachim Jeremias는 『비유에 대한 재발견』Rediscovering the Parables [Scribner; 1966], pp.96-97에서 우리의 논증을 가장 강력히 뒷받침하는 주장을 제시한다. 그는 먼저, 복음서에 대해 언급한다. 예수님에 대한 시험은 각각의 상황에서 세 개의 다른 "비유"돌로 떡이 되게 하심, 성전에서 뛰어내림, 사탄을 경배함로 제시되지만, 예수님은 제자들에게 세 개의 구별된 시험이 아니라 한 가지 시험에 대한 경험임을 보여주신다는 것이다. 이어서 예레미아스는 "예수님은 제자들에게 자신을 정치적 메시아로 드러내려는 유혹에서 승리하신 사실에 대해 말씀하시는데, 이는 그들도 유사한 유혹에 맞서야 한다는 경고일 것"이라고 주장한다.

그러나 오늘날 많은 기독교 좌파는 예수님을 이러한 "정치적 메시아"로 생각한다. 즉, 예수님은 그들이 세상의 평화와 정의를 위해 염두에 두고 있는 특정 혁명적 아르키를 지지하는 후원자라는 것이다. 그러나 다른 성경과 마찬가지로, 예수님이 지배적 메시아arky-messiahip를 일종의 유혹으로 책망하신 것은 하나님이 선택하시고 지지하시는 최고의 인간 아르키통치를 주장하는 모든 자들에 맞서 "아나키무지배"적 입장을 분명히 보여준다.

예수님의 아나키즘을 보여주는 또 하나의 묘사는 빌라도 앞, 특히 요한복음 18:33-19:11에 제시된 모습이다. 다음은 예수님의 언어적 표현과는 거리가 멀지만, 이 장면의 "분위기"는 충분히 전달될 것으로 생각한다.

친구여, 나에게 그대의 로마제국이 얼마나 위대하며 그 제국을 다스리는 그대 또한 얼마나 위대한지 이해시키려 애쓰지 말라. 나는 그런 것들에 대해 평생 들었으며 이미 잘 알고 있다. 그러나 나는 유일하고 진정한 나라는 이 세상에 속하지 않는다는 사실을 알고 있다. 또한 나는 내 아버지께서 허락하지 않으시면 그대가 손가락 하나도 까딱할 수 없다는 사실도 알고 있다. 물론 하나님이 허락하신다면, 그대는 나를 십자가에 못 박을 수 있다. 그러나 그대는 결코 나를 제거할 수 없다. 그러니 빌라도여, 그대에게 부여된 일만 하라. 나는 그대와 더 말하고 싶지 않다. 그대의 말은 어떤 영향도 줄 수 없을 것이다. 이제 나를 십자가에 못 박아 처형하라. 너는 이틀 후, 교회의 부활절 주일 예배에서 나를 볼 수 있을 것이다. 되었느냐?

우리는 예수님과 세금에 대한 장면막 12:13-17에서 이와 동일한 또 하나의 묘사를 찾아볼 수 있다. 엘러가 아니라 엘륄이 택한 본문이다 그곳에서 예수님의 질문은 그들이 매우 중요하게 생각하는 정치적 선택과 마주한다. "세금을 바쳐 시민 정부를 지지하는 우파가 될 것인가, 아니면 세금을 바치지 않음으로 기존의 악한 제도를 거부하는 혁명적 좌파가 될 것인가?"라는 것이다. 예수님은 이에 대해 완전한 아나키스트로 되돌아온다. "나는 어느 쪽도 택하지 않을 것이다. 이것은 일종의 위장 선택이다. 유일한 실제적 선택은 하나님을 택할 것인가 말 것인가이며, 정치적 선호는 그것과 무관하다. 하나님의 것은 하나님께 바치라."

엘륄은 이 부분에 대해 다음과 같이 설명한다.

"가이사의 것은 가이사에게 바치라…"라는 말씀은 결코 권력의 행사를 두 영역으로 나누지 않는다.… [이 말씀은] 납세와 동전이라는 다른 문제에 대한 대답으로 주어진다. 동전에 새긴 형상은 가이사의 것이다. 이 형상은 그의 소유를 나타내는 표시이다. 그러므로 이 돈은 주인인 가이사에게 주어야 한다. 이것은 납세에 대한 정당화의 문제가 아니다. 이것은 가이사가 이 동전을 주조했기 때문에 그의 소유라는 것이며, 그것이 전부이다. 예수님에게 돈은 사탄이 지배하는 맘몬Mammon의 영역일 뿐이다. *Anarchism*, p. 20

앞서 언급한 대로, 이 주장은 어느 정도 엘륄의 설명에 의존한다. 그러나 로마서 13장에서는 그의 탁월함이 더 현저히 드러난다. 물론 이 본문은 우리의 "아나키즘" 주장을 반박하기 위해 찾는 첫 번째 본문이다. 그러나 엘륄은 그런 사람들이 생각하는 의미를 허락하지 않을 것이다. 그는 이 본문을 자신의 주장을 뒷받침하는 핵심적인 구절로 활용한다. 그의 주장은 본문에는 로마든 다른 곳이든, 인간의 아르키에 대해 정당성을 부여하는 어떤 요소도 나타나지 않는다는 것이다. 오히려 바울의 관심사는 의도적으로 예수님을 인용하고 따름으로써 "아나키"를 "혁명"과 혼동하거나 잘못 해석하지 않게 하는 데 있다.

따라서 "권세는 하나님으로부터 나지 않음이 없나니"1절라는 구절은 앞서 언급한 요한복음 19:11의 예수님의 말씀과 아무런 차이가 없다. 내가 도움이 된다면 이렇게 보탤 수 있을 것이다. "모든 인간의 아르키는 하나님이 허락하시는 곳에서만 존재한다. 그들의 권세는 하나님의 허락이 있어야만 가능하다. 하나님이 로마제국처럼 악취 나는 무리를 용납하신다면, 너희도 기꺼이 참아야 한다. 하나님이 너희에게 그것을 제거하거나 돌이킬 것을 명령하신다는 암시는 나타나지 않는다. 너희는 로마제국처럼 되지 않고서는 그것과 싸울 수 없다. 따라서 너희는 이 문제를 그들을 주관하시는 하나님의 손에 맡겨야 한다.”

이어서 6-7절에서 바울은 사실상 예수님과 마찬가지로 세금을 내지 않으려는 행위에 대해 반대한다. 납세 거부는 제국과 싸우려는 것이다. 그런 행위에 걸맞은 이름은 “세금 혁명”이며, 선한 혁명적 “아르키”로 “악한” 제도적 아르키와 맞서겠다는 것이다. 그러나 그렇게 하지 않고 예수님처럼 가이사에게 그의 동전을 돌려주는 행위야말로 모든 인간적 아르키세금 동전과 함께를 아무것도 아닌 것으로 만들어버릴 만큼 하나님의 아르키와 완전히 일치하는 “무지배”아나키이다. 반대로, 동전을 움켜쥐는 행위는 인류를 구원할 선한 기독교적 지배아르키의 승리를 보장한다고 해도, 인간적 아르키 다툼에 모든 것을 거는 “혁명”이다.

끝으로, 엘륄은 바울이 군복무를 정부에 대한 의무로 분명하게 언급하지 않았다는 사실을 지적한다. 엘륄에 따르면 이것은 바울이 다시 한번 예수님의 논리를 따라 납세 논리는 군복무에 적용되지 않는다고 생각했음을 보여준다. 인간은 결코 세금 동전처럼 아무 것도 아닌 것이 아니다. 뿐만 아니라 인간은 황제의 형상이 아닌 하나님의 형상을 가졌다. 진정한 아나키스트는 어떤 세속적 아르키교회를 포함하여도 백성을 소유하지 못하게 할 것이다.

이와 함께 우리는 기독교 무지배Christian Anarchy의 몇 가지 기본적인 원리에 이르렀다. 이 가운데 몇 가지는 엘륄에게서 직접 나온 것이다.

1. 그리스도인에게 “아나키” 자체는 끝이나 목적이 아니다. 아르키의 죽음또는 우리가 아르키에 대해 죽음은 하나님의 아르키를 위한 것일 때에만 가치가 있다.

2. 기독교 무지배주의자는 세속적 사회 속에서 현재의 계급구조보다 무지배

상태가 더 나을 것인지 아닌지에 대한 의견을 가지고 있지 않다. 우리가 말할 수 있는 것은 "아나키가 단단히 고정된 작금의 상황보다 사회를 악화시키지는 않을 것"이라는 블룸하르트의 주장 정도이다.

3. 기독교 무지배주의자는 아나키가 세속적 사회에 대한 현실적 대안이라는 생각조차 하지 않는다. 엘륄은 "정치적 권위와 조직은 사회생활에 필요하지만, 필수품 이상도 이하도 아니다. 그런 시스템은 끊임없이 하나님의 자리를 대신하려 한다"*Anarchism*, p.22고 말한다.

4. 아르키의 위협은 지배적 통치자들 자체에 있는 것이 아니라, 우리가 그들의 존재를 실제로 인식하고 중요하게 여긴다는 데 있다. 우리는 그들에게 자신을 맡기고 중요성을 부여하며 그들을 믿고 우상화한다. 혁명주의자는 이 함정에 빠진다. 자신이 생각하는 선한 아르키로 악한 아르키를 대적하고 대체하겠다는 생각을 가진 그들은 아르키에 실제보다 많은 권력나쁜 아르키에는 악한 권력, 선한 아르키에는 의로운 권력을 부여한다.

5. 기독교 무지배주의자는 아르키를 본질상 "사탄적"이라고 주장하지 않는다. 그런 절대론자들의 틀에 박힌 주장은 자신의 아르키를 좋게 보이게 하고 상대의 아르키를 나쁘게 보이게 하려는 혁명론자들의 특징일 뿐이다. 기독교 무지배주의자에게 아르키의 문제점은 그것이 인간의 아르키라는 것이다. 인간은 태생적으로 약하고 무능하며 영리하지 못한 동시에 매우 거만하다는 것이다. 그들은 실제보다 훨씬 과장된 태도를 취한다. 이러한 "육신적 연약성"은 마귀에게 문을 열어주며, 이것은 악한 아르키뿐만 아니라 선한 아르키에도 해당된다. 악한 아르키보다 더 마귀적이 될 수 있는 유일한 것은 선한 아르키이다.

6. 기독교 무지배주의자는 "모든 나라의 정부는 동일하게 악하게 창조되었다"라는 램의 현명한 설명을 받아들이지 않을 것이다. 그들은 우리는 모

두 인간이며 결코 신적이지 않다는 사실에 동의한다. 그러나 내가 속한 형제교회 선조들의 경우, 독일의 박해적 아르키를 피해 비교적 자유로운 윌리엄 펜William Penn의 아르키로 가면서 악한 아르키를 선한 아르키로 대체한다고 생각했다. 그들은 이러한 변화에 대해 하나님께 감사했다. 그러나 사실상 무지배를 통해 보호를 받은 그들은 펜의 아르키와 하나님 나라를 혼동했다. 아르키는 아르키일 뿐이다. 그것은 그들이 생각하거나 기대하는 것만큼 좋은 것이 아니며, 선한 아르키가 영원할 것이라는 보장도 없다. 펜의 아르키 안에서 형제단의 영역은 필라델피아의 슬럼가로 변하고 말았다.

따라서 기독교 무지배주의자는 좋은 아르키든 아니든, 모든 아르키에 대해 건전한 성경적 의심을 가졌다. 우리는 하나님이 자신의 뜻에 따라 아르키 - 좋은 아르키뿐만 아니라 나쁜 아르키도-를 임의로 사용하실 수 있으며 또한 그렇게 하신다는 사실을 부인할 수 없다. 그러므로 우리는 어떤 아르키도 그의 선하심과 은혜의 선택된 도구라고 생각하여 받아들여서는 안 될 것이다.

한때 기독교 혁명주의자들을 향해 미국 정부의 아르키와 히틀러와 스탈린의 아르키의 도덕적 차이를 보지 못한다고 비난했던 사람은 다름 아닌 무지배주의자 엘륄이었다. 그러나 기독교 아르키는 아르키와 아르키 사이의 상대적인 도덕적 차이의 여지를 허용하지만, 사실상으로는 동일하다는 평가를 내린다.

7. 세상의 아르키를 공격하고 타도하며 물러나게 하거나 전복시키는 것은 기독교 아나키가 할 일이 아니다. 램의 "수동적"이라는 표현은 이 부분에서만 타당성을 가지며 이어지는 항목부터는 해당되지 않는다. 우리는 아르키와의 싸움이라는 것이 반 아르키를 형성하는 것이며, 권력 투쟁에 돌입하는 것이며 정확

히 기독교 무지배가 원칙적으로 거부하는 것이다, 아르키를 제거하기 위해 다른 아르키를 도입하는 것이라는 사실을 알고 있다. 그러나 악으로 악과 싸우는 것권력과 권력의 싸움은 자신이 반대하는 악을 닮아가는 첫 번째 단계이다.

8. 엘륄은 아나키의 모델에 대해 "예수님은 정치주의나 유심론을 주장하지 않으신다. 그의 주장은 정치적 권위에 대해 근본적으로 공격적이다[예수님은 그것을 '본받지 말라'고 말씀하신다]… 예수님은 정치적 영역이 하나님의 뜻과 일치하지 않기 때문에 그것을 정당화하려는 모든 시도에 대해 도전하시며, 그것의 권위를 거부하신다"Anarchism, p.20고 주장한다. 본 항목부터 기독교 아나키는 더 이상 "수동적"이라는 수식어가 해당되지 않는다.

9. 예레미야가 포로민에게 대언한 "너희는 내가 사로잡혀 가게 한 그 성읍의 평안을 구하고 그를 위하여 여호와께 기도하라"렘 29:7라는 여호와의 명령과 관련하여, 엘륄은 이 명령은 결코 바벨론의 아르키를 인정하거나 지지하는 본문이 아니라고 말한다. 국가와 세상에 대해 가장 아나키스트적인 급진적 제자도 교회들만 해도 가깝고 먼 이웃에 대한 사랑과 가난한 자를 섬기는 사역에 가장 헌신적이라는 사실을 볼 수 있다. 아나키즘은 결코 사회적 섬김을 가로막지 않는다. 통치자들아르키의 권력 조작이 정치적 정의의 목적을 구현하는 데 진정한 도움이 될 수 있는지는 별개의 문제이다.

10. 기독교 무지배주의자는 사람들에게 시급히 선을 베풀 기회라고 생각되면 세속적 아르키를 헤치고 나아가며, 그것을 이용하기도 한다. 이것은 확실히 위험한 시도이며, 일반적으로는 즉시 개입했다가 즉시 빠져나오는 형식이다.

예를 들면, 크리스토프 블룸하르트 시대 시민 아르키의 주체는 노동자 계급이었으며, 무지배주의자 블룸하르트는 사회 민주주의의 혁명적 아르키를 그들의 권리 회복에 도움을 주기 위한 도구라고 생각했다. 그는 이 단체에 가입하여 그들을 대변했으며, 선거에 출마하여 6년 임기의 뷔르템베르거 의원이 되었다. 그러나 관료 생활 및 정치 활동을 시작한 지 오래지 않아 그는 흥미는 물론 그의 냉정함조차 잃고 말았다. "나는 여러분 앞에 한 인간으로 당당히 서 있습니다. 정치가 인간을 용인하지 못한다면, 그런 정치는 저주받아 마땅할 것입니다." 독자들이여, 이것이 아나키의 본질이다. "인간은 괜찮지만 정치인은 그렇지 않다"는 것이다. 블룸하르트는 가능한 한 우아하게 그만둘 수 있을 때 빠져나온 것이다.

신속히 개입하고 신속히 빠져나오는 것이 아나키스트무지배주의자에게 합당한 작전이지만, 도덕적 의무는 그렇지 않다. 블룸하르트나 엘륄은 자신의 아르키 모험을 위대한 기여로 생각하지 않는다. 사실 엘륄은 이런 면에서 누구보다 많은 기여를 했지만, 어떤 성취도 부인한다.

나는 1936년 인민 전선Popular Front의 실패, 가장 온건한 방법으로 시작한 혁명이라고 생각했던 인격주의 운동의 실패, 샤르보노Charbonneau는 물론 나에게도 매우 중요했던 스페인 혁명의 실패, 제2차 세계대전이 끝날 무렵 프랑스 해방 운동의 실패를 보았다. 이 모든 것은 혁명이 실패로 끝날 가능성만 높였다. 그 후, 나는 이런 과정을 통해서는 어떤 변화도 초래할 수 없다는 사실을 깨닫게 되었다.*Season*, p. 56

이러한 태도는 확실히 가장 진실한 "유일한"은 아니더라도 그리스도인의 행동은 아르키와 관련된 정치적 행동이라는 오늘날 혁명가들의 관념과 상반된다.

아나키스트의 작전은 적절하지만, 사실상 말려들기 쉬운 매우 실제적인 위험을 안고 있다. 첫 번째 위험은 아나키가 원하는 유일한 구성원은 참된 신자라는 것이다. 첩자나 파괴주의자나 이단은 보이는 즉시 저격당할 수 있다. 둘째로, 아무리 강한 무지배주의자도 아르키의 선전에 넘어가 자신의 선하고 정직한 의심인 아나키즘을 잃어버릴 위험이 있다. 그는 정치인이 다른 사람보다 미래를 결정할 힘을 더 많이 가져야 한다는 생각을 하기 쉽다. 그는 자신이 하는 일이 실제로 세상을 민주주의의 터전으로 만들고, 그리스도를 위해 세상을 이기며, 공정한 사회 질서를 구축하고, 군비 확장 경쟁을 완화시키거나, 잘 알려진 찬송가 가사처럼 악한 밤을 끝내고 형제 사랑의 날이 되게 함으로써 오랫동안 기다리던 하나님 나라를 구축할 수 있다고 생각하기 쉽다. 그러나 그 때에 실제로 일어나고 있는 것은 아르키가 사회적 구조에서 자신의 중요성을 점차 감동적으로 인식하게 된다는 것이다. 당연한 말이지만, 이처럼 무지배주의자가 자신이 하는 일을 "믿기" 시작하면, 그는 끝난 것이다.

엘륄은 다시 한번 강조한다. "그리스도인으로서 우리는 활동적 세상에 동참해야 하지만, 동참하는 방법은 그것을 부인하고 맞서는 방식이어야 한다.… 이러한 거부만이 입증되지 않은 권력의 확장에 대한 이의를 제기하거나 가로막을 수 있다." *Anarchism*, p. 22

11. "기독교 혁명주의"에 대한 엘륄의 비판을 가장 잘 요약한 표현은 아마도 "현실주의의 결여"일 것이다. 이것은 a) 행동주의, b) 유토피아 사상, c) 방아쇠 효과, d) 극화dramatization라는 네 가지 요소에 대한 혁명적 믿음으로 나타난다. 엘륄은 기독교 좌파가 이 경우에 해당한다고 생각하는 것이 분명하다. 그러나 그는 "무엇보다도 그리스도인은 다른 사람들보다 더 실제적이고 덜 이데올로기이어야 한다"*Season*, p. 91고 믿는다.

a. 행동주의

확실히 엘륄은 그리스도인이 정치적 현장이나 사회적 현장, 또는 교회적 현장에 있는 것을 반대하지 않는다. 그가 거부하는 것은 공적인 아르키 행위만이 그리스도인의 신앙을 입증하는 진정한 시금석이라는 행동주의자의 전제이다. 이러한 전제는 기질상 그에게 맞지 않는다.

> "나는 현실적이고 행동적인 성격이어서 나의 행위에는 의미가 있다. 그러나 분명한 것은 나의 행동 자체가 의미를 구현하지는 않는다는 것이다. 행동은 어느 정도 의미를 입증하며, 나에게나 다른 사람에게 그것을 드러낸다. 그러나 가장 근본적인 의미는 모든 행위를 초월한다"- *Season*, p. 83

엘륄은 그리스도인의 경우 행위가 선하면 신학적 믿음은 그다지 중요하지 않다고 말하는 사람이 아니다.

사실 교회의 행동주의는 진정한 그리스도인의 행위와 반대로 작동하는 경우가 종종 있다. "예수 그리스도나 성령의 활동을 보면, 많은 것들이 아주 작은 것으로부터 나온다는 사실을 알 수 있다. 오천 명을 먹이신 기사를 보라. 그러나 교회에서는 정반대의 경우를 보게 된다. 우리는 뛰어난 사람들을 전면에 내세우며 엄청난 노력을 기울이지만, 무위로 끝나는 것을 볼 수 있다. 따라서 나는 자신에게 이것은 성령이 역사하지 않는다는 뜻이라고 말한다." *Season*, p. 94 인간의 행동주의는 성령의 역사를 가로막는 장벽이 될 수 있다.

엘륄은 다음과 같은 더욱 근본적인 관점을 제시한다. 우리는 이어지는 장에서 이 관점에 대한 칼 바르트의 보다 강력한 주장을 만날 수 있다.

세상에서 이루어지는 인간의 행위와 하나님의 나라 사이에는 연속성
이 없다.… 인간은 스스로 선을 행할 수 없다. 나는 여기서 이 사실을 다
시 한번 분명히 해야 한다. 성경이 말하는 선은 도덕적 선행이 아니라
하나님의 뜻과 일치하는 상태이다. 도덕적 철학이 묘사하는 선은 하나
님이 계시를 통해 보여주신 선과 일치하지 않을 수 있다. 바꾸어 말하
면, 사람은 스스로 선을 행할 수 없다는 말은 사람은 하나님 없이 그의
뜻을 알 수 없다는 말과 같다는 것이다. *Season*, p. 59

이러한 관점에서 나온 엘륄의 결론은 그를 지지하는 기독교 좌파로부터
엘륄이 믿음을 저버렸다는 비난을 듣게 한다.

나는 교회의 정치화, 정치를 우선하는 정책에 반대한다. 나는 다음과 같은
유명한 슬로건을 격렬히[물론 '강력히'라는 뜻이다] 반대한다. "너희는 먼저
정치적 나라를 구하라 그리하면 이 모든 것을 너희에게 더하시리라."… 사람
들은 기독교는 무엇보다도 섬김으로 나타나야 한다고 주장한다.… 나는 이
러한 섬김은 예수 그리스도가 주와 구주시라는 메시지에 대한 분명한 선포
가 없이는 아무런 의미가 없다고 주장한다. *Season*, p. 96

엘륄은 확실히 복음이 기독교 행동주의에 초점을 맞춘다고 생각하지 않
는다. 따라서 엘륄은 그리스도인은 사회적 목적을 추구하는 세속적 아르키
와 결합함으로써 선한 권력을 확장할 수 있다는 일반적 가정을 믿지 않는다.

그리스도인은 가령, 가난한 자의 편에 서는 것과 같은 기존의 가장 정의
로운 운동에 동참해야 하는가, 아니면 기독교는 다른 어떤 것과도 섞일
수 없는 특별하고도 독특한 무엇을 가지고 있는가? 하나님은 결과적으
로 기존의 계획이나 원리를 받아들일 필요가 없는 그리스도인을 통해

역사 속에서 다른 행위를 수행하시기를 원하시는가? 나는 후자의 관점을 전적으로 선호한다.… [따라서] 이것은 정당이나 기독교 노조를 설립하거나 교회의 사회적 교리를 중심으로 그리스도인을 규합하는 것과 같은 문제가 아니다. 또한 이것은 그리스도인이 특정 정당에 동참해야 한다는 것도 아니다.*Season,* p.90

우리는 다음 장에서 칼 바르트가 이 요지를 강력히 "지지"하는 것을 볼 수 있다. 기독교 행동주의의 이데올로기는 사람들에게 자신을 위한 하나님의 일을 이어받아 수행할 것을 촉구하지만, 비극적인 결과만 초래할 뿐이다. 그러나 우리의 기독교 무지배주의자는 예수님과 함께, 가라지를 뽑는 작업을 통해 하나님을 섬기려는 행동주의자의 집착을 멈추고 싶어 한다.마 13:24-30

b. 유토피아주의

엘륄은 "나는 앞서 이처럼 유토피아를 꿈꾸는 자들이 현실주의의 부족이나 자신들의 권위주의 때문에 나를 무척 성가시게 했다는 사실에 대해 언급한 바 있다"*Season,* p. 219고 말한다.

기독교 좌파가 말하는 "일방적 군축," "전쟁 없는 세상," "진정한 공정 사회," "남녀의 차별 철폐," "경제적 평등" 같은 혁명적 수사학은 모두 유토피아적이 아닌가? 엘륄의 말처럼, 이러한 유토피아주의는 철저히 프로그램적인 정치적 가능성과 함께 세계의 질서에 대한 오만한 선포임이 드러나지 않았는가?

성경적 규명에 의하면 "하나님의 나라"는 유토피아가 아니라는 사실을 기억해야 한다. 왜냐하면 그 나라는 우리가 만들고 싶어 하는 세계나 우리가 세상에 부여하고 싶어 하는 질서를 반영하지 않기 때문이다. 따라서 엘륄은 다음과 같이 주장한다.

> 우리의 인간적 분석에 기초한 모든 프로그램은 일종의 유토피아일 뿐
> 이다. 이제 나는 어떤 유토피아에 대해서도 강력히 반대한다. 그것은
> 허황된 만족의 전형이기 때문이다.… 유토피아는 인간성의 말살에 결
> 정적 타격을 주었다. 또한 그것은 확실한 파멸이다. 최근의 대표적인
> 두 개의 유토피아는 나치즘이나 스탈린주의로 알려진, 관념론과 미래
> 에 대한 망상이다. 이러한 변화에 대한 파노라마적이고 궁극적인 설계
> 를 가진 자는 사회를 완전히 바꾸려는 욕심에 사로잡혀 유토피아를 주
> 장할 뿐이다. *Season*, p. 198

c. "방아쇠 효과"

내가 생각하는 방아쇠 효과는 자신의 권력을 "높은 곳"에서 행사하고 변
화를 주도함으로써 체제 전체에 대한 혁명을 촉발할 수 있다는 아르키의 공
통된 가정을 염두에 둔 표현이다. 그러나 엘륄의 생각은 다르다.

> 나는 "세계적으로 사고하고 지역적으로 행동하라"는 격언에 이르렀
> 다. 이것은 우리가 자연적으로 습득한 현재의 자발적인 방식과 정확히
> 반대된다.… 우리는 중앙의 결정을 아래로 내려보내는 상명하달식, 중
> 앙집권화된 체제를 자발적으로 요구하는 성향이 있다. 그러나 이런 방
> 식은 더 이상 성공할 수 없다. 인간사는 너무 복잡하고 관료주의는 더욱
> 심해질 것이기 때문이다. *Season*, pp. 199-200

다음과 같은 사항도 고려할 필요가 있다. 첫째로, "지역 활동"은 "행동"과

"결과"의 거리를 단축하기 때문에 '위로부터 아래로'의 방식top down action 보다 성공의 가능성이 훨씬 높다. 둘째로, 많은 지역 활동은 아르키의 개입을 필요로 하지 않는다. 셋째로, 정치적 행위가 요구되는 지역에서조차, 아르키의 규모는 작고 약하며 반응은 더욱 효과적이다. 그들은 높은 단계가 정치에서 요구되는 것과 같은 압력이나 힘의 정책을 필요로 하지 않는다. 기독교 아나키에 가장 적합한 것은 지역 활동이다.

그러나 기독교 혁명가들이 반핵 시위, 세금 혁명, 평등권을 위한 수정 헌법, 중앙 아메리카에서의 미군 철수를 주장하면서 얼마나 치명적인 수단을 사용하는지 생각해보라. 기독교 아나키엘륄와 기독교 좌파는 이 부분에서 두 개의 전혀 상반된 사고를 가지고 있다. 물론, 위로부터 모든 것을 바꾸겠다는 꿈은 좌파는 물론 우파의 특징이기도 하다.

d. 극화

이 용어는 엘륄이나 그를 인터뷰한 기자가 사용했으나 "분투," "과장," 또는 나중에 언급할 "열심주의"나 "절대화"를 의미한다. 엘륄은 자신의 초기 저서에서 "인간은 태만하고 게을러서 자신을 지키려 하지 않으며 책임을 회피하기 위해 모든 수단을 동원하기 때문에, 자신은 사람들을 막다른 골목으로 몰아넣기 위해" 특정 악의 위협을 극화하려고 했다고 고백한다.*Season*, p. 223 그러나 그는 계속해서 다음과 같이 주장한다.

> 지금은 그런 방식을 사용하지 않는다. 왜냐하면, 젊은 시절의 경솔하고 사려 깊지 못한 세계가 인간의 상황은 희망이 없다는 보편적 확신을 가지게 했기 때문이다. 오늘날 사람들은 두려워하고 있다. 따라서 나는 그들에게 핵폭탄에 대해 "이것은 무시무시하며, 우리를 다 날려보낼

것"이라고 말하지 않을 것이다. 나는 오히려 "백에 아흔아홉은 폭발하지 않을 것"이라고 말해야 할 것이다. *Season*, p. 224

기독교 아나키는 언제나 "결과"를 만들어 내려고 애쓸 필요가 없어서 현실적일 수 있으며, 따라서 더욱 정직할 수 있다. 또한 그것은 정직할사랑 안에서 진리를 말할 수 있기 때문에, 덜 권위적이 될 수 있다. 기독교 아나키는 누구에게든 무엇이라도 해야 한다고 말하지 않는다. 물론 『때를 얻든지 못 얻든지』에서만 해당되며, 다른 의미도 있지만, 엘륄의 마지막 말은 자신과 사회 혁명가 사이의 괴리가 어느 정도인지 가장 잘 보여줄 것이다.

나는 내 주장이 사회적 변화를 시작하는 방아쇠가 될 것이라는 잘못된 희망을 품었습니다.

[인터뷰 기자가 물었다] 당신은 들을 귀가 없는 자들에게 말했다고 생각합니까?

나는 판단하지 않겠습니다. 나는 내 생각을 말했으며, 그들은 듣지 않았을 뿐입니다. 나는 아마도 잘못 말했을 것입니다. 그러나 무엇보다 중요한 것은 나에게는 때때로 예수 그리스도를 증거할 기회가 있었다는 것입니다. 누군가는 내 말이나 글을 통해 구주, 곧 그가 없이는 어떤 인간의 프로젝트도 유치해질 수밖에 없는 유일한 그분을 만났을 것입니다. 만일 그런 일이 실제로 일어났다면 나는 크게 만족할 것이며, 오직 하나님께만 영광이 돌아갈 것입니다. *Season*, pp. 232-33

12. 기독교 아나키의 따르지 않음-세상의 아르키를 인정하거나 받아들이기를 거부함-은 인간의 "자유"라는 이름으로 행해진다. 이 자유는 "자율성"

과는 전혀 다른 개념이다. "자율성"은 기독교적 개념이 아니라 세속적 개념의 자유를 가리킨다. 어떤 인간적 아르키도 자유를 창출하거나 부여할 수 없다. "정부"나 "부여된 아르키"라는 개념은 본질상 "자유" 개념과 상반된다. 그러나 단순히 아르키만 제거하는 것은 자유를 창출하는 것이 아니라 "무지배"아나키를 창출할 뿐이다. 자유와 무지배는 동일한 개념이 아니다. 아니, 엘륄은 우리에게 단번에 얻는 해방은 없으며 우리의 자유는 권력들과의 싸움을 통해서만 쟁취할 수 있다고 주장한다. "그것은 조직의 체계를 흔들고 균열을 만들어 분리함으로써만 획득할 수 있다" *Anarchism* p.23

이 균열은 예수님이 빌라도에게 대답하기를 거부했던 것처럼 작은또는 큰 균열일 수 있다. 아르키에게 실제로 고통을 주는 것은 상대의 말에 벌떡 일어나 경의를 표하면 "네 알았습니다"또는 우리 시대의 위대한 아르키라면, "예, 엄마" 라고 대답하지 않는 것이다. 아르키는 여러분이 그들을 사랑하는지 두려워하는지 신경쓰지 않는다. 그들이 견디지 못하는 것은 무시 당하는 것이다. 또 하나의 균열은 아르키의 위선에 대해 비웃는 행위이다. 이것 역시 작은또는 큰 균열일 수 있다. 하나님이 예수님의 부활을 통해 하신 것이 바로 이것이다. 이것은 무시 당하거나 자존감에 상처를 주는 것만큼이나 강력한 고통스러운 타격이 될 수 있다. 예수님에게서 볼 수 있는 것처럼 아르키를 무시하는 행위는 자신을 십자가에 못 박는물론 오늘날처럼 "언어적 비난과 저주"로 가득한 시대에서, 언어적 방식으로 지름길이다. 그러나 아나키스트는 이러한 행위에 익숙하다.

그러나 이러한 균열 행위에도 불구하고 우리 스스로는 자유를 창출하지 못한다. 불트만의 말처럼, 이것은 오히려 무엇인가 새로운 것을 위한 공간을 만들 뿐이다. 그것은 바로 하나님의 아르키이다. 우리 주 예수 그리스도를 통한 하나님의 역사하심은 우리에게 완전한 자유가 된다. 아멘.

형제 교회 전통과 관련하여, 혁명주의로 돌아선 금세기 중반까지 우리의 전통은 성경적 아나키즘이었다는 사실을 쉽게 찾아볼 수 있다. 이러한 전환의 본질과 그 중요성을 가장 잘 보여주는 한 가지 사례가 있다. 상반된 목표를 가지고 두 가지의 전혀 다른 방식으로 스페인 내전1936-39에 연루된 두 명의 그리스도인이 있었다. 두 사람은 "가난한 자"를 도우려는 취지는 같았으나 누가 가난한 자이며 어떻게 돕는 것이 바람직한지에 대해 상반된 견해를 가지고 있었다.

우리는 본 장 서두에서 두 사람 가운데 첫 번째인 자끄 엘륄이 어떻게 정치적으로 동참 – 이것은 "특정 정당에 대한 지지"를 의미한다-했는지에 대해 살펴보았다. 따라서 그에게 "가난한 자"는 프랑코Franco 장군의 압제적 권력에 맞서 싸우는 특정 이데올로기의 계급 집단이었다. 엘륄은 자신의 사역이 제대로 작동하기만 하면 정치적 다툼은 "가난한 자"에게 정의를 가져다주는 방향으로 전개될 것이라고 믿었다.

다른 기독교 행동주의자는 형제교회 지도자인 단 웨스트Dan West로, 형제교회 봉사 위원회Brethren Service Commission 대표단의 일원으로 스페인에서 구호 활동 중이었다. 단 웨스트와 그의 교회는 엘륄과 달리, 초당파적으로 접근하는 신중한 태도를 취했다. 따라서 그들은 "가난한 자"를 이데올로기적 분류에 의해 규명한 것이 아니라, 교회의 도움을 필요로 하는 모든 개인으로 보았다. "가난"을 엄격한 경제적 범주로 이해할 필요가 없었다. 교회는 엄격한 초당파적 입장을 견지함으로써 아무런 구별 없이 자유롭게 도울 수 있었다.

단 웨스트가 스페인에서 한 일 가운데 한 가지는 분유를 나누어주는 작업이었다. 이 작업을 하는 가운데 좋은 아이디어를 얻은 그는 형제교회 농부들에게 집으로 돌아가 자신이 기르는 가축을 기부하게 함으로써 세계 각지의 황폐화 된 가축 우리, 새장 및 벌통을 채워주게 했다. 이 아이디어는 점차 구체화되어 종파를 뛰어넘는 봉사 단체로, 오랜 역사를 가진 대규모 비영리법인인, 오늘날의 헤퍼 인터네셔널Heifer International로 자리 잡게 되었다. 이 단체는 오직 정치적 중립의 원리를 고수함으로써 이 일을 할 수 있었다. 물론 자끄 엘륄은 즉시 그의 스페인 사역이 아무런 효과도 거두지 못했다고 말한다. 그러나 단 웨스트나 다른 누구도 그에 대해 같은 말을 하지 않았다.

그러나 여기에는 쌍방향의 전환이 있다. 한편으로 자끄 엘륄과 다른 한편으로 단 웨스트와 같은 오늘날 형제교회는 자리를 맞바꾸었다. 정치적 혁명이나 급속한 사회적 변화를 통해 유익의 가능성을 찾으려는 입장에 철저히 실망한 자끄 엘륄은 기독교 무지배주의자가 되었다. 나는 이론적으로 우리가 실제로 정의로운 사회 질서를 구현하는 혁명을 완수함으로써 굶주린 자를 먹이는 것 이상의 고상한 성취를 이룬다면, 그도 동의했을 것이라고 생각한다. 물론, 문제는 그가 아르키 혁명이 약속을 이행할 것이라는 어떤 암시도 발견하지 못했다는 것이다. 인간은 아르키 권력을 통제하여 그것을 유익한 목적에 이바지하게 할 수 있는 도덕적 능력이 없다. 엘륄이 아닌 누군가가 말했듯이, 권력은 부패할 수밖에 없다. 이것이 엘륄의 전환이다.

이제 다른 방향의 전환을 살펴보자. 우리에게는 단 웨스트의 형제교회 봉사 위원회에 상응하는 메노나이트 중앙 위원회 평화국Peace Section of the Mennonite Central Committee이 배포한 한 메노나이트 학자의 연구가 있다. 이 연구의 현장은 스페인이 아니라 니카라과였다. 그러나 교회가 역사적으로 지켜온 정치적 중립은 - 최상의 이데올로기적 질서에 동참하는 것으로 대체되어야 한다는 주장과 함께- "정적주의"quietism로 과소평가된다. 이제 개인이 어떤 정치적 신조를 가지고 있고, 어떤 "가난"에 처해 있든 차별 없이 돌보았던 전통 대신, 무조건 "가난한 자" = 니카라과 "국민" = 산디스타Sandista 혁명에 동참한 자라는 등식이 성립된다. 나는 이것이 어떻게 혁명에 반대하는 자나 비판하는 자는 "백성이 될 수 없다"는 함축을 피할 수 있는지 이해할 수 없다

내가 메노나이트의 논문에서 가장 놀란 것은 기독교 복음이 정치적 좌익과 직접 연결된다는 것이다. 성경적 아나키를 추구해온 메노나이트 및 형제교회는 이제 납세 거부, 피난처 운동sanctuary movement과 같은 정부에 대한 조직적 반발, 시민 불복종, 보복적 탄핵 등 -신체적 만행까지 가기 직전의 상태인 한 여전히 "비폭력"이라고 정당화할 수 있겠지만- 철저히 당파적인 힘의 정치를 추구하는 세속적 아르키와의 경쟁을 촉구받고 있다. 이런 말을 해도 될지 모르겠지만, 이것은 단 웨스트와 너무나 동떨어진 상황에 해당하며, 자끄 엘륄은 자신의 경험을 통해 우리에게 이것이 어떤 결과로 나타날 것인지에 대해 말해줄 수 있을 것이다.

이것은 세상이 혁명과 개혁에 영감을 받은 아르키 행위를 통해 구원받을 또는 광범위하게 개선될 수 있다는 신앙으로 밀어 넣는 사회 복음 운동이라는 것이 나의 판단이다. 이제 우리의 옛 아나키즘은 조롱의 대상이 되었다. "아르키를 피하기보다 아르키의 힘을 이용함으로써 얼마나 많은 실제적 유익을 얻을 수 있을 것인지 보라!"… 나는 놀라지 않을 수 없다.

나는 이해할 수 없다.… 예수님이 납세를 거부하는 열심당의 바르고 의로운 혁명에 관련되지 않으셨다는 것은 분명한 사실이지 않는가? 확실히 로마는 이처럼 독실한 노력이 큰 손실만 초래하고 무위로 끝나도록 만들었다. 물론, 그 혁명은 폭력적이었다. 따라서 나는 이제 역사상 가장 성공적인 기독교의 비폭력적 혁명에 대한 이야기를 하려고 한다. 이 이야기 역시 로마의 체제와 관련된다면, 여러분은 믿겠는가?

여러분도 알다시피, 예전에 한 작은 아나키스트 교회가 있었다. 사실 우리는 지금까지 이 교회에 대해 말하고 있다 이 교회는 예수님과 바울과 신약성경 그리스

도인의 교회이다. 매우 연약하고 비조직적이며 무지배적인 사도들을 따라 무지배적인 이 교회는 제국에 대해 계속해서 말씀을 전하고 여기저기서 많은 사람을 전도했으며 무지배적인 작은 가정 집단을 형성하게 했다.

사실, 다른 시대의 교회들과 비교할 때, 당시의 교회 성장은 통계적으로 나쁘지 않았다. 그럼에도 불구하고 때가 되자 전략적 설계자들이 등장하여 설득하기 시작했다. "여러분이여, 이러한 무지배적 방식은 어리석습니다. 이런 식으로는 그리스도를 위한 세상을 얻을 수 없습니다. 왜냐하면, 사람들은 우리가 회개시킬 준비도 하기 전에 계속해서 태어나기 때문입니다. 당시는 유아세례 제도가 제정되기 전이었다 우리는 그들을 따라잡을 수 없습니다. 우리는 좀 더 큰 그림을 그려야 하며, 조직과 권력을 사용하는 것에 대한 염려를 버려야 합니다. 우리는 힘을 사용할 필요가 있습니다. 우리가 진정으로 해야 할 일은 아르키를 얻는 것입니다. 우리에게는 큰 아르키가 필요합니다. 하나님은 그의 교회가 성장하기를 바라십니다. 우리가 아르키를 피하기보다 그 힘을 이용함으로써 얼마나 많은 실제적 유익을 얻을 수 있을 것인지 생각해보십시오!"

일은 생각했던 대로 풀려나갔다. 그들은 노력 끝에 황제를 설득했다. 그는 거대한 아르키를 가지고 왔다. 기독교는 로마제국의 공식적인 종교로 선포되었으며, 그리스도를 위한 세상이 시작되었다. 아마도 여러분은 옛 아나키 하에서 하루에 삼천 명이 회개한 사실조차 크게 느껴지지 않을 것이다. 이러한 전환에 시간이 얼마나 걸렸는지 모르겠지만, 확실히 바티칸 컴퓨터는 "이교도" 항목에 있는 이름을 "그리스도인" 항목으로 옮기다가 고장이 났을 것이다. 누군가 제목을 바꾸는 것이 더 쉽다는 사실을 깨닫기 전까지는

온 제국이 단번에 그리스도인이 되었다. 마침내 인류는 실제적인 유익을 얻고 진정한 공정 사회를 구축할 수 있게 된 것이다. 정말 대단한 혁명이 아

닌가! 교회는 모든 축복의 근원이 되시는 하나님을 찬양하고… 제국은 크게 번창하여 웃음이 그치지 않을 정도이다. 주를 발견한 제국은 아무런 변화 없이 "그리스도인"이 되었으며, 기독교가 모든 변화를 이루었다. 그들은 개종을 "법정적 칭의"로 규명했으며, 이 모든 근거는 하나님의 말씀또는 적어도 그분의 공식적인 대표자으로부터 도출했으며, 이제 그들은 "거룩한 로마 제국"이 되었다. 깔끔하게 정리되었다고 생각하는가?

그러나 이러한 제국의 기독교화가 어떤 결과를 초래했는지 보라. 교회는 지상 최대의 아르키를 형성했으며, 지금까지 제국이 보여준 모든 악을 받아들였다. 그들은 세상을 바꾸고 좋은 일을 하겠다는 일념으로, 하나님이 주신 아나키에 대한 통찰력과 이해를 버렸다. 그들은 가정교회의 아름다운 아나키를 잃어버린 채 정치인의 대성당을 건축하는 일에 몰두했다. 대성당은 "주교의 보좌"라는 뜻임을 기억하라 그들은 징병을 거부한 아나키적 전통을 버리고 십자가의 기치 아래 군사력을 증강했다. 교회는 이 세상에 속하지 않은 나라의 아나키적 예수를 버리고, 그리스도에 대한 그림인지 제국에 대한 그림인지도 모를참으로 비극적인 혼동이다 성상icon을 그렸다. 그들은 교회의 "거룩함"을 상실하고 그것을 제국에 부여했다. 아나키를 기독교 아르키로 바꾼 것은 교회의 수치였다.

따라서 오늘날 하나님을 위해 세상을 변화시키고 구원하려는 기독교 혁명에 대한 나의 가장 큰 두려움은 혁명의 실패가 아니라 그것이 성공할 수도 있다는 것이다. 나와 나의 집이 믿기는 아나키가 곧 최후의 승리라는 것이다.

제2장

▶

지배 신앙

우리는 1장에서 기독교 무지배 개념을 정립했다. 본 장에서는 반대 개념인 소위 "지배 신앙"Arky Faith에 대해 살펴볼 것이다. 지배 신앙은 그리스도인의 신앙심이 사회적 변화를 초래할 거룩한 명분과 프로그램 및 이데올로기를 만들어 낼 수 있다는 열정적 자기 확신이다. 지배 신앙은 어느 것이 참된 명분이냐에 대한 관점만 다를 뿐 기독교 좌파나 우파 모두의 특징이기도 하다. 어느 쪽이든, 참된 신자는 하늘에서 이루어진 것같이 땅에서도 이루어질 하나님의 뜻을 위해 선택된 도구가 어느 아르키인지에 대해 전혀 의심하지 않는다.

기독교 아나키와 아르키 신앙의 이분법은 지금까지 제기된 어떤 설명보다 참된 기독교를 규명하는 중요한 준거가 될 수 있다. 물론, 이 이분법은 "자유주의"와 "근본주의"라는 일반적인 신학적 이분법과의 상호 연계를 시도하지 않을 것이다. 고전적 신조나 신앙고백은 "아나키"와 "아르키 신앙" 가운데 어느 것이 정통이고 어느 것이 이단인지를 결정하는 데 도움이 되지 않는다. 우리의 연구는 다른 차원의 접근을 통해 새로운 이슈에 대해 다룰 것이다. 성경지금까지 고찰했고 앞으로도 살펴볼은 이 문제에 대해 분명히 언급한다. 다만 모든 기독교 전통이 그것을 거의 무시했을 뿐이다.

이곳의 핵심 쟁점은 전적으로 하나님의 성품에 초점을 맞추는 방식이 아니라, 하나님이 역사 속에서 일하시는 방법 및 수단과 관련된다. 그러나 지배 신앙은 신에 대한 거의 모든 개념을 포함할 만큼 광범위하다. 다음은 지배 신앙의 개념을 보여주는 대표적 목록이다.

1. 기독교 우파와 관련하여, 지배 신앙은 - 하나님이 어느 아르키를 자신이 택한 도구로 생각하시는지 그들이 알고 있다는 가정 하에- 하나님에 대해 전적으로 정통적인 관점을 가지고 있다.
2. 기독교 좌파의 많은 신학적 진보주의자들에게 있어서, 지배 신앙은 그들의 유토피아적 비전에 대한 단순한 신화적-상징적 표현으로서, 지지자들을 격려하기 위한 것일 수 있다.
3. 지배 신앙은 기독교를 넘어 인간의 보편적 종교성에 토대를 둔다. 따라서 다원론적 "하나님"에 대해 말하기보다 "인류의 영적[문화적] 진보"를 우선한다. 그것은 선택된 아르키이며 그것을 지향하기 때문이다.
4. 지배 신앙은 초월적 언급이 없는 순수한 세속적, 인간론적 용어로 표현할 수 있다.

이러한 대안들은 확실히 우리가 정의하는 지배 신앙에 한정된다. 우리는 당면한 관심사 때문에 어느 면에서 "그리스도인"이라고 주장하는 자들에 대해서만 다룰 것이다. 그러나 문제는 지배 신앙의 핵심은 "하나님" 개념보다 "인간" 개념에 가깝다는 것이다. 그러나 양자는 결코 완전히 분리될 수 없다. 실제로 엘륄은 이러한 아르키들에 대해 "그들은 끊임없이 하나님의 자리를 차지하려고 시도한다"고 말한다. 물론, 그것은 우상숭배이다. 앞으로 더욱 면밀하게 살펴보겠지만, 지배 신앙의 죄는 근본적으로 그것을 지지하는 자들이 자신의 아르키를 하나님이 사회적 구원을 위해 기름 부어 세우신 대리인으로서 메시아적 아르키로 본다는 사실에 있다. 그렇다면 이 죄는 예수께서 "거짓 메시아를 따르지 말라"는 명령을 통해 경고하신 그 죄에 해당한다.

따라서 아르키의 문제점은 하나님에 대한 이미지보다 자신에 대한 이미지에 있다. 이러한 자기 이미지의 위선은 테니슨Tennyson이 갈라하드경Sir Galahad에 대해 쓴 시에 가장 잘 드러난다. "나의 힘은 열 사람의 힘과 같다. 왜냐하면 나의 마음은 순수하기 때문이다." 이것을 예수님의 말씀과 대조해 보라. "이와 같이 너희도 명령받은 것을 다 행한 후에 이르기를 우리는 무익한 종이라 우리가 하여야 할 일을 한 것뿐이라 할지니라"눅 17:10

지배 신앙이 이런 주장을 하는 이유에는 특별한 근거가 있는 것으로 보이지 않는다. 그들이 자신의 아르키가 옳고 선하며 하나님을 섬기는 헌신이라는 확실한 믿음을 가지고 있다는 사실에 비추어 볼 때, 그들은 적어도 다음과 같은 세 가지 장점에 이끌린 것으로 보인다.

1. 지배 신앙은 도덕적 의사 결정을 크게 단순화할 수 있다. 우리는 선과 악이 항상 혼합된 실제적 개인들, 똑 같은 방식의 실제적 권력 및 상황들을 다룰 때의 다의성과 복잡성을 피할 수 있다. 이제 우리는 선 또는 악으로 명확히 구별되는 동종의 아르키 권력 집단이라는 관점에서 접근할 수 있으며, 도덕화는 무릎반사처럼 철저히 단순화될 수 있다. 따라서 "평화주의"어떤 성격이든는 무조건 선하고, 평화주의가 아닌 것은 "전쟁을 도발하는 악"이다. 미국의 자본주의 정부는 악하고 산디니스타의 사회주의 정부는 선하다. "남자다움"은 악하고 "여자다움"은 선하다. 도덕적 다수파

Moral Majority는 악하고 전국교회 연합National Council of Churches은 선하다. 다국적 기업은 악하고, 가내공업은 선하다. 이처럼 모든 인간사를 흰 모자를 쓴 아르키와 검은 모자를 쓴 아르키의 경쟁이라는 관점에서 이해하면 도덕적 선택은 놀랄 만큼 단순화될 것이다. 물론, 문제는 이러한 도덕적 판단이 도덕적 실재와는 아무런 관계가 없다는 것이다.

2. 우리는 자신의 헌신이 "선하다"고 확신하지만, 우리의 선이 선한 아르키들의 연합을 통해 힘을 "확장"하는 그런 선이 될 수 없는 이유는 알지 못한다. 그러나 엄연한 사실은 우리는 기껏해야 한 명 - 개인- 이며 아무리 순수해도 열 명의 힘을 가질 권리가 없다는 것이다. 그것은 나머지 아홉 명 - 그들의 마음이 우리만큼 순수하지 못하다고 할지라도- 의 권리이다. 우리는 "열 사람" 분량의 강의를 할 권리가 없다. 나머지 아홉 명 - 그들이 아무리 시시한 말을 할 것이라고 생각할지라도- 도 말할 기회를 얻어야 한다. "한 사람, 한 목소리, 한 투표권"의 원리가 지켜져야 한다. 신앙이 자신의 "정당성"을 내세워 "부당"하다고 생각하는 신앙을 깔아뭉개는 것은 전적으로 잘못된 것이다.

나는 많은 그리스도인우파든 좌파든이 개인적으로는 매우 온유하고 겸손하며 현실적인 자기-이미지를 가지고 있으면서도 권력에 대한 욕심을 채우고, 자신이 생각하는 거룩한 아르키를 통해 자기 의를 드러내려 한다는 사실을 알고 있다. 그들이 "의로운 명분"을 주장하는 것은 "자신의 생각"을 주장하기 위한 심리적 위장이며, 따라서 그들은 모든 사람을 유혹하는 그리스도인의 권력 의식을 정당화한다.

3. 끝으로 지배 신앙의 가장 유혹적인 요소 가운데 하나는 오늘날 "다윗과 골리앗 효과"라고 불리는 소위 "방아쇠 이론"이다. 즉, 자신의 명분의 정당성에 대해 과신하는 우리는 우리의 보잘것없는 물매에서 나온 작은 돌도

바른 장소에 정조준하기만 하면 악의 골리앗을 무너뜨릴 수 있다는 가능성을 꿈꾼다는 것이다. 물매 돌을 던지는 자는 나처럼 의로운 개인 "하나님이자 다수를 만드는 자," 우리는 자신이 있는 곳이 곧 하나님이 계신 곳이라고 주장할 만큼 뻔뻔하기 때문에이나, 작지만 거룩한 명분을 가진 소수의 그룹일 수 있다. 하지만 우리의 믿음지배 신앙은 비록 작은 힘일지라도 댐에서 "정의를 물 같이, 공의를 마르지 않는 강 같이" 범람하도록 촉발하는 핵심적인 역할을 할 수 있다. 그러나 아모스5:24는 이러한 지배 신앙과 전혀 상반된 주장을 한다. 우리의 "정의"와 하나님의 "정의"는 한 쪽이 다른 쪽을 촉발할 수 있을 만큼 일치한다고 보기에는 과녁이 너무 넓다는 것이다. 오히려 아모스는 "아르키의 정의, 종교, 신앙에서 벗어나라. 네 거룩한 노력은 하나님을 돕는 것이 아니라 그를 가로막는다. 그러니 물러나서 정의진정한 정의를 물같이 흐르게 하라"고 말한다.

방아쇠 효과가 인간의 현장에 실제로 작용한다는 데에는 의심의 여지가 없다. 또한 우리의 지극히 작은 거룩함으로 "그처럼 큰 선"을 이룬다는 것은 사실상 미몽에 불과하다. 우리가 일어나 "하나님의 남녀 백성 및 자녀여, 악한 밤을 끝내고 형제 사랑의 날이 되게 하자"고 외친다면 하나님의 기뻐하실 것 같은가? 사실 모든 혁명적 행위는 이러한 – 우리의 거룩한 돌 하나로 악을 선으로 완전히 바꾸는– 방아쇠 효과를 전제로 하는 것은 아닌가? 한 사람 – 즉 당신– 이 그렇게 할 수 있다는 것이다.

물론 함정은 있다. 즉, 홍수를 촉발하는 자는 그것이 어떤 홍수이든 받아들여야 한다는 것이다. 일단 물을 범람케 하면, 홍수의 성격은 물론 진로조차 마음대로 할 수 없다. "이 일은 우리 둘보다 크다." 따라서 마카비 혁명이 무엇을 촉발했든, 그들은 성전의 종교적 자유와 해방을 성취했다. 그러나 이어서 제어할 수 없는 물이 휩쓸고 지나가며 그것을 촉발한 자와 유대 국가의 도덕성을 황폐화시켰다. 열심당도 마찬가지이다. 그들의 계획에는 잘못된 것이 없었다. 그들이 악한 제국에 대한 봉기를 계획했으며, 따라서 그들은 이제 하나님의 메시아가 정의의 홍수로 로마를 휩쓸어버리고 이스라엘을 열방의 머리로 세우며 약속된 여호와의 날을 가져오실 것이라고 확신했다. 그러나 안타까운 말이지만, 그들이 실제로 입은 홍수의 피해는 로마보다 훨씬 더 큰 것이었다. 다시 한번 말하지만 제국을 바꾸고 혁명을 일으키겠다는 그들의 계획에는 문제가 없었다. 계획은 효과적으로 작동했으나 홍수는 자신의 길을 가며 기독교와 관련된 모든 것을 훼손시키고 말았다.

우리의 "정의"가 하나님의 정의의 강물을 촉발할 수 있을 것이라는 기대는 헛된 꿈에 지나지 않으며, 우리를 날마다 유혹하고 있다. 자신의 힘으로 홍수를 촉발할 수 있는 힘을 가진 자가 그것을 통제할 힘도 가진다면 더없이 좋겠지만, 안타깝게도 우리 가운데는 그런 사람이 없다.

기독교 역사는 주어진 시대에 어느 아르키가 실제로 하나님의 거룩한 대행자인지 결정하기 위한 논쟁을 지속하고 있다. 앞장에서 보았듯이, 기독교 지배 신앙은 하나님이 택하신 아르키가 두 가지거룩한 가톨릭 교회와 신성 로마 제국라는 절대적 확신으로 시작한다. 다른 어떤 아르키교회든 국가든, 이교도이든 이교적 그리스도인이든도 무자비하게 정복하고 제거되어야 할 하나님의 대적이다.

기독교 역사의 초기 단계에서 모든 아르키 권력은 명백히 교회나 국가 형태로 제도화 된 것으로 인식했다. 우리는 인간의 사상과 행위를 지배하기 위한 다른 제도 - 교육, 기업, 미디어 등- 도 많이 있다는 사실을 최근에야 알게 되었다.

서방 교회와 동방 교회의 분리와 함께 제국의 분열은 지배 신앙의 성격을 바꾸지 못했다. 그러나 우리는 오늘날 기독교 안에서 자신이 하나님의 아르 키이며 상대는 악이라는 절대적 확신을 가진 두 종류의 기독교 아르키를 본 다. 이 시점부터 또는 그의 교회가 가고 있는 길에 대한 하나님 자신의 생각에 따르면, 이 시 점까지 아르키 경쟁은 교회와 세상 사이에서 일어나는 것만큼 또는 그 이상으로 교회 안에서도 일어난다.

개신교의 개혁 즉, 이 과정에서 아무 역할도 하지 않은 재세례파를 제외한 정치 지향적 [관료의존적] 종교개혁[Magisterial Reformation] 역시 의미 있는 변화를 이루어내는 데 실패했다. 관료적Magisterial이라는 단어는 이 개혁이 얼마나 아르키 지향 적이었는지를 보여준다. 한 가지 바뀐 것이 있다면, 오늘날 우리는 수많은 교 회-국가 결합이 자신이 하나님의 택자임을 확인하기 위해 상호 간에 전쟁을 하는, 그다지 바람직하지 않은 장면을 볼 수 있다는 것이다.

따라서 이 장면에서 의미 있는 변화가 있는지 확인하기 위해서는 종파 다 원주의, 세속주의의 출현, 민주적 정부의 발전 및 교회와 국가의 부정한 결합 의 붕괴 속으로 들어가야만 한다. 그러나 이러한 변화는 결코 아르키 신앙으 로부터 벗어나 기독교 아나키를 향하는 변화가 아니다. 그것은 단지 현대적 형태의, 또 하나의 지배 신앙일 뿐이다.

한 사회 안에서 교회의 독점은 더 이상 대안이 될 수 없으며, 모든 교회는 - 자신만 선택을 받았다는 은밀한 또는 공공연한 확신을 유지하는 가운데서 도- 공존하는 법을 배워야 했다. 국가는 더 이상 교회와의 결합을 자신에 대 한 신적 선택의 증거로 과시할 수 없다. 그러나 자신은 공로에 의해 선택을 받았다는 시민 정부의 주장 가령, "하나님이 다스리는 나라"까지 막을 수는 없다.

그러나 오늘날 새로운 다원주의와 함께 민주적 다원주의는 전 국민이 교 회가 되는 정부의 출현을 만들었으며, 각 종파는 자신의 아르키 권력의 성격 과 목적을 재정립해야 했다. 이 권력은 선전을 통한 지배이며, 더 이상 법령에 의한 지배가 될 수 없다. 그것은 더 이상 거룩한 성례나 거룩한 말씀 전파 그렇지않고 그들이 거부할 경우, 지옥으로 갈 것이라는 정죄를 통해 모든 백성에게 구원을 부여하는 권력이 될 수 없다. 이제 지배 권력은 하나님의 뜻을 보다 은밀하고 강력하게 이 땅에서 이루어지게 할그렇지 않고 그들이 거부할 경우, 그들을 핵지옥으로 보내어 버리는 복음화, 기독교적 양육, 도덕적 교훈 및 사회적 개혁이라는 제도적 프로그램의 권력이 되어야 한다. 누구의 아르키가 하나님이 택하신 권력이냐에 대한 확신은 이전 못지않으며, 이 아르키가 세상을 구원할 수 있는 권력이라는 확신도 여전하다.

오늘날 기존의 종파들은 대중으로부터 "하나님의 기름 부음"을 받았다는 선택을 받지 못하고 있다. 일부 그리스도인은 세계 공의회와 대리자들을 더 크고 훌륭한강력하고 효과적인 권력으로 생각하며, 따라서 자신의 소망과 헌신을 그곳에 둔다. 어떤 그리스도인은 파라처치Parachurch 조직과 명분 그룹 YFC로부터 Sojouners에 이르기까지 어떤 그룹이든을 하나님의 미래적 아르키로 본다. 다른 그리스도인은 오늘날 전적으로 세속적인 운동이나 명분 그룹, 또는 여러 당파 가운데 하나를 하나님이 택하신 진정한 아르키라고 믿는다. 이것은 콘스탄틴 시대부터 지금까지 교회의 지배 신앙이 완전한 성공을 거두었다는 뜻이다.

시민 정부의 아르키도 달라진 것이 없다. 콘스탄틴 계열의 거룩한 교회와 국가가 대부분 사라진 것은 사실이지만, 이것은 결코 신적 택함을 받은 정부의 존재에 대한 믿음이 사라졌다는 것은 아니다. 과거 독일의 많은 그리스도인은 확실히 제3제국Third Reich의 아르키를 하나님의 권력으로 받아들였다. 오늘날 미국의 많은 그리스도인은 미합중국을 그런 식으로그렇지 않으면, 다시 기독교화하는 과정에 있는, 여전히 선택된 아르키로 받아들인다.

물론, 이런 현상에 대해 비웃는 그리스도인이 많지만, 이것은 결코 그들이

지배 신앙을 포기했기 때문이 아니다. 그들은 기존의 우파 정부는 하나님이 택하신 권력이라는 생각을 비웃지만, 이것은 그들이 하나님은 사회 정의와 개혁을 말하는 혁명적 좌파 정부를 선택했다고 믿기 때문이다. 내가 현재형 "말하는"을 사용한 것은 그들이 지금까지 거둔 "업적"에 따라 평가를 시작할 무렵이면, 이미 참된 신자는 아르키에 깊이 빠진 상태여서 자신의 선택에 대한 변호에만 급급하기 때문이다. 따라서 지배 권력은 – 우파든 좌파든– 동일하며, 차이점이 있다면 어느 것이 하나님의 아르키이며 어느 것이 사탄의 아르키냐는 것뿐이다.

나의 처음 의도는 러시아 혁명이 가장 훌륭한 평화와 형제 사랑의 귀감으로서 세상에 대한 하나님의 선물이라는 당시 월터 라우센부쉬Walter Raus-chenbusch의 주장을 인용함으로써, 그의 주장을 이 시대의 전반적 현상으로 규명하는 것이었다. 그러나 나는 이것이 영원한 현상처럼 우리와 함께해 왔다는 사실을 알았다. 우리는 이어지는 장에서 주전 2세기의 유대인이 마카비 혁명을 어떻게 받아들였는지에 대해 사회 정의의 특징해방, 형제 사랑 및 평화에 대한 그들의 진술에 기초하여 살펴볼 것이며, 첫 번째 기독교 세기의 그리스도인이 열심당 혁명을 어떻게 받아들였는지에 대해서도 같은 기준에 의해 살펴볼 것이다.

많은 그리스도인이 널어놓는 찬사에 근거해 볼 때, 그들은 미국 혁명을 하나님의 뜻으로 받아들이는 것이 분명하다. 프랑스 혁명 역시 그리스도인으로부터 같은 찬사를 듣고 있다. 말콤 머거리지Malcolm Muggeridge는 우리에게 영국의 그리스도인이 어떻게 라우센부쉬처럼 러시아 혁명에 대해 마음을 빼앗겼는지 잘 보여준다. 많은 그리스도인은 베트콩/북 베트남 "혁명"을 지지한다. 많은 그리스도인은 국왕을 몰아낸 이란 혁명에 대해서는 침묵하면서도 쿠바 혁명은 선한 것으로 확신한다. 물론 오늘날 많은 그리스도인은 니

콰라과의 산디니스타 혁명을 "기독교 아르키"로 환영한다. 그들은 우파를 레이건 행정부의 아르키로 보지만, 양쪽 모두 상대에 대해 기독교에 부합되지 않는다고 생각한다.

흥미로운 사실은 혁명적 지배 신앙을 지지하는 그리스도인은 정권이 평화와 정의를 말하기만 하면 그것이 교회를 지지하든 반대하든 개의치 않는다는 것이다. 확실히 일부 혁명은 자신이 말한 것에 대해 다른 혁명보다 더 많이 성취했다. 그러나 그것은 중요하지 않다. 산디니스타 혁명에 대한 신적 선택을 지지하는 그리스도인이 신성 로마 제국에 대한 신적 선택을 지지하는 그리스도인보다 지혜로운지 어리석은지는 논쟁할 필요조차 없다. 둘 다 잘못된 것이기 때문이다. 유일한 문제는 과연 사람을 구원하기 위해 하나님이 택하신 인간 아르키 - 교회, 국가, 명분 그룹 등- 가 존재하느냐는 것이다.

따라서, 지금까지 살펴본 모든 역사에 대해 참된 기독교 아나키스트는 우리가 얼마나 잘못되었는지에 대한 회의를 느낄 뿐이다. 어쨌든 이러한 일련의 역사가 복음에서 멀어진다면, 그것이 진보인지 퇴보인지 누가 알겠는가? 그리고 악인에 대한 비난은 아무런 소용이 없다. 왜냐하면, 특별한 악인은 없기 때문이다. "우리는 다 정확히 양 같아서 그릇 행하고… 그릇 행하며… 그릇 행한다." 우리는 그것에 대해 애통해하거나, 차라리 그것의 부조리를 비웃음으로써 눈물을 가리는 수밖에 없다.

계속되는 기독교 역사 속에는 유난히 두드러진 두 교회, 특히 두 기독교 집단이 나타난다. 그들은 신약성경에 나타난 초대 교회와 프로테스탄트 개혁주의의 재세례파이다. 나는 이들을 진정한 기독교 아나키의 유일한 사례라고 주장하지 않지만 나의 관심사 및 연구는 이들에 집중될 것이다. 신약성경은 지금까지와 마찬가지로 앞으로도 초점의 대상이 될 것이며, 따라서 여기서는 재세례파에 대해 살펴보는 것이 적절할 것이다.

재세례파의 기독교 아나키에 대한 결정적 연구는 제임스 스테이어James M. Stayer의 『재세례파와 칼』*Anabaptism and the Sword* [Coronado Press, 1976]이다. 스테이어는 정치적 "반-아르키"라는 의미 외에는 "아나키즘"이라는 용어를 사용한 적이 없다. 그러나 스테이어에게는 그가 사용한 용어들보다 "기독교 아나키"가 더 부합되는 표현으로 보인다. 그는 1페이지에서 16세기의 신학적 논쟁에서 "칼"롬 13:4은 일반적으로 "이 땅의 모든 힘"을 의미했다는 사실을 지적한다. 스테이어 자신은 이것을 시민 국가가 행사하는또는 그것에 대항하는 물리적 폭력에 한정하는 경향이 있다. 그의 재세례파 자료는 기성 교회에 상황을 알리는 일에 보다 많은 관심을 가진다. 그러나 신학적 이슈 자체는 이 용어를 소위 "부과적 압력"이라고 불리는 모든 것을 포괄하는 광범위한 용어로 확장할 것을 요구하며, 따라서 "칼"은 "지배아르키 권력"으로 번역한다.

스테이어는 두 가지 전제를 통해 "고전적 재세례파 역사 기술"에 대한 도전을 시작한다. (a) 재세례파는 처음부터 계속해서 기독교 아나키스테이어의 용어 대신 우리의 용어로 표현하면를 표방해왔다. (b) 재세례파 운동은 전 과정에서 동일한 아나키 신학을 제시해왔다. 스테이어가 자신의 주장에 대한 정당성을 입증했다는 데에는 의심의 여지가 없다. 그러나 그는 이 과정에서 자신이 얼마나 "고전적 해석"을 입증하는데 다가갔는지 몰랐던 것으로 보인다.

(b)와 관련하여, 만일 "재세례파"를 신자들의 세례 행위를 기준으로 규명한다면, 이 운동의 기원은 1525년으로 볼 수 있다. 스테이어의 연구에 따르면 그 해로부터 5년이 지나지 않아 느슨한 조직의 재세례파 모임 가운데 상당수의 사람이 신학적 논리에 있어서 약간의 차이에도 불구하고 자신을 "아나키스트"로 생각하며 공감대를 형성했다. 중요한 것은 이처럼 확장된 공감대가 오

늘날의 "재세례파 전통"으로까지 이어져 내려오고 있다는 사실이다. 엄밀한 의미에서 "5년 후"는 "처음부터"와 의미가 다르지만 역사 전체의 관점에서 두 표현은 같다고 생각한다. 나의 추측은 루터파나 칼빈주의자가 독특한 신학적 입장으로 엉기어 굳어진 것처럼 재세례파도 기독교 아나키를 고착화했다는 것이다.

b와 관련하여, 스테이어는 초기에는 기독교 아나키보다 혁명적 지배 신앙을 주장하는 분파들이 있었음을 보여준다. 그들 가운데 일부는 확실히 칼을 '권력을 무너뜨리고 그 나라를 세우기 위한 하나님의 도구'로 생각했다. 다른 분파들은 칼을 꺼렸으며, 덜 폭력적인 방법과 제한된 힘을 통해 하나님의 혁명을 더욱 평화롭게 성취하기를 바랐다.

우리는 앞서 예수님과 바울 및 엘륄과 같은 현대인을 통해 스테이어가 여기서 부지중에 발견한 이치에 대해 살펴본 바 있다. 우리는 이어지는 장에서 칼 바르트가 강조한 패턴을 만나게 될 것이다. 그러나 - 일반적으로 제도적 권력의 지배 아래 있거나 시련과 마주한- 기독교 무지배주의자는 기존의 권력을 정당화하거나 그것과 결탁하려는 유혹에 빠지지 않는다. 오히려 그들은 정당화의 유혹을 거부하고, 정당한 혁명을 외치는 좌파 아르키와 구별되기 위해 끊임없이 분투한다.

사실 기독교 아나키스트는 환멸을 느낀 혁명가나 아나키스트가 아니었다면 혁명가가 되었을 사람들- 로부터 나타나는 경향이 있다. 기독교 아나키스트와 좌파 혁명가는 기존의 제도적 질서는 근본적으로 변해야 한다고 주장하는 정의와 공의에 대한 열정을 공유한다. 그러나 아나키스트는 인간적 신앙이나 지혜의 힘은 이러한 변화를 초래하거나 주도할 능력이 있다고 생각하지 않는다. 그들은 이러한 변화가 오직 하나님으로부터만 가능하다고 믿는다. 따라서 이 점에 있어서 그들은 하나님의 주권을 강조하는 보수적 우파와 유사하다. 그러나 아나키스트는 그들에게서도 불편함을 느낀다. 왜냐하면 현재의 질서는 하나님의 뜻이라는 보수의 논리를 받아들일 수 없기 때문이다. 따라서 기독교 아나키의 출현은 좌파로부터 시작한 것처럼 보이지만, 자유주의나 보수적 기독교의 한 변종이 아니다. 기독교 아나키는 자체적으로 존재한다. 이 문제에 대해, 좌파와 우파는 둘 다 기독교 아나키에 대한 왜곡된 버전이라는 설명이 바람직한 것으로 보인다.

그러나, 스테이어가 제시한 설명에서 빠진 부분이 있는데 그것은 재세례파 "혁명주의"는 모두 비정상적이었으며 단명했다는 것이다. 또한, 재세례파 운동은 대부분 일방적이다. 즉, 혁명가와 그들의 단체는 함께 사멸되거나 참된 기독교 아나키로 흡수되었다는 것이다. 스테이어는 드문 경우이긴 하지만 아나키적 재세례파 운동이 혁명 운동으로 돌아선 반대적 사례도 있었음을 보여준다. 초기의 모호한 상황에서 기독교 아나키만 사실상 일치된 공감대를 형성한 재세례파로 살아남았다.

이제 스테이어가 보여준 것은 이러한 주류 아나키스트의 총의 안에 그리스도인에게 어떤 정치적 개입이 얼마나 허용되는지에 대한 다양한 의견이 존재한다는 것이다. 그러나 이들 가운데 아르키의 성취 가능성에 대한 "믿음"을 가진 자는 없기 때문에 모두 기독교 아나키에 해당한다. 따라서 다양성에 대한 스테이어의 강조에도 불구하고 그의 연구는 "루터파와 이신칭의," 또는 다른 기독교 전통과 특정 교리와 마찬가지로, "재세례파와 기독교 아나키"를 일반화하는 진술이 전적으로 타당함을 보여준다. "일반화"는 반드시 "만장일치"를 의미하는 것은 아니다.

우리가 사용하는 "기독교 아나키"라는 표현에 대해, 스테이어는 "비정치주의"apoliticism라고 부른다. 그는 이 범주를 "온건한 비정치주의"와 "근본적 비정치주의"로 나눈다. 물론, 이 구분은 현실적이다. 그러나 이것은 거룩한 아르키를 사회적 구원에 대한 수단으로 보는 자와 이런 관점을 거부하는 아나키스트 사이의 근본적인 신학적 구분에 영향을 미치지 않는다. 다른 곳 특히 p. 122에서 스테이어는 "무저항 분리주의자"라는 용어를 사용한다. "분리주의"그는 "주류 사회로부터의 분리"로 정의한다는 스테이어가 말하는 "비정치"와 정확히 일치하는 것으로 보인다. 이 용어에 대한 비평에서 다룰 것이다. 그는 "비저항"을 "물리적 힘을 사용하는 것에 대한 거부"로 정의하지만, 이 단어는 모든 형태의 부과적 아르키 권력에 대한 거부를 포함하는 의미로 확장할 필요가 있다.

그렇다면, 엘륄이 예수님의 아나키즘을 "비정치적"으로 부르는 것에 대해 강력히 반대한 사실을 상기해보라. 물론 이것은 전적으로 "정치적"이라는 말이 무엇을 의미하는지에 달려 있다. 자신의 목적에 따라 공적인 일을 부과적으로 조작하고 지시하기 위해 영향을 미치려는 "의도적으로 계산된" 행위만 정치로 볼 경우, 예수님과 제세례파는 정치적이라고 할 수 없다. 그러나 반대로, 이 용어를 공무에 영향을 미치는 모든 행위로 정의할 경우, 예수님과 재세례파는 정치적이다. 따라서 "비정치"를 사회 생활로부터의 분리 및 철수나, 주변 세상에 아무런 영향도 미치지 않는 행위로 규정할 경우, 이 용어를 재세례파에게 적용하는 것은 잘못된 것이다.

당시에 사회적 책임이 주어진 90퍼센트의 사람들에게 "정치적"이라는 단어를 적용할 수 있었다면, 재세례파에 대해 본질상 "비정치적"이라고 묘사하는 것이 이치에 합당한가? 역사상 어떤 교회보다 많은 사람의 이름이 정치적 기록으로 남아 있고 법정에서 그들에 대한 재판 및 처형이 이루어진 시대에, 재세례파를 "비정치적"이라고 부르는 것이 적절한가? 그렇다면, 그들이 법정에 간 것은 일반적 의미의 정치와 무관한 행위여야 할 것이다. 그러나 그들은 정치적 재판 과정에서 적극적이고 솔직하게 행동했으며, 그들의 범법 행위는 상당한 정치적 결과를 초래하지 않고서는 일어날 수 없는 것이었다.

그뿐만 아니라 국가교회, 종족 교회, 지역교회라는 기존의 개념에 맞서 신자교회, 자발적교회, 회중교회라는 개념을 기독교에 도입한 것도 재세례파이다. 이것은 의심의 여지가 없는 사실이다. 그 후 이 개념은 최근에 교황이 이탈리아는 세속적 국가이며 가톨릭 국가가 아니라고 말함으로써 로마 가톨릭조차 회중 교회임을 인정할 만큼 성공적으로 자리 잡았다. 재세례파가 아르키 개혁을 향한 부과적 압력이라는 수단을 통해 이처럼 현저한 변화를 도출하지 않았다는 것은 분명하다. 이 변화는 재세례파가 없었어도 일어났을 것이라고 주장하는 사람들도 있을 것이다. 그럼에도 불구하고 이러한 도시의 변화는 그들의 자취를 따라 일어났으며, 이런 그들에게 "비정치적"이라는 용어는 적절하지 못하다.

또한, 재세례파의 후손은 교회를 부르신 목적에는 세상의 가난하고 소외된 자에 대한 물질적 섬김의 사역이 포함된다는 사실을 처음 깨달은 자 가운데 하나로 보인다. 오늘날 교회는 이 의무를 보편적으로 인식하고 있다. 여기서도 마찬가지로, 이 사상을 받아들이거나 강요하는 아르키적 노력은 결코 없었다. 그러나, 어쨌든 기독교 세계의 도시는 변했다. 실제로 기독교 역사의 전반에 걸친 각자의 궤도를 추적해보면 정치 과정을 조작하려고 했던 혁명주의자보다 "비정치적" 아나키스트가 정치적으로 훨씬 건설적인 영향을 미쳤다는 사실을 알 수 있다. 따라서 만일 일반적 용례처럼, "비정치적"이라는 용어가 "현실과 동떨어진"이라는 의미라면, 재세례파나 다른 형태의 기독교 아나키에 대해 이 용어를 적용하는 것은 옳지 않다. 스테이어도 지금은 "비정치적"이라는 단어가 잘못되었다는 사실을 인정하며, 이 용어를 메노나이트 역사가로부터 빌린 것일 뿐이라고 설명한다.

재세례파 지도자들의 "칼"에 대한 다양한 입장과 관련된 기본적 자료를 충실히 제시한 것과 별도로, 스테이어의 책은 재세례파가 아닌 개혁자들의 입장에 대해서도 유사한 자료를 제공함으로써 큰 유익을 준다. 따라서 그는 다양한 유형의 지배 신앙과 기독교 아나키의 차이를 명확히 하도록 도와준다. 따라서 아래 자료는 나의 해석과 적용이지만, 정보의 대부분은 스테이어가 제공한 것이다.

마틴 루터 Stayer, pp. 33-44: 놀랍게도 스테이어는 "칼"에 대한 루터의 공표된 입장특히 로마서 13장에 대한 주석을 토대로, 루터가 다른 어떤 개혁가보다 아나키적 제세례파에 근접한 사실을 발견한다. 루터는 우리가 블룸하르트와 엘륄을 통해 이미 들은 것과 칼 바르트와 본회퍼에게서 들을 내용과 크게 다르지 않은 주장을 한다.

> 보라, 이 사람들[그리스도인]은 세상의 칼이나 법이 필요 없다. 세상이 진정한 그리스도인 즉, 참된 신자로 가득하다면 군주나 왕이나 통치자나 칼이나 법이 필요 없거나 쓸데없을 것이다.p. 37

> 세속적 권위는 결코 그리스도에게 속한 권위가 아니며 다른 모든 직무나 재산과 마찬가지로 외적인 일에 해당한다.p. 38

> 복음을 따르며 자신과 자신의 소유에 대한 부당한 처사를 참된 그리스도인이 참아야 할 당연한 고난으로 여기라p. 43

> [스테이어는 루터를 인용한다] "하나님의 눈에는 세상 권력이 하찮은

것"이기 때문에 그것의 남용에 대해 적극적으로 저항할만한 가치가 없다. "그런 질서가 필요하기는 하지만, 그것은 하늘에 이르는 방법도 아니고 세상이 그로 인해 구원을 받는 것도 아니다. 우리에게 필요한 것은 정확히 세상이 더 악화되지 않도록 유지하는 그것이다"p. 43

지배와 왕권은 마지막 날까지 존속하겠지만, 그 후에 세속적이든 영적이든 모든 공적인 권력은 폐기될 것이다.p. 44

물론 이러한 언급들이 칼에 대한 루터의 모든 생각을 보여주는 것은 아니다. 그러나 이것은 인간의 아르키로부터는 어떤 하나님의 선도 기대하기 어렵다는 진정한 아나키스트적 회의론을 보여주기에 충분하다. 따라서 스테이어는 루터에게 재세례파의 "급진적 비정치주의"에 맞선 "온건한 비정치주의"라는 이름을 붙인다. 그러나 스테이어는 루터의 이론과 함께 그의 실제에 대해 고찰하지 못했다. 나는 이러한 고찰이 이루어질 경우, 루터는 기독교 아나키스트의 대열에서 제외될 것이라고 주장한다. 오히려 그는 특정 성향의 지배 신앙을 받아들인다.

루터는 강력한 보수적 성향의 사고를 지녔으며, 따라서 수시로 제도적 아르키의 권력을 정당화한다. 원칙적으로, 그는 어느 면에서 "비정치적"이 아니다. 그는 "군주"와 그들의 칼에 의지하여 자신의 개신교 교회를 법적으로 뒷받침하고 대적으로부터 보호하게 했다. 그는 확실히 세속적 아르키를 사용하여, 자신이 믿고 있는 것이 세상에 대한 하나님의 역사임을 보이려 했다 그는 아나키적 교회가 진정한 기독교의 형태임을 잘 알고 있었지만 이러한 사실은 그의 저서, 『독일 미사와 예배 규정』*The German Mass and Order of Worship*에 잘 나타난다, 몇 가지 타산적인 이유로 국가-교회 아르키 구조를 유지하는 선택을 한다. 그는 만인 제사장제를 주장하지만 성직자와 평신도를 구별하는 엄격한 아르키 권력을 시행한다. 루터는 혁명과 관련된 움직임을 두려워하며, 농민 혁명 – 그리고 루터가 같은 사상을 가졌다고 생각하는 재세례파 "광신자들"– 을 잔인하게 진압한 군주에게 복을 빈다. 루터는 확실히 보수적인 제도적 아르키가 실제로 인간을 위한 하나님의 계획에서 중요한 역할을 한다고 믿는다.

이러한 믿음의 배후에 있는 루터의 관심사는 전적으로 정당하고 칭찬받을 만하다. 그는 사람들에게 일어나는 일에 관심을 가진다. 예를 들면, 『독일 미사와 예배 규정』에서 루터는 신약성경에 분명히 나타난 회중 교회 개념을 거부한다. 왜냐하면, 그런 그룹을 선택할 자는 소수에 불과하며, 이것은 사실상 많은 사람을 교회의 구원 밖에 두기 때문이라는 것이다. 루터에게 있어서 강력한 제도적 질서의 안정은 인간의 죄를 억제하고 살기에 적합한 사회를 만들 수 있는 유일한 요소이다. 이러한 생각이 옳든 그르든, 지배 신앙에 대한 그의 보수적인 정당화는 설득력이 있고 전적으로 존경할 만하다.

토마스 뮌처 Thomas Müntzer, [*Stayer*, pp. 73-90]: 뮌처의 지배 신앙은 마틴 루터의 그것과 정반대이다. 그는 오늘날 "해방신학"의 16세기 대표자이다. 뮌처에게 있어서, 가난하고 압제당한 자를 위해 기존의 아르키 체제에 맞선 혁명은 역사에 드러난 하나님의 칼이다. 뮌처가 지원한 농민 전쟁이 예수 이전 마카비 혁명이나 예수 이후 열심당 혁명과 마찬가지로 비극적인 결말을 맞았다는 것은 사실이다. 그러나 세 전쟁 모두 전적으로 "의로운" 혁명이며, 다른 대안이 없었기 때문에 폭력으로 돌아섰다는 것은 의심의 여지가 없는 사실이다. 뮌처는 루터처럼 모든 면에서 신실하고 경건한 자였으며, 그의 논거는 설득력이 있다.

에라스무스Desiderius Erasmus, [*Stayer*, pp. 52-56]: 에라스무스는 쯔빙글리아래 참조에게 많은 영향을 미쳤으나, 그의 사상은 별도의 범주를 형성할 만큼 독특하다. 에라스무스는 20세기 미국의 사회 복음Social Gospel을 처음 지지한 자로 알려진다. 그의 신앙은 또 하나의 혁명적 지배 신앙이다.뮌처의 지배 신앙과 크게 다른 것은 아니다 에라스무스가 지지하는 것은 "비폭력적, 평화적 혁명"이다. 따라서 그의 신앙은 소위 예수-신앙Jesus-Piety 아르키에 초점을 맞춘다. 예수님은 완전한 선생이며 사랑의 모범으로 따라야 한다는 것이다. 따라서 에라스무스의 신앙은 이러한 평화적 휴머니즘의 아르키가 하나님이 세상을 바로잡기 위해 택하신 도구라고 확신한다.

오늘날까지, 기독교 좌파가 가장 유혹당하기 쉽고, 기독교 아나키와 구별하기 어려운 것은 이러한 형태의 지배 신앙이다. 그러나 양자의 차이는 매우 근본적이다. 즉, 기독교 아나키는 어떤 인간 아르키도 인간을 위한 하나님의 궁극적인 뜻을 이룰 수 없으며, 이 세상에 속하지 않은 하나님 자신의 아르키만이 그의 뜻을 이룰 수 있다는 확신에 기초한 반면, 에라스무스주의는 하나님이 그의 나라를 가져오시기 위해 인간의 평화주의 신앙의 정치적 아르키 권력에 전념하신다는 확신에 궁극적 신앙의 토대를 둔다. 그러나 이러한 차이에도 불구하고, 에라스무스의 신실하고 참된 기독교적 헌신에는 의심의 여지가 없다.

쯔빙글리Ulrich Zwingli, [*Stayer*, pp. 49-69]: 쯔빙글리는 재세례파와 가장 직접적인 관계가 있는 개혁가로, 그의 취리히 교회는 재세례파가 시작된 산실이다. 쯔빙글리는 에라스무스의 사회적 복음 자유주의에 대해 라인홀드 니버Reinhold Niebuhr와 같은 궤적의 반응을 보였다. 따라서 스테이어는 쯔빙글리에 관한 장chapter에 "에라스무스의 평화주의로부터 기독교 현실정치까지"From Erasmian Pacifism to Christian Realpolitik라는 제목을 붙였다. 쯔빙글리도 기독교 신앙의 아르키에 대한 믿음을 가지고 있었다. 그러나 그는 에라스무스의 사상이 지나치게 고지식하고 단순해서 죄로 가득한 세상의 냉엄한 현실에서 통하기 어렵다고 생각했다. 따라서 쯔빙글리는 기독교 신앙이 선을 위해 점차적으로 세상을 혁명해야 한다는 에라스무스의 비전도 어느 정도 가지고 있었다. 그러나 그는 이러한 비전이 취리히에 있는 그의 제도권 교회의 아르키와 취리히 시의회의 아르키를 결합하려는 노력으로 이어질 것이며, 그것도 올바른 방향의 정치적 영향력을 행사하게 될 것이라고 생각했다. 쯔빙글리는 이 과정이 순조롭게 진행되기를 희망하면서도, 필요하면 평화적인 수단 이상의 방법도 강구할 준비를 했다. 그는 칼을 하나님의 공의의 도구로 받아들인 뮌처나, 그것을 거부하고 인간의 자생력을 주장한 에라스무스가 아니었다. 쯔빙글리는 자신의 목적이 그 나라의 도래가 아니라 취리히의 기독교화라는 사실을 인식할 만큼 현실적이었다. 따라서 쯔빙글리의 실용적 지배 신앙도 다른 사람들과 마찬가지로 진실하며 진정한 기독교적 확신으로부터 나왔음이 분명하다.

이상의 네 입장 가운데 루터의 비전은 확실히 가장 회의적이며, 따라서 가장 현실적이기도 하다. 루터가 정당화한 체재는 사회를 통합한다. 그것은 루터가 원하는 것이었다. 쯔빙글리는 가장 낙관적/현실적이지만, 실제로 취리히가 "기독교" 도시가 되었는지는 알 수 없다. 뮌처와 에라스무스의 비전은 상반된다. 그러나 둘 다 실제적 권력의 축적보다 다윗과 골리앗의 "방아쇠효과" 및 힘을 열 배나 확장할 수 있는 순수한 마음에 초점을 맞춘 이상주의적 사상이라는 공통점을 가지고 있다.

네 가지 입장은 각각 타당한 근거가 있다. 어느 것이 가장 실현 가능한 대안인지에 대해서는 논쟁의 여지가 있겠지만, 나는 가장 "기독교적"인 관점을 선택할 수 있다는 생각을 믿지 않는다. 네 관점 모두 성경적 근거를 발전시키기에는 문제가 있기 때문이다. 그러나 명백한 차이에도 불구하고 네 가지 관점이 공통적으로 가지고 있는 확신은 하늘에서 이루어진 하나님의 뜻을 땅에서도그리고 땅을 위해 이루기 위해 선택된 거룩한 인간 아르키특정 유형의아르키가 존재한다는 것이다.

재세례파: 재세례파는 "비정치적"이 아니라 "무지배아나키적"이라는즉, 인간 아르키는 하나님의 구원 계획을 위한 역할을 할 수 없다고 생각한다는 점에서, 앞서 살펴본 모든 입장과 근본적으로 구별된다. 재세례파는 지배 신앙의 범주에 해당되지 않는다.

스테이어의 최근 저서는 이 문제에 대해 보다 많은 통찰력을 제공한다. "평화 교회의 혁명적 기원"The Revolutionary Origins of the "Peace Churches"Brethren Life & Thought, Spring 1985이라는 그의 논문 제목은 정확히 "평화 교회의 반혁명적 기원"으로 해석할 수 있다. 스테이어가 강력히 주장하는 논지는 16세기 재세례파와 17세기 퀘이커교는 거창한 약속을 가진 것처럼 보였던 정치적 혁명이 정의를 구현하지 못하고 실패한 데 따른 기독교의 신학적 반응이라는 것이다. 따라서 혁명에 대한 반응으로 일어난 그들은 아나키즘과 비폭력이라는, 전적으로 반 혁명적인 입장을 취한다. 스테이어는 1527년의 슐라이트하임 신앙고백Schleitheim Confession에 기초하여 그들을 "모든 제도적 교회와 정부[말하자면, 우파와 좌파, 기존의 체제와 혁명], 그리고 그들의 예배 및 '끔찍한 폭력적 무기'를 거부하는" 전형적 모습으로 제시한다.

그들을 통해 얻은 전적으로 바르고 성경적인 결론은 이것이다. 즉, 인간은 악해서 부과적 권력을 시행하는 과정에서 타락할 수밖에 없기 때문에 인간적 권력 정치의 어떤 프로그램도 사회적 정의의 수단이 될 수 없다는 것이다.

그러므로 우리는 이 세상의 권력으로부터 돌아서서 진정한 공의의 원천이자 소망이신 하나님께로 향해야 한다. 물론 재세례파에게 혁명에 대한 각성을 불러일으킨 것은 독일의 농민 전쟁이다. 퀘이커교의 경우, 청교도 혁명에 대한 미몽에서 깨어났다. 그러나 나는 스테이어가 도처에서 발견되는 하나의 패턴에 대해 알았을 것이라고 생각한다.

"혁명적"이라고 부를 수 있는 정파와 연결되었는지는 모르겠지만 아무런 정의도 시행하지 못하고 무위로 끝나버린 30년 전쟁은 확실히 독일 경건주의의 반응 및 급진파형제교회의 기원이 되었다의 권력 회피적 아나키를 촉발하기에 충분했다. 우리는 신약성경의 원래적 기독교 아나키를 마치 로마에 맞선 열심당의 해방 노력의 실패에 의해 촉발된 것처럼 "수동적인 것"으로 보아서는 안 될 것이다. 확실히 이러한 아나키즘은 열심당의 혁명이 재앙으로 끝나기 전부터 존재했다. 그러나 성경은 분명히 긍정적인 신학적 대안다른 선택이 부정적인 열심당 혁명주의와 맞설 때 기독교 아나키가 발전했다는 사실을 증거한다.

자끄 엘륄은 자신을 성경적 기독교 아나키의 입장으로 돌아서게 한 것은 혁명적 개입에 대한 근본적인 각성 때문이라고 분명하게 말한다. 칼 바르트의 경우, "혁명"이라는 단어를 적용하는 것이 적절치 않을 수 있다. 그러나 1차 세계대전의 발발과 함께, 바르트에게 인간의 신앙에 의한 정치에 대한 믿음으로부터 벗어나 권력을 버리고 하나님의 나라에 대한 소망으로 돌아서게 한 것은 바로 종교사회주의 및 새로운 개신교 신학Neo-Protestant theology의 '평화와 정의'의 힘의 "항복을 통한 붕괴"였다. 기독교 아나키가 존재하는 목적은 인간의 정의를 세상에 부과하려는 시도가 얼마나 위험하고 믿을 수 없는 것인지 발견한 후 희망이 사라진 백성에게 하나님의 공의를 향해 반응하게 하는 것이다.

그러나 이러한 분석에 대해 스테이어는 이 모든 기독교 아나키스트는 혁명가였거나 혁명가가 될 뻔한 사람이었다는 사실을 강조하고 싶어 한다. 기독교 아나키스트와 혁명가 사이에는 상당한 유사성이 있다는 것이다. 물론, 스테이어의 말은 타당하며, 나는 언제든지 그의 논지를 인정할 준비가 되어 있다. 그러나 이러한 스테이어의 주장은 앞으로 살펴볼 장에서 칼 바르트에 의해 확실하게 드러날 결론을 약화시키는 것이 아니라 오히려 강화한다.

바르트에 의하면, 로마서 13장에서 사도 바울은 로마 체제나 그것에 맞서 싸우는 열심당 혁명 모두에 대해 신적 정당성을 부여하지 않는다. 바울은 복음을 우파나 좌파로 규명하는 것을 허락하지 않지만, 우파의 체제보다 좌파의 혁명에 대해 더욱 엄격히 질책한다. 왜 그런가?

> 혁명적 영웅주의는 반동적 근본주의보다 훨씬 사악하고 훨씬 위험하다. 왜냐하면 그는 그만큼 진리에 가깝기 때문이다. 따라서 우리에게 "반동주의"는 위협적이지 않지만, 그의 붉은 형제는 큰 위험이다. 바르트는 당시 그럴듯한 옳은 주장만 내세운 볼세비키 혁명의 위험성을 상기시킨다.⋯ 이 혁명가는 근본주의보다 더욱 "악을 이길 수 없다." 왜냐하면, 그는 "아니오"라고 주장함으로써 어울리지 않게 하나님 근처에 서 있기 때문이다.

아멘. 이것은 좌파 혁명주의와 기독교 아나키 사이의 부인할 수 없는 "정치적" 유사성평화, 정의, 자유 및 인간의 행복에 대한 헌신을 정확히 제시한 것으로써, 왜 둘 사이의 근본적인 "신학적 대립"을 찾는 것이 중요한지를 잘 보여준다. 기독교 아나키스트는 은밀한 혁명가나 유사 혁명가, 원시 혁명가, 또는 혁명가의 온순한 정적주의 동료가 아니다. 그들은 적어도 혁명에 환멸을 느끼고 그것으로부터 신학적 양자비약quantumjump을 이루어낸 혁명가이다.

그러나 오늘날 학생 자유 발언 운동Student Free Speech Movement 및 성적 혁명Sexual Revolution을 포함하여, 러시아 혁명을 시작으로 쿠바 혁명, 니카라과 혁명 등 수많은 혁명이 예수 그리스도의 교회로 하여금 기독교 아나키로 반응하게 한다는 사실을 누가 알겠는가? 이런 상황에서 내가 이 분야에 관심을 집중하게 된 것은 재세례파-형제 교회-메노나이트 지도자들이 오랜 세월을 거쳐 입증된 아나키즘을 버리고 오늘날 막다른 골목에 이른 혁명주의라는 정반대의 방향으로 가고 있다는 사실을 발견했기 때문이다. 따라서 나는 부디 이 책을 통해 그들이 혁명에 대한 환멸을 느끼고 자신이 속한 기독교 아나키로 돌아오기를 바란다.

신약성경 교회와 16세기 재세례파는 다른 지배 신앙과 대조되는 다섯 가지 공통적 요소를 가지고 있다.

a. 신약성경 교회와 16세기 재세례파는 어떤 권력 당국에 대해서도 정당화하지 않는다. 모든 권력은 하나님이 묵인하신 것으로, 그의 인정을 받았다고 자랑할 수 있는 권력은 없다.

b. 그들은 아르키를 위해 싸우거나 물리적이든 언어적이든 그것과 경쟁하지 않는다. 심지어 싸우는 것을 가장 악한 것으로 여긴다. 그들은 아르키에 머리를 숙이거나 그것에 군림하려 하지 않는다. 인류의 미래는 결코 그러한 권력 다툼에 달려 있지 않다.

c. 그들은 세상 사람들에게 자신을 중요한 존재로 보이게 하는 데 관심을 두지 않는다. 즉, 자신의 권력을 공고히 하거나 그것을 효과적이고 영향력 있게 하는 조직적 구조를 찾으려 하지 않는다. 말하자면, 둘 다 약한 것으

로 만족하며 아나키적이다.

d. 그들은 길을 잃고 잘못된 세상을 지배하거나 구원하거나 바로잡거나 개선하기 위해 대단한 주장작은 약속조차을 하지 않는다. 둘 다 관직을 탐하지 않는다.

e. 무엇보다도, 그들은 하나님이 그들의 도움 없이또는 그들을 통해 세상에 대한 자신의 뜻을 이루실 수 있으며, 또 그렇게 하실 것이라는 사실을 확신하고 있다. 하나님은 아르키나 아나키, 또는 지배주의자나 무지배주의자를 자신의 뜻대로 사용하실 수 있다. 그러나 그는 누구도 필요로 하지 않으며, 누구에게도 자신의 권리를 내어주지 않으신다.

이제 나는 요한계시록을 통해 초기 교회가 기독교 아나키를 어떻게 이해했는지 살펴봄으로써 앞서 언급한 다섯 가지 요지에 대해 입증하고자 한다. 확실히 많은 사람이 이 책을 아나키즘에 대한 암시를 결코 기대할 수 없는 아르키 전쟁에 대한 내용이라고 생각할 것이다. 따라서 이러한 생각을 바꾸기 위한 가장 좋은 방법은 기독교 좌파 문학에서 수시로 발견되는 로마서 13장과 계시록 13장의 대조를 통해 이 문제를 정면으로 돌파하는 방법일 것이다.

이 대조는 주로 상황주의적 관점에서 기독교와 국가의 관계를 정립하기 위해 이용된다. 국가가 잘하면, 그리스도인은 국가를 존경하고 순종하며 칭찬할 것이다. 그러나 국가가 잘못하면 그리스도인은 국가를 비난하고 거부하며 혁명을 일으키지 않을 수 없을 것이다. 정부에 대한 그리스도인의 반응은 그 시점의 정부가 어떤 처신을 하느냐에 전적으로 달려 있다.

로마서 13장은 이런 관점에서 볼 때 설득력을 가진다. 바울이 로마서를 기록한 시점의 로마 제국은 매우 호의적이었으며, 따라서 바울은 로마의 그리스도인에게 권세에 복종하고 세금을 바치라고 권면했다는 것이다. 그렇다면 계시록 13장은 반대의 경우처럼 보인다. 이 본문에서 제국은 바다에서 나온 짐승으로 묘사된다. 이것은 계시록 저자의 시대에 제국의 행위가 바울 시대와 매우 달랐음을 암시하는 것으로 받아들여진다. 이런 해석자들이 미국 정부를 로마서 13장과 계시록 13장 가운데 어느 본문에서 발견할 것인지는 독자의 추측에 맡기겠다.

그러나 진실을 말하면, 이 대조의 어느 쪽도 이 해석을 지지하지 않는다. 먼저, 로마서 13장의 경우, 1 앞서 살펴본 대로, 자끄 엘륄은 앞으로 고찰할 장들에서는 칼 바르트와 본회퍼도 이곳의 바울이 세속적 나라를 정당화하거나 승인하거나 공로를 인정하거나 암시한다는 해석을 강력히 부인한다. 2 세 사람 모두 - 특히 본회퍼는 가장 강력히- 국가의 상대적 선 또는 악은 바울의 주장의 어떤 논거도 될 수 없다는 사실을 인정한다. 3 나의 경우 나중에 상세히 제시되겠지만, 바울이 로마 제국을 "호의적"으로 보았을 것으로 생각하지 않는다. 그의 유대적 배경이나 개인적 생애, 또는 당시의 정치적 상황은 로마서 13장이 그런 의도로 기록되었다는 암시가 전혀 나타나지 않는다.

이어서, 요한계시록 13장도 우리의 관점과 일치한다. 먼저, 이곳에는 계시록 13장에 묘사된 짐승을 로마 제국으로 보아야 할 근거가 전혀 제시되지 않는다. 확실히 계시록 저자는 이곳에서 성삼위에 영적으로 대립하는 악한 삼위를 소개하는 중이다. 따라서 이 짐승은 하나님의 아들에 대립하는 적그리스도로 보아야 한다. 이 책 전체에서 요한이 제시하는 이미지는 영적인 실체를 나타내는 요소와 땅의 실체를 나타내는 요소로 간단히 정리할 수 있다. 그의 이중적 삼위는 영적인 차원이며, 로마라는 역사적, 지상적 실재를 이 짐승과 동일시하려는 시도는 이러한 요한의 원리를 전적으로 무너뜨리는 것이다.

계시록을 로마에 반대하는 글로 해석하려는 학자들의 주장은 본문의 뒷받침을 전혀 받지 못하는 추정에 불과하다. 앞서 살펴본 것처럼 요한의 이미지의 대부분은 지상적 실재와 무관한 영적 권세들에 대한 것이다. 저자가 역사적 상황 및 사건들에 대해 직접 언급하고 있는 이 책의 첫 번째 세 장에서 로마는 거명되거나 암시되지 않는다. 요한의 교회들을 괴롭히는 것은 주로 내부의 이단이다. 두 교회는 외부의 박해를 받지만, 유대로마가 아니라의 박해로 묘사된다. 요한은 우리에게 "사탄의 권좌가 있는"로마의 정치 권력에 대한 언급이라기보다 이방 신전에 대한 언급일 것이다 버가모에서 안디바라는 그리스도인이 죽임을 당했다고 말한다. 그러나 그것이 로마의 책임이라는 어떤 언급도 제시되지 않는다. 요한은 수동적인 처지의 자신의 상황에 대해 묘사한다. "하나님의 말씀과 예수를 증언하였음으로 말미암아 밧모라 하는 섬에 있었더니"1:9 이제 이 저자가 로마에 대한 적대적 글을 쓰고자 했다면, 그리고 일반적으로 생각하는 것처럼 밧모라는 섬이 로마가 요한을 강제 노동을 선고한 유배였다면, 그는 로마를 반대하는 글을 쓰는 방법을 모르고 있으며, 비난할 수 있는 최고의 기회를 의도적으로 피하고 있는 것이 분명하다.

로마가 요한계시록에 직접적으로 등장할 가능성이 있는 유일한 곳은 큰 음녀, 바벨론의 "여자/성city" 이미지에 기초한 본문17-18장이다. 나의 의견은 다른 곳에서와 마찬가지로 이곳에서도 요한은 여자/도시를 시간과 공간을 초월한 "세속성"과 모든 인간 아르키를 가리키는 일반적인 용어로 사용하고 있다는 것이다. 그러나 나는 여러분이 요한에게 그가 염두에 두고 있는 것을 가장 잘 보여주는 현재적 실체가 무엇이냐고 묻는다면 그는 주저 없이 로마를 가리켰을 것이라고 생각한다. 그럼에도 불구하고 이 책 자체는 고도의 신학적 담론이며, 결코 당시의 로마에 대한 정치적 공격이 아니다.

그러나 로마서 13장과 계시록 13장의 상황주의적 대조에 대한 실제적 반론은 이것이다. 즉, 여러분이 그가 로마를 어떤 이름으로 부르기를 원하든,

계시록 기자는 그런 이유로 그리스도인이 이 괴물에 저항하거나 납세를 거부하거나 그와 맞서는 일을 해야 한다는 주장을 거부한다. 이 책에는 그런 내용이 나타나지 않는다. 실제로 그리스도인이 자신의 상황에서 어떻게 처신해야 하는가에 대한 요한의 권면은 두 가지로 제시된다. 첫째로, 이 권면은 반복적으로 제시된다 그들은 자신에게 닥친 어떤 불의와 고난도 예수님에 대한 신실한 믿음으로 견뎌야 한다. 그곳에는 확실히 혁명에 대한 어떤 암시도 나타나지 않는다.

둘째로, 바벨론-음녀가 무너지는 가운데 "내 백성아, 거기서 나와 그의 죄에 참여하지 말고 그가 받을 재앙들을 받지 말라"18:4라는 권면이 제시된다. 계시록 전체에 나타난 요한의 사상에 기초해볼 때, 나는 이것이 특정 시점의 역사에서 어떤 그룹의 지리적 이동에 대한 명령이라고 생각하지 않는다. 오히려 이것은 하나님의 백성 전체에 대한 일상적 명령이다. "오늘, 아르키로부터 나오라. 그들에게 말려들어 함께 무너지지 않도록 스스로 영적으로, 심리적으로 구별하라. 그들의 무너짐은 날마다 일어나고 있으며이것은 마지막 날의 마지막 함락을 부정하는 것이 아니다, 너희는 날마다 그곳에서 나와야 한다"는 것이다.

우리는 그곳에서 벗어나야 한다. 반복되는 말이지만, 이것은 결코 "혁명"에 대한 언급이 아니다. 사실상 두 권면을 결합하면 기독교 아나키가 된다. 즉, "끊임없이 아르키로부터 벗어나 전적으로 반아르키적이 되어라. 자신을 깨끗하게 지키는 유일한 길은 오직 신실한 마음으로 예수께 붙어 떠나지 않는 것이다."

결론적으로, 로마서와 계시록 사이에는 텍스트상의 어떤 긴장이나 불일치도 나타나지 않는다. 바울은 제국에 대해 선을 느끼고 요한은 악을 느꼈다는 증거는 찾을 수 없다. 제국에 대한 요한의 생각이 드러난다면, 가장 먼저 바울의 생각과 일치할 것이다. 바울은 그리스도인이 세금을 내야 한다고 말하지만, 요한은 세금을 내지 않아야 한다는 주장을 한 적이 없다. 바울은 혁명을 단념시키지만, 요한은 혁명을 격려한 적이 없다. 바울은 "기독교 아나키가 핵심"이라고 말하며, 요한은 "아멘, 형제여!"라고 말한다.

이제 계시록으로 돌아가 이 책이 기독교 아나키에 대해 가지고 있는 큰 그림을 들여다보자. 그곳에서, 모든 아르키의 상징인 바벨론은 반복적으로 무너진다. 즉, 바벨론은 한 차례 무너진 것처럼 보이지만 지금까지 지배해온 모든 아르키의 지속적인 무너짐, 이 한 차례의 무너짐은 두세 차례 선포되거나 묘사된다. 두 본문[14:8; 17:1-18:24] 및 나의 The Most Revealing Book of the Bible [Eerdmans], pp. 123-40, 153-71에 나타난 해석 참조 그러나 이 바벨론의 아르키는 매우 아나키적 방식으로 무너진다. 그것은 어떤 사람이나 세력 – 교회의 아르키와 거룩한 혁명의 아르키는 물론 하나님의 아르키까지 포함하여- 의 공격도 받지 않았다. 바벨론은 기독교 아나키가 주장하는 것처럼, 오직 자신의 죄악의 무게에 짓눌려 무너진 것이다.

이어서 계시록 기자는 모든 악에 대한 예수님의 최후 승리, 즉 사탄의 아르키를 무너뜨린 하나님의 아르키에 대해 묘사한다. 그는 아르키 전쟁 이미지를 사용하는 것 외에 다른 선택의 여지가 없지만, 어떤 실제적인 아르키 다툼에도 연루되지 않으면서 그렇게 해낸다. 그가 시도한 첫 번째 장면16:12-17; pp. 149-52에서, 악한 아르키들은 아마겟돈에 모여 주 하나님을 공격할 준비를 한다. 그러나 신실한 아르키들이 출전하기도 전에 순찰차의 확성기는 "이봐, 다 끝났으니 손 들고 나와"라고 말한다. 여기서도 승리는 아나키적 방식으로 쟁취된다. 하나님의 아르키는 이 세상에 속한 것이 아니다. 그것은 하나님이 지상 아르키의 도움 없이, 또는 자신의 아르키를 세상의 방식으로 사용하지 않고서도, 악을 무찌를 수 있다는 뜻이다. 계시록 기자가 이 장면에서

예수님을 전쟁하는 모습으로 묘사하지 않는 것은 예수께서 이미 갈보리 -
가장 아나키적인 전쟁이다- 에서 승리를 거둔 사실을 알기 때문이다.

계시록 기자는 두 번째 장면19:11-20:3; pp.173-79에서, 예수님에 대해 백마
를 타신확실히 아르키 이미지이다 전사 왕으로 제시한다. 그의 군대는 출전한다.
악한 아르키는 그와 맞서지만, 전투 장면에 대한 어떤 묘사도 없이 즉시 사로
잡혀 독수리의 밥이 되고 만다. 세상 아르키들은 전사 왕의 피 뿌린 옷이 그
가 갈보리에서 피를 쏟으심으로 그들을 영원히 무너뜨리신 어린 양임을 보
여준다는 사실을 알고 있는 것이 분명하다. 그것으로 모든 전쟁은 즉시 그들
을 떠난다. 요한은 세상에 대한 하나님의 승리가 거룩한 인간 아르키의 도움
없이 일어났음을 반복적으로 보여준다. 하나님이 그런 것을 원하시거나 필
요로 하지 않으셨다면, 우리는 그가 원하시는 작은 아르키스트가 될 여력이
생긴 것이다.

계시록 기자는 마지막 장면에서 선지자 에스겔을 반박하는 것처럼 보일
만큼 아나키적인 진술을 제시한다. "성 안에서 내가 성전을 보지 못하였으
니NO temple 이는 주 하나님 곧 전능하신 이와 및 어린 양이 그 성전이심이
라"21:22; p. 199 성전을 보지 못한 것을 강조한 이유는 무엇인가? 요한은 성
전과 모든 제도적 종교 기관은 예배자를 하나님과 만나게 해줄 수 있다고 주
장하는 인간의 아르키임을 알았기 때문이다. 이제 요한의 그림에서 교회는
새 예루살렘 전체이다. 따라서 그는 "교회"모인 회중를 아르키 제도의 "성전"
과 동일시하지 않는다. 우리는 어느 하나가 없는 선택은 불가능하다고 생각
할 만큼 혼동하는 경향이 있다. 그러나 하나님이 그곳에 계신다면, 누가 다른
것을 필요로 하겠는가? 하나님 자신이 성전이 되시면, 인간의 아르키는 결코
필요 없다.

따라서 요한계시록은 아르키의 통치자들과 권세들에 대한 모든 것을 알

고 있다. 그러나 이 책에는 인간의 아르키가 하나님이 지원하는 "선한 아르키"와 사탄이 지원하는 "악한 아르키" 두 영역으로 나뉘어 인간의 운명을 결정하기 위해 맞선다는 일반적인 믿음은 전혀 나타나지 않는다. 아니, 계시록에는 모든 인간의 아르키가 상대적인 도덕적 차이만 있을 뿐 동일하다. 이 모든 인간의 아르키는 결국 하나님의 사랑과 구원의 아르키를 통해 무너질 것이다.

우리의 신성한 목적은 전적인 무지배아나키이다. 즉, 악한 아르키의 일부를 얻기 위해 싸울 것이 아니라 그것으로부터 벗어나야 한다는 것이다. 아르키는 궁극적 의미가 없으며 영원히 지속되는 것도 아니다. 신약성경은 우리의 최종 목적이 기독교 아나키라면 그것을 지금 조금이라도 시행하고 누리기 시작해야 할 필요가 있다고 말한다. 우리는 "내 백성아, 거기서 나오라"는 말씀을 날마다 실천해야 한다.

제3장

▶

교회 아르키의 허상

우리는 실재를 어느 것이 실제이고 어느 것이 허상인지 구별하는데 있어서 창조주이자 주가 되시는 하나님이 우리보다 참되시다고 해야 하지 않겠는가? 한 걸음 더 나아가, 우리가 하나님의 실재에 관해 결정하는 것이 아니라 하나님이 우리의 실재에 관해 결정하신다고 말해야 하지 않겠는가?

따라서 하나님이 최고의 근원적 아나키스트이심을 알고 있는 우리는 그가 인간 세계에 대해 가장 아나키적인 관점을 가지고 계시며, 인간을 아르키 구조에 기초하여 다루지 않으신다는 사실이 결코 놀랍지 않다. 이러한 인류에 대해, 우리는 하나님이 인간의 본질적 실체를 그가 보고 계신 참새 한 마리처럼 실제적이고 머리털까지 세신 바 된, 개별적 존재로 보신다는 사실을 확신한다. "그가 너희를 [각각, 그리고 전부] 돌보심이라"벧전 5:7는 말씀은 논쟁의 여지가 없다. 하나님은 개별적 존재 위에 군림하는 아르키 체제에 어떤 관심도 없으시며, 그것의 실체조차 인정하지 않으신다.

이제 우리는 교회의 아르키그러나 세속적 아르키에도 적용될 수 있는에 대해서만 살펴볼 것이다. 그러나 여기서 즉시 덧붙여야 할 말은 우리가 말하는 "개별적 실재"라는 하나님의 개념은 결코 "교회"이 용어에 대한 규명이 적절하다는 전제하에라는 사회적 개념을 부인하거나 위협하지 않는다는 것이다.

교회라는 주제에 관해 다룰 때, 우리의 분석을 혼동시킬 수 있는 복잡한 요소가 있다. 나는 인간적 관점에서의 교회를 구성하기 위해 "아래 세상"으로부터 나온, 교회의 두 가지 중요한 요소에 초점을 맞출 것이다. 첫째는 성도 개개인이 모여 공동체를 형성한 "에클레시아"이다. 둘째는 예배 처소, 성직, 제의, 조직, 체제의 제도적이고 문화적인 아르키 구조이다.

여기서 간과하지 말아야 할 것은, 하나님의 교회가 되기 위해서는 이 두 가지 인간적 요소 위에 그들보다 훨씬 탁월한 세 번째 요소인 "하늘로부터"의 초월적 요소가 합해져야 한다는 것이다. 그러나 우리가 여기서 먼저 이 "신적" 요소에 대해 추적하고 확인하며 규명한 후, 이것이 두 가지 인간적 요소 안에서 어떻게 연결되며 작동하는지 자세히 살펴보는 방식을 취할 경우, 이러한 접근 방법은 우리가 의도한 궤도에서 완전히 벗어나 끝없는 논쟁에 빠지게 할 것이다. 따라서 이 문제는 해결을 위해 노력하기보다 잠시 한쪽으로 제쳐두고, 편견 없이 세 번째 요소를 "우리 가운데 역사하시는 성령"으로 부르기로 하고 교회의 인간적 요소에 대한 분석으로 옮겨갈 것이다.

개인적내 생각에는 "성경적" 의견은 성령이라는 세 번째 요소는 인간 아르키 체제두 번째 요소보다 에클레시아첫 번째 요소와 직접적인 관련이 있다는 것이다. 이것이 사실이든 아니든, 우리가 중요하게 생각하는 것은 신적 요소를 통해 교회에 부여된 특별한 초월적 특성은 결코 "우두머리 집단"이 효과적으로 조작한 이데올로기적 권력에 의해 부여된 인간의 특별한 자기 초월적 시현과 같은 현상이 아니라는 것이다. 이어지는 논의는 교회의 신적 요소를 무시할 것이다. 그러나 이것은 그것을 부정하기 위해서가 아니라 인간적 현상에 모든 초점을 맞추기 위한 것이다.

교회가 에클레시아, 즉 개별 성도의 모임으로 규명되는 한, 아무런 문제가 없다. 여기에는 친교, 코이노니아, 한 몸, 동료사회, 공동체 등 어떤 요소도 부여할 수 있을 뿐만 아니라 그것을 필요로 한다. 이러한 개념들이 "개별적 실재"에 덧붙이는 의미는 "함께 함"이다. 이 "함께 함"은 새로운 카테고리가 아니며, 개별적 존재를 초월하거나 그 위에 군림하지 않는다. 그것은 자연스러운 형식이며, 개별적 존재의 한 기능이다. 여기에는 모든 개인이 중심이 되지 않는 "공동체"와 같은 개념은 없다. 에클레시아로서 교회의 개념은 전적으로 아나키적이며, 아르키에 대해서는 어떤 암시도 없다.

아나키의 영역에서 아르키의 영역으로 들어서는 시점은 개인을 그룹으로 나누면 그들을 합산한 양적 가치를 부여할 수 있을 것이라고 생각하여 그들을 한 명의 우두머리로 대표되는 집단적 연대로 대하는 순간부터 시작된다.

우리는 서구 문화로부터 인간 지혜의 귀중한 정보 가운데 하나를 물려받았다. 그것은 "사과와 오렌지는 더할 수 없다완전히 이질적인 두 요소는 합할 수 없다"는 것이다. 어쩌다가 사과와 오렌지가 더해서는 안 되는 짐을 지게 되었는지 알 수 없지만 사실상 사과와 오렌지는 별도의 묶음으로사과는 사과대로, 오렌지는 오렌지대로 더할 수 있고, 사람들이 같은 "열매"라고 생각하는 한 둘을 합할 수도 있다. 아니, 우리가 참으로 더할 수 없는 것은 하나님에 의해 머리털까지 세신 바 된 인간뿐이다. 하나님이 유일하게 "묵인하지" 않으시는 수학적 계산은 가령, 53명의 개인나을 합해서 "53 이상의" 새로운 숫자를 얻는 계산방식이다. 즉, 이 새로운 숫자는 어떤 개인나보다 크고 개인을 모두 합한 것보다 크고 강력하다는 것이다. 사실, 하나님은 인간을 더할 수 없도록 창조하셨다. "너희는 개인과 개인을 더할 수 없다"는 것이다. 그곳의 어떤 "나"아무리 작은 자라 할지라도 그들을 합한 53보다 훨씬 크다. 사람을 하나의 집단으로 빚으면 "빚다"는

Walt Kelly의 만화 주인공 Pogo가 긍정적 의미로 사용한 단어이며, "복합기업"이라는 단어에서 볼 수 있는 것처럼, 짓이겨 "둥글게" 반죽한다는 의미의 광범위한 인도-유럽 어원에 기초한다, 아르키들이 생각하는 것처럼 인간이 확대되는 것이 아니라 오히려 인간을 붕괴시킬 뿐이다.

그러나 아르키 권력의 변함없는 방식은 이러한 인간 집단을 빚은 후 그것을 대표하고 대변하며 대신해서 행동할 수 있다고 생각하는 소수의 특별한 사람들을 세우는 것이다. 물론 하나님은 이런 식으로 일하실 수 있다. 그는 예수 그리스도를 통해서 그렇게 하셨다. 그러나 이것은 "세 번째 요소"라는 전적으로 다른 영역으로 진입한 경우이다. 문제는 하나님이 우리가 우리를 위해 그런 식의 일을 하도록 허락하셨느냐는 것이다. 나는 인류가 다른 방법으로는 작동할 수 없는 영역조차 비집고 들어왔다는 사실까지 부인하지는 않을 것이다. 그러나 문제는 하나님이 과연 그런 방식을 원하시거나 복을 주시겠냐는 것이다.

따라서 우리는 유대적 전통의 성경 안에 나란히 서 있는 두 가지 개념을 발견한다. 성전은 아르키를 나타내는 교회적 개념이며, 회당은 아나키를 나타내는 "에클레시아적" 개념이다. 물론 성전 제의는 하나님 앞에서 온 이스라엘을 대표할 수 있는 기름부음 받은 특별한 대리인제사장이 있다는 아르키적 전제에 전적으로 기초하며, 이스라엘의 실제적인 신앙 상태에 대해서는 전혀 무관심할 뿐만 아니라 현재 이스라엘 백성 가운데 신자나 불신자가 얼마나 되는지조차 모른다. 이런 제사장은 하나님 앞에 있는 사람들을 모두 합계한 "집단적 존재"를 대표할 수 있다는 점에서 한 명의 개인 이상이다. 뿐만 아니라 그는 다른 평신도 개인들을 대신하여, 어느 누구도 수행할 수 없는 제의적 행위를 하나님 앞에서 합법적으로 시행할 수 있다.

이 경우 이스라엘은 결코 개별적 존재들의 공동체인 에클레시아가 아니라 하나의 집단을 이루어 한 묶음으로 하나님과 관계하는 일종의 아르키적 존재로 볼 수 있다. 하나님은 개인의 머리털을 세실 이유가 없으며, 그럴 필요조차 없다. 우리는 하나님의 구원이 인격대 인격 방식이 아닌 아르키를 통해 진행될 수 있도록, 그의 편의에 따라 조직된다. 나의 질문은 하나님이 이 과정에 관여하셨는지, 또는 참새든 무엇이든 하나님이 개별적 존재 외에 다른 실체를 인정하신 적이 있느냐는 것이다.

회당의 경우, 이러한 아르키적 전제가 해당되지 않는다. 회당은 신실한 자들의 모임인 에클레시아의 장소일 뿐이다. 회당은 비록 회중이 함께 하는 일이지만, 개인이 스스로 말씀을 듣고 연구하며, 기도하며, 예배하며, 하나님과 관계하며, 공동체의 한 지체로 행동하는 현장이다. 랍비는 선생이며 결코 제사장이 아니다. 그는 공동체의 일원일 뿐이며 다른 지체와 마찬가지로 공동체를 대표하거나 대변할 수 없다. 하나님 앞에서는 어떤 "관료적" 아르키 특권도 필요하거나 요구되지 않는다.

선지자와 함께 시작된, 이스라엘을 다루시는 하나님의 길은 성전 아르키에서 벗어나 회당이라는 아나키적 실체로 향한 것이 분명하다. 그러나 이어서 등장한 기독교는 완전한 아나키적 에클레시아로부터 시작한 후 교회 아르키로 흘러갔다.

지금까지의 내용은 이것이 제사장의 성직 권력 및 "성례"와 관련된 문제인 것처럼 보이게 한다. 그러나 이러한 요소들과 관계가 있는 것은 사실이지만, 이 문제는 훨씬 광범위하고 근본적이다. 이 문제를 한 마디로 요약하면 "누가 무슨 권위로 누구를 대신할 자격이 있는가?"라는 것이다.

나는 가부장의 경우 자신의 주장을 내세울 수 있는 아르키 상태에 있다고 생각한다. 그렇다면 가부장이 된다는 것은 내가 가정을 "대신"할 수 있다는 의미인가? 여러분은 결코 그렇게 믿어서는 안 될 것이다. 그것은 불가능한 생각이다. 이것은 내가 가부장으로서 모든 가족 구성원의 다양한 생각과 별도로 그것을 초월하는 공동의 생각을 알고 있어서 "가족을 대신할" 권리를 부여받았다는 뜻이다. 그러나 단연코 그렇지 않다. 나는 오직 모든 구성원이 내가 자신을 대신하여 말하는 것을 허락하고 내 말이 그들의 생각과 똑같다고 자발적으로 동의하는 만큼만 그들을 대신할 수 있다. 아무리 초라한 구성원일지라도 자신의 생각이 있다. 우리는 그의 생각이 나와 다르다는 사실을 알고 있다 그러나 가부장은 여전히 가족 구성원의 신성한 개성을 무시하면서까지 그들을 대신하려는 생각에 사로잡혀 있다.

가족은 모든 구성원의 복잡하고 다양한 생각을 초월하는 공통적인 생각, 더 높은 생각, 기발한 생각을 가지고 있지 않다. 모든 마음이 같지 않은 한, 가족 전체를 대표한다고 주장할 수 있는 아르키적 인물은 존재할 수 없다. 어떤 아르키도 개별적 존재 위에 군림할 수 없다. 어떤 사람도 다른 사람의 허락과 지시 없이 그를 대신할 수 없다.

나는 하나님이 "가정"을 "상호 조화로운 관계에 있는 개인들"로 받아들이신다는 사실을 의심하지 않는다. 나는 하나님이 가정을 가족 구성원의 독립적인 생각과 상관없이 특정인이 가족 전체를 "대표"하거나 "대신"하는 실체로 인정하신다는 관점을 거부한다. 이것은 단지 지배 신앙에 따른 "이 시대의 강력한 현실"일 뿐이며, 정확히 하늘에 계신 우리의 아나키스트 아버지께서 보시기에는 결코 실재가 아니다.

이제 우리는 교회 아르키가 이러한 추상적 개념에 의존하여 얼마나 완벽하게 작동하는지 보여주는 구체적인 사례에 대해 살펴볼 것이다. 가장 분명하고 명확한 사례는 한 명의 특별한 사람이 아무도 할 수 없는 방식으로 하나님 앞에서 많은 사람을 위해 은총에 접근하는 성례 시스템과 함께, 하나님 앞에서 수백만 명의 개인을 "대표"대신할 권력을 가진 한 명의 특별한 개인을 정점으로 하는 계급적 구조를 형성한 로마 가톨릭이다. 물론 이러한 사례에 대해 개신교는 "그러나 우리의 교회는 그렇지 않다"는 말로 빠져나갈 수 있다는 문제점이 있다. 따라서 나는 최근 브리티시컬럼비아주 밴쿠버에서 총회를 개최한 WCC의 사례를 예로 들고자 한다.

우리는 이 행사의 "중요한 사건" 가운데 하나에 초점을 맞출 것이다. 독일 신학자 도로테 죌레Dorothee Sölle는 본회의에서 연설했다. 그 일이 일어난 것은 분명한 사실이지만, 중요한 것은 교회 아르키가 즉시 미디어 아르키의 협조를 받아 "여성이 WCC에서 연설하다"로 발표하도록 권력을 행사했다는 것이다.

나의 의견은 그는 개인적 실체를 넘어서는 어떤 인간적 실체도 인정하지 않으시는 아나키스트 하나님은 도로테 죌레라는 이름의 한 여성이 다양한 이름의 개인들이 모인 자리에서 연설한 사실을 잘 알고 계신다는 것이다. 그는 당시 그 자리에 참석한 사람들의 머리털 수까지 제시하실 수 있다. 그러나 우리가 이 상황을 추상적 실체의 언어로 반영하는 순간, 하나님은 우리가 인간 실체를 아르키 허상으로 바꾸었다고 말씀하실 것이라는 것이 나의 생각이다.

죌레는 "여자"나 "여자들" 또는 "모든 여자"를 나타내지 않는다. 왜냐하면 그런 실체는 존재하지 않기 때문이다. 세상에는 오직 수많은 개별적 여성만 존재하며, 그들의 숫자만큼 마음도 존재한다. 확실히 세상에는 그룹 전체가 동의하는 하나의 마음 같은 것은 존재하지 않는다. 어쩌면 가장 동의하기 어려울 수 있지만, 남자가 여자를 구조적으로 오용했다는 진술도 마찬가지이다. 죌레또는 다른 여자나 여성 단체가 존재하지 않는 전체를 "대표"하거나 "대변"하는 것을 가능하게 해줄 수 있는 "집단"은 결코 존재하지 않는다. 죌레또는 다른 누군가는 그에게 자신을 대신해줄 것을 요구하고 그의 말에 개인적으로 동의한 자들만 대표할 뿐이다.

물론, 나는 소위 "상징적 행위"에 대해 말하고 있다는 사실을 알고 있다. 내가 묻고 싶은 것은 이러한 상징에 상응하는 실제가 존재하느냐는 것이다. 상징은 그것이 나타내는 실제를 "의미"하고 그것에 "관여"해야 한다는 틸리히의 주장을 상기해보라. 따라서 상징이 의미를 가지기 위해서는 주변 어딘가에 그것과 관련된 실제가 있어야 한다.

그렇다면 인간의 개성을 위해 사람을 창조하신 하나님이 아르키 권력을 위해 이러한 개성을 무시하고 하나의 집단으로 빚으려는 시도를 기뻐하시겠는가? 따라서, "여자"가 도로테 죌레라는 이름으로 밴쿠버에 나타날 수 없듯이, 어떤 "교회"도 성직자나 직분자나 대표자로 대신 나타날 수 없다. 하나님이 보시기에, 밴쿠버에서 "교회 안의 여성"에 대해 무엇인가 중요한 일이 일어났다고 주장하는 것은 추상적 아르키를 실제적 인간으로 착각한 것이다.

물론, 하나님은 머리털까지 세신 바 된 실제적인 여자들이 실제적인 교회에서 어떤 실제적인 역할을 하고 있는지 알고 계신다. 또한 하나님은 그 여자의 존재가 교회의 유익이 된 경우와 해가 된 경우에 대해서도 알고 계신다. "교회 안의 여성"에 대한 언급이나 주장이나 평가가 진정성을 가지는 경우는 이러한 실제와 연결될 때뿐이다. "여자"나 "교회"에 대한 실제를 확인할 수 없는 추상적 관념 및 상징적 표상의 차원에서, 어떻게 "교회 안의 여성"에 대해 선한지 나쁜지 그저 그런지 왈가왈부할 수 있겠는가? 그런데도 아르키 영역은 어김없이 추상적 집단 및 그 대표자들의 확장된 권력에만 집중한다.

하나님은 어떤 실제적인 여자가 어떤 실제적인 남자에 의해 오용되고 있는지도 당연히 알고 계신다. 또한 하나님은 실제적인 여자가 결백한 당사자가 아니라 다른 사람을 오용하는 행위에 적극 가담한 경우에 대해서도 알고 계신다. 실제적인 행위의 변화가 진정한 공의를 향한 진보에 영향을 줄 수 있는 경우는 오직 이러한 실제적인 차원뿐이다. 따라서 "여자는 남자에 의해 구조적으로 압제당한다"와 같은 전제를 가진 추상적인 아르키 차원에서 이 문제에 접근할 경우, 무엇을 얻을 수 있다는 것인지 상상이 가지 않는다. "여자"나 "남자"와 같은 집단이 사실상 존재할 수 없다면, 이러한 진술이 어떤 참된 의미를 가질 수 있겠는가? 이런 슬로건이 특정 남녀의 실제적인 상황과 무슨 관계가 있으며 어떤 도움을 줄 수 있는가? 실제에 대한 묘사가 반대일 경우, 확실히 이런 슬로건은 부작용을 초래할 것이다. 가령, 남자 집단에 의해 오용되고 있는 여자 집단의 일원이라는 이유로 실제적인 여자를 초빙하여 자신을 오용된 사례로 제시하게 할 수 있다. 이러한 슬로건의 힘은 진실에 입각한 것이 아니라 단지 거창하고 압도적이며 근본적이고 중요한 것처럼 보이는 허구에 기초하여 거짓을 말하게 한다.

따라서 밴쿠버의 죌레의 사례에 대한 나의 생각은 하나님이 교회의 청중과 미디어로 확산하는 자들의 관점과 전혀 다른 시각에서 듣고 관여하신다는 것이다. 나는 하나님이 "교회 안의 여성"의 상징적 의미까지 파악하실 것인지 의문이 든다. 어쨌든, 그는 이미 교회 안의 모든 여자의 개인적인 실제적 사정을 알고 계시기 때문이다 아니, 하나님은 각 개인의 사정에 대해 너무나 잘 알고 계신다는 사실을 생각할 때, 그의 관심이 어디에 초점을 맞출 것인지는 분명해 보인다. 즉, "죌레와 나의 인격적 관계는 어떤 상태인가? 죌레의 신앙고백의 구체적인 내용은 그의 연설을 듣고 있는 WCC 회원의 강령과 일치하는가?"라는 것이다.

이 WCC 강령은 "[우리는] 주 예수 그리스도를 하나님과 구주로 고백하며, 성부와 성자와 성령, 한 분이신 하나님의 영광을 위한 거룩한 소명을 함께 이루어갈 것이다"라고 선언한다. 죌레의 신학에 대한 의문은 정당하다. 왜냐하면, 죌레는 자신에게 있어서 "하나님"은 인류가 도덕적 문화적 진보를 위해 종교적 독창성을 통해 지속적으로 발전시킨 신화적 이상이라는, 확실히 WCC 선언의 의도와 전혀 다른 글을 썼기 때문이다. 이처럼 밴쿠버의 죌레를 아르키 차원의 상징적 행위로 해석해야 한다면 우리는 어떻게 대처해야 하는가? 죌레가 교회의 여성을 대표한다면, 그의 신학도 교회의 여성신학을 대표하는가?

대답은 분명하다. 나는 결코 WCC가 죌레의 신앙을 아르키와 관련된 문제로 판단하고 조사 위원회를 구성해서 이단성을 점검한 후 파문하라는 것이 아니다. 나는 단지 기독교의 진정한 실제와 핵심이 무엇이냐에 대해 하나님과 교회 아르키가 명백히 다른 사고방식을 가지고 있다는 사실을 제시할 뿐이다. 총회는 교회안의 여성에 대한 이목을 집중시킬 수 있는 헤드라인, 일반적이고 포괄적이며 상징적이고 아르키적인 선언을 선호한다. 그러나 하나님은 이 모든 것에 대해 아나키적인 무관심을 보이신다. 그에게는 교회 아르키가 지금까지 개발한 모든 추상적 상징들보다 훨씬 실제적이고 중요한 "교회 안에 있는 이 특별한 여자," 곧 자신의 딸의 신앙 상태에 대한 사랑의 관심이 우선이다. 결과적으로 하나님은 WCC가 "매우 중요하다"고 생각하는 것을 "실재하는 것"으로 여기지도 않으신 것이다. WCC는 하나님이 가장 중요하게 생각하시는 것에 대해 거의 알지 못한다.

이제 죌레의 말을 듣기 위해 밴쿠버로 온 "교회들"에 대해 살펴보자. 어느 정도 성직자의 위엄을 갖춘 행동에도 불구하고, 그들에게는 대통령 후보 지명대회의 분위기가 배어난다. 정치판도적 과정도 마찬가지이다. 여러분은 괴상한 모자를 쓴 경박한 졸부가 마이크를 들고 "의장, 의장, 위대한 뉴약주 THE GREAT STATE OF N'YAWK는 미국의 차기 대통령으로 상원의원 테드 케네디Ted Kennedy를 원합니다"라고 외치는 것을 보고 듣는다. 이러한 그의 확신은 나머지 사람들에게 그것이 사실이며 그가 실제로 위대한 뉴약주를 대표하는 아르키 권력을 통해 국가와 세계의 운명을 결정하는 것처럼 믿게 만든다. 수많은 사람은 "세상 나라가 우리 주와 그의 그리스도의 나라가 되어"라는 계시록 기자의 말보다 영향력 있는 그의 말을 더 신뢰할 것이다. 적어도 정치인은 자신이 가진 표로 말하지만, 요한의 수중에는 한 표도 없다.

다시 한번, 지배 신앙의 관점이 아닌 하나님의 관점으로 상황을 직시하자. 물론 하나님은 이 지역에 거주하는 많은 사람을 개별적으로 아신다. 뿐만 아니라 하나님은 많은 지역이 뉴욕이라는 이름의 주로 시작한 사실까지 아신다. 오늘날 소수의 정치인이 "대표"라는 수단을 이용하여 "위대한 뉴약주"로 알려진 세계적이고 개인을 초월하는 아르키 복합체의 강력한 권력을 휘두르고 있지만, 과연 하나님이 그들에게 관심을 보이실 것인지 의문스럽다. 어쨌든 하나님은 바벨탑을 쌓는 것을 보기 위해 내려오신 것처럼, 작금의 상황을 보기 위해 "내려오실" 것이다. 우리는 그의 눈이 참새를 향하신다는 사실을 알고 있지만, 그것과 함께 머리털을 셀 수 있는 머리가 없으며, 실재하지도 않는 "위대한 뉴약주"도 주시하실 것인지는 또 하나의 의문이다.

"위대한 뉴약주"의 상황이 이러하다면 루터 교회는 어떤가? 루터 교회의 상황도 마찬가지이다. 물론 하나님이 그리스도의 모든 지체를 각각 살피신다는 것은 의심할 여지가 없다. 하나님은 불신자도 개별적으로 살피신다 하나님은 수백만 명의 지체가 서로를 무엇이라고 부르든 "루터파"로 불린다는 사실까지 알고 계신다. 그러나 믿기 어려운 사실이지만, 이 수백만 명의 루터파 교인은 "루터주의"라는 집단으로 빚어질 수 있으며, 이 집단으로부터 밴쿠버에 가서 "루터파 교회"가 될 수 있는 대표자를 세울 권력의 핵심이 추출된다. "나의 힘은 수백만 명의 열배의 힘을 가지고 있다. 왜냐하면 나는 순수한 루터주의자이기 때문이다!"

따라서 그들이 교회 협의회라는 이름으로 칭하고 실제로 그런 것처럼 현혹할지라도, 나는 하나님이 밴쿠버에서 그들 가운데 누구도 보지 않았을 것이라고 생각한다. 하나님이 보신 것은 그리스도인 하나하나가 모인 에클레시아이다. 아나키스트 하나님의 눈에는 그들이야말로 존재하지 않는 교회협의회보다 훨씬 큰 실제이다.

괜찮다면, WCC에 대한 나의 관점은 지금까지 보았던 것과 전혀 다른 비판이었다는 사실에 주목해주기 바란다. 나의 비판은 어느 한쪽으로 치우치기보다, WCC 자체에 대한 것만큼이나 WCC에 대한 모든 수다스러운 비평가들에게도 적용되어야 할 것이다. WCC를 사례로 든 것은 매우 임의적인 선택으로, 이 비판은 어떤 교회 구성원또는 불신자에게도 해당되며, 종교 조직과 세속적 조직 모두에 적용된다. 나의 아나키스트 논쟁은 특정 아르키를 향한 것이 아니듯이, WCC를 겨냥한 것도 아니다. 그럼에도 불구하고, WCC가 집단주의적 권력의 속성과 함께 교회 아르키의 자기 선전적 허세와 위풍이 두드러진 사례임을 부인하기는 어려운 것으로 보인다. 사실 나는 WCC가 어떤 차이점이 있는지조차 모른다. 나의 요지는 이것이 참새만 응시하는 것과는 전혀 다른 "관점"의 방식이라는 것이다.

따라서, 기독교 아나키가 "지배 신앙"이 나타내는 모든 것에 대한 회의론을 가리킨다면, 우리는 여기서 한 가지 중요한 원리에 도달한 것이다. 다시 블룸하르트로 돌아가보자. "나는 여러분 앞에 한 인간으로 당당히 서 있습니다. 만일 정치가 인간을 용인하지 못한다면, 그런 정치는 저주받아 마땅할 것입니다." 인간 개인은 아무런 문제가 없지만 정치 집단은 그렇지 않다는 것이다.

신적이든 인간적이든 아나키스트는 개인이 개인을 가장 존중하고 보전하는 환경인 에클레시아 안에서 최고의 인간적 실제를 드러낼 수 있다고 주장한다. 따라서 아르키가 사람을 하나님 보시기에는 "흙더미"조차 안되는 거대한 산으로 빚어낼 "덩어리"로 대할 때마다 그들은 인간을 확장하는 것이 아니라 황폐케 하는 것이다.

아나키스트 키에르케고르는 이 원리를 블룸하르트보다 먼저, 그리고 더 정확히 보았다. 오늘날 우리 가운데 키에르케고르는 엘륄과 함께 "교회"라는 사회적 개념에 이롭지 못한 "개인주의"를 주장한다는 비난을 받고 있다. 그러나 이러한 비난은 정확히 "교회"의 의미를 어떻게 해석하느냐에 전적으로 달려 있다. 개인들의 에클레시아로서의 "교회"는 개인주의가 아무런 문제가 되지 않지만, 거룩한 아르키로서의 "교회"는 개인주의를 멸시한다.

키에르케고르는 이 문제를 공식적이고 철학적으로 진술할 수 있다.

> 자신과 회중의 관계가 하나님과의 관계를 결정하는 것이 아니라 자신과 하나님의 관계가 회중과의 관계를 결정한다. 뿐만 아니라, "개인"이 "회중"보다 절대적으로 고귀한 최고의 관계가 존재한다.… 사람은 무엇보다도 먼저 질적인 면에서 "개인"이며, 그럴 때 "그리스도인 회중" "에클레시아"라고 부를 것이다이라는 개념은 "대중"이나 "많은 사람" 또는 소위 "아르키 집단"과 질적으로 다른 의미를 가지게 된다.

또는 이렇게 말할 수 있다.

> 공동체에서 개인은 공동체 형성에 필요한 결정적 요소로, 특별한 존재이다. 공동체에서 질적인 존재로서 개인은 중요하며, 어떤 순간이든 -"나머지 사람들"이 이 개념[즉, 에클레시아를 형성할 책임]에서 떨어져 나가는 순간- "공동체"보다 우위에 있다.

키에르케고르는 이것을 간략히 요약한다. "어떤 실수나 범죄나 그 어떤 것도 관료적인 모든 것[아르키]만큼 하나님께 극단적인 혐오감을 주는 것은 없다. 왜 그런가? 그 이유는 모든 지배적 행위는 비인격적이며, 따라서 인격에 가장 심한 모욕을 줄 수 있기 때문이다."

그는 "계급구조"hierarchy, 하이어 아르키[higher archy]로 발음된다를 피라미드적 관점에서 묘사한다.

> 사람은 "사회적 동물"이며, 그가 믿는 것은 집단의 힘이다. 따라서 사람의 생각은 "하나로 뭉치자"는 것이다. 만일 그것이 가능하다면, 지구상의 모든 나라와 영역은 이 피라미드 모양의 집단을 더욱 더 높이 쌓을 것이다. 그리고 사람들은 피라미드의 정점에 있는 슈퍼 킹이 하나님과 가장 가까운 자이며 하나님은 그에게 관심을 가지고 주목할 것이라고 생각할 것이다. 그러나 기독교가 보는 실상은 정반대이다. 피라미드에 대한 모든 시도가 하나님께 가증스러운 것처럼, 그런 슈퍼 킹은 하나님과 가장 거리가 멀다. 기독교적 관점에서 보면 사람들이 멸시하고 거부하는 자, 가난하고 버림받은 자, 소외된 자가 하나님과 가장 가까운 자들이다. 하나님은 그런 자들을 택하신다. 그는 피라미드와 관련된 모든 계획을 싫어하신다.

또한 그는 아르키가 허상이라는 자신의 논제를 확인함으로써, 우리의 주장을 요약하고 결론을 제시한다.

> 현상이나 외관이 하나님이 계실 리가 없을 것처럼 보일수록 하나님은 가까이 계신다. 따라서 그리스도 안에서는… 사람들이 그를 사람으로

보지 않을 만큼 비참한 상태일 때 "보라, 어찌 사람이!" 하나님의 실제와 가장 가까워진 순간이다.… 그러므로 기독교 역사를 통해 입증된 것처럼 하나님과의 거리에 관한 법의 원리는, 외관을 강화하는 모든 것은 하나님과 멀어지게 한다는 것이다. 교회는 없고, 핍박을 받고 도망다니는 그리스도인만 카타콤에 모여 있을 당시, 하나님은 실제에 가까이 계셨다. 이어서 교회가 등장하고, 크고 화려한 교회가 늘어나자 그만큼 하나님은 멀어지셨다. 나의 책, 『키에르케고르와 급진적 제자도』*Kierkegaard and Radical Discipleship*, pp. 345, 346, 300, 291 및 332-에서 발췌

원래 이 장은 여기서 끝나지만, 여러 달 후 새로운 아이디어가 떠올라 이 부분의 내용을 보완할 필요가 생겼다. 그리고 몇 개월이 지나서 우리의 정점을 형성해줄 가톨릭의 사례가 나타났다. 새로운 생각이 떠오른 것은 내가 하워드 클락 키이Howard Clark Kee의 마가복음 연구, 『뉴에이지 공동체』*Community of the New Age*를 가르칠 때였다.

키이의 전제합리적인 것으로 보인다는 마가가 복음서를 자신이 책임을 지고 있는 특정 교회 공동체아마도 가정 모임를 위해 기록했다는 것이다. 키이는 시리아 외곽으로 추정한다 그렇다면 마가는 독자들이 자신이 묘사하는 예수님의 제자 공동체주후 30년에 대한 인도하심과 가르치심을 그들의 기독교 공동체주후 65-70년에 대한 예수님의 권면으로 받아들일 것으로 생각했을 것이다.

따라서, 마가가 강조한 한 가지 특징은 예수님의 공동체가 사람들을 받아들임에 있어서 완전히 포용적이었다는 것이다. 따라서 기독교 공동체는 마땅히 그러해야 한다 키이는 마가복음이 특히 여자와 아이들 및 이방인에 대한 영접을 강조한다는 사실을 알았다. 그는 계속해서 "열두 제자"에 대한 마가의 묘사는 그 공동체를 하나의 사회경제적 계층을 반영하는 것으로 보려는 모든 시

도를 무산시킨다는 사실을 깨닫는다. 물론 열두 제자 가운데는 어부도 있다. 그러나 마가는 어부 야고보와 요한의 아버지가 종을 고용했다는 사실을 밝히는데, 이것은 그들이 소작농 계급이 아님을 보여준다. 또 한 명의 제자 레위는 적어도 세관에서 일하는 낮은 계급의 관리이다.

나는 불현듯 우리가 바울 공동체와 초기 기독교 전반에 대해 알고 있는 모든 내용은 마가의 묘사를 확인해준다는 생각이 들었다. 기독교 교회는 특정 사회 계층의 현상으로 해석될 수 없으며, 여자와 아이들 및 이방인의 경우에서 볼 수 있는 것처럼 "포용적"이다. 내가 이러한 사실을 통해 내린 결론은 초기 기독교가 "무계급 사회"의 이상을 지향했다는 것이다. 이는 오늘날 기독교의 사회 사상에도 해당된다. 그럼에도 불구하고, 초기 기독교와 오늘날의 사회 사상은 무계급 사회를 달성하기 위한 방법에 있어서 전혀 다른 견해를 가지고 있다는 생각이 들었다.

우리는 먼저 "계급"과 "무계급"에 대한 논의를 진행해나갈 때, 계급을 구분하는 기준이 매우 다양하다는 사실을 염두에 두어야 한다. 오늘날 사람들은 사회경제적 요소뿐만 아니라 성, 세대, 인종, 혈통, 교육 수준, 언어, 투표 성향, 쇼핑 습관 및 종교적 선호에 따라 그룹이 나뉜다. 우리는 얼마든지 원하는 방식에 따라 사회를 나눌 수 있는 기준을 가지고 있다.

나는 마르크스주의에 대한 권위자가 아니지만, 마르크스주의야말로 사회 역사에 대한 모든 인식을 오직 계급 구별과 계급 의식 및 계급 투쟁에 대한 전제에 기초한 첫 번째 대중 철학이라는 것이 나의 생각이다. 이런 점에서 오늘날의 사회 사상은 기독교적이든 세속적이든 모두 마르크스주의라고 할 수 있다. 그만큼 "계급 구별"과 그로 인한 갈등은 사회의 기본적 사실일 뿐만 아니라, 이것을 규정하는 것은 무계급 사회로 향하게 하는 중요한 도구이자 구원의 수단이며 희망이 된다.

아래는 내가 생각하는 "마르크스주의"의 의미이다. 이것은 "무계급을 향한 계급 투쟁이라는 관점에서 사회적 진보를 규명하는 모든 철학"으로 요약할 수 있다. 내가 사용한 용어에는 다른 함축적 의미가 없으며, 전적으로 묘사적이며 결코 비난하기 위한 것이 아니다.

그러나 모든 "마르크스주의"는 비록 무계급을 향해 진지하게 노력하는 중이지만, 오직 정반대 방향으로 달려나가는 것 외에는 달리 목표에 도달할 방법을 찾지 못한다. 무계급이라는 목표는 무엇보다도 모든 문제의 근원인 계급 구별에 초점을 맞춤으로써 달성할 수 있다. 그러기 위해서는 "압제당한 계급"과 "압제 계급"을 발견하여 공개적으로 규명해야 한다. 규명이 끝난 후에는 압제당한 계급의 인식이 드러나야 하며, 이에 따라 상대 계급의 인식계급 의식도 드러날 수밖에 없다. 이어서 압제당한 계급이 힘을 결속"이데올로기적 결속"하기 위한 의도적인 양극화가 발생한다. 이 양극화는 궁극적인 목표인 무계급을 성취하기 위한 투쟁, 전쟁을 준비하게 된다.

확실히, 이러한 계급 전쟁은 그들이 온 힘을 다해 철폐하려는 계급 구별을 오히려 심화시킬 뿐이다. 그러나 달리 방도가 없다. "압제를 당하지만 의로운 계급"이 "악한 압제 계급"을 대체하고 파괴하고 지배하고 흡수하거나 뉘우치게 하여 "무계급" 계층으로 만들기 위해서는 권력을 장악하는 길밖에 없다는 것이다. 이데올로기적 결속 및 양극화는 그것에 수반된 계급의 강화와 함께 무계급에 도달하기 위한 유일한 길이다.

그러나 이러한 마르크스 이론에는 몇 가지 문제점이 나타난다. 즉, "은혜를 더하게 하려고 죄에 거하겠느냐?"라는 것이다. 무계급이라는 목적을 위해 상대에 대한 적개심에 불타오르는 것이 과연 합당한가?. 물론 그럴 수 없다. 그러나 나는 누가 해법을 마련했는지 모른다. 사실 알고 있지만, 여기서는 잠시 유보하겠다. 이 과정은 일반적으로 계급 구별에 대한 발견, 계급 의식을 드러냄, 이데올로기적 결속 구축, 계급 투쟁에 대한 강력한 촉구로 이어지지만, 결국 무계급을 창출하는 마지막 단계에서 늪에 빠져 허우적거리는 모습을 볼 수 있다. 이유는 모르겠지만, 잘못될 수 있는 모든 오류는 바로 이 시점에서 발생한다.

그러므로 소비에트 연방의 원시 마르크스주의의 경우, 압제당한 노동자 계급의 투사들이 하나로 뭉쳐 혁명을 성공한 후 무계급 사회를 창출하기 위한 도구로 관료제까지 구축했으나, 노동자의 무계급 사회가 지배하지 못한 채, 오히려 관료제 자체가 새로운 계급 구별을 양산했던 것이다. 그들은 마침내 모든 사람을 지배하는 전제주의자가 되고 말았다. 모든 과정은 언제나 그런 식으로 이어졌으며, 이러한 상황은 지금도 마찬가지이다.

그럼에도 불구하고 우리는 마르크스주의를 끊임없이 시도하는 수밖에 없다. 다른 방법이 있는가? 계급 구별이 주어진 "상수"이고 우리가 다룰 수 있는 유일한 실체가 그것뿐이라면, 그리고 계급 구별에 내재된 갈등을 반드시 극복해야 한다면, 그렇다면 계급 전쟁 외에 다른 방법이 있느냐는 것이다. 이 시대의 모든 해방 운동은 이런 패턴을 보여준다. 이제 나는 이러한 과정 전체를 조명할 수 있는 한 가지 사례를 제시하고자 한다.

페미니스트 운동의 명확하고 바람직한 목적은 남자와 여자에 대한 사회적 구별이 아디아포라adiaphora, 즉 "대수롭지 않은 이슈"가 되는 사회를 만드는 것이다. 그러기 위해서는 남녀의 불평등에 대한 암시는 물론 양자를 구별하는 표시조차 최소화함으로써 진정한 무계급 사회를 시현해야 한다. 그러나 이러한 무계급은 남녀의 차이를 무시하는 직접적인 접근 방식으로는 달성하기 어렵다. 그보다 먼저 압제 계급의 권력이 와해되어야 한다. 그러나 오늘날의 조치들은 그들이 원하는 궁극적 목표에서 벗어나 있음이 분명하다.

가령, 그들은 다음과 같은 사고로 접근할 수 있다. "그렇다. 남성과 여성이라는 두 젠더gender는 차별 없는 대우를 받아야 한다." 그렇기 때문에 우리는 예로부터 성이 다른 두 사람이 관련된다는 모호한 암시까지 빠트리지 않고 "젠더"성별라는 문법적 구별까지 갖춘 영어를 사용하고 있으나 이런 방식은 여성의 계급 의식을 드러내게 하지 못한다. 그러므로 지금 필요한 원리는 성별을 생략하기보다 차라리 이중적 해석이 가능한 대명사 등과 함께 젠더를 구분한 용어를 사용하고, 남성과 마찬가지로 여성이라는 사실을 구체적으로 드러내는 언어를 사용하는 것이다. 페미니스트 문법은 성별 인식을 위한 것이지, 성을 무시한 무계급을 위한 것이 아니다.

그들은 이렇게 생각할 수도 있다. "그렇다, 우리의 목표는 젠더 구별을 없애는 것이다. 그러나 이러한 목표를 향해 가는 과정 중에, 인간을 차별 없이 대하는 신학으로 받아들일 수 없을 때까지 여성의 계급 의식이 필요하다. 오늘날에는 하나님에 대한 여성만의 특별한 개념, 그들만의 구원에 대한 정의, 그들이 선호하는 복음 해석이 가능한 페미니스트 신학이 필요하다. 그렇다. 궁극적 무계급을 위해서는 그날이 올 때까지 남자와 여자의 공유성은 부인되어야 한다."

또는 이런 생각도 가능하다. "그렇다. 우리는 여자와 남자의 구별을 완전히 제거할 수는 없지만 그 차이가 대수롭지 않은 것이 될 날을 기대한다. 그러나 그 날을 위한 이데올로기적 결속을 위해, 남녀 사이에 철저한 도덕적 구별이 필요하다고 생각한다. 즉, 전쟁은 남자의 몫이며, 여자는 때가 되면 평화를 만들어야 한다."

내가 하는 말은 이처럼 모호하고 모순된 주장이 결코 어리석거나 무의미하다는 것이 아니라는 사실을 알아주기 바란다. 아니, 계급 전쟁은 무계급에 도달하기 위한 유일한 방법이라는 가정하에, 이러한 움직임은 분명하고 타당하며 필요하다.

확실히 페미니스트는 진지하게 그들의 관심가는 여자들뿐만 아니라 남자들도 해방되어야 한다는 것이라고 주장한다. 하지만 이러한 주장은 지금까지 모든 계급 전쟁이 취해온 규범적 혁명 노선이었다는 사실을 알아야 한다. 문제는 한쪽 계급이 무계급의 조건을 좌우할 힘을 얻는 방식으로 진정한 무계급을 성취할 수 있느냐는 것이다. 또한, 타인이 자신이 생각하는 방식으로 우리를 해방시키는 것을 진정한 "해방"이라고 부를 수 있겠는가? 나는 "해방"에 대한 판단은 각자가 스스로 하는 것이라고 생각한다.

그러나 우리가 "계급 구별"과 "계급 투쟁"이라는 방식을 선택했다면, 이러한 모순을 극복하는 것이 가능하겠는가? 즉, "무계급"이란 "우리는 우리의 방식에 따라 같은 계급이 되었다"는 선포가 아니며, "해방주의"는 "여러분은 해방되었다. 왜냐하면 우리가 그런 말을 할 자격이 있기 때문"이라는 선포가 아닌, 그런 상황이 가능하겠느냐는 것이다.

여기서는 "마르크스주의"라는 용어를 사용하지 않았지만, 우리가 "마르크스주의자"로 부름을 받았다는 말은 "지배 신앙"의 특정 형식을 염두에 둔 표현이라는 사실을 알아야 한다. 그들은 "계급"으로 불리는 아르키들 사이의 투쟁이 교묘한 방식으로 "무계급 사회"로 불리는 사회적 구원이 되게 할 수 있다고 믿는다.

이제 우리는 성경 역사를 추적함으로써 (1) "계급 전쟁을 통해 무계급을 달성했다"는 마르크스주의는 어리석은 인간이 덤벼들었다가 실패한 무익한 시도였으며, (2) 마르크스주의가 결코 하지 못할 것을 할 수 있는그리고 실제로 성취한 기독교 아나키로의 전환이 이루어진 사실에 대해 보여줄 것이다.

성경은 거의 처음부터 거의 끝까지 무계급을 향한 계급 투쟁에 대한 고전적 묘사아마도 유일한 고전적 묘사를 보여준다. 우리의 문맥에서 "무계급"은 "정의"와 동의어라는 사실을 기억하라. 우리가 말하려는 두 계급은 -"압제자"와 "압제를 당하는 자"라는 기준과 함께- 종교적, 윤리적, 문화적 및 사회경제적으로 구별된다. 압제당하는 자는 처음부터 끝까지 "유대인"이며 압제자는 다양한 "이방인"이다. 또한 마르크스주의의 패턴도 처음부터 끝까지 분명히 드러난다.

1라운드는 출애굽으로, 히브리인은 압제당하는 종이고 애굽인은 이방인 압제자로 등장한다. 이곳에서 히브리 종들이 정당한 명분을 위해 해방 전쟁을 했다는 사실에는 의문의 여지가 없다. 이어지는 모든 경우도 마찬가지이다. 우리의 관심사는 혁명의 정당성 여부가 아니라 마르크스주의 전략이 기대에 부응했느냐는 것이다. 히브리 종들은 사실상 공동의 정체성에 대한 인식이 없이 시작했다. 따라서 여기서 문제가 되는 것은 계급 의식에 대한 근본적 요구인 것으로 보인다.

사도행전 7:25는 모세가 애굽의 감독을 죽인 일을 혁명의 징조로 생각해 주기를 원했으나 계급적 결속에 대한 인식이 없어 사태 파악 및 자신의 역할을 깨닫지 못한 히브리 동족으로 인해 좌절되었음을 보여준다. 모세의 다음번 시도가 성공하기 위해서는 "우리는 하나님의 백성으로 압제당하는 종이며 그들은 우리를 압제하는 대적이므로, 우리가 할 일은 단결하여 그들과 맞서 싸우는 것"이라는 의식의 고취가 필요했다. 이것은 역사상 모든 계급 전쟁에 나타나는 전형적 패턴이다.

다시 한번 이곳에서의 실제적인 투쟁은 "거룩한 전쟁"으로 해석되며, 하나님은 전적으로 압제당하는 계급의 편에 서서 압제자와 맞서신다. 하나님은 혁명을 인정하실 뿐만 아니라 실제로 그들을 도와 승리하게 하신다.

히브리인은 애굽인에게 완벽한 승리를 거두며, 이방인의 위협은 제거된다. 문제는 이러한 승리가 해방이나 정의 또는 무계급으로 부를 수 있을 만한 것으로 바뀌지 않았다는 것이다. 우리가 아는 것은 열악한 광야 생활만이 아니다. 더욱 중요한 사실은 아무것도 부족하지 않던 이 자유자들은 애굽의 종살이로 되돌아갈 만큼 영적 암흑에 빠져 여호수아와 사사기에 묘사된 구약의 암흑시대로 이어졌다는 것이다. 출애굽이 성취한 세계의 모든 것은 다음 계급 투쟁을 위한 무대를 위한 준비에 지나지 않았던 것이다.

2라운드는 압제당한 이스라엘을 가나안 이방인이나 다른 이교도 민족과 맞서게 한다. 이것은 확실히 "우리 유대인과 그들 이방인"이라는 계급 의식이 이스라엘의 마음속에 근본적인 정체성 의식으로 자리 잡는 오랜 투쟁의 일환이다. 이제 "거룩한 전쟁"은 명백한 신학적 개념 및 현실이 되었다. 사울과 다윗 및 솔로몬 시대에 절정에 이르는 왕조를 통한 하나님의 도우심으로, 이스라엘의 거룩한 전쟁은 승리를 쟁취했으며 이방 압제자들은 쫓겨났다. 이제 하나님의 백성은 지배자가 되었으며, 지금까지 싸워온 정의와 무계급 사회를 정착하는 일을 방해할 수 있는 요소는 아무것도 없다. 그래서 어떻게 되었는가?

그들이 불평할 만한 어떤 압제도 경험하지 못했다는 것은 잘못된 생각이다. 솔로몬왕은 자발적으로 나서서 엄청난 세금을 부과하고 동족을 종으로 부리기까지 했다. 물론 이러한 상황은 내전과 왕국의 분열로 이어졌다. 부왕 다윗은 가나안을 문밖으로 내쫓았으나 아들 솔로몬은 이교도 아내들 및 그들의 추종자들과 함께 가나안의 종교를 뒷문으로 슬그머니 다시 들여왔다. 여러분은 아합이 이세벨이라는 여자와 결혼하여 바알 숭배를 정착하도록 지원한 사실을 기억할 것이다. 마르크스주의에 따르면 이스라엘이 이룬 업적은 마땅히 정의와 무계급 사회로 나타나야 했으나, 오히려 선지자들이 이스라엘의 신앙이 완전히 이교도화되는 것을 겨우 저지할 만큼 악한 시대가 되었다.

3라운드는 이스라엘에 대한 이방 앗수르 침략자들의 지배와 압제이다. 하나님의 백성은 그들과 맞설 수 있는 상황이 아니었으며, 북왕국 이스라엘은 영원히 사라졌다. 남왕국 유다는 하나님의 기적으로 구원을 받았다. 그러나 그들은 매우 제한된 의미에서 "구원을 받았다." 유다는 자신이 받은 구원을 전혀 선용하지 못했다. 그들은 꼭두각시 정권으로 전락했으며 아수르에 철저히 동화되고 말았다.

4라운드에서 "하나님의 가난한 백성"을 압제한 이방인은 바벨론이며, 그들은 예루살렘을 함락했다. 언뜻 보기에 이 사건은 압제당한 계급을 영원히 사라지게 한 것처럼 보인다. 그러나 하나님의 개입으로 포로 시대는 "고국으로의 귀환"으로 이어지며, 제2이사야는 유대인이 하나님의 백성이 되기에 가장 좋은 기회라고 선포했다. 그들은 이방세계까지도 하나님의 진정한 무계급 의 정의로운 사회를 이루고 "모든 육체가 그것을 함께" 볼 수 있도록 하는 귀감이 되어야 했다.

그러나 계급 투쟁에서 승리를 안겨주었음에도 불구하고 해방된 그들은 기회를 날려버렸다. 제2이사야의 놀라운 비전은 적어도 당시에 그가 예언한 방식대로는 성취되지 못했다. 에스라와 느헤미야의 인도로 본토로 돌아오는 과정에서 이스라엘은 무계급 사회로 바뀌지 않았으며, "거룩한 유대인과 저주받은 이방인"이라는 이스라엘의 계급 의식은 편협하고 배타적이며 호전적인 민족주의로까지 이어졌다. 룻기와 요나서는 이처럼 유대 남자는 이방인 아내를 버려야 한다는 명령에서 가장 잘 드러나는 편협한 사고방식을 겨냥한 것으로 보인다. 이것은 압제당한 계급이 상대 계급의 자리를 차지한 후 그들을 배제했다는 점에서 일종의 무계급 사회라고 할 수 있다. 그러나 진정한 의미에서 "무계급"은 아니다.

다음 장에서 보다 상세히 다룰 5라운드는 헬라 이방인 셀류시드 왕조에 맞선 유대의 마카비 혁명이다. 이 혁명 역시 처음에는 성공을 거두었으나 결국에는 해방된 "압제당한 자"가 다음 세대의 "압제자"가 되는 사례에 해당한다.

6라운드다음 장에서 보다 상세히 다룰 것이다는 유대교의 왕당파 해방 전사인 열심당원과 이방인 로마 제국의 대결이다. 이 혁명은 가장 두드러진 실패를 보여주는 사례이다.

마지막 라운드는 유대인/이방인의 계급 문제에 대한 나사렛 예수의 공격이다. 우리는 오직 이 라운드를 통해서만 진정한 무계급에 가까운 결과를 확인할 수 있다. 한 사도는 오직 이 경우에 한해서만 "너희는 유대인이나 헬라인이나… 다 그리스도 예수 안에서 하나이니라"고 선포할 수 있었다.

"그렇다면 예수를 후원자로 받아들이기만 하면… 마르크스주의자의 전략은 효과를 거둘 수 있지 않겠는가?" 많은 해방신학자들은 이렇게 주장하는 것처럼 보인다.

그러나 아니다. 그것은 결코 불가능한 일이다. 예수님의 성공은 결코 마르크스 이론이라는 정치적 방법을 통해 얻을 수 있는 것이 아니다. 그의 방식은 오직 기독교 아나키라는 신학적 방법이다.

우리는 앞서 해방주의자의 방법론"마르크스주의"은 본질상 "이데올로기적 계급"으로 알려진 아르키들의 속임수로서, 압제당한 무죄한 계급이 악한 압제자 계급을 지배하는 것을 목적으로 한다는 사실에 대해 살펴보았다. 그러나 기독교는 "아르키 이론"과 유사한 방식을 통해서가 아니라 근본적인 아나키적 접근을 통해 계급 문제에 접근한다. 그것은 이러한 남자와 여자, 가난한 자와 부자, 노예와 소유주, 유대인과 이방인 같은 "계급 아르키들"이 실제적인 권력이나 의미나 실체를 가지고 있다는 사실을 거부한다. 그것은 계급 구별을 강제로 무너뜨리는 방식이 아니라, 무계급을 지향하는 하나님의 은혜로서 그들을 무시하고 초월하는 방식으로 무계급 공동체를 달성할 것이다. 이 기독교는 인간은 언제나 개인이며, "계급"으로 불리는 집단의 지체를 형성하지 않는다고 주장한다. 이런 사람들은 당연히 개인으로 다루어지며, 결코 "집단"으로 빚어져 계급 투쟁을 위해 조작되지 않는다.

마르크스주의자의 "계급 연대" 개념은 꾸며낸 이야기, 허구, 가짜, 환상이다. 그것은 상상으로나 가능한 "불확실한" 망상에 지나지 않는다. 예를 들면, 본질적 정체성이 "여자"인 사람은 없다. 이것은 그를 자동적으로 "여자"와 이데올로기적 연대를 맺게 하고, 그들과 같은 부류에 속하게 하며, 어떤 권력 집단이 "여자"라는 이름을 붙였든 그 안에서 "자매"가 되게 한다. 그러나 그렇지 않다. 그는 그 자신이며, 결코 자신의 성에 따라 여자로 "결정"되는 것이 아니라 오직 개별적 주체로서 그 용어를 받아들일 때만 여자가 된다. 그는 일종의 계급 의식 속으로 떠밀려 들어가는 것이 아니라 스스로의 선택에 따라 어떤 "연대"든 자신에게 부여할 것이다. 그는 자신의 결정에 따라 젠더를 형성할 것이다. 그는 그것이 자신이 원하는 것이라면, 남성 우월주의자들에게 "자매"가 될 수 있다. 그는 그것이 자신이 원하는 것이라면, 자신에 대한 분류를 무시하고 계급을 벗어나 살 수 있다.

인간은 어쩔 수 없이 노예가 될 수 있지만, 이것은 그의 뜻에 반해 "노예 계급"의 일원이 되게 할 수 있다는 것은 아니다. 즉, 그에게 억지로 노예 정신을 공유하게 하거나 다른 노예와 함께 이데올로기적 연대를 형성하거나 주인을 압제적 대적으로 보도록 강요하거나 계급 투쟁의 앞잡이가 되게 할 수 없다는 것이다. 노예의 99퍼센트가 특정 성품을 가지고 있다고 해서 자신도 그래야만 하는 것은 아니다. 우리의 개성은 언제나 소위 계급 지위보다 우선한다.

사람은 자신이 원하면, 찰스 웨슬리의 "겸손하고 가난한 신자"와 무관하게 가난한 자가 될 수 있다. 또한 사람이 부자가 되는 것은 반드시 "교만하고 부유한 불신자"와 연합해야 하는 것은 아니다. 왜냐하면 다양한 방식으로 특정 소득 이하를 벌어서 다양한 방식으로 그런 상황에 처한 다양한 개인들만 있으며… 또한 다양한 방식으로 특정 소득 이상을 벌어 다양한 방식으로 그런 상황에 처한 다양한 개인들만 있을 뿐이기 때문이다. 그들 가운데는 이데올로기적 변화 없이, 한때는 반대적 상황에 처한 자들도 있다.… 그러므로 "겸손하고 가난한 자" 집단을 압제하는 "교만하고 부유한 자" 집단과 같은 실체는 존재하지 않는다. 사회경제적인 무계급 사회의 창출은 상상속의 "연대"들 사이의 계급 전쟁을 강화하는 방식으로는 얻기 어렵다.

한편으로 사도 바울은 진정한 무계급을 이룩한 한 사회에 대해 언급한다. 바울은 이 사회에 대해 언급하는 가운데 "그러므로 우리가 이제부터는 어떤 사람도… 그같이 알지 아니하노라"고후 5:16고 말한다. .

우리는 그가 계속해서 다음과 같이 말할 것이라고 생각할 수 있다. "아니, 우리는 여기서 하나님이 너희를 보듯이 너희를 볼 것이다. 제비를 보시는 눈에 비친 너희는 바로 너희 자신이며 다른 무엇도 아니다. 우리가 음식이 필요한 너희를 본다면, 우리는 너희에게 그것을 줄 것이다. 우리가 자신에게 필요한 양보다 많은 돈을 가진 너희를 본다면, 너희에게서 그것을 받을 것이다. 그러나 우리는 여기서 사람을 계급으로 분류하는 '인간적 관점'을 받아들이지 않을 것이다." 우리는 사람을 "겸손하고 가난한 자"나 "교만한 부자"로 보고 서로를 대립시키려 하지 않을 것이다. 그것은 하나님이 사람을 보시는 방법이 아니다.

실제로 바울은 "너희는 유대인이나 헬라인이나 종이나 자유인이나 남자나 여자나 다 그리스도 예수 안에서 하나이니라"갈 3:28라고 진술한다.

그는 다음과 같이 계속할 것이다. "물론, 나는 우리의 무계급 사회에서 원하기만 하면 너희가 유대 가문인지 헬라인인지, 너희의 법적 지위가 노예인지 자유인인지, 너희의 성별이 압제받는 자인지 압제자인지 알 수 있다는 사실을 부인하지 않는다. 문제는 우리가 그런 것에 관심이 없다는 것이다. 너희는 그리스도의 몸의 한 지체이며 그것이 우리가 알아야 할 전부이다. 앞서 언급한 분류가 의미가 있는 것처럼 생각하는 것은 너희의 실제에 대한 진실에 혼란만 초래할 뿐이다. 따라서 너희가 '여자'라는 것을 말할 필요가 없다. 그것은 우리의 관심사가 아니다."

실제로 바울은 다시 한번 다음과 같이 말한다. "네가 종으로 있을 때에 부르심을 받았느냐 염려하지 말라 그러나 네가 자유롭게 될 수 있거든 그것을 이용하라 주 안에서 부르심을 받은 자는 종이라도 주께 속한 자유인이요 또 그와 같이 자유인으로 있을 때에 부르심을 받은 자는 그리스도의 종이니라 너희는 값으로 사신 것이니 사람들의 종이 되지 말라 형제들아 너희는 각각 부르심을 받은 그대로 하나님과 함께 거하라" 고전 7:21-24

그는 다음과 같이 계속할 것이다 "너희는 정확히 '그리스도의 무계급 몸의 지체"라는 중요한 '분류'에 해당하는 값을 주고 사신 바 되었다. 그러므로 너희의 유일한 삶의 목적은 그 안에서 하나님과 함께 하는 것이다. 그러나 이러한 분류에 따른 지위를 잃어버리는 가장 확실한 방법은 세상에 속아서 세상의 분류가 더 중요하다고 생각하는 것이다. 세상의 분류는 사람을 범주화하며, 어떤 영역에는 '특권을 부여'하고 다른 영역에는 '특권을 박탈'한 후 자기보다 높은 계급과 싸우게 하거나 상대보다 높은 특권적 계급을 얻도록 부추긴다.

그러므로 너희는 종과 같은 자, 미국인처럼 되고 싶은 가난한 나카라과인일 수도 있다. 물론 너희가 자신의 지위를 향상시킬 기회가 있다면 기회를 활용하라. 그러나 부유한 미국인이 얼마나 불행해질 수 있는지 아느냐? 나는 너희에게 아무런 효력이 없는 계급 전쟁을 포기할 것을 권면한다. 너희는 이미 우리 가운데 그리스도의 몸으로 분류되지 않은 자들보다 훨씬 자유하며 그들보다 나은 상태에 있다. "나는 행복해서 노래하네/나는 자유해서 노래하네/나는 참새를 향한 그의 눈이/나를 지켜보심을 안다네"라는 찬양을 처음 부른 사람이 실제 노예였다는 사실은 전혀 놀랍지 않다.

다시 한번 바울은 이렇게 진술한다. "그리스도께서 우리를 자유롭게 하려고 자유를 주셨으니 그러므로 굳건하게 서서 다시는 종의 멍에를 메지 말라"갈 5:1

그는 다음과 같이 말할 것이다. "'자유'와 '종의 멍에'에서 벗어나는 것? 아니다. 나는 결코 계급 투쟁이라는 전문 용어로 돌아가고 있는 것이 아니다. 이것은 이미 계급 투쟁을 통해 압제자 계급의 지배에서 벗어나 자유를 얻은 후 다시 압제자의 소유가 되지 않도록 조심스러운 계급 의식을 유지해야 하는 자들에 대한 언급이 아니다. 내가 말한 상황은 정반대이다. 즉, 우리는 그리스도의 무계급 사회를 통해 이 모든 비개인화, 비인간화 된 계급 구별과 계급 연대 및 계급 전쟁에서 벗어나 자유를 얻었다. 이 자유는 결코 한 계급이 다른 계급에게 자신의 '해방'과 자신의 '무계급'을 부과할 수 있는 주도권을 가진다는 의미가 아니다. 또한 우리 그리스도인은 세상이 우리를 유혹하여 소위 '자유를 위한 투쟁'이라는 노예 상태로 데려가지 않도록 우리 자신에 대해 조심해야 한다는 것은 물론이다."

끝으로, 에베소서 2:4-22에서 바울은 이 문제를 신학적으로 정립한다. "긍휼이 풍성하신 하나님이 우리를 사랑하신 그 큰 사랑을 인하여 허물로 죽은 우리를 그리스도와 함께 살리셨고… 이것은 너희에게서 난 것이 아니요 하나님의 선물이라 행위에서 난 것이 아니니… 그는 [이방인과 유대인] 둘로 하나를 만드사 원수 된 것 곧 중간에 막힌 담을 자기 육체로 허시고… 이는 이

둘로 자기 안에서 한 새 사람을 지어 화평하게 하시고." 이것이 바로 내가 말하는 무계급이다.

물론 나는 사회가 일반화된 사고를 포기하고 사람들을 계급 구분 및 사회적 카테고리에 따라 통계적으로 다루는 것을 포기해야 한다면, 그런 사회는 완전히 멈추어버릴 것이라는 사실을 알고 있다. 이런 사회에서는 과학적 분석특히 사회 과학자들의 분석도 불가능할 것이다. 사실 그리스도인과 교회도 이러한 용어에 대해 익숙해야 한다. 인간적 한계를 가진 우리는 아무리 노력할지라도 솔직히 참새는 물론 모든 사람을 개인적으로 보고 이해할 수 있는 "하나님의 눈"을 가질 수 없다.

그러나 우리가 하나님의 은혜로 할 수 있는 일은 이 분류가 필요악이며 인간 사회의 진실에 대한 핵심이 아니라는 사실을 깨닫는 것이다. 우리는 이 분류가 관련된 사람들의 실제적인 개성에 대해 항상 부당한 판단을 한다는 사실을 알 수 있다. 우리는 계급적 사고를 환영하기보다 거부할 수 있다. 이것은 우리가 개성이라는 관점에서 사고하고 다룰 때마다 훨씬 신성해진다는따라서 진정한 무계급, 해방, 공동체 및 정의에 가깝게 다가간다는 것을 사실로 알고 있기 때문이다.

집단주의자의 계급적 사고는 명백히 아르키적이다. 그것은 아르키 권력의 수단이자 방법이다. 인간은 개인주의적 관점에서 사고하고 다루어져야 한다는 주장은 확실히 아르키의 철학이나 방법을 받아들이거나 정당화하는 것을 거부하는 아나키적 사고를 보여준다.

나는 여기서 기독교 아나키의 개인주의는 결코 참된 공동체에 위협이 되지또는 맞서지 않는다는 사실을 다시 한번 강조하고자 한다. 아니, 공동체에 대한 위협은 아르키 계급 의식의 이데올로기적 연대에 있다. 아르키가 연대결속라고 부르는 것은 사실상 참된 공동체와 반대되는 거짓 공동체이다. 이것은 정확히 그들이 참된 공동체의 전제이자 기초를 형성하는, 하나님이 주신 "개인의 자유"를 무시하기 때문이다.

한 가지 사례는 위 논쟁의 타당성 및 동시대성을 확립해줄 것이다. 이 책을 집필하는 기간에, 가톨릭은 교회즉, 바티칸와 "해방신학"과 관련된 일부 성직자와의 한판 대결을 앞두고 있었다. 나는 교회로부터 고소를 당한 해방신학자가 얼마나 되며 그들이 어떤 사상가인지 판단할 입장에 있지 않다. "해방신학"이라는 용어 자체는 다양한 사상을 포괄하는 광범위한 개념이다. 가톨릭의 경우 판단자는 바티칸이 되겠지만, 이곳에서는 독자들이 스스로 판단해야 할 것이다.

일부 신문기사는 브라질의 프란치스코 수사 레오나르드 보프Leonardo Boff를 "해방신학을 대표하는 자 가운데 한 명"으로 부른다. 그는 한 잡지를 통해 이렇게 말한 것으로 알려진다. "해방신학자들은 사회적 사실로서 가난뿐만 아니라 가난이 존재하는 이유를 알고 싶어한다. 이런 의미에서 해방신학자에게 마르크스는 사회적 죄를 보게 하며, 이런 의미에서 나는 마르크스가 보다 고상한 신학적 대의 명분에 유익이 된다고 생각한다."

이 기사는 계속해서 바티칸 신학자 조세프 라칭거 추기경Cardinal Joseph Ratzinger이 "마르크스의 '계급 전쟁'을 '구원 선교'의 기초가 되는 역사적 '사실'로 채택한 진보 노선"을 공격한 것으로 인용한다. 보프의 브라질 동료이자 또다른 바티칸 신학자인 앙겔로 로시 추기경Cardinal Angelo Rossi은 "계급 전쟁은 폭력으로 이끌며, 따라서 복음에 반대되기 때문에 받아들일 수 없다"고 덧붙인다. 우리는 그의 중요한 오류는 폭력에 대한 관점이 아니라 계급 구별을 사회적 실제의 핵심적 사실로 받아들인 첫 번째 단계에 있다고 주장하지만, 로시의 관찰은 사실이다.

교황 자신은 이 신문기사에 최근 아프리카 주교 회의에 보낸 메시지를 인용한다. "교회가 가난한 자 및 부당한 법이나 부당한 사회적 경제적 구조의 희생자와의 결속[그는 더 나은 용어를 선택해야 했다]해야 한다는 것은 두말 할 필요도 없다." 확실히 요한 바오로의 지침은 그의 진술을 뒷받침한다. 그들이 생각하는 해방주의자의 문제점은 교회가 정의와 가난한 자를 돕는 일에 무관심해야 하는가라는 문제와 무관하다. 그들의 관심은 오직 계급 전쟁이 사회적 진보를 복음적이거나 효과적인 방식으로 추구하는가에만 초점을 맞춘다.

교황은 "[그러나] 이러한 결속을 구현한 형태는 계급 구별이나 계급 투쟁에 기초한 분석에 좌우되어서는 안 된다. 교회의 임무는 모든 남자와 여자를 상호 대립하거나 맞서는 일 없이 변화와 화목으로 부르는 것"이라고 주장한다. 익숙한 말이 아닌가?

끝으로 라칭거 주교는 이 책의 이어지는 장에 해당하는 문제점을 제기한다. 그의 기본적 비평은 해방신학이 마르크스주의자의 사회적 이론을 "복음의 근본적 가정" 속에 투사했다는 것이다. "[그것은] 사실상 사회적 윤리나 사회적 이론이 되어야 할 것을 신학적 차원으로 끌어 올린 것이다. [그것은] 기독교적 요소와 사회윤리적 요소라는 두 차원을 혼합한다." 라칭거는 이것을 신학의 남용이라고 부른다.

나는 기독교 아나키 개념을 뒷받침하기 위해 가톨릭의 계급구조에 기대려고 생각해본 적이 없다. 그러나 그들이 신청한다면, 거절할 이유가 없다.

제4장

▶

선택적 죄와 의

　본 장과 관련하여, 나는 성령또는 이 장에 대한 영감을 주신 그분께 용서를 구한다. 나는 이 내용을 엉뚱한 책에 포함시켰다.

　본 장은 형식은 다소 다르지만 나의 이전 책, 『바벨탑-하나님의 말씀이 없는 하나님의 백성』*Towering Babble*에 들어 있다. 하지만 그 책에 어울리는 내용이 아니었다. 본 장의 사상은 나머지 원고를 출판사에 넘긴 후 떠올랐다. 이것은 전적으로 기독교 아나키에 대한 주제임에도 앞서 끝낸 책에 들어갈 내용이라고 생각한 것은 나의 실수였다. 하지만 성령께서는 그것이 아나키에 대한 사상이라는 사실을 알려주지 않으셨다. 사실은 내가 듣지 않았다고 해도 인정하겠다 그러나 당시에는 내가 아나키에 빠져 그것에 관한 책을 쓰기 위해 선택되었다는 사실을 깨닫기는커녕 그런 개념이 있다는 사실조차 몰랐다. 그런 내가 어떻게 이 기이한 장이 예전 책에 잘못 끼워진 부록이 아니라 새 책의 핵심 주제가 될 것이라는 생각을 했겠는가? 그러므로 나는 이것이 전적으로 나의 잘못이라고는 생각하지 않는다.

　이곳의 논지는 기존의 체제를 정당화하는 우파의 지배 신앙이든, 혁명으로 새로운 질서를 세우려는 좌파의 지배 신앙이든, "지배 신앙"의 한결같은 특징은 여기서 말하는 소위 "열심주의"에 해당한다는 것이다. 이러한 통찰력은 튀빙겐 대학독일 신약학 교수인 마틴 헹겔Martin Hengel의 연구에서 얻었다. 내가 기독교 아나키에 대한 생각을 하지 못했던 것처럼, 헹겔도 자신이 기독교 아나키에 대해 다루고 있다는 생각을 하지 못했다. 이것이 바로 그의 사상이 우연한 아나키스트의 대열에 합류하게 된 이유이다. 따라서 나는 이 모든 과정에 대해 소상히 설명할 수 있다.

헹겔은 로마의 군사 체제에 대항한 유대 혁명이 혁명을 지지한 자들은 소위 "열심당"이라고 불린다에 관한 전문가이다. "열심주의"로 불리는 이 혁명이 표방하는 정신은 오늘날의 기독교 사상과 매우 흡사하다고 할 수 있다. 따라서 아래에서 첫 글자를 대문자로 표기한 열심당Zealotism은 1세기 현상을, 소문자로 표기한 열심주의zealotixm는 그 이후의 항구적 개념을 나타낸다.

헹겔은 『예수는 혁명가인가』*Was Jesus a Revolutionist?*와 『폭력에 대한 승리』*Victory over Violence*라는 소책자 수준의 얇은 책 두 권을 냈다. 중간기 시대로부터 초기 기독교 시대까지 성경의 사회정치적 배경에 대한 최고의 전문가인 그는 두 차례의 유대 혁명에 대해 탁월한 묘사를 제시한다. 첫 번째 혁명예수님 시대로부터 1세기 이전 시점은 헬라 압제자셀류시드 왕조에 맞선 마카비 혁명이며, 두 번째 혁명예수님 시대 및 그 후 약 50년 간 은 로마의 압제에 맞선 열심당 혁명이다.

헹겔의 연구의 배후에 있는 궁극적 목적은 오늘날의 혁명가, 해방주의자, 급진적 사회 변화 및 정치적 행동주의 신학에 대한 비판이었다. "혁명" -우리가 일상적으로 사용하는 용어로서- 은 "악한 통치기존의 체제를 무너뜨리고 정의로운 통치혁명를 확립하기 위한 전적으로 신성한 아르키의 시도"로 정의할 수 있다. 우리의 정의에 "폭력"이라는 단어는 나타나지 않는다. 문제는 이러한 혁명이 전혀 폭력에 의존하지 않고도 성공할 수 있느냐는 것이다. 따라서 이러한 혼란을 피하려고, 헹겔은 대중적 생각과 달리 예수님에 대해 "혁명"이나 "혁명적"이라는 용어를 사용하지 않으려고 조심한다. 확실히, 예수님의 방식은 인간의 영웅적 아르키 권력의 방식과 다르다.

헹겔은 두 차례의 유대 혁명을 혁명의 전반적 모델, 즉 혁명의 과정 및 결과와 함께 혁명의 이상 및 이데올로기의 모델로 사용한다.

마카비 혁명과 열심당 혁명은 둘 다 "의롭고" 정당한 혁명에 필요한 모든 요소를 갖추고 있다. (1) 백성은 모든 삶에서 극단적인 상황까지 내몰렸다. 그들의 고통은 실제적이었으며, 아무런 대안적 희망이 없는 절망뿐이었다. (2) 혁명은 압제당한 하류층으로부터 시작되었으며, 자신의 요구를 관철하기 위한 자발적 분출이었다. 혁명의 지도자는 같은 계급에서 나왔다. 그들은 특정 이데올로기적 당파의 정치적 이익을 위해 조종당하지 않았다. (3) 그들의 목적은 전적으로 의롭고 선했다. 그들은 오직 정의만 추구했으며, 그들의 요구는 결코 과도하거나 이기적이지 않았다. (4) 그들의 종교적 동기는 강력하고 순수했다. 그들은 진정으로 하나님께 순종하고 그를 자유롭게 섬기며 그의 정의를 세우고 싶어 했다. 그들은 혁명을 핑계로 신앙을 저버리지 않았다. (5) 두 혁명 모두 마지막 단계에서 폭력으로 돌아섰다. 누구나 동의하듯이 그들에게는 어떤 정치적 선택의 가능성도 없었다.

두 혁명의 가장 큰 차이는 마카비 혁명은 성공했으나 열심당 혁명은 실패했다는 것이다. 안타까운 사실은 두 혁명 모두 "성공"과 "실패"라는 종착지에 이르렀으나 눈에 띄는 차이는 없다는 것이다.

마카비 가문은 즉시 혁명의 목적을 이루었다. 그들은 성전을 되찾고 다시 축성했다. 그들은 셀류시드 왕조와 싸워 그들의 조세, 종살이, 문화적 지배로부터 벗어났다. 그러나 그 과정에서 혁명가들은 권력에 대한 야망을 드러냈으며, 그들의 권력욕은 끝날 줄을 몰랐다. 이제는 그들이 이방인에 대한 제국주의자가 되었다. 타락한 혁명 지도자는 갈취를 일삼았으며, 내부 분열로 말미암아 그들이 싸웠던 대적헬라화 된 유대인과 결탁하게 되었다. 아마도 가장 큰 비극은 헬라의 강요로 자신의 신앙을 포기하고 헬라화 된 유대인에게 맞서 일어난 혁명이 오히려 이방인에게 할례를 강요하는 유대 당국이 되고 말았다는 사실일 것이다. 유대 혁명가들이 헬라의 압제자들을 무너뜨린 때, 헬라화 된 유대인의 도덕성이 유대교를 부패시켰던 것이다. 마카비 혁명이 이런 식의 "성공" 사례를 보여주는 역사상 유일한 혁명이 아니라는 사실은 쉽게 찾아볼 수 있다.

로마에 맞선 열심당도 처음에는 성공을 거두었다. 그들은 적어도 예루살렘의 한 구역은 장악했다 그러나 그들 역시 지도자들 간의 분열을 피할 수 없었으며, 이번에는 로마 군대의 보복을 초래했다. 많은 사람이 죽거나 도피했으며, 예루살렘은 철저히 파괴되고 화염에 휩싸였다. 하나님의 거룩한 성전은 영원히 사라졌으며 남아 있던 열심당은 맛사다에서 자결함으로써 역사상 가장 비참하고 끔찍한 에피소드로 남았다. 두 차례의 혁명을 거치면서 유대교가 살아남은 것은 영웅적인 자유의 투사들 때문이 아니다. 그것은 그들의 노력으로 불가능한 일이었다. 유대교가 살아남은 것은 오직 하나님의 은혜였다. 나는 두 차례의 혁명이 결국 실패로 돌아간 것은 지혜로운 지도자가령, 오늘날 그리스도인처럼라면 당연히 피했을 잘못된 결정 때문이라고 생각하지 않는다. 아니, 이 재앙은 이미 아르키 혁명의 질서 속에 자리 잡은 것처럼 보인다.

그러나 헹겔은 자신의 모델을 통해 예수님의 방식은 체제에 대한 저항이자 혁명가의 지배 신앙과 정면으로 대립한다는 사실을 보여준다. 예수님의 방식은 신체적 폭력뿐만 아니라 모든 면에서 근본적으로 다른 방식이다. 물론, 해방신학을 지지하는 인사들 가운데는 예수님이 정치적 혁명가로 나타나지 않았던 유일한 이유는 당시 상황이 그러한 역할을 제공하지 않았기 때문이라고 주장한다. 그들은 만일 예수님이 요즘 사람이라면 틀림없이 누구 못지않은 정치 혁명가가 되었을 것이라고 생각한다.

헹겔의 대답은 1세기 팔레스타인은 오늘날 세계의 어떤 분쟁 지역보다 뜨거운 혁명적 열기로 가득했다는 것이다. 즉, 예수님은 얼마든지 자신이 원하는 혁명에 가담하거나 지도자가 될 수 있었다. 그는 우연히 혁명을 놓친 것이 아니라 의도적으로 혁명을 철저히 피하신 것이다.

헹겔이 기독교 아나키가 얼마나 위대한 사상이며 자신이 얼마나 이 개념에 가까이 접근했는지에 대해 알고 있었는지 의심스럽지만, "예수님과 세금"막 12장에 대한 헹겔의 글은 그가 이 사상의 핵심에 도달한 것으로 보인다. 우리는 헹겔의 설명『예수님은 혁명가였는가?』pp. 32-34을 살펴본 후 기독교 아나키에 대한 나의 생각을 밝히고자 한다. 다음은 헹겔의 글이다. 독자의 편의를 위해 그의 독일어를 영어로 번역했다.

예수님은 분명히 로마의 점령을 받아들이려는 유대인 특권층에 대해 더 많은 반대를 했겠지만, 그가 열심당 혁명에 대해 호의적인 언급을 했다는 증거는 없다. 그럼에도 불구하고 데나리온을 가이사에게 바치라는 예수님의 진술은 결코 체제를 정당화하고 편드는 것으로 이해해서는 안 될 것이다. 우리는 납세 문제가 일부 기득권 세력의 위장된 속임수로 제시된 사실을 상기해야 한다. 그들은 예수님이 결코 자신들의 편에 서지 않을 것이며 로마와 결탁하지도 않을 것이라는 사실을 알고 있었다. 따라서 만일 그들이 예수님을 궁지로 몰아 그의 입에서 납세를 거부하라는 말을 끌어낼 수 있다면 예수님은 열심당을 인정하는 것이 될 것이며, 따라서 당국에 그를 반역자로 고발할 수 있었을 것이다.

그러나 열심당은 오늘날 우리가 생각하고 있는 단순한 납세 거부자 이상이었으며, 훨씬 급진적이었다는 사실을 알아야 한다. 로마의 납세용 은화 데나리온에는 가이사의 형상과 글이 새겨져 있었기 때문에 열심당은 그것을 소유하는 것은 물론 쳐다보는 것까지 배교적, 우상숭배적 행위라고 생각했다. 데나리온을 소유하고 그것으로 장사하는 행위 자체는 외국의 압제자와 결탁하는 것이었다. 따라서 이러한 납세 거부자들을 향해 가이사의 돈을 가지고 있으면서 그의 몫을 주지 않는 자라고 비난할 사람은 아무도 없다. 그들이 악한 시스템을 멀리한 것은 최선을 다한 행위였다. 따라서 그들이 로마와 결탁한 자를 제거하려 한 행위는 하나님에 대한 충성의 표현이었다.

예수님이 데나리온 하나를 요구하신 것은 그가 열심당과 마찬가지로 수중에 데나리온이 없었다는 뜻이다. 반면에, 질문하는 자들이 즉시 데나리온을 가져왔다는 것은 그들이야말로 로마와 결탁한 자들임을 보여준다. 예수님은 선택하지 않을 수 없는 함정에 빠졌다. 그는 세금을 납부함으로써 체제를 뒷받침하거나 그것을 거부함으로써 혁명을 지지해야 한다.

예수님의 대답의 첫 번째 의미는 가이사의 돈을 양심적으로 가져올 수 있는 자데나리온에 새긴 그의 형상은 그들이 이 돈을 어디서 가지고 왔는지를 보여준다는 가이사가 요구하는 몫을 양심적으로 돌려줄 수 있어야 한다는 것이다. 그것은 거래의 일부이며, 그들은 이미 그렇게 하겠다고 약속했다. 그러나 이것은 어떤 선택과도 무관하다. 로마와 결탁한 자그들이 가이사의 데나리온을 가지고 있다는 것은 그에게 빚을 지고 있다는 충분한 증거가 된다는 세금을 내야 한다. 그러나 이것은 데나리온을 소유할 것인지, 또는 부역자가 될 것인지와 무관하다.

따라서 정확한 반박은 예수님의 두 번째 의미부연하자면, 질문에 대한 대답은 아니다에 나타난다. 본문은 이 대답으로 인해 그들이 "매우 놀랍게 여기더라"고 말한다. "이번에는 꼼짝없이 걸려들 줄 알았는데 어떻게 그런 대답을 생

각해내었는가?"라는 것이다. 헹겔은 이곳의 헬라어 접속사는 "그리고"and
가 아니라 "그러나"but로 해석해야 한다고 주장한다. "가이사의 것은 가이사
에게 바치라 그러나 하나님의 것은 하나님께 바치라"는 것이다.

헹겔은 이어서 가이사에게 속한 것과 속하지 않은 것에 대한 모든 토론
은 하나님을 가까이함과는 무관한 논쟁이라고 주장한다. 중요한 것은 하나
님을 택하는 일이며, 체제와 혁명 가운데 어느 것을 선택할 것이냐는 중요하
지 않다는 것이다. 하나님이 아닌 다른 것에 대한 선택은 모두 헹겔이 말하는
"아디아포라," 즉 지극히 사소한 문제이다. 긍정적이든 부정적이든, 그런 문
제에 지나치게 매달리는 것은 무의미한 일이다. 엘륄이 이 본문에 대해 무엇
이라고 말했는지 상기해보라. 즉, 예수님은 다른 곳에서 맘몬재물을 악한 영
역의 소산으로 규정하셨으며, 하나님은 악한 영역에 속한 것에 대해서는 무
관심하시다는 것이다.

헹겔은 다음과 같이 말한다.

> 세상의 힘기존의 체제든 혁명이든을 정당화하거나 비난한 것은 아니다. 그
> 러나 이 힘은 모든 것을 하나님 편에 밀어붙이는 "그러나"라는 한 단어
> 를 통해 무의미해진다. 권력들[지배적 아르키든 혁명가의 아르키든]로
> 부터의 진정한 자유는 내적 자유로부터 시작한다. 신약성경에 따르면
> 이 내적 자유는 오직 믿음으로, 자신으로부터 이웃에게로 이끄시는 하
> 나님의 사랑에 다가갈 때만이 얻을 수 있다.

이처럼 확실한 태도로 하나님을 택하는 자는 역사가 사람에 의해 선택된
선하거나 악한 인간 아르키의 경쟁을 통해 결정된다는 사상을 거부한다. 따
라서 그리스도인은 어느 쪽 아르키를 지지하든, 경쟁에 휘말리지 않는다. 우

리가 말하는 소위 "기독교 아나키"는 바로 이런 자세를 가리킨다.

나는 이러한 헹겔의 해석을 발견한 후, 그의 해석과 일치할 뿐 아니라 자신의 통찰력을 덧붙인 또 한 명의 탁월한 신약성경 학자를 찾아냈다. 앞서 언급한 그의 책에서 하워드 클락 키는 35-40년 전 예수님의 말씀과 행위에 대한 역사적 보고로서는 물론, 주후 66-70년 유대-로마 전쟁 당시 자신의 팔레스타인 교회 공동체의 상황에 관한 진술 및 교훈으로서의 마가복음을 분석한다.

키는 "첫 번째 혁명이 일어나기 전에, 팔레스타인 유대인에게는 네 가지 주요 대안이 있었다"고 주장한다.

1. "첫 번째는 로마의 군주와 추종세력, 헤롯 왕조의 분봉왕들과 완전히 결탁하는 것이었다."p.97 이것은 압제자와 한 패가 되어 이익을 취할 수 있는 귀족 엘리트층의 입장이다.

2. "또는 유대인은 로마의 통치 및 경제 윤리에 순응하는 수동적 형식을 취할 수 있었다. 이것은 주로 공동체 내 개인과 집단의 신앙 유지에 관심을 가진 바리새인이 택하는 입장이다."p.97

3. "복음서에 직접적으로 나타나지는 않지만 초기 기독교와 깊은 관련이 있는 세 번째 입장은 에세네파이다.… 에세네파는 그리스도인과 달리 사회로부터 물러나 사막의 거주지로 모였다."p.98

4. "남은 것은 반역자들의 입장이다."pp.98-99 키는 요세푸스를 인용하여 마가 시대 팔레스타인에 얼마나 광범위하고 왜곡된 혁명가의 활동이 있었는지 보여준다.

5. 그러나 "마가 공동체는 이들 대안 가운데 어느 것과도 일치하지 않는 입장을 취했다.… 예수님이 세베대의 아들들이 요구한 권력을 거부하신 데서

볼 수 있는 것처럼[예수님은 그들에게 '이방인의 집권자들이 그들을 임의로 주관하고 그 고관들이 그들에게 권세를 부리는 줄을 너희가 알거니와 너희 중에는 그렇지 않을지니…'막 10:35-44라고 말씀하셨다], 그들의 정치적 권력이나 물리적 힘을 거부하고 가이사에 대한 납세를 묵인한 행위 12:13-17는 혁명가들의 분노를 초래했을 것이다."pp. 99-100

키는 다른 책에서 마가 공동체에 대한 자신의 해석을 다음과 같이 요약한다.

> 메시아의 언어는 정치적이기 때문에, 마가복음에서 새로운 시대의 주요 이미지는 "하나님의 나라"이기 때문에, 마가복음 14-15장에 따르면 예수님은 유대 왕을 자처했다는 이유로 처형당했기 때문에, 마가 공동체는 팔레스타인을 로마로부터 해방시키는 일을 하는 자들과 공모는 아니더라도 공감대를 형성하지 않을 수 없었다. 그러나 마가는 예수님이 그들 쪽으로 돌아서지 않으셨다고 기록한다… 하나님의 나라는 오직 은혜로 임한다는 낯선 관점을 공유한 자들[가령, 마가 공동체]과 그것을 취하기 위해서는 공격적 태도로 주도권을 장악해야 한다는 자들 사이에는 공통점이 없다.p. 93

본 장과 이 책 전체를 오랜 시간에 걸쳐 완성한 후, 나는 군터 본캄Günther Bornkamm과 '불트만Bultmann의 위기에서 벗어난' 그의 책, 『나사렛의 예수』 Jesus of Nazareth가 이들과 같은 계열에 속한다는 사실을 기억했다. 본캄의 마가복음 12장 주석pp. 120-124은 우리가 다른 신약성경 학자들에게서 발견하는 것과 완벽히 일치하지만, 그들 가운데 누구보다 "기독교 아나키"에 근접한다. 무엇보다 중요한 것은, 본캄은 우리의 용어를 사용하지 않고도 예수님의 산상수훈 속에서 아무도 찾아내지 못한 중요한 기독교 아나키를 발견한다는 것이다.

첫째로, 그는 예수님의 말씀에 나타난 중요한 주제에 대한 언급으로 마가복음 12장에 대한 주석을 시작한다. "로마가 팔레스타인을 억압하는 상황을 고려할 때, 예수님의 가르침에서 정치적 문제가 부차적으로 다루어진다는 사실은 가장 놀랍다. 그 이유는 다가올 하나님의 통치에 대한 기대 때문임이 분명하다"p. 121 앞으로도 반복적으로 살펴보겠지만, 이것은 하나님의 아르키가 인간의 아르키를 모든 중요한 자리에서 밀어냄을 보여주는 또 하나의 사례이다.

이어서 군터는 "하나님의 것은 하나님께 바치라"는 말씀이 본문의 핵심이라고 주장한 후, "그러나 여기서 모든 국가적 문제가 주변으로 밀려나고 중요한 문제들이 묻힌다는 사실은 확실히 중요한 의미를 가진다… 이런 식으로 예수님의 말씀은 유대인이든 그리스도인이든, 반역적이든[문맥상 본캄은 '급진적'이나 '혁명적'이라는 의미를 염두에 둔 것이 분명하다] 보수적 충성이든, 이데올로기로 세상을 개혁하려는 모든 시도를 반대한다"pp. 123-24 나의 "기독교 아나키"를 읽어보라.

둘째로, 본캄의 산상수훈 해석은 "새로운 의"라는 제목의 단원pp. 100-109에 잘 드러난다. 그는 구약성경의 "율법," 즉 토라에 대한 예수님의 태도에 초점을 맞춘다. 본캄의 주장의 온전한 의미를 이해하기 위해서는 이스라엘의 토라가 개인적, 도덕적, 종교적, 사회적, 경제적 및 시민적 삶에 대해 하나님이 베푸시고 문화적으로 전수된 선하고 의롭고 지혜로운 것에 대한 정의 및 가르침이라는 사실을 알아야 한다. 아마도 토라의 전통을 그처럼 정교하게 수집 및 체계화한 사람은 없을 것이다. 그러나 아무리 분산되고 혼란한 국가라 할지라도 모든 사회에 자신만의 토라가 있다는 주장은 수정되어야 한다.

따라서 본캄은 사람들이 염두에 두고 있는 것이 1세기 유대교든 다른 문화든, 그들은 토라에 대한 두 가지 다른 "태도" 가운데 하나를 취한다고 주장한다. "첫 번째는 예수님을 위대한 혁명가, 새로운 세계 질서의 선지자, 새 시대를 연 자로서 이전의 모든 것보다 우선적 가치가 부여되어야 한다고 주장하는 광신자들의 태도이다.… 그들에게 지금까지 우리에 대한 하나님의 모든 명령과 구속은 폐기되어야 할 짐일 뿐이다. 이처럼 새로운 세계의 미래에 대한 전망은 이제 유일한 효력을 가진 법이 되었다… 이 운동은 하나님의 법에 개의치 아니하고 그들이 꿈꾸는 미래를 향해 돌진했다"p. 101 물론 이것은 우리가 혁명가나 해방주의자라고 부른 자들, 즉 그리스도인의 창의력과 힘으로 새로운 세계 질서를 만들 수 있다는 지배 신앙을 가진 자들의 관점이다.

본캄은 예수님이 "내가 율법이나 선지자를 폐하러 온 줄로 생각하지 말라 폐하러 온 것이 아니요 완전하게 하려 함이라"마 5:17는 말씀을 통해 이러한 좌파의 입장을 거부하신다고 주장한다. 예수님이 율법을 "새로운 꿈의 미래"를 향해 가기 위해 떠나야 할 "죽은 과거"라고 생각하며 거부하는 자들의 편에 서시거나 그들을 인정하시는 일은 결코 없을 것이다.

반대로, 자신의 토라에 대한 두 번째 "태도"는 그것을 사회적 구원의 수단으로 생각하는 자들의 관점이다. 개인과 사회는 토라에서 멀어지는 것이 아니라 그것을 더욱 가까이하여 존중하고 순종함으로써 하나님이 뜻하신 복을 받을 수 있다는 것이다. 이것은 우리가 지금까지 "체제"나 "합법화"로 규명해온 대안에 해당한다.

본캄은 예수께서 불과 세 절 후에 "내가 너희에게 이르노니 너희 의가 서기관과 바리새인보다 더 낫지 못하면 결코 천국에 들어가지 못하리라"마

5:20는 말씀을 통해 이러한 입장을 거부하신다고 주장한다. 서기관 및 바리새인과 함께 토라를 목적으로 삼고 가는 것은 그것으로부터 물러나는 것과 마찬가지로 잘못된 것이다.

이어서 본캄은 마태복음 5장 나머지 부분의 문학적 패턴은 예수님이 토라를 지킴으로 구원을 얻는다는 우파의 지배 신앙을 거부하신 사실을 강조하는 동시에 그의 입장(우리는 이것이 기독교 아나키임을 보여줄 것이다)을 분명히 제시하는 형태라고 주장한다. "옛 사람에게 말한 바… 것을 너희가 들었으나 나는 너희에게 이르노니…" (a) 살인하지 말라.… 나는 너희에게 이르노니 노하지 말라. (b) 간음하지 말라.… 나는 너희에게 이르노니 음욕을 품지 말라. (c) 누구든지 아내를 버리려거든 이혼 증서를 줄 것이라.… 나는 너희에게 이르노니 이혼하지 말라. (d) 헛 맹세를 하지 말라.… 나는 너희에게 이르노니 도무지 맹세하지 말라. (e) 눈은 눈으로, 이는 이로 갚으라.… 나는 너희에게 이르노니 악한 자를 대적하지 말라. (f) 네 이웃을 사랑하고 네 원수를 미워하라.… 나는 너희에게 이르노니 너희 원수를 사랑하라. 예수님의 권위 있는 혁신은 서기관이나 바리새인보다 토라를 더욱 엄격히 준수하는 것임은 분명하다.

언뜻 보기에 예수님의 방식은 율법을 합법화하는 자보다 더 토라를 강조하는 것처럼 보이며, 따라서 토라에 대한 순종은 그들이 주장하는 방법보다 더 어렵다. 그러나 본캄은 이것은 결코 예수님의 본심이 아니라고 주장한다. 예수님은 근본주의자들이 주장하는 것처럼 토라 자체를 목표로 삼지 않으신다. 아니, 그의 방식은 토라를 통해 그것을 주신 자에게로 향하게 하는 것이다. 이 방식이 이루어진다면, 토라에 대한 순종은 자신을 구원하기 위한 또 하나의 인간적 지배 신앙의 주장이라는 사실이 분명히 드러날 것이다. 그러나 이러한 아르키에서 벗어나 하나님 앞에 직접 선 후에는, 우리의 힘으로 한

번도 경험해보지 못한 방식으로 강화된 토라조차 순종할 수 있는 은혜와 변화와 능력을 발견하게 된다. 하나님과의 직접적인 교제의 은혜로 사는 그리스도인은 토라를 순종할 수 있는 의를 주장하지 않지만, 사실상 그들의 의는 의 자체를 목적으로 추구하는 서기관과 바리새인의 순종을 능가한다.

토라가 우리가 "새로운 미래"로 들어가기 위해 벗어나야 할 "죽은 과거"가 아니라면, 또한 토라가 그것을 추구함으로써 우리의 것이 될 수 있는 "생명의 길"이 아니라면, 무엇이란 말인가? 여러분은 바울이 토라가 간수나 구원자가 아니라 아이들을 학교로 데려가 참된 교사에게로 안전하게 인도하는 초등교사라는 사실을 예수님으로부터 배웠을 것이라고 생각하지 않는가갈 3:24?

토라 역시 하나님의 아르키를 전적으로 따르기 위해 어떤 지배 신앙도 포기해야 한다는 것을 보여주는 사례 가운데 하나라고 할 수 있다. 말하자면 이 것은 토라에 속한 것을 토라에게 돌리는 것이지만, 보다 중요한 것은 하나님의 것을 하나님께 바치는 것이다. 예수님은 기존 체제의 "토라에 의한 구원"이나 혁명가의 "토라로부터의 구원"을 모두 피하는 신중한 행보를 보이시는데, 이것은 나에게 기독교 아나키의 중요한 한 형태라는 인상을 주었다.

지금까지 학자들의 주장에 대해 살펴보았으니 이제는 우리의 주장을 제시하고자 한다.

나는 마가복음 12장의 대결에서 예수님이 성취하신 것은 하나의 궁극적이고 절대적인 선택과 나머지 사소하고 상대적인 선택을 구분하신 것이라고 생각한다. 마음의 칠판에 수평선을 그어보라. 그리고 한쪽 끝에는 "체제 아르키," 다른 쪽 끝에는 "혁명 아르키"라는 양자택일의 이름을 붙여보라. 여러분은 그것을 수고롭게 기록할 필요가 없다. 다만 한쪽 끝에는 "로마와의 결탁" 및 "양심적 납세"라는 이름을, 다른 쪽 끝에는 "로마에 대한 저항" 및 "납세 거부"라는 이름을 부제로 붙일 수 있다는 사실을 염두에 두라. 사실 조금만 더 생각해보면, "체제와 혁명"뿐만 아니라 그것에 덧붙여 도덕적으로 경쟁하고 있는 다양한 아르키 대열가령, "토라에 대한 지지"와 "토라에 대한 반대" 이이 다이어그램에 부합된다는 사실을 알 수 있다. 우리는 수평적 양극단에 해당하는 모든 인간적 대안을 "상대적 선택"이라고 부를 것이다.

마가복음 12장에서 예수님은 이러한 대안들 가운데 어떤 것도 인간의 실존 및 사회적 목적이라는 실제적 이슈를 보여주지 않는다고 말씀하신다. 이러한 것들은 실제적 의미가 있는 유일한 선택에 비하면 모두 "아디아포라"일 뿐이다. 이제 칠판의 다른 쪽 끝에 수직선 -분명한 연결선이 아니라 점선이나 대쉬 또는 희미한 연장선- 을 그어보자이미 첫 번째 수평선을 지우지는 않을 것으로 믿는다 이 선의 꼭대기에 "하나님"이라고 쓰라. 그러나 이 선의 하단에는 "체제와 혁명" 대열, 그리고 수평 상태에 해당하는 모든 것을 기록할 수 있을 것이다. 이 부분은 "세상"이라는 한 단어로 요약할 수 있다.

이제 이 수직적 대열은 유일한 절대적 선택을 형성한다. 즉, 우리는 하나님을 선택하든지 아니면 선하게 보이든 악하게 보이든, 명백히 "하나님이 아닌 것"을 선택해야 한다. 이것이 바로 예수께서 마태복음 6:22-24를 통해 하신 말씀의 요지이다. "눈은 몸의 등불이니 그러므로 네 눈이 성하면 온 몸이 밝을 것이요 눈이 나쁘면 온 몸이 어두울 것이니 그러므로 네게 있는 빛이 어두우면 그 어둠이 얼마나 더하겠느냐 한 사람이 두 주인을 섬기지 못할 것이니 혹 이를 미워하고 저를 사랑하거나 혹 이를 중히 여기고 저를 경히 여김이라 너희가 하나님과 재물을 겸하여 섬기지 못하느니라." 요한계시록은 같은 맥락에서 모든 사람은 언제든지 이마에 어린 양과 그의 아버지의 이름으로 인침을 받거나 손에 짐승의 이름을 기록한 표를 받을 것이라고 말한다.

따라서 이 선택은 모든 사람에게 해당된다는 점에서 절대적이다. 하나님을 선택하지 않으면 세상을 선택한 것이다. 이것은 상대적 선택이 아니다. 세금 문제에 대한 예수님의 대답의 요지는 혁명에 가담하기를 거부하는 것이 곧 기존의 체제를 지지하는 것은 아니라는 것이다.반대의 경우도 마찬가지이다 성경에서 그리스도를 통해 "나와 함께 아니 하는 자는 나를 반대하는 자"라고 말할 수 있는 자는 하나님뿐이시다. 국가 아르키를 신으로 절대화할 것인가 사탄으로 절대화할 것인가라는 가정은 전적으로 잘못된 것이다. 예수님은 우리에게 오직 하나님만을 절대화하고 국가와 다른 모든 아르키는 여러분과 내가 상대적으로 선하기도 하고 악하기도 한 것처럼 인간의 상대적 아르키로 여기라고 촉구하신다.

하나님에 대한 선택은 - 그리고 오직 이 선택만이- 다른 모든 선택이 그것에 달려 있다는 점에서 절대적이다. 오직 이 선택을 통해 여러분의 "온 몸"이 밝거나 어두울 것이다.

이 선택은 참된 "생사의 선택"이자 유일한 "양자택일"이며 예수님의 언어를 빌리면 빛과 어두움에 대한 선택이라는 점에서 절대적이다. 하나님과 세상 사이에는 자연적 연결이나 점진적 변화의 가능성이나 중간 지대가 없으며, 이 선택의 양극단 사이에는 어떤 공통점도 없다.여러분의 다이어그램에서 수직선을 점선으로 그은 이유이다 우리는 오직 이곳에서만 "이를 미워하고 저를 사랑하거나 혹 이를 중히 여기고 저를 경히 여기라"는 초청또는 허락을 받는다.

이 선택은 - 그리고 오직 이 선택만이- 양쪽 사이에 대화나 의논의 여지가 없다는 점에서, 상대에게서 참되고 선한 것을 찾을 수 있는 여지가 없다는 점에서, 어떤 식의 화해나 타협의 여지도 없다는 점에서, 절대적이다. 이사야 40:25에 기록된 것처럼 하나님은 "너희가 나를 누구에게 비교하여 나를 그와 동등하게 하겠느냐"라고 말씀하시기 때문에, 이 선택에는 대화가 있을 수 없다. 예수님이 빌라도와의 논쟁을 거부하시자 어떤 대화도 없었던 것처럼 아니, 우리가 할 수 있는 것은 절대적 선택뿐이다. "친척과 재물과 명예와 생명을 다 빼앗긴대도."

하나님을 절대적으로 선택한 후에는 세상을 향해 돌아서서 그곳에 있는 모든 것들의 상대적 가치를 발견해야 한다. 따라서 이 문제는 세상을 거부할 것인가 인정할 것인가라는 통상적인 문제가 아니다. 이것은 "누가 주인인가? 하나님인가 세상인가?"라는 주권에 관한 문제이다. 그러나 이 문제가 해결된 후, 세상을 인정하기 위한 분별의 정도에는 끝이 없다.

지배 신앙의 열심주의의 원죄는 사실상 상대적 선택을 절대화하고, 사실상 수평적 대열을 수직적 대열로 다루려는 경향이다. "하나님이 아닌" 두 개의 다른 입장 사이의 경쟁이 마치 "하나님"에 대한 선택이 포함된 문제인 것처럼, 마치 한쪽은 "하나님"의 입장이고 다른 쪽은 "하나님이 아닌" 입장인 것처럼 다루어진다.

그러나 사실을 말하면, 상대적 선택들은 절대적 선택과 전혀 다른 대열이기 때문에 전적으로 다른 차원에서 접근해야 한다. 물론 하나님은 모든 사람에게 자신을 선택하게 하거나 선택하지 못하게—즉, 세상을 선택하게 하실 권리가 있다. 그러나 우리는 누구에게라도 인간적 대안들 사이에서 선택하게 할 권리가 없다. 인간이 규정한 대안들은 결코 양자택일이 아니다. 그러한 대안들은 기껏해야 불분명한 회색 그림자일 뿐이다. 따라서 사람들에게 우리가 "혁명"으로 규정한 것을 선택하게 하고 그렇지 않을 경우 우리가 "체제"로 규정한 것의 일부라고 비난하거나, 우리가 "해방주의"로 규정한 것을 선택하게 하고 그렇지 않을 경우 소위 "근본주의"라고 비난하거나, "평화주의"로 규정한 것을 선택하게 하고 그렇지 않을 경우 "전쟁주의자"라고 비난하는 것은 우리의 본분이 아니다.

상대적 선택은 절대적 선택의 방식과 반대로, 그들의 모호한 회색성으로 인해 양 극단의 본질적 공유성을 인정해야 한다. 그들은 동전의 양면과 같다. 혁명과 체제는 정치 권력의 사용에 관한 아르키 이데올로기에 지나지 않는다. 양쪽 다 인간의 복지에 실제적인 기여를 할 수도 있고 일을 그르칠 수도 있다. 둘 다 좋은 결과든 나쁜 결과든 아무것도 보장할 수 없다. 체제의 대표적 인물들은 모두 죄인들이며, 이것은 혁명에 있어서도 마찬가지이다. 우리는 그것을 기정사실로 받아들여야 한다. 그 결과, 수평적 대열이 주장하는 "반대쪽 극단"은 사실상 상대적인 선과 악의 동일한 연속적 스펙트럼 가운데 한 지점이다. 여러분이 수평선을 선명하게 그어 양 "극단"을 연결해야 하는 이유는 이 때문이다.

따라서 수직적, 절대적 대열이 양극화를 강조하고 대화를 금하는 반면, 수평적 상대주의는 반대의 것을 요구한다. 그것이 주장하는 두 극단의 차이는 사실이 아니며 그런 식으로 다루어져서는 안 된다. 두 극단에 필요한 것은 겸손과 정직과 열린 마음이다. 그들은 자신과 상대 모두에게서 무엇이 옳고 무엇이 그른지를 찾아야 한다. 주고받기give and take는 상호 비판이자 상호 인정이다. 두 극단은 상대를 받아들이고 바로잡아야 하며, 각자의 가치를 보존할 수 있는 스펙트럼상의 새로운 접점을 찾아 화해의 이동을 해야 한다. 이 대열은 상대적이기 때문에 양쪽의 입장은 상대적으로 옳거나 그르며, 상대적으로 확실하고 상대적으로 중요한 것으로 생각해야 한다.

키에르케고르는 가장 적절한 설명을 제시한다. "두 사람 사이에 어떤 차이가 있든, 인간적으로 말해서 아무리 극단적이든, 하나님은 '내가 임할 때 아무도 이러한 차이를 아는 체하지 않을 것이다. 왜냐하면 그것은 두 사람이 내 앞에 서서 마치 내가 없는 것처럼 서로에게 말하는 것이기 때문'이라고 말씀하실 것이다" *Works of Love*, p. 315

그러나 절대적 선택이나 하나님과 그의 나라에 비해, 모든 인간의 상대적 선택이 아디아포라처럼 보인다는 것은 그것이 전혀 중요하지 않다거나 관심을 가질 필요가 없다는 말이 아니다. 양 극단이 회색 그림자라는 말은 모든 경우에 있어서 같은 색이라는 뜻이 아니다. 그것은 하나의 아르키가 다른 아르키에 비해 상대적으로 우월할 수 없다는 말이 아니다. 도덕적 우위는 얼마든지 투쟁할 가치가 있다. 나는 예수님이 우리가 직면한 상대적 아르키에 대한 선택을 위해 싸우는 것을 책망하신 적이 있는지 알 수 없다. 사실 예수님은 그 문제에 대해 여러 차례 가르치고 권면하셨다. 그러나 그가 책망하신 것은 우리가 절대적 선택을 무시한 채 자신이 중요하다고 생각하는 상대적 선택을 절대화한 행위이다. 결과적으로, 우리는 원칙적으로 혁명은 언제나 체제에 앞선다거나 체제는 언제나 혁명에 앞선다는 말을 감히 할 수가 없다. 양자의 우월성은 상대적이다.

이제 우리는 "열심주의"에 대해, 자신의 상대적 의를 하나님 자신의 절대적 의로 착각할 만큼 신성한 명분에 사로잡힌 도덕적 열심으로 규명할 수 있다. 1세기의 반로마 열심당은 이러한 병적 집착을 보여주는 좋은 사례이다. 그러나 우리는 당시에도 "열심주의"는 결코 열심당에 국한되지 않았다는 사실을 알아야 한다. 로마에 협력한 유대 당국 역시 자신의 아르키가 이 대열의 "하나님 쪽 극단"에 위치한다고 확신했다. 또한 양쪽 모두 그럴듯한 논거를 제시할 수 있었다. 기존의 체제는 율법과 질서를 대표했고, 성전, 제사장직, 성경 및 종교적 지식을 주장했다. 혁명은 의와 공의 및 가난한 자에 대한 해방을 대표했고, 백성의 종말론적 소망을 제시했다. 양쪽 다 하나님에 대한 주장을 확신했다는 것은 둘 다 상대적임을 보여주는 좋은 지표처럼 보인다. 예수님은 양자 사이에서 편을 택하지 아니하고 양쪽의 열심주의를 거부하는 아나키적 반응을 통해 하나님의 지혜를 보여주셨다.

그렇다. 열심주의는 우리의 스펙트럼 -정치적, 종교적 사회문화적- 전반에 걸쳐 드러날 수 있으며, 실제로 드러나고 있다. 그것은 급진적 좌파에게만 해당되는 특별한 것이 아니다. 예를 들면, 오늘날 "도덕적 다수파"Moral Majority는 누구보다 절대화에 열심을 내고 있다. 그러나 대부분 좌파적 성향을 지닌 이 책의 독자를 위해, 이 스펙트럼의 혁명가 쪽 극단으로부터 발견한 나의 사례 및 그들에 대한 적용을 제시할 것이다.

위 분석이 옳다면, 열심당은 폭력을 행사할 때만 악한 것이 아니다. 그들은 상대적인 것을 절대화하여 즉, 자신의 해석이 참된 신앙의 시금석이라고 주장함으로써 처음부터 잘못되었으며, 이것은 설사 물리적 폭력을 피했다고 하더라도 마찬가지이다. 사실 폭력을 불가피하게 만드는 것은 절대화하는 행위 자체라는 것이 나의 생각이다. 상대는 "사탄"이고 자신은 "하나님"을 대표한다는 확신을 가지는 순간, 사탄을 제거하기 위한 어떤 행위도 정당화하는 것이다.

정확한 표현인지는 모르겠지만, 나는 상대적인 것을 절대화하는 죄를 우상숭배로 불러야 한다고 생각한다. 그것은 여호와 옆에 다른 신을 세우는 행위가 아니라, 우리가 하나님의 위치를 결정하는 것 즉, 우리의 아르키의 선한 명분에 위치해서 상대 아르키의 악한 명분과 맞서게 하는 행위다. 우리는 하나님이 우리의 위치를 결정하시게즉 죄인, 탕자, 연약한 자로 해야 한다. 그러나 이 죄를 무엇이라고 부르든 그것은 악한 것이다. 그것은 사람이 하나님이 따라야 할 법을 정하고 그가 계실 곳을 지정하며 심지어 하나님을 가르치려 했던 에덴의 "반역"의 한 형태이다. 열심주의는 단지 선한 일에 지나치게 열심을 내는 정도가 아닌, 훨씬 심각한 죄이다.

출발이 잘못된 열심주의는 갈수록 악화될 수밖에 없다. 우리가 그것을

"신성한 명분을 위한 도덕적 열심"이라고 규정한 것은 관대한 접근을 위해 최대한 아량을 베푼 것이다. 열심주의는 대체로 "악한 명분에 대적하는 도덕적 열심"이라는 인상이 더욱 강하다. 1세기 열심당은 자신들의 동기가 가난한 자에 대한 해방이라고 주장하지만, 그들이 가장 잘하는 일은 부자의 갈비뼈를 찌르는 것이다. "나이프맨"으로 불릴 정도까지 오늘날 열심당 역시 그들과 마찬가지로 긍정적 평화를 모색하기보다 전쟁 도발자라고 생각하는 자들에 대한 비난에 능숙하다.

이제 선을 좋아하는 것과 악을 미워하는 것, 두 가지는 결국 같은 것이며 동전의 양면에 해당하지만, 양자 사이에는 차이가 있다. 예수님은 이러한 사실을 몸소 보여주셨으며, 동시에 자신이 열심당이 아니라는 사실도 보여주신다. 그는 가난한 자를 사랑하셨으나 부자를 미워하지 않으셨다. 예수님은 가난한 자를 사랑하시는 동시에 다른 부자들에 대한 사랑도 보여주신다. 엘륄은 『하나님이냐 돈이냐』이라는 그의 책에서 예수님은 심지어 착하고 가난한 자/악한 부자를 구별하지도 않으셨다고 주장한다. 이것은 물론 예수님이 가난한 자와 부자의 구별이 상대적이기는 하지만 중요하다는 사실을 모르셨다는 것은 아니다. 그는 이 문제를 어떤 식으로 대처하셨는가? 예수님은 상대적인 대열을 절대화하지 않고 상대적으로 다루셨다. 절대적으로 틀렸다고 생각하는 상대를 파괴하는 자들은 자신의 의에 대한 절대적 확신을 가진 자들이다.

때때로 특정 죄나 죄인에 대한 과도한 혹평의 배후에 자신의 거룩함을 주장하고 싶어 하는 혹평자의 욕구가 있다고 믿을 만한 이유는 충분하다. 그는 자신의 선택적 의를 드러내기 위해 자신에게 해당되지 않는 특정 죄에 초점을 맞춘다. 부도덕한 행위에 대한 증오로 간음 중에 잡힌 여자를 죽일 준비가 된 서기관과 바리새인은 확실히 이 경우에 해당한다. 그들의 실제적 관심은 여자의 죄가 아니라 자신의 의를 드러내는 것이었음이 분명하다. 그들은 여자를 이용하여 자신의 흠 있는 도덕적 의를 절대화하기 위해 여자의 상대적인 도덕적 죄를 절대화한 것이다. "우리 선한 자들과 악한 그들" 흰 모자를 쓴 영웅들과 검은 모자를 쓴 악당들이라는 열심주의의 시각은 이 기괴한 장면과 잘 어울린다. 나는 내가 택한 대적을 더욱 검게 칠할 수 있으며, 나에 대해서는 무한히 영웅적인 모습으로 포장할 수 있다. "나는 다른 사람들특히 레이건 대통령과 같지 아니함을 감사하나이다"눅 18:11

이런 점에서 한편으로 목표가 제3세계의 가난해방신학이든, 인종차별흑인신학이든, 성차별페미니스트 신학이든, 전쟁평화신학이든, 모든 형태의 "성경 신학"과 다른 한편으로 오늘날의 해방신학 사이에는 적어도 한 가지 두드러진 차이점이 나타난다. 성경적 사상은 "서구-백인-남성-군사 신학"으로 낙인찍혔지만, 이 신학이 여전히 다른 사람들과 함께 서구의 백인 남성 전쟁 도발자를 자신의 악과 마주하도록 인도하고 있다는 사실은 인정해야 한다. 그러나 오늘날의 자유주의 신학은 그렇지 않다. 그들의 일관된 방식은 일반적으로 상대의 죄는 찾아서 책망하고 자기 편은 장미처럼 향기를 발하게 하는 것이다. 이런 신학은 자신의 오류 가능성은 조금도 인정하지 않을 만큼 사회의 아르키 경쟁에 깊이 몰두한다. 열심주의는 결코 성경 신학을 받아들이지 않는다.

오늘날의 상황에서 기독교 열심주의 특징을 분석할 때 가장 좋은 사례는 핵 무장에 반대하는 아르키인 "평화 운동"일 것이다. 이것은 하나의 사례에 해당할 뿐이지만, 우리는 이 운동을 사례 연구의 본보기로 삼을 것이다. 열심주의 자체는 독자가 교회나 정치 단체를 통해 스스로 발견하고 진단할 수 있을 만큼 광범위한 질병이다.

오늘날 교회 문학 및 교육은 다른 사람로 하여금 우리 그리스도인이 예수 그리스도를 주와 구주로 섬기기보다는 핵무기를 반대하기 위해서 합류하는 것을 더욱 중요하게 생각한다는 인상을 줄 때가 종종 있다. 우리는 그리스도가 누구신가에 대한 성경적 선포에 대한 믿음보다 핵무기에 대한 의존 여부를 참된 그리스도인에 대한 보다 진실된 검증의 잣대로 사용한다. 이것은 인간 아르키를 참되신 하나님보다 우선하는 열심주의이다.

또한 이 운동은 선택된 "그 날의 죄"일반적으로 자신이 아닌 다른 사람의 죄에 대해서는 매우 민감하지만, 자신과 가까운 죄에 대해서는 전적으로 둔감한 경향을 보인다. 예수님의 말씀처럼, 우리는 자신의 눈 속에 있는 들보는 깨닫지 못하고 형제의 눈 속에 있는 티에 흥분한다. 따라서 들보/티의 비교를 위해, 핵무장의 죄와 간음의 죄를 살펴보자. 두 죄는 "살인하지 말지니라"는 명령에 이어 "간음하지 말지니라"라고 명령하는 십계명을 상기시킨다. 이 본문에서 십계명이 금지하는 죄를 매우 악한 죄와 덜 악한 죄로 범주화하라는 요구는 나타나지 않는다.

이 본문은 간음에 대한 나의 주장을 뒷받침하지만 하나의 체계로 확립하지는 않는다. 그러기 위해서는 죄의 기본적 특징 및 주어진 행위의 악을 어떻게 평가할 것인가에 대한 보다 많은 설명이 필요하다. 얼마나 많은 사람이 어떤 식으로 악영향을 받느냐에 대한 통계적-사회적 준거가 평가의 척도가 되어서는 안 된다. 그보다 중요한 것은 죄와 관련된 영적 이치를 발견하고 그 죄가 죄인과 하나님의 관계에 대해 무엇이라고 말하는지를 살피는 것이다. "죄"는 언제나 이웃과의 관계 이전에 하나님과의 관계에서 규명되어야 한다.이것은 두 가지 요소가 분리될 수 있다는 의미가 아니다 그러나 오늘날의 죄는 하나님과의 관계 영역에 대해 이해하지 못하는 경향이 있다.

따라서 핵무장과 관련하여, 가장 핵심적이고 본질적인 악은 하나님에게서 역사의 운행을 주관하고 우주의 미래를 결정하는 능력과 권위를 빼앗으려는 국가들의 뻔뻔함이라는 것이 분명하다. 그것은 다시 한번 바벨탑을 쌓는 행위이다. 그러나 이것은 처음부터 군국주의가 범해온 악이다. 핵 능력은 기술적 진보를 나타내지만 죄 자체의 영적 이치에 있어서의 질적인 도약은 아니다. 아니, 역사를 제 뜻대로 끌고 가려는 악한 성향은 인류 역사의 변함없는 상수a constant였다.

이제 간음죄와 관련하여, 성경의 전형적 대응은 우리가 알아야 할 필요가 있는 것에 대해 가장 잘 설명해준다. 우리가 아는 한, 다윗왕은 한때 범죄했으나 즉시 회개 했다. 그러나 우리는 하나님이 이 문제를 매우 심각하게 다루셨다는 인상을 받지 않을 수 없다. 그는 선지자를 보내어 이 일을 바로잡고 역사적으로 중대한 시점의 사건으로 성경에 기록하게 하셨다. 십계명 가운데 하나를 위반함으로써 하나님의 법적 노여움을 초래한 것은 단순한 성적 범죄 이상의 무엇이 있음이 분명하다.

다윗이나 이 죄를 범한 유명 인사들도 마찬가지로 7계명의 의에 도전하려는 의도는 아닌 것으로 보인다. 아마도 그는 그것에 전적으로 찬성할 것이다… 그것은 평범한 일반 죄인들을 위한 계명이다. 그들에게는 그런 제약이 필요하다. 그것은 그들이 바로 살도록 도와준다. 그러나 왕국을 다스리는 제왕적 군주라면 이야기가 달라진다. 왕은 법을 제정하지만, 일반 백성과 달리 그는 법을 지키지 않는다. 다윗의 경우는 단순한 "고위층"의 문제가 아니라, "거대한 초월적 권력"에 의한 "특권층의 간음"이라는 것이 명백하다.

따라서 다윗의 죄는 "간음"이라기보다 "하나님처럼" 되려 한 가식이다. 하나님은 이러한 사실에 대해 잘 알고 계시며, 그의 범죄를 다윗의 개인적 몰락 과 왕조의 점진적 붕괴로 이어진 이정표로 삼으셨다. 핵무장의 영적 이치가 바벨탑의 이치라면, 간음의 영적 이치는 에덴의 이치이다. 어느 것이 들보고 어느 것이 티라고 말할 수 있는 자가 누가 있겠는가?

그러나 분명한 것은 "특권층 간음"의 죄는 매우 중요하며, 이 문제에 대한 하나님의 영적 진단은 바르다는 것이다. 린든 존슨Lyndon Johnson에 대한 최근의 일대기는 그가 이 집단에 속한다는 사실을 분명히 보여주며, "권력"은 놀라운 최음제라는 취지의 진술을 한다.문제의 핵심에 도달한 관찰이다

칼럼니스트 조안 벡Joan Beck은 신문 게재를 통해 우리와 유사한 관심사를 제기한다. 케네디 가문 사람들의 끔찍한 개인적 일탈에 관한 내용은 그들에 대한 최근의 많은 책에서 폭로한 내용과 같다. 조안 벡은 케네디 대통령에 대해 다음과 같이 기록한다.

> 그리고 유권자들은 케네디가 정기적으로 아내를 속여온 사실을 알 권리가 있지 않은가? 또는 그가 비밀 정보기관을 통해 백악관 안팎에서 여자들을 은밀히 출입시킨 사실이나 그가 마피아 두목 샘 지안카나의 정부와 오랫동안 연인 관계를 지속해왔다는 사실을 알아야 하지 않겠는가? 또는 주변에 할리우드 스타나 젊은 여배우가 없을 때 케네디는 비서실 인력 가운데 그와 그의 친구가 "시시한 것들"이라고 부른반면에 그들에 대해 알고 있는 재키는 "백악관 개들"이라고 불렀다 두 명의 금발을 찾았다는 사실을 알아야 하지 않겠는가?

내가 두 명의 대통령을 인용한 것은 결코 그들을 공격하거나 폄하하려는 의도가 없음을 알아야 한다. 나의 유일한 관심사는 기독교 열심주의가 도덕적 기준을 적용하는 방식, 즉 극단적인 선택성 및 모순에 있다. 우리는 어떤 논거로 핵무장의 악에 대해서는 분노로 절규하면서도 정계를 비롯해 종교계와 재계와 연예계의 거물들에 의해 이루어지는 간음에 대해서는 아무런 관

심도 보이지 않는 것을 정당화하는가?

핵무장은 광범위한 공적 영향력을 미치지만 간음은 순수한 개인적 문제라고 둘러대는 일반적인 방식은 통하지 않는다. 벡의 묘사는 케네디 대통령을 극단적인 성 차별주의자로 규정한다. 이것은 오늘날 결코 "개인적인 문제"로 볼 수 없다. 그렇다면 왜 반페미니즘적인 저자들이 성차별로 비난을 받는 영국인을 추켜세우고, 이 나라의 가장 탁월한 페미니스트는 케네디 대통령을 자신이 좋아하는 사람 가운데 하나라고 말하는가? 이것은 선택적 도덕성이 아닌가?

뿐만 아니라 존 F. 케네디가 "하나님과 이 증인들 앞에서" 행한 가톨릭의 결혼 서약혼인 미사와 함께은 반드시 약속을 지키겠다는 의도적인 공적 행위였다. 또한 그가 남편과 아버지와 가장으로서 조심스럽게 가꾸어온 정치적으로 중요한 이미지 역시 의도적인 공적 행위였다. 따라서 만일 케네디 대통령이 이처럼 엄숙한 서원에 대한 정직과 순수성보다 자신의 육신적 욕구 충족을 앞세운다면, 우리는 어떻게 그가 다른 직무에 대한 서원도 그렇게 하지 않을 것이라고 확신할 수 있겠는가?

나는 이러한 아내와 가족은 물론, 하나님과 증인에 대한 특권층 권력의 거짓과 부정은 핵무장과 마찬가지로 사회의 도덕적 삶에 큰 위험이 될 수 있다고 생각한다. 나는 하나님이 간음을 금한 계명을 살인을 금한 계명과 함께 제시하시고, 다윗의 범죄에 특별한 관심을 기울이신 이유가 이 때문이라고 생각한다. 따라서 나는 케네디에 관한 책 가운데 하나인 『기독교 세기』*The Christian Century*를 살펴보면서 이러한 대통령의 행위로 크게 혼란스러워했을 대중이 담담할 수 있다는 논평에 매우 당황했다. 이것이야말로 지나치게 선택적인 도덕적 규범이 아닌가?

우리는 왜 닉슨 대통령에 대해 모든 방법을 동원하여 그의 "죄"를 캐내어 노골적으로 비난하며 온 세상에 드러내고 무덤까지 추적하고 싶어 했는가? 그렇다면 케네디 대통령에 대해서는 그의 "죄"를 마치 못 들었거나, 들었어도 잊어버리고 외부에 알리고 싶어 하지 않는 것은 무엇 때문인가? 우리는 닉슨의 죄는 최대한 사악한 것으로 비난하면서 케네디의 죄는 그리스도인이 애교로 눈감아줄 수 있는 사소한 실수로 여긴다. 그렇다면 이처럼 명백한 선택적 죄와 의의 배후에 있는 선택의 원리는 무엇인가? 이제 이 주제에 대해 살펴보자.

먼저, 이 선택성은 우리의 "도덕적 기준"이 절대적 하나님에 대한 절대적 헌신이 아닌 다른 곳으로부터 온다는 사실을 보여주는 지표가 분명하다. 하나님의 의의 기준은 공평이며, 한쪽으로 기울거나 편애하지 않는다. 신명기 1:17은 이러한 사실을 잘 보여준다. "재판은 하나님께 속한 것인즉 너희는 재판할 때에 외모를 보지 말고 귀천을 차별 없이 듣고 사람의 낯을 두려워하지 말 것이며." 우리의 도덕적 선택성은 하나님이 아닌 다른 어딘가로부터 왔다.

이 선택성은 세속적 아르키 경쟁으로부터 나온 열심주의를 나타낸다는 것이 나의 생각이다. 실제로 닉슨에 대한 우리의 도덕적 분노를 촉발한 것은 그가 인기 없는 공화당 "근본주의자"라는 사실이 아닌가? 케네디에 대한 우리의 도덕적 관대함은 그가 매력적인 민주당 "자유주의자"라는 사실 때문이 아닌가? 열심주의는 우리의 "도덕적 기준"을 조작함으로써 아르키 전쟁을 위한 무기로 사용하고 있지 않은가? 우리의 도덕적 민감성은 의로운 분노를 이용할 기회가 되면 자신과 생각이 다르거나 싫어하는 대적을 공격하기 위해 칼을 갈고 있지 않은가? 우리는 우리나 우리와 같은 생각을 가진 친구들에게 심판의 기회가 주어질 가능성이 있으면 즉시 둔감해질 수 있는 도덕적 민감성을 가지고 있지는 않은가? 선택적 죄와 의는 실제 - 즉 하나님이 생각하시는 죄와 의- 와 거리가 먼 것이 아닌가?

열심주의는 "편향된 도덕성" 외에도 다른 문제를 야기한다. 그것은 자신이 옳다는 절대적 확신과 함께, 상대방에 대해 머릿속에 떠오르는 어떤 나쁜 말도 할 수 있게 허락한다. 이것은 -대상이 미국 정부든 교회협의회든 좌파나 우파의 상호 비방- 악한 자를 욕하는 것은 불가능하다는 것처럼 보인다. 그러나 열심주의가 첫 번째로 잃어버린 가장 심각한 손실 가운데 하나는 "사랑 안에서 참된 것을 말하라"엡 4:15["사랑 안에서 참된 것을 하여"]라는 성경의 명령이 분명하다.

이 명령은 두 가지 요소로 이루어지며, 둘 다 중요하다. "참된 것을 말하라"는 확실히 사실에 대한 세심한 관심을 의미하며, 양쪽 모두 자신의 주장이 사실인 것처럼 추정해서 말하기 전에 모든 사실에 이르기 위해 노력해야 한다. 확실히 우리는 친구를 칭찬할 때보다 대적을 비난할 때 이 의무에 더욱 신중해야 한다. 우리는 개인적 성향과 편향성을 알고 바로잡을 준비를 해야 한다.

"사랑 안에서" 참된 것을 말하라는 것은 또 하나의 의무를 덧붙인다. 키에르케고르는 우리의 본성적 성향은 다른 사람의 죄에 대해 엄격하고 자신의 죄에 대해 관대하지만, 성경의 주장은 정반대라고 주장한다. 우리는 자신이 생각하는 의에 대해 의심해보아야 하며, 다른 사람의 죄라고 생각하는 것에 대해서는 용서하고 이해할 준비를 해야 한다는 것이다.

그러나, 키에르케고르의 초점은 "사랑은 허다한 죄를 덮느니라"벧전 4:8라는 말씀에 맞추어진다. 다음 "사랑의 수고," pp. 261 이하 은 그가 진술하는 주제 가운데 하나이다. "사랑은 허다한 죄를 덮는다. 왜냐하면 그것은 보고 듣는 것을 '침묵'과 '[분노를] 누그러뜨리는 설명' 및 '용서'로 덮기 때문이다." 특히 사랑 안에서 참된 것을 말한다는 우리의 주제와 밀접한 관련이 있는 것은 양자를 연결하는 매개념middle term[중간개념]에 해당하는 "분노를 누그러뜨리는 설명"이다.

대부분의 경우, 사실이 드러나고 참된 평가가 이루어진 후에도 여전히 충분하고 다양한 해석의 여지 및 그러한 사실들의 실제적 의미에 대한 여러 가지 설명이 필요할 수 있다. 열심주의는 최대한 극명한 흑백 대조를 하기 위한 절대화의 필요성으로 인해 일반적으로 "대적"의 행동에 대해서는 가장 부정적인 해석을 하는 반면 "아군"의 행동에 대해서는 가장 긍정적인[담담하게 받아들이는] 해석을 한다. 키에르케고르는 "사랑은 특히 대적의 경우에 언제나 가장 긍정적인 선택을 한다"고 주장한다. 물론 그의 의도는 우리가 사랑을 위해 사실을 무시하거나 왜곡해도 된다는 것은 아니다. 우리는 참된 것을 말함에 있어서 사실이 허락하는 한 최대한 사랑으로 수행해야 한다.

우리는 여기서도 평화 운동을 구체적인 사례로 제시할 것이다. 우리의 요지를 전달하는 방식에 있어서 사방에 무조건 총을 쏘아대기보다는 하나의 사례 연구에 집중하는 것이 효과적일 수 있다. 그러나 다시 한번 반복하지만, 특별히 평화 운동만 비판하려는 의도는 조금도 없다. 열심주의에 대한 "일반적 언급"은 각종 이슈나 다양한 정파, 우파, 좌파, 그리고 아마도 중도파 등, 정치적[신학적] 스펙트럼 전반에 걸쳐 증거를 제시할 수 있을 것이다.

먼저 나는 신조나 종파를 불문하고 아무런 사랑 없이 의도적으로 거짓을 말하는 평화 열심주의자는 찾기 어려울 것으로 생각한다. 열심주의를 "사로잡힌"자들로 규명한 우리의 첫 번째 정의를 상기해보라. 이것은 그들이 좌파든 우파든[1세기 열심당 및 그들의 대적인 기존 체제를 포함하여] 의도는 선하다는 사실을 분명히 한다. 그럼에도 불구하고 열심주의는 여러 가지 방식으로 사랑 안에 서든[아니든] 참된 것을 말하지 아니한다.

부분적 진실: 우리는 대적에 관한 최악의 것을 찾아내어 크게 말하는 반면, 그에 대한 묘사를 바로 잡아줄 수 있는 좋은 내용에 대해서는 무시하고 언급하지 않을 뿐이다.

부분적 진실: 우리는 특정 악인을 선택하여 그를 비난하며, 만일 그를 주변 사람들과 비교한다면 그들 가운데 가장 나은 사람이 될 수도 있다는 사실에 대해서는 조심스럽게 무시한다.

부분적 진실: 키에르케고르가 앞서 제시한 주장에 따라, 우리는 대적에 대한 정확한 사실일 수도 있는 것에 대한 가능한 최악의 해석을 제공한다.

부분적 진실: 우리는 사실을 입증하는 스포트라이트를 그에게만 비추고, 우리 자신에게 초점이 맞추어지지 않도록 조심한다.

평화 문제와 관련하여, 확실히 대적은 - 하나님과 공공복지 및 인도주의적 관심에 맞서- 탈취를 통해 마음대로 지배하려는 국수주의적 자부심 및 위선으로 규명할 수 있다. 그러나 동시에 이 병은 지금까지 모든 국가나 정부우파든 좌파든가 앓아온 질환이라는 사실을 알아야 한다. "부과적 권력"은 아르키 게임을 일컫는 말이다. 뿐만 아니라 이 가식적 권위는 국가는 물론 명분 그룹과 개인을 오염시킬 수 있고 실제로 오염시키는 질병이다. 게다가 열심주의자가 이 병에 면역되어 있다는 증거도 없다.

그럼에도 불구하고 열심주의자는 자신까지 오염시킬 수 있는 표적화로 만족하지 않는다. 악당에 대한 선택의 폭은 더욱 좁아져야 한다는 것이다. 오늘날 국수주의적 전쟁은 서구 기술사회의 특별한 죄처럼 보인다.

그와 함께 절대주의를 받아들임으로써, 우리가 말해야 하는 참된 것은 슬그머니 사라진다. 역사적으로나 현재적으로 제3세계는 서구가 거의 무제한적 기술로 싸우는 것처럼, 제한된 전문 기술로 전쟁을 하며 살해한다. 그러나 서구의 대규모 전쟁이 그들의 악행을 부풀려 확대하지 않듯이, 제3세계의 전쟁이 서구의 전쟁보다 소규모라는 사실은 그들의 도덕적 절제를 말해주는 것이 아니다. 둘 다 자신이 가진 것으로 전력을 다해 악을 행한 것이다. 나는 캄보디아에서 일어난 폴 포트Pol Pot의 숙청에 대해 들을 때마다 서구의 어느 나라가 그와 같은 만행을 자행할 수 있을 것인지 의문을 가지게 된다. 서구의 전쟁을 비난하면서 제3세계는 평화를 사랑하는 자로 묘사하는 것은 참된 것을 말하는 것이 아니다.

그러나 열심주의의 상황은 나아지기는커녕 더욱 악화되고 있다. 그들에 따르면 음흉한 서구의 흑막은 미국인 것으로 드러났다. "역사상 어떤 사건보다 1945년 8월히로시마 및 나가사키에 경험한 광범위한 경험은 그야말로 첫 번째 타락의 재현이었다." 그것은 인류 역사에서 아담의 죄와 비교할 수 있는 유일한 죄이며, 우리 미국이 그 불명예를 안은 것이다. 우리의 만행은 바벨론의 예루살렘 함락, 예수님을 판 유다의 배신 행위, 예수님의 십자가, 로마의 예루살렘 멸망, 터키의 아르메니아인 대학살, 나치의 홀로코스트, 스탈린의 숙청을 능가한다. 우리에 비하면, 다른 사건은 모두 결백하다고 할 만큼 소박한 행위에 지나지 않는다.

다음과 같은 주장은 왜 사랑 안에서 참된 것을 말하는 것과 거리가 있어야 하는가? "제2차 세계대전 당시 핵 능력을 소유한 모든 부대는 그것을 사용했다. 그러나 그것을 가지고 있지 않다고 해서 도덕적 신뢰성이 부여되는 것은 아니다. 모든 사람이 핵무기를 가지고 싶어 했으며 그것이 있었다면 사용했을 것이라는 사실이 그 증거이다. 1세기의 로마또는 열심당도 마찬가지였을 것이다. 그렇다면 이러한 도덕적 악에 있어서의 양자비약은 어디서 나오는 것인가?"

"히로시마는 원자폭탄 하나로 파괴되었다. 다른 나라의 다른 도시들은 시간이 오래 걸렸을 뿐, 원시적 무기가 아니라면 재래식 무기로 유사한 파괴를 경험했다. 그렇다면 도대체 이러한 도덕적 악의 양자비약은 어디서 나오는 것인가?"

"우리는 억지로 동의할 필요는 없지만, 핵 사용을 승인한 트루먼 대통령의 논거에 대해 숙고하고 사려 깊게 반응할 필요가 있다. 그의 변명을 무조건 부정직한 것으로 몰아붙여서는 안 된다."

열심주의의 한 가지 특징은 상대의 주장에 맞서 논박하기보다 얕잡아보고 무시해버리는 것이다. 그러나 트루먼이 진술한 목적은 전쟁을 신속히 종식함으로써 원래의 방식으로 싸웠다면 잃어버렸을 미국과 일본의 수많은 인명을 구원하기 위해서라는 것이다. 만일 열심당이 로마가 예루살렘에 행한 만행에 대한 도덕적 책임을 공유해야 한다면, 일본의 수뇌부 역시 우리가 이것만이 유일한 대안이라는 신호를 여러 번 보냈음에도 불구하고 항복을 거부한 행위에 대한 도덕적 책임을 져야 하지 않겠는가? 그들은 실제로 전쟁을 속히 끝냄으로써 많은 인명을 살릴 수 있는 권한을 가지고 있었다. 우리로서는 두 가지 대안핵무기나 침공 –둘 다 많은 희생이 따르는 것이지만– 가운데 하나를 통해 전쟁을 끝낼 수 있었다. 사실들을 아무리 끼워 맞추어보아도 트루먼 대통령을 도덕적 악의 양자비약을 제공한 근원으로 비난할 근거는 없다.

"히로시마 원폭은 열심주의자들이 생각하는 것처럼 '역사상' 가장 극악무도한 사건이 아니라는 사실은 당시 상황을 통해 분명히 드러난다." 이 원폭은 선제공격이 아니라 모든 부대가 모든 자원을 소진한 격렬한 전투 중에 갑자기 이루어진 것이다. 또한 이 전쟁은 미국이 시작한 것이 아니라 사실상 비겁한 선제공격을 감행한 도발에 대한 개입이었다. 미국이 원자 폭탄을 사용한 목적은 항복을 받아내고 적개심을 종식하기 위한 것으로, 결코 일본인에 대한 대량 학살이 아니다. 일본에 승리한 미국은 그들과 같은 고문이나 잔학한 행위를 하지 않았다. 이어진 일본에 대한 점령은 미국이 1세기 로마의 팔레스타인 점령에서 볼 수 있는 것과 같은 지배와 착취에 대한 관심이나 제국주의적 의도가 없음을 보여준다.

나는 미국의 제2차 세계대전 개입을 포함한 모든 전쟁을 반대한다. 그러나 성경에 대한 나의 반전anti-war 매뉴얼에는 한 나라의 "전쟁광"에게 기독교의 의분을 집중하기 위해 사실을 희롱하는 경우를 결코 본적이 없다. 오히려 성경은 가인으로부터 이어져 오는 모든 전쟁은 -누가 어떤 방식으로 하든, 설사 "평화주의자"가 미국 정부와 싸운다고 해도- 동일하며, 같은 죄의 정신을 나타낸다는 사실을 보여준다.

나는 성경에서 흰 모자를 쓴 "우리"가 검은 모자를 쓴 "그들"과 맞서 대립하거나, 한쪽은 특별한 악당이고 다른 쪽은 비교적 결백한 자로 구별하거나, 기술적 진보를 도덕적 후퇴로 해석하는 것을 본 적이 없다. 나는 어떻게 이러한 양극화 접근이 평화를 모색할 기회를 향상할 수 있는지 아무리 해도 이해할 수 없다. 나는 언제나 사랑 안에서 참된 것을 말할 것이다. 사실 나는 서두의 인용문의 맥락에서 성경이 허락하는 유일한 진술은 다음 문장뿐이라는 생각이 들었다. "나는 다른 사람을 대변할 수 없지만, 나 자신이 첫 번째 타락을 재현하고 있다는 사실을 마음으로 알고 있다."

나는 이러한 반서구적, 반미적 열심주의에 대한 최고의 대답이자 반박이 사회적, 정치적, 영적인 죄를 발견하는데 탁월한 감각을 지닌 한 학자 - 평화 열심주의자들이 종종 인용하는 그 사람- 에 의해 기록되었다는 사실에 매우 놀랐다. 그는 바로 첫 번째 아나키스트로 불러야 할 자끄 엘륄이다. 이 내용은 『서구의 배신』The Betrayal of the West이라는 그의 저서에 나오는 에세이, "서구에 대한 변론"The Defense of the West에 잘 나타난다. 나는 이 책을 추천한다.

선한 아나키스트무지배주의자가 개탄하는 또 하나의 열심주의에 대한 사례는 조세를 바치고 황제를 존경하라는 바울의 로마서 13장 본문에 어려움을 느끼고 납세 거부를 주장하는 한 성경학자로부터 나온다. 그는 "바울의 진술은 오늘날 국가와 핵무장 상황이 로마 점령군과 아무런 차이가 없는 것처럼 생각하여 한 말이 아니라는 것은 분명하다"고 주장한다.

나는 그가 지금은 이전보다 더 큰 딜레마에 직면해 있다고 생각한다. 그는 본문의 함의를 발견하지 못한 경우이지만, 근본주의 성경학자로서 권위 있는 성경을 잃어버렸다. 그의 진술의 논리는 "현대인이 부활은 일어날 수 없고 일어나지도 않았다고 생각한다면, 예수님의 부활에 대한 신약성경은 그대로 인용하기 어렵다"는 뜻으로 바꾸어 해석하지 못할 이유가 없다. 그의 방식은 성경이 우리의 지배하에 들어왔으며, 우리는 성경이 우리가 원하는 말을 하게 할 수 있다는 것이다. 즉 "바울이 오늘날 성경을 기록한다면, 당연히 당시와 반대되는 말을 할 것"이라는 것이다.

그러나 이 저자가 사랑 안에서 참된 것을 말하라는 부름을 받았다면, 어떻게 하나님의 영감을 받은 사도 바울이 자신을 부인하면서까지 첫 번째 독자들에게는 로마에 순종하라고 말하면서 우리에게는 미국에 저항하라고 명령할 만큼 오늘날 미국 정부에 대한 이교도 로마 군대의 절대적인 도덕적 우월성을 입증하는 인용문을 부기할 수 있는가?

미국 정부가 이 저자의 납세 거부에 대처한 방식을 로마가 당시의 납세 거부를 다룬 방식과 비교해보면, 그의 도덕적 비교가 완전히 잘못되었음이 분명히 드러난다. 우리는 여기서 엘륄의 날카로운 질문을 적용할 수 있다. "미국과 히틀러나 스탈린의 차이를 발견하지 못할 사람이 누가 있겠는가?" 우리의 성경학자는 확실히 학식 있고 정직한 사람이지만, 나는 그가 분별력을 상실했다고 생각한다.

그러나 이러한 평화 열심주의는 도덕적 편향성의 문제만 가지고 있는 것이 아니다. 앞서 나는 이곳에 진술된 이슈가 "전쟁이냐 평화냐"에 대한 것이라는 취지의 언급을 한 바 있다. 이것은 열심주의자가 스스로 정의한 표현으로, 내가 생각하는 그들의 논리는 다음과 같다. 많은 정직한 그리스도인은 평화를 보존하기 위한 유일한 수단은 핵 억지력이라고 믿으면서도 자신을 전적으로 평화에 헌신한 자로 생각한다. 그러나 우리의 도덕적 열심으로는 그런 부류의 사람들을 우리와 같은 "평화 백성"peace people으로 받아들이기 어렵다. 그들은 누구보다도 검은 모자를 쓴 전쟁주의자이다.

그들은 어리석지 않으며 그들의 평화에 대한 갈망 또한 다른 열심주의와 마찬가지로 신실하다는 것은 사실이다. 그들의 주장에 동의하든 하지 않든, 그들의 말은 우리가 귀담아 들을 만한 가치가 있다. 결국 억지력은 예상한 것보다 오랫동안 핵으로 인한 대량 학살을 저지하는 역할을 성공적으로 수행하고 있다. 유럽의 평화가 가장 오래 지속된 경우는 바로 핵 시대가 시작된 오늘날이라는 것이 분명한 사실이다. 나는 일방적 군축 등 오늘날 핵 억지력 논쟁이 진실과 오류로 뒤섞여 있다는 사실을 알고 있으며, 핵 억지력을 주장하는 자들과 이 문제에 관해 대화하기를 원한다. 그러나 확실한 것은 우리의 열심주의 때문에 우리가 감당하기 어려운 정직한 평화주의자들을 악한 전쟁광으로 거부하는 한, 이 중요한 대화는 시작될 수 없다는 것이다.

사랑 안에서 참된 것을 말하라는 명령에 대한 보다 큰 위배는 핵 무기를 가지는 것과 그것에 대한 사용을 동일시하려는 우리의 의로운 열심이다. 어떤 저자는 이렇게 주장한다. "아벨이 등을 돌리자 두려운 마음이 든 가인이 상상 속 살인 및 시늉으로 만족하고 필살의 일격을 멈추었다고 해도, 그의 끔찍한 생각은 여전히 남아 있을 것이다. 대량학살도 마찬가지이다. 그곳에는 억 배의 끔찍한 살의가 담겨 있다."

이 비유는 등을 돌린 무죄한 동생에 대한 악한 형의 의도에 대한 것이다. 저자는 미국 정부가 그가 말하는 악당이라는 사실을 제외하면, 이러한 배역이 강대국들 사이에 어떻게 배분되었는지 말하지 않는다. 그러나 더욱 심각한 문제는 "그가 말하는 살인의 판타지를 가지고 많은 사람을 핵 인질로 삼아 보복에 대한 두려움이 없으면 언제든지 일을 벌일 준비가 된 자가 누구냐?"는 것이다. 핵 시대의 미국의 대통령이 모두 그런 끔찍한 생각을 가지고 있다는 것인가? 공화당만 그렇다는 말인가? 아니면, 즉각적이고 전면적인 군축에 대한 그의 프로그램을 받아들이지 않는 자는 모두 핵무기의 사용을 원하는 자로 여겨야 한다는 말인가? 어떻게 해석하든, 그의 주장은 형제자매에 대한 근거 없는 비방이라는 것이 나의 생각이다. 그는 확실히 분별력을 잃었다.

우리가 자신은 경건한 의의 자리에 있으며 다른 사람은 모두 귀신이 거하는 바깥 어두운 곳에 있다는 1세기 열심당에 동참하는 것은 확실히 옳지 않다. 그것은 그들이 "동역자"로 생각한 동료 유대인마저 칼로 해칠 준비가 된 것처럼, 우리 역시 우리와 마찬가지로 평화에 관심을 가지지만 우리가 생각하는 수단에 동의하지 않는 이웃 그리스도인을 살인자로 비난할 준비를 하는 것이다.

끝으로, 나는 열심주의가 비성경적이며 비기독교적이라고 생각하지만, 그것이 어떻게 작동하며, 어떻게 선포된 목적을 성취할 가능성을 보여주겠다는 것인지 이해할 수 없다. 평화 운동을 악한 세력과의 싸움으로 이해한다면, 열심주의자의 방식은 적어도 이 묘사와 일치한다. 그러나 평화 운동의 목적이 폭풍으로 가득한 세상의 갈등과 긴장을 해소시키는 것이라면, 왜 열심주의가 아무런 효력도 없는 방식을 고집하는지 알 수 없다. 예를 들면, 한 납세 거부자는 자신의 견해를 밝힌 글을 발표하여 독자에게 "나는 여러분이 나를 신학적 논쟁으로 압박하거나, 성경으로 자기 생각을 정당화하고 합리화하는 자기 의로 가득한 자로 비난할 것이라는 사실을 알고 있다"고 주장한다. 이 글이 어떤 목적에 도움이 된다고 생각하는가?

　나는 그들이 다른 사람의 말을 들어보지도 않고 자신과 생각이 다르면 무조건 거짓이라고 낙인찍을 만큼 자신의 주장을 확신함으로써 어느 정도 만족감을 누릴 수 있을 것이라고 생각한다. 나는 에덴동산의 뱀 이후 인류역사상 가장 추한 괴물을 공격하기 위해 백기사로 등장한 한 저자에게서 확실한 카타르시스적 효과를 발견한다. 이 열심주의자의 문학은 열심주의 영역에서 성공을 거둘 것이라는 것이 나의 추측이다. 물론 그것은 동료 열심주의자의 자기 성찰과 자신의 죄를 돌아보게 하는 데에는 아무런 기여도 할 수 없겠지만, 자신의 명분은 옳고 다른 사람은 잘못되었다는 분명한 확신을 심어줄 것이다. 그러나 나는 평화의 명분 무엇보다도 다른 사람들과 대화하고, 그들과 화해하며, 그들을 설득함으로써 평화의 나라로 이끄는 다른 사람을 돌아보는 일에 초점을 맞추어야 한다고 생각한다.

　그러나 왜 어떤 사람은 의문을 제기할 경우 자기 의를 위해 성경을 왜곡한 저자라는 비난을 받을 것을 알면서도 납세 거부를 주장하고 싶어 하는가? 이것이 대화로의 초청인가? 왜 핵 억지력을 통한 평화를 믿는 신자는 버튼을 누를 기회만 기다리는 살인자라는 말을 들으면서도 기독교 평화주의를 주장하는가? 왜 어떤 사람은 성경을 반대로 해석할 만큼 미국이 팔레스타인을 점령한 로마보다 훨씬 부패했다는 전제를 받아들인다는 뜻인 줄 알면서도 평화 행동을 주장하는가? 왜 어떤 현명한 애국자는 미국이 역사상 인류 타락을 가장 크게 재현한 나라라는 사실을 인정한다는 뜻인 줄 알면서도 평화 운동에 동참하려 하는가?

거친 비난이 평화에 긍정적인 기여를 하는 방법은 없다. 개인적으로, 악한 자에 대한 무책임한 비난이나 역시 주변의 가장 의로운 자들로부터 비난을 받았다은 큰 도움이 되지 않는다고 생각한다. 적어도 나에게 비난은 아무런 도움도 되지 않았다. 확실히 이것은 예수님의 의는 세상의 모든 열심주의자들의 의를 합한 것보다 뛰어나지만, 그는 죄인들에 대해 그런 방식으로 접근하지 않으셨다.

따라서 화해해야 할 일을 양극화하거나, 공통성을 찾아야 할 곳에서 유사성을 부인하거나, 경청해야 할 문제에 대해 오히려 큰소리치거나, 도와주어야 할 사람에게 수치를 주거나, 씻어주어야 할 곳에서 명예를 더럽히거나, 친구가 되어야 할 자를 대적으로 만들거나, 다른 사람을 희생시키면서까지 자기 의를 드러내거나, 상대적인 문제를 절대화하거나, 진리와 사랑에 대해 폭력을 행사하는 행위를 하지 않아야 한다.

해법은 무엇인가? 출구는 어디에 있는가? 예수님이나 헹겔-키이-본캄이 자신이 기독교 아나키에 대해 말하고 있다는 사실을 알았든 몰랐든, 예수님은 그것을 말했으며 그들은 그의 말을 이해했다. "그러나 하나님의 것은 하나님께 바치라." 다른 모든 선택은 상대적인 것으로 여기고 오직 그분만 절대화하라. 오직 그 방법만이 아르키의 거짓 절대화─국가를 신으로 절대화 하든, 악한 것을 사탄으로 절대화 하든─로부터의 자유, 상대적인 선택을 실제적인 인간적 상대성으로 다룰 자유, 하나님에 대한 절대적 헌신과 순종을 통해 "세상 권력을 정당화하거나 비난하지 않고 무의미한 것으로 만드는" 자유를 가져다 줄 수 있다.

주석: 앞서 진술한 설명 가운데 강조하고 싶은 부분이 있다. 내가 "평화 열심주의"을 특별히 선택하여 초점을 맞춘 것은 그것이 주변에서 볼 수 있는 유일한 열심주의라고 생각하였기 때문이 아니다. 어떤 중요한 명분 ‒ 그 가운데는 중요하지 아니한 것도 많지만‒ 도 자체의 열심주의를 발전시킨다. 명분을 쌓으려는 아르키의 성향은 그 때문이다. 그러나 만일 내가 열심주의를 모두 "포함"시키려 했다면, 지면이 모자랐을 것이다. 따라서 나는 독자가 패턴을 찾아 가깝고 먼 열심주의에 적용할 수 있기를 기대하면서 "축약"을 선택했다.

마찬가지로, 내가 좌파 열심주의를 선택한 것도 열심주의는 좌파에만 해당된다고 생각했기 때문이 아니라 이 책을 읽는 독자가 대부분 좌파 열심주의에 가까울 것이라고 생각했기 때문이다. 그러나 본 장은 이 스펙트럼상에 있는 어떤 부분의 열심주의든 차이이 없다고 생각한다. 모든 열심주의는 나쁜 것이다.

내가 아는 열심주의자 가운데 부정직하거나 악하거나 악의적인 사람은 없다. 그들은 대체로 선하고 신실하며 헌신적인 그리스도인이지만, 지나치게 휩쓸렸을 뿐이다. 나는 좌파 열심주의자들과의 경험을 통해 이런 말을 할 수 있다. 나는 우파 열심주의자들에 대해서도 동일한 말을 할 수 있을 것이라고 생각한다.

제5장

▶

칼바르트: 기독교 아나키 신학

여러분은 내가 오늘날 기독교 아나키 전통을 형성한다고 생각하는 사상가들을 열거한 앞장에서 블룸하르트에 초점을 맞추면서 바르트와 본회퍼를 어느 정도 아나키적인 성향을 가진 자로 제시한 것을 기억할 것이다. 내가 어느 정도의 확신밖에 가질 수 없었던 것은 바르트가 기독교 아나키스트라는 사실을 입증하라는 요구가 빗발치게 될 상황을 감당할 자신이 없었기 때문이다

"기독교 아나키"라는 개념이 블룸하르트와 관련된 글에서 이 주제에 대해 읽었다고 말한 램Bernie Ramm의 말에서 시작되었다는 사실을 상기해보라. 램이 자신이 말한 자료를 밝히자 그가 읽은 것이 블룸하르트와만 관련된 내용이 아니라는 사실이 드러났다. 그 책은 칼 바르트를 정치적 아나키스트로 규명한다.앞으로 살펴보겠지만 이 주장에는 문제가 있다 그를 아나키스트로 부른 사람이 누구든, 나는 바르트에 대해 조사하지 않을 수 없었다. 이 조사를 통해 나는 본장의 제목과 같은 결론을 내리게 되었다. 즉, 바르트의 사상은 "기독교 아나키 신학"이라는 것이다.

램이 읽은 책은 조지 훈싱거George Hunsinger의 『칼 바르트와 급진적 정치』 *Karl Barth and Radical Politics*이다. 이후 'Hunsinger' 훈싱거가 한 편의 에세이와 함께 편집자로 참여한 이 책은 대륙과 미국의 학자들이 동참한 격렬한 논쟁을 초래했다. 이 책은 먼저 바르트의 정치적 입장을 어떻게 묘사하고 규명해야 할 것인가에 대해 다룬 후, 이어서 이러한 입장은 그의 신학에 어느 정도 결정적이었느냐에 초점을 맞춘다. 다양한 저자들은 책 전체가 혼란스럽다는 인상을 줄 만큼 다양한 결론을 제시한다.

그러나 당시 훈싱거의 책은 내가 아는 한 최고의 자료였기 때문에, 본 장은 원래 그 책의 다양한 기고가로부터 바르트에 대한 인용문을 수집하는 방식으로 작성되었다. 하지만 출판사에 원고를 넘기고 얼마 후, 나는 첫 번째 내용을 폐기하고 원고를 다시 쓰지 않을 수 없을 만큼 탁월한 자료를 많이 발견했다. 한때 바르트는 모든 내용을 두 번 써야 했다고 불평한 적이 있다. 한번은 기록을 위해서, 또 한번은 "올바로" 이해하기 위해서라는 것이다.

나의 새로운 자료는 에버하르트 부쉬Eberhard Busch의 『칼 바르트: 서신과 자서전을 통해 살펴본 그의 삶』*Karl Barth: His Life from Letters and Autobiographical Texts* 이후 'Busch'이라는 참으로 놀라운 책이었다. 부쉬는 바르트의 말년에 그의 비서로 일했다. 바르트의 모든 저서와 논문에 접할 수 있었던 부쉬로부터 나온 책은 "훌륭한 자서전"으로 불리기에 손색이 없다. 부쉬의 글은 해석이나 비판적 분석이 필요 없는 바르트 자신의 글이나 부쉬의 세심한 설명이 대부분이며, 무엇보다 중요한 것은 바르트의 개인적 역사와 발전에 대한 전기적 내용이라는 것이다. 이러한 특징을 살리기 위해 나는 부쉬의 글을 인용할 때 바르트의 진술 연대를 괄호 속에 표기했다. 본 장의 목적과 상관없이, 나는 칼 바르트와 그의 신학 및 저서에 대한 통찰력을 제공해줄 가장 좋은 자료로 부쉬의 책을 추천한다.

부쉬의 책이 훈싱거의 책보다 뛰어난 점은 바르트의 정치적 입장이나 기독교 아나키와 같은 것들에 대해 혼동한 사람이 바르트 자신이 아니라는 사실을 보여준다는 것이다. 이러한 혼동은 그를 이해하려는 학자들이 초래한 것이다. 그러나 이제 우리는 바르트로 하여금 자신의 방식으로 기독교 아나키를 제시하게 할 것이다. 이러한 시도에 대해 명확히 할 필요가 있다. 우리는 바르트의 진술 가운데 그의 정치적 입장과 관련된 내용을 선택적으로 발췌한 후 그의 전반적 신학의 특정사소한 지류가 기독교 아나키와 일치한다는 주장을 하려는 것이 아니다. 그럴 의도는 결코 없다. 우리는 바르트로 하여금 물론 부쉬를 통해 그의 중요한 주제에 대해 규명하게 한 후 전체 내용이 정확히 "기독교 아나키 신학"으로 불릴 수 있다는 사실을 보여줄 것이다.

I. 바르트 변증 신학의 태동: 1차세계대전부터 『로마서』 II까지
(1914-21)

이 7년간의 이야기는 분명하다. 바르트는 스위스의 시골 사펜윌Safenwil의 개신교 목사였다. 바르트와 모든 발전 단계에 함께 한 사람은 그의 가까운 친구이자 이웃 목사인 에두아르드 투르나이젠Eduard Thurneysen이다.

1. 바르트의 성장 및 교육과 관련된 "상황적 요소"

바르트의 신앙적 세계관에 대한 전제로서 이론의 여지가 없는 두 가지 지배적인 실제가 있다. 하나는 다양한 이름으로 불릴 수 있는 전반적인 신학적 입장으로, 여기서는 소위 "신 개신교 자유주의"Neo-Protestant Liberalism에 초점을 맞출 것이다. 바르트는 이 신학을 "반 바르트," 이단, 기독교 진리에 위협이 되는 대적으로 거부하기에 이른다.

바르트는 우리가 규명한 첫 번째 기간이 끝난 후에야 이 혐오스러운 신학의 구체적인 현장을 정확히 집어내지만, 드러난 결론은 이 신학의 원천이 슐라이에르마허라는 사실이다. 바르트의 스승들과 멘토들 가운데 이 신학의 가장 대표적인 사례는 하르낙Adolf von Harnack이며, 이 신학과 관련하여 바르트를 가장 힘들게 한 세 사람은 그와 동시대인이자 동료인 프레드리히 고가르텐Friedrich Gogarten과 에밀 브루너Emil Brunner 및 루돌프 불트만Rudolf Bultmann이다. 틸리히의 경우 눈에 띄지 않을 만큼 벗어나 있다. 브루너는 - 정확히 말하면, 바르트가 다른 사람들보다 성경적이라고 생각해서 회개를 기대했던 인물이었기 때문에- 그로부터 가장 격렬한 공격을 받았다. 고가르텐은 악한 타협으로 상처를 주고 물러났다. 불트만은 그를 가장 힘들게 했다. 바르트는 그를 학창 시절부터 알았다. 불트만은 대중적 지지를 받았다. 그를 따르는 학생들 가운데 일부는 바르트의 강의에까지 참석했다. 두 사람은 의견 일치를 위해 지속적인 노력을 기울였으나 결국 신학적 차이만 확인하고 결별했다.

이 신학은 "신 개신교"라는 용어와는 부합하지 않지만 어쨌든 최종적으로 가톨릭의 "존재의 유비"analogia entis라는 교리로 시현되었다.

바르트의 신앙적 환경을 형성한 두 번째 실제상황적 요소는 근본적이고 진지한 사회적 관심으로, 오늘날에는 주로 "세계 평화"와 "노동자의 어려움"에 초점을 맞춘다. 이러한 관심사를 행동화하는 통로는 종교-정치적 정당, 종교사회주의Religious Socialism이다. 사펜윌의 목사로서 바르트는 이러한 사회적 주제를 설교하고 가르쳤을 뿐만 아니라 정치적으로 깊숙이 개입했다.

그러나 전환점에 이른 바르트는 "신 개신교 자유주의"를 전적으로 거부한 것과 달리, 이러한 사회적 관심은 결코 버리지 않았다. 그의 사회적 관심은 더욱 강력해질 것이다. 그가 거부한 것은 종교사회주의의 신학적 논거이다. 그의 사회적 관심에 대한 표현은 전혀 다른 형태가 될 것이다.

2. 바르트의 신앙 세계의 붕괴

이 붕괴는 날짜까지 정확히 알려져 있다. 칼 바르트는 1914년 8월 1일, 제1차 세계대전이 발발한 날에 대해 다음과 같이 회고한다.

> 그날 "93명의 독일 지식인들이 온 세계에 자신이 전쟁을 지지한다는 끔찍한 성명을 발표했다.… 놀랍게도 서명에 동참한 자들 가운데 나의 독일 스승들이 대부분 들어 있었다.… 전쟁 이데올로기에 직면하여 실패한 그들은 어쩔 수 없이 타협한 것처럼 보였다." 따라서 "지금까지 신뢰해왔던 주석, 윤리, 교리 및 설교의 모든 세계는 물론 다른 독일 신학자들의 모든 글까지 근본적으로 흔들렸다." *Busch, p. 81*

> 바르트에게 세계대전의 발발은 그의 신학적 스승들뿐만 아니라 유럽의 사회주의까지 끌어들인 "이중적 광기"였다.… "온 나라의 전선이 하나로 대열을 이루었으며… 전쟁 이데올로기에 직면한 독일 사회 민주주의당시의 '평화 운동'는 실패했다." *Busch, p. 82*

바르트가 철저하게 환멸을 느낀 것이 구체적으로 무엇인지에 대해 주목하라. 그것은 "지배 신앙"이다. 즉, 한 나라의 지도적 그리스도인진보주의조차의 조직화 된 인간적 신앙이 사회를 도덕적 건강이나 적어도 도덕적 죽음으로부터 보존으로 이끌 수 있다는 확신이다. 바르트에게는 이러한 지배 신앙의 기회가 주어지지 않았다. 이 부분에 대해서는 하나님께 감사한다

환멸의 또 한 가지 요소에 대해 언급할 필요가 있다. 바르트와 투르나이젠

이 목사라는 사실을 상기하라. 신 개신교의 빈약함이 드러나자, 그들은 사람들에게 도움이 되고 기쁜 소식을 전할 수 있는 복음을 간절히 찾았다. 바르트가 평생 가지고 있었던 한 가지 관심사는 자신의 지적 만족과 무관하다. 그는 단지 참으로 복음으로 전달될 수 있는 메시지를 찾고 싶었다.

3. 블룸하르트로의 회귀

투르나이젠 가족의 친구인 크리스토프 블룸하르트는 가끔 그의 집을 방문했다. 바르트의 이모인 베티Bethi는 정기적으로 바트 볼Bad Boll을 찾았던 불름하르트의 제자였다. 투르나이젠과 바르트는 학창 시절, 종종 바트 볼을 방문했다. 그러나 바르트가 그곳에 5일간 머문 1915년 4월은 달랐다. 그는 의도적으로 도움을 구했다.

> 우리에게 가장 필요한 것은 모든 도덕성과 정치와 윤리[즉, 지배 신앙]를 넘어서는 무엇이라는 사실이 점차 분명해졌다. 이러한 것들은 끊임없이 "현실"과 타협함으로써 구원의 힘을 상실했다. 이것은 소위 기독교의 도덕성 및 소위 사회주의 정치에도 해당된다… 이러한 절망적인 혼란 가운데 그리스도인의 소망에 대한 블룸하르트의 두 권의 책의 메시지가 이해되기 시작했다. [1915] *Busch*, p. 84

> 블룸하르트의 메시지와 사역의 독특한 특징, 사실상 예언적 요소나는 이 단어를 의도적으로 사용했다는 서두름과 기다림, 세속적인 것과 신적인 것, 현재와 미래가 만나 결합하며 상호 보완하고 서로를 찾는다는 것이다. *Busch*, pp. 84-85

이것은 "변증적" 사고방식이다. 바르트의 신학은 1922년부터 "변증적 신학"으로 불리게 되지만, 그의 신학이 블룸하르트처럼 변증화 되기까지에는 어느 정도 시간이 걸렸음을 알 수 있다. 그러나 우리가 기독교 아나키스트로 규명한 사상가들은 변증적 방법으로도 잘 알려진 자들이다. 기독교 아나키는 본질상 변증적이다.

"바르트는 돌아오자마자 노년의 블룸하르트에 대한 젱델Zündel의 책을 읽기 시작했다. 바르트는 그가 바트 볼에서의 경험에 크게 감동을 받았다는 사실을 알았다"Busch, p. 85 "바르트는 자신과 다른 사람들에게 블룸하르트의 진수를 보여주고자 하는 열망이 솟구쳤다"Busch, p. 86

"[블룸하르트는] 교리적, 자유주의 신학자들이나 종교적 도덕성에 관심 있는 자들 및 우리와 같은 사회주의자들을 철저히 무시했다. 그는 친절했으나 쉽게 섞이지 않았다. 그는 어떤 사람과도 부딪치지 않았으며 아무도 거부하지 않았으나, 반면에 누구의 견해에도 공감하지 않았다.… 나는 블룸하르트가 지금 우리를 괴롭히고 있는 갈등과 문제점에 대해 여러 가지 할 말이 있을 것이라고 생각한다. 그러나 그는 말하고 싶어 하지 않는다. 그것은 중요하지 않다. 왜냐하면 그에게는 다른 것들이 더 중요했기 때문이다"[1916] Busch, p. 86 기독교 아나키의 특징을 이보다 잘 보여주는 것이 있는가?

4. 분리

우리는 여기서 바르트가 블룸하르트를 방문한 시점1915년과 그의 첫 번째 저서, 『로마서』 *The Epistle to the Romans*, 이후 '로마서 I'를 저술한 1918년 사이에 발전시킨 주제들 및 강조점에 초점을 맞출 것이다. 바르트는 이런 개념들 가운데 어느 것도 블룸하르트의 사상으로 돌리지 않았으나 모두 그에게서 나온 것이 분명하다.

1) 인간 아르키의 모자람

"모든 인간의 자립 및 자기 확신은 저울에 달아 부족함이 드러난 것이 아닌가?… 이 의문은 1915년경 나에게 엄청난 무게로 다가왔다" *Busch*, p. 91 "우리는 언제나 근원적이고 기본적인 삶의 진리를 향해 새로운 내적 방향성을 가지고 다시 시작해야 한다." 오직 이 방법만이 보수와 혁명의 주장과 반대 주장으로 인한 혼란으로부터 우리를 구원할 수 있다.[1916] *Busch*, p. 89 "많은 논쟁과 저술로 이어졌던 '전쟁이냐 평화냐'의 문제는 '하나님이냐 아니냐'라는 매우 근원적이고 진지한 신앙적 문제에 자리를 내주었다"[1916] *Busch*, p. 84 하나님에 대한 문제를 전쟁이냐 평화냐라는 문제보다 우선한 것이 얼마만인가? "이것은 무엇보다도 우리가 하나님을 다시 한번 하나님으로 인식하는 문제가 될 것이다.… 이 일에 비하면 모든 문화적, 사회적, 애국적 의무는 하찮은 일이 될 것이다"[1916] *Busch*, p. 89

2) 전적으로 다르신 하나님

"투르나이젠은 나와 함께 있을 때 이 핵심 구절을 나지막이 속삭였다. 우리의 설교와 교육과 목회적 양육에 필요한 것은 이 '전적인 타자'에 대한 신학적 기초였다"[1915] *Busch*, p. 97 이 주제는 매우 중요한 논쟁이 될 것이므로 주목해야 한다. 우리는 이 문제가 놀랍게도 목회적 관심에서 시작되었다는 사실을 알아야 한다. 이것은 기독교 아나키라는 동전의 양면 가운데 "인간 아르키의 모자람"의 반대 면이라는 사실을 알아야 한다. "무엇과 전적으로 다르다는 것인가?" 물론 인간 아르키와 다르다는 것이다. 그것은 우리가 생각하는 선과 전적으로 다른 "선"이다. 그의 "정의"는 우리의 정의 개념과 전적으로 다르다. 하나님의 "힘"은 우리가 경험하는 힘과 전적으로 다르다. 하나님의 "영광"은 인간이 생각하는 것과 전적으로 다른 영광이다. 하나님의 아르키는 인간이 생각하는 최고, 최상의 아르키와 전적으로 다르다.

"[우리는] 모든 것특히 국가와 관련된 모든 것을 하나님보다 백배나 진지하게 받아들인다.[1915] *Busch*, p. 87 이것은 사실이 아닌가? 하나님의 나라는 하나님의 나라이다. 우리는 신적 실제에 대한 유추로부터 인간적 실제로의 전환[의 규모]에 대해 가히 짐작하기 어렵다. [인류의 도덕적] 발전의 전형은 실패이다… 새 예루살렘은 새로운 스위스나 미래의 혁명 국가와 아무런 관계도 없다. 새 예루살렘은 때가 되면 하나님의 위대하신 뜻대로 이 땅에 임할 것이다"[1919] *Busch*, p. 109 나는 우연히 이 시대의 탁월한 기독교 사회 윤리학자의 책에 대한 평론을 읽은 적이 있다. 그곳에서 평론가는 "[저자는] 북미와 라틴 아메리카의 제도적 구조가 변하기 전에는 하나님의 나라가 임하지 않을 것이라고 확신한다"고 말한다. 하나님과 그의 나라도 마찬가지이다!

3) 성경에 대한 새로운 관점

이것은 기독교 아나키에서 무엇보다 중요한 요소이다. 성경은 기독교 아나키의 유일한 원천이자 권위이기 때문이다. "우리는 신구약 성경을 전보다 철저히 읽고 해석하기 시작함으로써 신학의 기초를 배우고자 했다… 나는 사과나무 밑에 앉아 모든 가용 자원을 동원하여 로마서에 전념했다"*Busch*, p. 97 모든 발전의 정점인 로마서를 향한 움직임이 사과나무 아래에서 시작된 것이다.

1917년, 바르트는 그의 새로운 성경 연구를 처음으로 공개하는 강연을 했다. 바르트는 그것을 "성경 속 낯선 신세계"로 불렀다. "우리는 성경에서 예상치 못한 내용을 발견했다. 그것은 역사나 도덕성이나 종교[인간 아르키]가 아니라 사실상 '새로운 세계'이며, 하나님에 대한 인간의 사상이 아니라 사람에 대한 하나님의 생각이었다"*Busch*, p. 101 이것은 단지 성경에 대한 새로운 책 이상이었다. 그것은 하나님의 말씀인 성경을 새롭고 정직하고 열린 방식으로 보는 관점이다.

4) 종말론적 경향의 복음

"나는 점차 하나님의 나라에 대한 성경적, 실제적, 현실적 개념에 사로잡히기 시작했다"*Busch, pp. 92, 97* "바르트에게 하나님을 모든 것의 중심에 모시는 일은 점점 더 중요해졌다. 그가 블룸하르트를 만난 후, 이 주제는 그리스도인의 소망이라는 종말론적 문제와 밀접하게 연결되었다"*Busch, p 87* "바르트는 '세속적 영역'바르트는 인간의 개혁적 시도나 교회까지 포함시킨다으로부터는 어떤 새로운 것도 기대할 수 없다고 주장했다: 세상은 세상이다. 그러나 하나님은 하나님이시다. 여기서 '그러나'라는 표현을 사용한 것은 하나님으로부터 새로운 것들이 나오기 때문이다"[1915] *Busch, p. 87*

5) 종교사회주의: 바르트, 쿠터(Kutter), 라가츠(Ragaz)

종교사회주의는 바르트에게 가장 성가신 문제이자 기독교 아나키와 관련된 가장 중요한 문제였다. 이것은 부분적으로, 종교사회주의가 신학적 이론이 아니라 정치적 명제이기 때문이다. 우리는 이제 블룸하르트를 멘토로 여기는 세 명의 헌신적 종교사회주의자의 삼각관계에 대해 살펴볼 것이다. 앞서 언급한 대로, 블룸하르트도 처음에는 정당에 가입하고 공직에 출마하며 6년 임기의 뷔르템베르그 의회 의원으로 선출되는 등, 종교사회주의에 헌신한 자였으나 얼마 지나지 않아 완전히 물러나고 말았다는 사실을 상기해보라. 아울러, 바르트와 쿠터와 라가츠는 모두 스위스사람으로서 개혁교회에서 목사로 출발했다는 공통점이 있다.

헤르만 쿠터는 블룸하르트 변증법의 "기다림"이라는 극단을, 레온하르트 라가츠는 그의 "서두름"이라는 극단을 보여준다. 그러나 두 사람 가운데 누구도 이 관계를 변증화하지 않는다. "따라서, 쿠터와 라가츠는 1차 세계대전이 초래한 격변에 대해 전혀 다른 방식으로 접근한다. 쿠터는 차분한 재검토를 주문했으며, 라가츠는 평화주의자의 행동에 호소한다"*Busch*, p. 86 그러나 예수님이 세금 문제에 관여하지 않았듯이 바르트는 "이것이냐 저것이냐"라는 논쟁의 덫에 걸려들지 않았다. 그는 블룸하르트의 변증적 방법을 택했다. "쿠터의 '아니오'와 라가츠의 '예' -쿠터의 근본적 고요함과 라가츠의 열정적 행동- 가 만나는 지점을 위해 싸우는 것이 낫지 않는가?"*Busch*, p. 86 "바르트는 '몇 가지 주장에 있어서는 쿠터를 따라야 한다'고 생각했으나 '중요한 특정 이슈에 있어서는 라가츠의 입장을 배제할 수 없다'는 사실을 너무나 잘 알고 있었다"*Busch*, p. 86

1916년, 바르트는 "새로운 길Neue Weg이라는 잡지를 위해 블룸하르트의 『가정 기도』*House Prayers*에 대한 '하나님의 나라를 기다리며'라는 제목의 논평을 라가츠에게 보냈다. 바르트는 이 논평에서 종교사회주의자들을 직접적으로 반박하는 글을 썼다. '우리의 변증은 막다른 골목에 이르렀으며, 우리가 건강하고 튼튼해지기를 원한다면 우리의 행동이 아니라 하나님의 행동을 조용히 기다림으로써 다시 한번 시작해야 한다.' 그러나 라가츠는 그의 글을 출간하지 않았다. 그는 바르트의 주장이 정적주의라고 생각하여 거부했기 때문이다"*Busch*, p. 92 "라가츠와 나는 마주보고 달려오는 두 대의 급행열차처럼 빠르게 돌진했다. 그는 자신의 사회적 행동주의에 방해물이 된다고 생각한 교회를 뛰쳐나갔으며, 교회가 새로운 신학의 '장소'라고 생각한 나는 교회로 들어갔다"*Busch*, p. 92 그 후 몇 년이 지나, 쿠터는 바르트가 자신의 신학 전반에 대해 거부하고 있다는 취지의 편지를 썼다.*Busch*, p. 162 바르트의 아나키는 변증의 양 극단에 있는 친구들을 잃게 했다.

따라서 1918년, 그가 종교사회주의를 인정하고 의존하였음에도 불구하고 "바르트는 라카츠 및 종교사회주의와의 관계를 완전히 끊었다. '평화주의와 사회 민주주의는 하나님의 나라가 아니라 새로운 형태의 오래된 인간의 나라를 나타낸다[유사한 상황에서 블룸하르트가 했던 말과 정확히 일치한다.'" *Busch*, p. 101 기독교 아나키의 대표적인 사례로서, 바르트는 하나님의 것을 하나님께 바치는 싸움에서 정적주의자나 행동주의자 - 근본주의자든 혁명가든- 의 대안을 거부하는 내적 변증법주의를 보여준다.

6) 종교사회주의: 탐바흐 강연

바르트에게 종교사회주의로부터의 각성은 단체로부터 탈퇴하거나 동참하거나 관심을 거부한다는 의미가 아니었다. 그의 각성은 그런 아르키에 대한 "소멸"이라기보다 "비신성화"나 "세속화"였다. 순수한 인간 아르키로서 자신의 역할을 정직하게 수행하는 한, 바르트는 현존하는 바람직한 제도 가운데 하나로 인정했을 것이다. 아니, 바르트에게 있어서 아르키가 가증스러운 경우는 그것이 계속해서 자신을 기독교 신앙 및 소망의 대상으로 - 하나님의 아르키를 대표하는 조직이나 단위로- 주장할 때뿐이었을 것이다.

"나는 이유를 불문하고 '정치 목사'는 잘못되었다고 생각한다. 그러나 한 사람의 시민으로서… 나는 사회 민주당을 지지한다"[1915] *Busch*, p. 88 그는 자신의 "사회주의에 대한 매우 제한된 관심"에 대해 언급한다. "왜냐하면, 그것은 대부분 실제적이기 때문이다. 그러나 나는 사회적 원리와 이데올로기에 대한 최소한의 관심만 있을 뿐이다"[1917] *Busch*, p. 104 탁월한 기독교 아나키스트처럼 말하자면 "너희는 정치에 마음을 두지 말라. 너희의 마음은 국가의 이상과 다르며 그것으로부터 벗어나야 한다"[1919] *Hunsinger*, p. 208 "파업이나 총파업이나 가두시위가 꼭 필요하다면 할 수 있다. 그러나 그것을 종교적으로 정당화하거나 찬양해서는 안 된다. 병사나 장교로 복무하는 것이 꼭 필요하다면 할 수 있다. 그러나 어떤 경우에도 군목은 안 된다… 사회 민주주의는 가능하지만 종교사회주의자는 안 된다"[1919] *Hunsinger*, p. 208

이러한 진술은 7장에서 상세하게 다루게 될 중요한 개념을 도입한다. 우리는 어떤 것이 인간의 가능성과 개연성에 의해 철저하게 계산된 인과관계의 정치적 지평 안에서 이루어진 행동이며, 어떤 것이 하나님에 대한 순종 및 그가 그들을 통해 무한한 은혜와 능력의 결과를 이룰 수 있다는 믿음의 신학적 지평 안에서 이루어진 행동인지 정확히 알아야 한다. 그러나 한 영역의 인간적, 정치적 아르키는 기독교의 종교적 위선으로 자신을 정당화할 때마다 하나님의 자리를 빼앗아 우상화되었다.

바르트와 종교사회주의의 관계는 1919년 독일의 탐바흐에서 독일과 스위스에서 온 백여 명의 종교사회학 지도자들에게 행한 그의 연설을 통해 중대한 국면을 맞는다. 바르트의 논문에 대한 공식적인 반응은 에버하르트 아놀드Eberhard Arnold에 의해 제시되었다. 그는 바르트의 강연이 마치 "앞뒤로 왔다 갔다 하며 상대가 보이든 보이지 않든 사방에 총을 쏘아대는 복잡한 기계와 같다"고 주장했다. *Pusch*, p. 110

만일 아놀드가 계속해서 다음과 같이 말했다면 예언자적 역할을 했을 것이다. "이것이 바로 기독교 아나키의 엔진이 작동하는 방법이다." 아놀드는 1년 남짓 되는 동안 오늘날 "브루더호프" 운동으로 불리는 기독교 공동체를 세웠다. 최근에 발표된 『하나님의 혁명』*God's Revolution*이라는 그의 저서에 나타난 사상을 살펴보면, 블룸하르트의 기독교 아나키가 아놀드에게도 적용된다는 사실을 알 수 있다. 그러나 우리가 생각하는 정확한 정의 및 정확한 적용에 따라 "무지배"[아나키즘]라는 용어를 처음으로 사용한 사람은 아놀드이다. 아놀드는 『초기 그리스도인의 육성』*The Early Christians*, 대장간역간이라는 1926년 원전에 대한 서론 및 개관에서 "동시에, 오직 하나님께만 반응하는 급진적 '무지배' 신앙은 처음부터 있었으며, 수도원 생활이 다시 한번 이 신앙을 성취한 것은 교회 안에서였다"[pp. 52-53]라고 진술한다

다음은 바르트의 탐바흐 강연에 대한 내용이다.

> 그는 이 강연을 통해 그리스도나 하나님의 나라가 근본주의나 혁명을 자처하는 인간적 행위와 근본적으로 다르다는 사실을 분명히 했다. "하나님의 나라는 먼저 우리의 저항 운동으로 시작하지 않는다. 그것은 모든 지배적 질서에 선재하며, 따라서 모든 혁명보다 앞서는 혁명이다." 하나님의 나라는 근본주의나 혁명주의와는 달리 둘 다에 대해 "아니오"이 '아니오'에서 양자에 대한 상대적 평가는 가능하지만라고 말하는 근본적으로 새로운 방식이다. 따라서 한편으로 모든 지배 질서에 대한 저항은 확실히 하나님 나라의 한 부분이다. 그러나 다른 한편으로 바르트는 이 땅의 현장에서 "하나님 나라에 대한 비유," "신성에 대한 유비"를 염두에 두고 있다. 또한 그는 어떻게 하든지 "그리스도에 대한 세속화"의 위험으로부터 벗어나야 했다. 예전에 자유주의 문화를 위한 세속화, 스위스나 독일과 같은 국가를 위한 세속화가 끊이지 않았듯이 오늘날에도 민주주의나 평화주의 또는 청년 운동을 위해 그리스도를 세속화하는 작업이 지속적으로 이루어지고 있다. Busch, pp. 110-11

우리는 이러한 바르트 사상의 초기 발전적 단계에서 바르트가 이 땅의 현장에서 "하나님 나라에 대한 비유"와 "신성에 대한 유비"를 긍정적으로 언급했다는 사실에 주목할 필요가 있다. 두 개념에 대해서는 나중에 상세히 살

펴보겠지만, 인간 아르키에 대한 바르트의 평가에는 어떤 영향도 주지 않는다.

7) 바르트의 첫 번째 책: 『로마서 I』

바르트의 탐바흐 강연이 있기 불과 1년 전인 1918년에 그의 첫 번째 책이 출간되었다. 바울의 로마서에 대한 이 연구는 바르트와 종교 사회주의의 관계를 직접적으로 보여주지 않지만 기독교 아나키에 대한 중요한 진술이다. 일부 통찰력은 우리가 지금까지 만나보지 못한 것들이다

바르트 시대의 모든 성향이나 기독교 단체나 "운동들"은 정상적인 작동이 불가능했다. "[그와 같은] 모든 것은 이미 하나님 없이 정착되었다.… 이 것은 어떤 결과가 초래되더라도 하나님의 새로운 행위나 도움과는 무관하다는 뜻이다. 그것은 결국 개혁이거나 형태만 바뀐 예전의 상황임이 드러날 것이다. 하나님 편에서 볼 때, 그것은 그의 나라의 도래에 필요한 것에 대해 사람들을 현혹하기 때문에 도움이 아니라 방해만 될 뿐이다. 따라서 우리의 '운동들'은 하나님의 운동에 직접적인 지장을 주며, 우리의 '명분'은 그의 명분을 방해하며, 우리의 '생명'의 풍성함은 세상에서 신적 생명의 풍성함을 저해한다.… 우리의 명분의 붕괴는 하나님의 명분만이 자신의 유일한 명분이 되어야 한다는 사실을 보여주어야 한다. 그것이 오늘날 우리의 현주소이다." *Busch*, pp. 99-100

사람들은 "하나님의 관점을 자신의 당파적 관점으로 삼을 수 없으며," 따라서 어떤 개인이나 단체도 하나님 편에서 다른 사람들과 맞서지 않는다.… 신앙적인 사람과 불신앙적인 사람, 도덕적인 사람과 부도덕한 사람에 대한 인간적 구별은 모두 상대적이다.… 하나님의 나라는 "옛 시대 안에서의 반역이 아니라 새로운 시대의 여명이다." 그것은 "옛 가능성 안에서의 발전이 아

니라 새로운 생명의 가능성이다." 따라서 그 나라와 모든 인간적 개혁 시도 사이에는 분명한 차이가 있다.… 그러나 그 나라와 인간의 종교적 도덕적 가능성 사이에도 차이가 존재한다. "그러한 가능성은 어떤 새로운 것도 만들어 낼 수 없다." *Busch, p. 100*

8) 아나키스트 키에르케고르에 대한 발견

이 발견은 바르트 자신의 신학적 발전에 대한 강력한 확신이 필요한 시점에 주어졌다. "[키에르케고르는] 『로마서 I』과 『로마서 II』 사이의 중요한 전환점이 되었던 1919년에 나의 사상에 진지하고 광범위한 영향을 미쳤다… 우리[바르트와 투르나이젠]가 특별히 매력적이고 흡족하며 교훈적이라고 생각한 것은 끊임없이 던지는 그의 냉철한 비판이었다. 우리는 그가 그러한 비판을 통해 하나님과 사람 사이의 무한한 질적 차이를 제거하는 모든 억지 주장을 공격한다는 사실을 알았다" *Busch, p. 116*

키에르케고르의 두 가지 기여는 아나키라는 하나의 동전의 양면에 해당한다. 모든 아르키에 대한 그의 냉철한 비판적 "평가"는 단지 무한한 질적 차이를 확실하고 분명하게 하는데 필요한 조치일 뿐이다. 실제적인 조치를 가리키는지 키에르케고르에 대한 오해인지에 대해서는 논쟁이 계속될 수 있지만, 나중에 바르트는 신학적으로 키에르케고르에게서 벗어났다고 주장한다. 어느 쪽이든, 두 사상가가 이곳에 진술된 관점에 대해서는 의견을 달리한 적이 없다는 것은 분명한 사실이다.

II. 바르트의 『로마서 II』에 따른 로마서 13장

1. 『로마서 II』의 특징

바르트가 로마서 주석의 개정판을 위해 완전히 다시 써야겠다고 생각한 것은 1920년이다. "이제서야 슐라이에르마허에 대한 나의 반론이 분명하고 확실해졌다." *Busch, p. 114* 그는 로마서 II에서 다음과 같이 진술한다. "슐라이에르마허 신학에서, 하나님에 대해 생각한다는 것은 기독교 신자에 대해 거의 드러난 방식으로 생각한다는 뜻이다. 하나님에 대해 말한다는 것은 사람 – 다시 한번 강조하지만, 사람의 계시, 사람의 기적, 사람의 신앙과 행위[즉, 아르기 권력의 잠재적 능력]- 에 대해 고상한 어조로 말한다는 것이다. 이것은 의심의 여지가 없는 사실이다. 이곳의 사람은 하나님을 대가로 위대해진 것이다" *Busch, p. 119* 오늘날 신학은 이러한 슐라이에르마허의 방식에 얼마나 완벽하게 물들어 있는지, 60년 이상의 세월이 흐른 지금 생각해보라.

따라서 부쉬는 『로마서II』의 특징을 "풍부한 부정적 정의" 『로마서II』가 『로마서I』과 다른 점이다로 요약한다. "[바르트는] 하나님은 속지 않으시며, 이 세상이 미치지 못하는 전적 타자라고 주장한다" *Busch, p. 119* 이것이 바르트가 로마서 주석을 다시 쓴 배경에 키에르케고르가 있다고 추측하는 이유일 것이다.

2. 바르트의 로마서 13장

이 책은 사상가의 기독교 아나키에 관한 한 그의 로마서 13장 해석이 시금석이 된다는 사실을 분명히 보여준다. 바르트는 이 시험을 통해 오늘날 "기독교 아나키에 대한 고전적 진술"이라고 생각하는 것을 제공한다.

바르트가 가장 먼저 해야 할 일이라고 생각한 것은 우리가 습관적으로 받아들이고 있는 다음과 같은 "상반된 쌍"의 자연스러운 연속성, 유사성, 관련성을 와해하는 작업임이 분명하다. 두 요소 사이에는 어떤 "가교적" 가능성도 없다.

하나님의 아르키	인간의 아르키
기독교 무지배	정치적 아나키
하나님의 사회주의	정치적 사회주의
하나님의 혁명	인간의 혁명

이들 가운데 일부는 나의 용어이며 일부는 바르트가 사용한 용어이지만, 아나키의 전제는 동일하다.

바르트는 우리가 앞 장에서 사용한 "체제와 혁명"이라는 용어 대신 "정통주의의 원리와 혁명의 원리"에 대해 말한다. 결국 똑같은 것이다. 바르트는 바울 이후 모든 기독교 아나키스트와 함께, 바울이 인간 아르키특히 로마의 아르키가 "하나님"의 아르키가 되는 것을 결코 원하지 않았다는 사실을 확실히 보여준다. 그러나 바울이 그 부분에만 초점을 맞추려 한 것은 아니다. 결국 그의 독자는 로마에 거주하는 그리스도인으로서 최근 황제 클라우디오가 그들을 매우 거칠고 난폭하게 대했던 사실을 기억하고 있다. 그런 곳에서 누가 모든 권력을 쥐고 있는 로마를 신성한 대상으로 숭배할 생각을 하겠는가?

아니, 바르트는 앞서 언급한 것처럼, 바울이 세금에 대한 예수님의 관점에서 볼 수 있는 것처럼 아나키스트의 경고를 우파 협력자보다 좌파의 혁명에 적용한다는 우리의 관점에 동의한다. 확실히 바울은 로마에 대한 정당화에 관심이 없다. 오히려 그의 특별한 관심사는 그리스도인 독자가 로마에 대한 혁명을 정당화해서는 안 된다는 것이다.

그러나 하나님이 로마 제국을 무너뜨리고 참되고 경건한 기독교 혁명 아르키로 대체하지 않고 그곳에 계속해서 남겨 두신 이유에 대해 바르트는 새로운 해석을 제시한다. 우리는 앞서 하나님이 인간의 자유세상이 죄를 선택할 자유를 존중하여 로마 제국을 "참으신다"고 했다. 하나님이 로마 제국에게 마음대로 할 자유를 허락하셨다면, 그러한 자유를 부정하는 우리는 누구인가?

그러나 바르트는 이 문제에 대해 전적으로 다른 관점에서 접근한다. 하나님 보시기에 바울 시대 로마 제국, 즉 어떤 나라든, 우리가 사용하는 용어로 어떤 인간 아르키든 하나님 자신의 아르키_{하나님의 나라}의 "표지"라는 것이다.

그러나 잠깐만! 그것은 ^{사실상 확장된} 진보주의 노선이다. 진보주의자는 로마의 우파 아르키가 아니라 자신들의 신성한 좌파 아르키만 하나님의 아르키의 표지라고 말할 것이다. 그러므로 바르트의 생각은 전혀 이치에 맞지 않는다. 그는 사실상 "상반된 두 요소"를 한 쌍으로 연결하려고 한다. 아마도 이렇게 생각할 사람도 있을 것이다.

그러나 독자가 들은 것이 전부는 아니다. 여러분은 아직 내가 하던 말을 끝맺게 허락하지 않았다. 바르트의 이해는 모든 인간 아르키가 하나님 자신의 아르키에 대한 부정적 표지로서 제시된다는 것이다. 그는 이러한 아르키들이 사람들에게 우리가 가진 어떤 것도 그 나라가 아니며 아무리 훌륭한 인간 아르키도 하나님의 아르키를 대체할 수 없다는 사실을 상기시키기를 원한다. 사실, 생각해보면 로마 제국은 이런 점에서 하나님의 목적을 잘 수행했다. 요한계시록은 초기 그리스도인이 계속해서 "주 예수여 오시옵소서"라고 기도한 이유가 오직 로마 제국 때문이었다는 사실을 분명히 보여준다. 제국의 출현이 이 기도에 열기를 더한 것은 분명하다. 그들 가운데 하나님의 나라는 로마 제국으로 인해 소위 "인지된 욕구"a felt need가 되었다.

교회가 이 아르키를 신성 로마 제국으로 받아들인 것이 주 예수의 오심에 대한 기도를 멈춘 시점과 일치한다는 사실은 결코 우연이 아니다. 우리는 자신을 제대로 대우해주고 개인적 관심사에 도움을 주는 아르키와 친밀해지는 순간, 하나님의 아르키에 대한 갈급함을 잃어버리는 경향이 있다. 우리는 교회를 핍박하지 않고 우호적으로 대하는 신성 제국에 대해 - 다른 영역에서 어떤 행동을 하든- "더 이상 바랄 것이 없는 매우 선한" 아르키라고 생각한다. 그러나 이런 현상은 하나님이 생각하시는 "부정적 연결"이 잘못된 것이 아니라 하나님이 우리에게 제공하시는 모든 선한 것을 악용하고 싶어 하는 나쁜 아르키처럼 성향이 우리에게 있다는 사실을 보여준다.

이러한 바르트의 논리는 우리의 관점에서 가장 나쁜 아르키가 하나님의 목적에 가장 부합하는 아르키가 될 수 있다는 것이다. 그러나 이것은 그리스도인이 자신의 영적 유익을 위해 나쁜 아르키를 격려해도 된다는 의미가 아니다. 자연스럽게 제시되는 나쁜 아르키가 우리에게 도움이 된다는 것은 사실이다. 그리고 우리의 눈만 열린다면, 가장 좋은 아르키도 하나님의 아르키를 간절히 바라게 할 만큼 나빠질 수 있다는 사실을 볼 수 있을 것이다. "부정적 연결"이 우리를 하나님께로 인도한다는 바르트의 주장은 아르키와 관련하여 어떤 행동을 하라는 것이 아니라 그것에 대한 인식을 분명히 할 것을 요구한다. 그러나 인간 아르키와 신적 아르키에 대한 바울의 부정적 연결은 단순한 "상반된 쌍" 이상이다. 우리는 이것을 "조화된 아나키"라고 부를 것이다.

*바르트나 엘륄처럼 지적으로나 신학적으로 복잡하지는 않지만, 16세기의 재세례파는 두 사람과 다른 논리에 의해 로마서 13장의 아나키즘을 도출한다. 하나님은 왜 아르키를 세우시고 사람들이 그것을 전복하거나 개조하지 못하게 하시는가? 아르키에 대한 바울의 관점에 대해, 재세례파는 아르키가 행악자에 대한 하나님의 심판의 도구로서 악한 행위에만 위협이 되는 것으로 보려는 경향이 있다. 따라서 이 논쟁은 하나님의 백성인 그리스도인 신자가 행악자가 아니기 때문에 아르키는 그들에게까지 미치지 못하며, 따라서 그들은 아나키적인 입장에서 어떤 아르키 권력이나 권위로부터도 자유롭다는 것이다. 반드시 그런 것은 아니며 종종 그렇게 했다는 것도 아니지만,

이런 해석은 아르키가 "행악하는" 불신자에게 어떤 해를 가하더라도 외면할 수 있다는 해석으로 이어질 수 있다. 그럼에도 불구하고, 엘륄이나 바르트나 재세례파의 주석은 모두 같은 기독교 아나키로부터 나온다는 것이 나의 생각이다. 바울의 본문은 세 가지 관점 모두 뒷받침한다. 세 관점 모두 참되며, 굳이 어느 한 가지를 선택할 필요는 없다.

이제 공통적인 부정적 원리로부터 나왔든 그렇지 않든, 하나님이 자신의 아르키와 인간 아르키를 "부정적으로" 연결하신다는 바르트의 주장은 또 하나의 주장과 일치한다. 그의 새로운 주장은 바울이 우리와 아르키의 관계는 우리가 그것에 대해 행동을 "하는" 것이 아니라 아무것도 "하지 않는" 형태가 되어야 한다고 권면한다는 것이다. 이처럼 아르키에 대해 의도적으로 아무것도 "하지 않는 것"이 곧 하나님의 뜻을 "행하는 것"이라는 관점은 로마서 13장 해석에 도움이 된다. 그러나 이러한 관점은 바울 사도가 실제로 말한 내용에 대한 세밀한 주의와 상관없이 사용할 수 있는 일반적 원리로 작용하기는 어렵다. 왜냐하면, "하라"는 명령이나 "하지 말라"는 명령은 반대로 표현해도 같은 의미가 될 수 있다는 문제 때문이다.

가령 혁명적 시민 불복종과 납세 거부는 아마도 대부분의 경우 행동을 "하지 말라"는 대안에 해당된다고 생각할 것이다. 즉 공적 아르키의 요구에 대한 도전적 거부로 본다는 것이다. 같은 논리로, 바울의 "권세에 대한 복종"은 국가가 요구하는 것은 무엇이든 "하라"는 대안으로 보인다. 그러나 바르트는 사실상 바울이 정반대의 표현을 의미한다고 주장한다.

혁명적 시민 불복종과 납세 거부는 "하라"는 대안으로, 악하다고 생각하는 아르키를 압박하기 위한 공격적 활동으로 세속적 경쟁즉, 선한 아르키의 정치적 권력에 뛰어든 적극적이고 공격적인 "행위"라는 것이다. 반대로 바울에게

"복종"은 그리스도인이 아무것도 "하지 않는" 것이다. 그것은 반역이나 자기 주장 등 어떤 아르키 형태의 반응도 하지 않는 것이다. 그것은 "이 세대를 본 받지 말라" "악으로 악을 갚지 말라"라는 바울의 방식이며, 악한 자에게 아무런 저항도 하지 않으셨던 예수님의 방식이다.

물론 바울은 "권세에 대한 복종"이 결코 사람보다 하나님께 순종해야 한다는 우선적 원리를 위협하지 않는다는 사실을 누구보다 잘 알고 있다. 그는 권세자들의 명령에도 불구하고 복음 전파를 멈추지 않았던 적이 헤아릴 수 없이 많을 만큼 율법과 마찰을 빚었다. 그러나 이러한 하나님에 대한 순종도 아르키에 대한 불순종을 필요로 하는 것은 아니다. 그것은 "복종"의 원리에 대한 폐지가 아니다. 그것은 심지어 "시민 불복종"이라고 불려서도 안 된다. 시민 불복종이라는 말은 통상적으로 악한 아르키에 맞서 저항하고 공격하며 그것의 죄를 드러내기 위한 정치적 수단으로서, 불복종을 위한 불복종을 의미하기 때문이다. 아니, 바울이 복음 전파를 멈추지 않았던 사례의 경우, 그의 행위는 어떤 혁명도 "하지 않은" 것이었다. 이 행위의 목적은 전적으로 하나님께 순종하는 것이며, 다만 그 과정에서 불가피하게 아르키에 대한 불복종이 수반되었을 뿐이다. 따라서 불복종하는 자는 하나님에 대한 순종이 아르키에 대한 불복종을 초래할 수밖에 없다는 유감을 표명함으로써 권세에 대한 복종을 유지할 수 있다.

바르트의 "하라"와 "하지 말라"에 대한 구별은 확실히 탁월하다. 물론 그런 이유로 로마서 13장의 핵심에 도달하기 위한 우리의 여정이 덜 진지해지거나 덜 유익한 것은 아니다. 이제 우리는 이 주제에 대한 바르트의 생각을 들을 준비가 되었다.

우리는 바르트의 주석을 따르겠지만 다른 곳에 나타난 그의 인용문과 함께 로마서 본문을 임의로 보충할 것이다. 바르트는 우리가 앞서의 장들에서 살펴본 아나키적 관찰의 많은 부분을 확인해줄 것이다. 누가 누구를 확인하는지는 논쟁의 여지가 있다고 생각한다. 그는 이 책이 태어나기 오래 전[또는 내가 태어나기도 전]에 글을 썼으나 나는 앞서의 장들이 인쇄될 때까지 그의 책을 읽지 못했다.

"높은 데 마음을 두지 말고"롬 12:16라는 말씀은 "하지 말라"는 권면에 해당한다. 바르트는 이에 대해 다음과 같이 말한다.

> 기독교는 높은 것에 마음을 두어서는 안 된다. 기독교는 사람들이 "창조적 진화"를 확신하고 큰 소리로 떠벌리는 것을 듣거나, 순수 과학과 응용과학, 예술, 도덕, 종교, 신체적 건강과 영적 건강, 행복과 복지의 발전을 완성하려는 계획을 보면 불편하다. 기독교는 사람들이 결혼과 가정생활, 교회와 국가 및 사회의 번영을 자랑할 때 불만스럽다. 기독교는 개인주의, 집단주의, 국가주의, 국제주의, 인도주의, 교회주의 등 사람들에게 깊은 감동을 주는 "이상들"을 지지하고 확증하기 위해 애를 쓰지 않는다.⋯ 기독교는 적어도 이처럼 비대해지는 탑들 속에서 죽음의 유비를 본다.⋯ 기독교는 이처럼 "중요한" 것들의 영원성이나 이러한 "가치관들"의 진정한 가치에 대해 어떤 확신도 가질 수 없다. 기독교는 사람들이 실제로 감동하지만 그것은 일시적인 감동일 뿐이라는 사실을 알고 있다.*Romans*, pp. 462-63

그는 왜 선한 아르키와 악한 아르키를 구분하지 않고 마치 두 아르키가 똑같은 것처럼 섞는가? 그렇다. 그것이 아나키이기 때문이다. 아르키가 같은 것이 아니라 아르키에 대한 "진지한 확신"을 신성화하는 것이 같은 것이다. 앞으로 살펴보겠지만 바르트의 경우, 기독교가 가난한 자와 낮은 자의 편이라는 사실을 잘 알고 있다. 그러나 그는 이미 "해방신학"이 태동하기 오래전에 그처럼 가치 있는 관심사조차 쉽게 "아르키화" 된다는 사실을 알았다. "사실 우리가 낮은 자라고 생각했던 자들은 이미 높아져 있을 수 있다. 그들의 겸손은 오래전에 엄청난 자부심으로 바뀌었을 것이다. 그들의 이중성은 일종의 우상이 되고 그들의 '비천함'은 새로운 대중 신학이 된 것으로 보인다" *Romans*, p. 464

이곳의 근본적 문제는 우리가 앞서 "열심주의"라고 부른 것으로, 옳고 그른 것에 대한 자신의 판단에 결코 오류가 없다고 생각하는 확신이다.

> 인간은 아마추어 평론가이자 얼간이일 뿐이다. 우리는 선과 악, 옳은 것과 그른 것을 구별할 때, 마치 자신이 그럴 능력이 있는 것처럼 행동한다.… 그러나 어떤 사람도 지혜롭고 의로운 재판관이 될 수 없다. *Hunsinger*, p. 165

> 창세기 3장에서 선악을 알게 하는 지혜를 위한 욕구는 온 인류에 치명적인 결과를 초래한 악한 욕망이었음이 드러났다. Hunsinger, p. 166

> 자신은 무엇이 옳은지 알고 있으며 따라서 옳은 결정을 해야 한다고 생각하는 순간, 우리는 이미 잘못된 선택을 한 것이다. 자신이 옳다고 선택한 것을 성취하려고 시도하는 순간, 우리는 이미 잘못된 일을 하고 있는 것이다. 또한 자신이 얼마나 온순하거나 폭력적인 방식이냐와 관계없이 이미 의로운 자가 되어 사람들을 대하고 결정적 판단자가 되어 그들을 바로 잡으려는 순간, 우리는 이미 그들에게 잘못을 범하고 있는 것

이다. *Hunsinger*, p. 166

"결정적 판단자가 되어 그들을 바로 잡는다"라는 것은 "우리가 제시하는 하나님과 사탄 사이의 결정적 대안에 대한 선택을 강요한다"라는 뜻이다.

바르트가 반대하는 그것은 지배 신앙의 가장 대표적인 특징에 해당한다. 바르트는 여기서 가장 근본적인그리고 가장 부과적인 아르키의 동력, 즉 자신은 "의"를 대표하는 선택된 자이며 마음이 순수하므로 열 배의 힘이 있다고 확신하는 동력을 간파한 것이 아닌가? 아르키에게 "겸손"만큼 모자라는 미덕이 있는가? 바르트는 이 문제를 앞장에서 살펴본 "절대론자/상대론자"라는 용어를 사용하여 설명할 만큼 사려 깊다.

> 우리는 자신을 속이지 말아야 한다. 우리의 자만심은 잘못된 것이다. 이러한 원리에는 예외가 없다.… 은혜의 윤리의 상대성은 우리의 엉터리 자만심의 뿌리에 놓인 도끼이다. 롬 11:25 우리는 절대적인 대답으로 자신에게 면류관을 씌우는 행위를 끊임없이 반복함으로써 이러한 자만심의 뿌리, 모든 인간적 자랑의 배후에 있는 은밀한 것을 드러낸다. 결국 기독교는 모든 절대적 윤리를 종식시킴으로써, 인간의 탁월함을 차지하는 과정에 수반되는 모든 승리의 환희와 패배의 눈물에 종지부를 찍는다. *Romans*, p. 466

따라서 우리의 절대적 의에 대한 인식은 어쩔 수 없이 우리에게 그런 의를 촉진하고 강화하게 한다.

나도 이런 의에 대한 보존을 스스로 해결해야 하는가?… 보다 높은 의를 도입하겠다는 결심은 정확히 그것을 완전히 잃게 만든다. "하나님의 진노가… 사람들의 모든 경건하지 않음과 불의에 대하여 하늘로부터 나타나나니"롬 1:18 하나님의 진노는 선이나 악을 행하는 사람들의 경건하지 않음에 대하여 나타난다. 그것은 내가 대적의 원수가 되는 한, 대적과 나 모두에게 나타난다. 이것은 군국주의에 대한 비판이지만, 동시에 평화주의에 대한 비판이기도 하다. 그러나 우리 가운데 실제로 인간의 진노가 아닌 하나님의 진노를 염두에 두고 있는 자가 누가 있는가? 우리 가운데 누가 인간의 행위가 모든 곳에서 하나님의 전적으로 탁월하신 행위에 의해 쫓겨날 것이라는 사실에 대해 진지하게 생각하는가Romans, p. 473?

나는 바르트가 수수께끼 같은 본문으로부터 나온 은밀한 진술을 통해, 제비나 인간처럼 실재하는 개별적 특성을 무시하는 집단적 결속을 이용하는 아르키에 대한 우리의 개념을 다루고 있다고 생각한다. 그는 모든 대답을 가지고 있다고 주장하는 "교회와 국가, 율법과 사회의 탁월한 사회적 지위와의 대결"에 대해 진술하고 있다. 그는 계속해서 "이 모든 과정에서 대부분의 개인은 전체Whole에 의해 제한된다"고 주장한다. Romans, p. 477

바르트는 사실상 기독교 아나키는 아르키에 대한 정당화와 아르키에 대한 혁명 둘 다 거부한다는 핵심적 주제로 이동하면서, 혁명에 대한 편향적 관심을 제시한 바울을 따라야 한다고 주장한다. 이 진술은 그의 아나키적 초점을 보여주는 것으로, 약간의 설명을 요한다. 우리는 로마서 주석 밖 자료에 나타난 중요한 진술로 시작할 것이다.

"작은 혁명과 공격들은 역사의 권력자들을 실제보다 더 크게 흔든 것처럼 보이지만, 그들은 사실상 권력을 파괴하기는커녕 대부분 제한적인 성공조차 하지 못했다. 권력을 파괴한 것은 그 나라, 하나님의 혁명이다. 예수님은 그들의 정복자이시다" *Hunsinger*, pp.90-91

"이 시점에서 반전은 존재하지 않는다. 예수 그리스도의 승리, 소위 어둠에 대한 빛의 승리는 어떤 인간적 승리로부터도 추론할 수 없다. 그것은 확실한 사실이다" *Hunsinger*, pp. 94

이곳과 이어지는 내용은 우리가 앞서 바르트가 짝이 될 수 없다고 생각한 "부정적 연결" 가운데 하나로 "하나님의 혁명/인간의 혁명"을 제시할 때 염두에 둔 개념이다. 위에서 바르트는 블룸하르트의 말만 인용할 뿐이다. 다시 로마서로 돌아가보자.

우리가 [예수님 및 바울과 함께] 혁명 세력을 주의 깊게 살펴보아야 하는 이유는 무엇인가? 우리는 왜 근본주의의 분명한 위험에 대해서는 그런 염려를 하지 않는가?… 우리가 혁명 권력에 대해서 염려하면서도 근본주의 권력에 대해서는 그렇게 하지 않는 이유는 로마서를 읽어본 결과 보수적 명분에는 아무도 넘어가지 않을 것 같기 때문이다.

[바르트는 대륙의 진보적 지식층 가운데 보수적 정통주의의 후보가 될만한 사람이 아무도 없다는 사실을 알았다. 우리는 그가 로마서 13장이 -"각 사람은 위에 있는 권세들에게 복종하라"라는 구절과 함께- 정통주의에 대한 권면으로 사용될 수 있다거나 종종 사용되었을 것이라고 생각했는지는 알 수 없다.

그렇더라도 바르트는 여전히 옳다. 바울의 '로마서' 전체를 제대로 읽어보면 "반동적 명분"을 뒷받침하기 어렵다는 사실을 알 수 있다.]

혁명적 영웅주의는 근본적으로 반동주의보다 훨씬 경건하지 않고 훨씬 위험하다. 왜냐하면 그는 그만큼 진리에 가깝기 때문이다. 우리에게 "반동주의"는 위협적이지 않지만, 그의 붉은 형제는 매우 위험하다.*Romans*, p. 468

"붉은 형제"라는 구절은 바르트가 이 글을 쓴 시점이나 그의 개인적 아나키 사상의 복잡한 요소를 소개한 시점이 언제냐에 주목하게 한다. 그가 이 글을 쓰던 1920년은 볼세비키의 사회주의 혁명이 성공하여 정권을 잡은 상황이었다. 같은 시점에 월터 라우센부쉬Walter Rauschenbusch는 이 혁명을 평화와 형제애를 위한 최고의 희망이라고 불렀으며, 말콤 머거리지Malcolm Muggeridge의 친구들은 러시아를 방문한 후 넋을 잃었다. 바르트가 붉은 형제를 정치적 반동주의자보다 훨씬 진리에 가깝다고 말한 것은 혁명적 좌파의 사상이 언제나 우파의 노선보다 탁월하다는 수사학적 구절을 말한 것일 뿐이다. 가난한 자와 압제당한 자를 도와야 한다는 자유와 정의 와 평등에 관한 그들의 진술은 마치 예수님의 말씀처럼 들린다. 이러한 유사성 때문에 우리는 자칫하면 그것을 예수님으로 받아들일 위험성에 빠지게 되는 것이다.

1919년, 바르트는 "반드시 일어났어야 했지만 모방해서는 안 되는 시도라고 생각했던 러시아 혁명에 대해 말했다. 그는 이 혁명의 문제점이 무엇인지에 대해서도 잘 알고 있었다. 그가 생각하는 문제점은 '옛 기초 위에' 새로운 사회를 건설한 폭력적 혁명과 계급 폐지라는 취지에 위배되는 노동자 배제와 소수 지배'민주주의의 결점은 그것을 폐지한다고 개선되지 않는다' 였다"*Busch*, p. 106

바르트가 평생 가장 선호했던 사회정치적 체제가 "사회주의"였다는 것은 분명한 사실이다. 그러나 우리는 앞서 그가 종교사회주의를 비판한 사실을 알고 있다. 이제 바르트는 소비에트 사회주의 공화국의 사회주의에 대해 비판하고 있다. 그는 앞으로 있을 독일 노동당의 민족 사회주의나치즘에 대해서도 그럴 것이다. 물론 그는 다양한 형태의 사회주의 사이의 도덕적 차이에 대해 알고 있다. 그러나 각각의 사회주의에 대한 그의 비판은 상대적 도덕성에 대한 평가에 기초한 것이 아니다. 이러한 사회주의는 똑같이 스스로 메시아적 지위를 주장하는 인간 아르키라는 점에서 근본적으로 잘못되었다는 것이다. 따라서 바르트의 거부는 자신이 선호하는 신성한 아르키가령, 자본주의로 대체하기 위해 그들의 사회주의를 악한 아르키로 분류한 이데올로기 주의자의 거부가 아니다. 아니, 바르트는 소비에트 사회주의를 정당화하지 않지만, 그것과 싸우거나 대체하려는 어떤 다른 아르키도 정당화하지 않는다. "하나님의 것은 하나님께 바치라"는 것이다.

수년 후, 해방신학자 라인홀드 니버 ─ 그의 지배 신앙은 언제나 그에게 "진리에 가장 가까운" 아르키를 탑재하기를 원했다─ 는 정치적으로 변절했다고 생각한 바르트에 대해 분노했다. 그러나 우리는 바로 이곳, 『로마서 II』에서 바르트를 이해할 수 있는 일관된 원리를 발견한다. 그는 항상 그리스도인이 하나님의 아르키로 착각할 위험이 가장 큰 것은 바로 '이 진리에 가장 가까운 아르키'라고 경고한다.

[이런 아르키의 가장 왜곡된 생각은] 어떤 사람이 당연히 다른 사람보다 높은 권리를 가지며, 그들의 모든 행위를 지배하고 결정할 수 있다고 주장하며, 이처럼 명백하게 부정직한 주장을 하는 자가 실제적 권력을 가지고 마치 하나님의 권위를 입은 자처럼 순종과 희생을 요구할 수 있으며, 많은 사람은 마치 한 사람인 것처럼 말해야 하며, 소수나 다수최고의 민주적 다수라 할지라도는 마땅히 공동체 의식을 가져야 한다고 생각한

다는 것이다.… 전적으로 내재적인 질서가 주장하는 이 모든 거짓 초월은 기존의 모든 체제(최상의 정부라 할지라도)가 선하고 옳은 것에 대해 가장 민감하게 인식하는 자들에게 가한 상처이다. 그럴지라도 선과 의는 구체적인 형태를 성공적으로 취하면 취할수록 더욱 잘못되고 악해진다. 최고의 정의는 최고의 불의이다.summa jus, summa injuria 가령 칼빈의 교회[바르트의 표현에 따르면, 진리에 가장 가까운 교회]가 개혁되고 확장되어 국제 연맹의 교회가 되고자 했다면, 절대적 의를 위한 노력은 절대적 악이 되었을 것이다.*Romans*, p. 479

이것이 아나키이다. 비록 바르트는 짧고 명확한 문장으로 제시했지만, 이것은 매우 훌륭한 아나키 사상이라는 것이 나의 생각이다.

혁명은 이처럼 기존의 체제에 존재하는 악을 인식하는 것으로부터 시작된다. 혁명가는 온 힘을 다해 그것과 싸워 무너뜨림으로써 악을 제거하려 한다. 그는 기존의 질서를 제거하고 그 자리에 새로운 권위를 세우려고 결심한다.… 그러나 혁명가는 자신의 계획을 적용하는 과정에서 악에게 질 수밖에 없다는 사실을 인정해야 한다.롬 12:21:부언하자면 그것은 또 하나의 "하지 말라" 명령에 해당한다 그는 자신이 그런 사람이 아니며, 그가 그렇게 간절히 바라는 자유의 주체(창조주도 아니며, 스스로 탁월하다고 생각할지라도 자신은 그리스도가 될 수 없다는 사실을 잊고 있다.… 사람이 어떻게 새로운 시대, 새로운 세상, 새로운 영을 제시하거나 보여줄 수 있는가? 혁명가는 근본주의자(반동주의자)보다 더욱 "악을 이길 수 없다." 왜냐하면 그는 "아니오"라고 주장함으로써 어울리지 않게 하나님 근처에 서 있기 때문이다. 이것은 혁명의 비극이다. 악은 악

에 대한 정답이 될 수 없다. *Romans*, p. 480

"선으로 악을 이기라"롬 12:21 이 구절은 기존의 질서든 혁명이든 승리의 목적을 의미하는 것이 아니면 무엇이겠는가? 이 구절은 사람들이 스스로 가장 강력한 행동으로의 부르심을 받았다고 생각하는 그 일을 "하지 말라"라는 의외의 명령이 아니면 무엇이겠는가?… 우리가 "하지 말라" 분노하지 말라, 폭행하지 말라, 파괴하지 말라라는 원래의 근원적 명령으로 돌아가는 것보다 더 급진적인 행동이 있겠는가? 이처럼 원래로 돌아가는 행동은 선으로 악을 이기라는 명령에 담긴 윤리적 요구이다. 이 명령에 기존의 질서를 인정하라는 말은 없다. 그러나 이 명령은 모든 대적에 대한 끊임없는 반대를 함축하고 있다. 기존의 질서의 악을 이기신 자로 인정받고 싶어 하시는 분은 하나님이시다. *Romans*, p. 481

아르키가 "하나님의 선"이라고 부르고 싶은 것을 사회에 강요하는 것은 하나님에 대한 도전 행위로, 악을 행하는 것과 다름없다.

"각 사람은 위에 있는 권세들에게 복종하라"롬 13:1 복종은 때때로 다양하고 구체적인 의미를 가지지만, 여기서는 윤리적 개념으로서 부정적인 의미를 가진다. 이것은 물러나서 길을 내어주라는 의미로, 분노하거나 타도하지 말라는 뜻이다. 그런데도 반군이 반역을 멈추고 돌아서지 않는 이유는 무엇인가? [나는 이 구절을 "그런데도 반군이 돌아서지 못하는 이유가 있는가? 물론 있다. 그것은 바로…"라는 뜻으로 해석해야 한다고 생각한다.] 그것은 그가 몰입하고 있는 싸움이 그와 기존의 지배 권력과의 싸움이 아니기 때문이다. 그것은 악과 악의 싸움이다. 가장 급진적인 혁명도 결국 이미 존재하는 것[즉, "인간의 실제"]으로 기존의 것에 맞설 수밖에 없다. 아무리 급진적이라고 해도, "영적"이거나 "평화적" 혁명조차, 혁명은 혁명일 뿐이다. 말하자면 혁명은 단지 기존의 것[즉, 그들이 사탄적이라고 절대화하거나 신성한 것으로 절대화한 악한 인간 아르키]을 정당화하고 확인한다. *Romans*, pp. 481-82

그렇다면 그리스도인은 아르키에 대해 어떻게 해야 하는가?

승리의 기쁨에 대한 망상을 제거하고 그것에서 벗어나라는 우리의 권면, 즉 "요란하고 격렬하지만 아무런 의미도 없는" 아르키의 실상에 대한 올바른 인식만큼 기존의 질서에 대한 파괴적 공격도 없다. 국가, 교회, 사회, 적극적 권리, 가족, 조직적 연구 등은 전장에서 선포되는 격렬한 설교나 종교적 공감에 물든 자들의 신뢰성을 먹고 산다. 그들에게서 파토스pathos를 제거해보라. 그들은 아사하고 말 것이다. 그러나 그들에 맞서 반란을 선동해보라. 그들의 파토스는 신선한 꼴을 얻을 것이다. *Romans*, p. 483

이것은 또 하나의 "하지 말라"라는 권면임을 알아야 한다. 우리는 아르키를 그들이 주장하는 대로 믿지 않아야 한다.

"제대로 이해하기만 한다면, 복종하는 상태는 아무런 의도가 없는 행동, 말하자면 오직 하나님에 대한 순종으로부터만 나올 수 있는 행동이다" *Romans*, p. 483 기존의 아르키에 대한 불복종 과정에서 일어난 경우라고 할지라도, 오직 하나님에 대한 순종에서 나오는 행동은 여전히 "복종 상태"이며 "시민불복종"이라는 혁명적 행위로 보아서는 안 된다.

계속해서 바르트는 하나님이 세우신 아르키들을 하나님 나라의 "부정적 표지"로 제시한다.

> 그렇다면 기존의 질서란 "[아직] 존재하지 않는 질서"를 배태한 비유가 아닌가? "피조물이 허무한 데 굴복하는 것은 자기 뜻이 아니요 오직 굴복하게 하시는 이로 말미암음이라"롬 8:20 그러나 혁명과 대조하여 기존의 질서는 바로 이런 이유로 정당화된다. 왜냐하면 이 구절이 요구하는 것은 혁명가는 스스로 공격하거나 판단해서는 안 되며 다만 기존의 질서는 하나님의 질서THE Order와의 대조[나엘러의 강조이다]를 위해 세워졌기 때문에 그들의 악은 선을 드러내기 위한 것일 뿐이라는 사실을 인식하라는 것이기 때문이다.*Romans*, p. 485

> "원수 갚는 것이 내게 있으니"롬 12:19 그러므로 우리의 복종은 원수 갚는 것이 우리의 일이 아니라는 사실을 보여줄 뿐이다… 권력자가 자신에게 칼을 휘둘렀기 때문에 자신도 같은 심판의 칼을 들었다는 것은 변명의 이유가 되지 않는다. 그것은 그들의 생각일 뿐, 복수는 그들의 권리가 아니다. 그들이 반역을 위해 일어나는 순간, 또 다른 반역이 그들을 향하게 될 것이다. "그러므로 남을 판단하는 사람아, 누구를 막론하고 네가 핑계하지 못할 것은 남을 판단하는 것으로 네가 너를 정죄함이니 판단하는 네가 같은 일을 행함이니라"롬 2:1 *Romans*, p. 486

따라서 바르트는 하나님께 순종하는 그리스도인은 "기존의 지배 권력에 순종한다"고 말한다.

확실히 지배자들은 행실이 바른 시민을 좋아한다. 그러나 그들이 좋아하는 시민은 사실상 지배자에 대해 할 말은 많지만 [그것이 아무런 소용이 없다는 것을 알기 때문에] 더 이상 불평하지 않는 자들이며, 그들의 행동은 바로 하나님의 심판을 보여준다. 또한 [그리스도인은] 자신의 역설적 지위에도 불구하고, 현실로 돌아와 모든 낭만을 제거한다는 점에서 "훌륭한 시민"처럼 보인다. 그는 온갖 우상에서 벗어났기 때문에 우상과 끝없는 논쟁을 할 필요가 없다. 또한 그는 삶의 문제에 대한 각자의 해법의 부당성, 기존의 체제의 부당성 및 사람들이 주장하는 길의 부당성을 끊임없이 지적하는 일에만 매달리지 않는다. 이것은 그가 그들 모두에게 드리운 하나님의 심판의 그림자가 의의 그림자라는 사실을 알기 때문이다. *Romans*, pp. 487-88

그리스도인은 세상의 모든 악과 초조하게 싸울 필요는 없다. 그런 것들은 하나님이 원하시는 시간에 하나님이 원하시는 방법으로 바로 잡을 것이기 때문이다.

이처럼 평온한 사색은 격렬한 혁명을 대체했다. 사색이 평온한 이유는 최종적 선언 및 최종적 고소가 배제되었고, 실제에 대한 분별력 있는 판단이 "선과 악의 전쟁"에 대한 거만한 태도를 앞질렀으며, 정직한 인도주의와 세상에 대한 분명한 지식이 사람이 사람을 실험하고 대적하는 체스판 - 즉, 국가와 교회와 사회- 을 하나님의 나라와 적그리스도가 충돌하는 현장으로 만들어서는 안 된다는 사실을 인식하기 때문이다. *Romans*, p. 489

이 무대에서, 우리의 움직임은 반드시 위험한 반대 운동에 직면하며, 우리의 조치는 어떤 식으로든 우리 자신에게로 되돌아오며, 우리의 가능성은 모두 불가능을 내포한다. 기존의 질서를 지지하든 반대하든, 우리는 그것과 같은 선상에 위치하며 같은 비난의 대상이 된다. 기존의 질서와 같은 선상에서 긍정적이든 부정적이든 한 자리를 차지하고 있는 우리는 이 선상 위의 모든 점이 상대적이라는 사실에 유의해야 한다.… 침략적 혁명은 체제의 칼과 만나며, 침략적 체제는 혁명의 칼과 만난다. 우리는 두 운명을 통해 두려움과 연민 가운데 자신의 운명을 보게 된다. 우리는 모두 하나님의 진노 아래 있다. 우리가 모두 칼 아래 있다는 것이다. 그것은 공연히 있는 것이 아니다. 우리가 긍정적인 인간사를 계획하든 다른 사람이 세운 것을 허물든, 자신을 정당화하려는 모든 노력은 결국 산산이 조각나고 말 것이다. 이제 우리는 이 모든 노력이 결코 성공할 수 없을 뿐만 아니라 성공해서도 안 된다는 사실을 확실히 알아야 한다. *Romans*, p. 490

우리는 결국 바르트가 앞서 바울에 대해 자세히 고찰한 부분에 이르렀다. "너희가 조세를 바치는 것도 이로 말미암음이라롬 13:6 너희는 국가에 세금을 내고 있다. 그러나 너희는 자신이 무엇을 하고 있는지 알아야 한다. 너희가 세금을 내는 행위는 사실상 '하지 말라'와 지식과 소망으로 가득하다" *Romans*, p. 491

바꾸어 말하면, 너희가 "하라"는 명령에 따라 국가와 국가의 악한 행위를 정당화하기 위해 조세를 낸다면 잘못되었다는 것이다. 반대로 너희가 "하라"는 명령에 따라 국가에 대한 저항과 반역의 행위로서 조세를 거부한다면 그것도 잘못된 것이다. "그렇다면 대안은 무엇인가?" 문제는 잘못된 진술에 있다. 예수님의 말씀이 동전에 새긴 가이사의 형상은 가이사의 "소유"라는 증거가 된다는 뜻이라면, 조세를 바쳐야 한다 "하라"에 해당한다라는 표현보다 가이사가 자신의 것을 모으는 행위를 막아서는 안 된다 "하지 말라"라는 명령에 해당한다라는 표현이 더욱 정확한 진술이 아니냐는 것이다. 바르트의 말처럼 "중요한 것은 너희가 무엇을 하고 있는지[또는 이곳에서처럼 '하지 않아야 하는지'] 아는 것이다."

우리는 바르트의 생애를 추적하면서, 질서에 대한 진술을 전환구로 사용하여 바르트의 로마서 해석으로 거슬러 올라갈 것이다. 바르트는 세상을 하나님과 적 그리스도의 격돌 현장이 되지 않아야 할 체스판으로 언급하면서 이렇게 진술한다. "가령 정치적 활동은 본질상 게임처럼 보일 경우에만 가능하다. 즉, 우리가 절대적인 정치적 의를 말할 수 없을 때, 테제정와 안티테제 반[즉, 우리의 주장과 대적의 주장]으로부터 '절대성'이 사라졌을 때, [절대적으로 옳고 그른 것에 대한] 인간적 판단의 가능성을 거부하는 상대적 온건함이나 상대적 과격함의 여지가 있을 때만 가능하다는 것이다"Romans, p. 489

3. 『로마서 II』에 대한 바르트 자신의 회고적 관점

일반적 관점은 바르트가 1921년 후에 즉시 『로마서II』의 입장에서 떠나 새롭고 다른 신학으로 옮겼다는 것이다. 우리는 이 부분에 대한 그의 말을 들어보는 것이 좋을 것이다.

바르트는 1954년, 그의 1921년 "변증적 신학"에 대해 다음과 같이 진술했다.

이 신학은 "말씀의 신학"이라는 적절한 이름으로 불려왔다. "변증적 신학"이라는 용어는 적합하지 않지만, 이 신학의 특징적인 사상 및 형식에 대해 묘사한다.… '종교적인 사람'이 세기 초에 최선을 다했던 역사적, 심리학적 설명과 대조적으로, 이 신학은 "인간의 자기 이해를 제한하고 한정하는 탁월하고 새로운 요소에 대한 탐구"를 특징으로 한다. 성경에서는 이것을 하나님, 하나님의 말씀, 하나님의 계시, 하나님의 나라, 하나님의 행위로 부른다. "변증적"이라는 형용사는 인간을 만나신 주권적 하나님과의 대화에서 나온 사고방식을 가리킨다. *Busch, p 144*

그는 1961년, 『로마서II』의 한 구절을 인용하는 것으로 자신의 진술을 시작한다.

"종말론적이지 않은 기독교는 그리스도와 전적으로 무관하며 아무런 상관이 없다." 포효하는 사자여!… 나는 여전히, 내 말을 비판하는 자들보다 열배나 강하다고 생각한다.… 당시 나의 말은 성급한 면이 있었지만… 내용이 그렇다는 것은 아니다. 다만 동일하게 예리하고 직접적인 다른 보완적 진술들과 일치하지 않았을 뿐이다. *Busch, p. 120*

그가 필요성을 느껴 시행한 일은 자신의 "변증적 신학"을 실제적인 변증이 되게 하는 것이었다.

그는 "오늘날 많은 사람이 경솔하게 추측하는 새로운 바르트"와 같은 것은 없다고 생각했다. "그러나 내가 이 과정에서 무엇인가 배운 것은 사실이다. 나는 적어도 그러기를 원한다.… 확실히 나의 신학에서 사람이 차지할 자리는 없었다. 그러나 나는 수년 동안 창조주 하나님 및 그와 피조물인 인간과의 관계에 대해, 인간에게 탁월한 지위를 부여하는 방식으로 진술하는 법을 배웠다고 생각한다. 나는 내가 이전에 배워서 제시한 것을 잊어버리고 거부한다고 생각하지 않는다. 그러나 나는 하나님과 인간의 대의great cause에 대해 사고하고 말함에 있어서 당시 사람들의 일반적 주장에 격렬히 맞설 때보다 지금이 평화롭고 행복하다고 생각한다"[1956] *Busch*, p. 418

"진정한 교정은 곰곰이 생각한 후 철회하는 것과 다르다. 그것은 이전에 했던 말을 보다 나은 방식으로 말하는 새로운 전진이자 공격이다." 확실히 바르트는 하나님은 하나님이시라는 인식을 철회하고 싶어 하지 않았다.[1956] *Busch*, pp. 423-24

우리는 바르트가 어떻게 - 자신이 주장하는 "전적 타자이신 하나님"이나 "기독교 아나키 개념"에 대한 타협 없이사실상 더욱 풍성하게 하면서- 하나님과 인간의 관계를 보다 나은 방식으로 "변증"하고 인간에게 탁월성을 부여했는지 살펴볼 필요가 있다. 일찍이 1919년의 탐바흐 강연에서 그가 지상에 나타난 "하나님의 나라에 대한 비유"와 "신적 유비"에 대해 언급한 사실을 상기하라. 1955년에는 다음과 같은 진술까지 했다.

그들 가운데 존재하는 교회는 주변의 세상 사람들에게 예수 그리스도를 통해 이 땅에 세워진 하나님 나라의 공의와 미래적 현현에 대한 약속을 상기시킬 수 있으며 상기시켜야 한다. 그들이 깨닫든 깨닫지 못하든, 교회는 그들에게 이미 이 땅에는 인간적 상황의 위대한 변화를 바탕으로 하는 질서가 존재하며, 미래적 현현을 향하고 있다는 사실을 보여줄 수 있으며 보여주어야 한다. 교회는 교회 밖 사람들에게 하늘에서뿐만 아니라 땅에서도, 장차 올 시대뿐만 아니라 지금도, 모든 상황은 달라질 수 있다는 사실을 말과 행동으로 보여줄 수 있으며 보여주어야 한다. *Hunsinger*, pp. 89-90

이것은 바르트가 하나님은 "전적 타자"라는 자신의 초기 주장을 철회하는 것처럼 해석되기 쉽다. 그러나 우리는 이러한 변증 - "전적 타자이신 하나님의 영광"과 키에르케고르가 말하는 "보편적 인간의 영광" 사이의 변증적 긴장이라고 부르자- 은 어느 쪽 진리도 부인하거나 덜 강조하지 않는다는 바르트의 주장을 들을 수 있다. 그러므로 우리의 인간적 "영광"은 하나님의 "영광"과 질적으로 다르며, 따라서 우리의 영광을 하나님의 영광과 경쟁하게 하는 행위는 "하나님처럼"이 구절은 창세기 3장의 뱀의 말을 상기시킨다 되려는 시도이다. 하나님의 영광과 경쟁하는 인간의 영광을 주장하는 인간 아르키의 통치자들과 권세들을 용납할 수 없는 것은 이런 이유 때문이다.

그러나 이 문제를 가장 잘 변증한 사람은 키에르케고르이다. 그는 "담론" "성경적 묵상"이라고 부르는 저서들의 대부분, 특히 『보편적 인간의 영광』 *The Glory of Our Common Humanity*과 『하나님을 필요로 하는 인간』*Man's Need of God Constitutes His Highest Perfection*이라는 두 권의 책에서 이 주제를 다룬다. 키에르케고르에 따르면 인간의 영광은 "하나님처럼" 되는 것에 있는 것이 아니라, 하나님의 형상으로서 경쟁competition이 아니라 상응correspondence 관계인 그를 "닮음"에 있다.

한때 키에르케고르가 했던 말처럼 "물 위에 떠 있는 배의 그림자는 정확히 수면 위로 솟아난 정도만큼 수면 아래로 뻗어 있는 것처럼 보인다." 인간의 "영광"은 참으로 하나님의 "영광"에 상응하는 방식으로 예배할 수 있는, "반사된 영광"이다. 그것은 "전적 타자"이신 하나님께 도전하거나 위협하는 영광이 아니라 이 전적 타자를 고백하고 찬양하며 반사하는 영광이다. 나의 예를 제시하자면, "영리한 사이클리스트는 놀랄만한 새로운 자전거를 스스로 개발한다." 그러나 이 기계의 "영광"은 단순히 그것을 들여다보고 살펴보는 것만으로는 분명히 드러나지 않는다. 자전거의 진정한 영광은 자전거를 탄 자가 그것의 성능사실상, 사이클리스트의 능력을 보여줄 때 온전히 드러난다. 이와 같이 사람의 영광은 하나님의 영광을 반영할 때만 진정한 영광을 드러낼 수 있다. 부연하자면, 당시 변증적 신학에 대한 필요성이 바르트를 무겁게 누르지 않았더라면, 그의 멘토인 블룸하르트나 키에르케고르가 처음부터 이러한 변증을 가르칠 수 있었을 것이다.

그러나 하나님 나라의 표지로서 교회에 대한 바르트의 글과 관련하여, 그가 어떤 "교회"를 염두에 두고 있었느냐에 대해서는 의문을 제기해보아야 한다. 바르트는 언제나 교회를 "국가"나 "사회"와 같은 아르키와 함께 총체적 개념으로 다루며, 이곳에서 그 나라와 "짝을 이룬" 교회는 자신을 아르키 세계에 영향을 미치는 거룩한 권력 집단 형성을 목적으로 하는 사회정치적 단체로 인식하는 아르키 교회가 될 수 없다는 사실을 분명히 한다. 아니, 바르트가 염두에 둔 것은 우리가 에클레시아하나님의 아르키를 위해 최선을 다하지만 주변 세상에 어떤 질서도 강제로 부과하려 하지 않는 성도들의 공동체라고 부르는 아나키 교회가 틀림없다.

칼빈의 제도화된 교회에 속한 이 유명한 성직자가 모든 전선에서 교회의 아르키를 반대한다는 것은 믿기 어렵다. 그는 감독이나 교회의 권위, 유아세례, 교회가 "성례"라고 부르는 모든 의식, 형식적 예배, 성화나 상징물, 파이프 오르간 등의 타당성을 부정한다.cf. *Busch*, pp.320, 329, 343, 399, 428, 444, 474 교회가 "그 나라의 표지"라는 것은 결코 이런 요소들은 통해서가 아니다. 바르트는 마치 재세례파처럼, 자신의 기독교 아나키를 다른 아르키와 마찬가지로 교회에도 적용한다.

나는 바르트가 다른 설명도 덧붙이고 싶어 했을 것이라고 생각한다. 그의 말처럼 오늘날 교회들에클레시아: 공동체들도 표지로서, 하나님 나라를 증거하고 제시할 수 있다. 그러나 이것은 공동체가 이 역할을 감당할 수 있는 자격을 갖추고 싶어 해서라기보다 전적으로 공동체를 택하시고 힘을 주신 하나님의 은혜에 기인한다. 따라서 어떤 단체든 스스로 그 나라의 표지를 주장하며 그 이름으로 행세하는 순간, 즉 지위를 이용하여 세상에 자신의 거룩함을 부과하는 순간, 우리는 신성 로마 제국과 십자군 및 모든 부정적 지표의 길로 들어서게 된다. 아니, 스스로 하나님 나라의 지표로 인식하거나 그 이름으로 칭하거나 행세하는 것은 하나님 나라의 진정한 지표로서 공동체가 가장 금해야 하는 일이다. "그 때에 의인들은 그에게 '주여 우리가 어느 때에 스스로 어떤 나라의 표지로 여기거나 표지가 될 계획을 세웠나이까?'라고 반문할 것이다." "그 나라의 표지"는 스스로 주장하지 않으며, 오직 하나님께 영광을 돌린다.

바르트는 조만간 자신의 원래적 "전적 타자이신 하나님"이 "보편적 인간의 영광"을 통해 균형을 이루어야 할 필요성을 인식하게 된다. 그러나 이러한 인식은 그의 기독교 아나키에 영향을 주지 않는다. 물론, 기독교 아나키가 인간의 가식을 내려놓음과 연결된다는 것은 사실이지만, 진정한 인간을 내려놓는다는 표시는 아니다. 오히려 기독교 아나키는 진정한 인간의 해방, 즉 사람들을 노예로 만드는 통치자들과 권세자들을 진압하시는 하나님의 해방 사역에 헌신한다.

III. 독일인 바르트: 괴팅겐, 뮌스터, 본에서의 교수 사역(1921-35)

1921년 『로마서II』의 출판과 함께 바르트에게 목회 사역을 그만두고 독일에서 교수로 일해달라는 요구가 있었다. 우리는 대륙에서 대학교수는 사실상 공무원에 해당한다는 사실을 기억할 필요가 있다. 이러한 이유로 1926년, 바르트는 본국 스위스의 시민권에 더해 독일의 시민권을 취득하게 된다. 우리는 이 기간중 바르트를 사실상 독일인으로 생각해야 하며, 이러한 삶은 그가 스위스의 교수로 여생을 보내기 위해 독일을 떠날 때까지 지속된다.

1. 옛 주제의 새로운 발전

우리는 이런 제목으로, 바르트가 자신의 이전 주장에 덧붙인 통찰력을 확인함으로써 그의 사상의 지속성을 입증할 것이다.

1) 목회적 경향의 신학.

"우리는… 신학을 교회와 특히 목회 사역에 정착시키는 작업은 모든 신학적 갱신 운동의 특징이라고 말할 수 있다" [1922] *Busch*, pp. 136-137

2) 성경에 대한 새로운 관점.

바르트는 성경에 대한 "자유로운" 해석을 바로 잡기 위해 최선을 다한다. 바르트는 하나님의 구체적인 계시의 증거로서 자신의 성경관과 종교 문헌으로서의 일반적인 성경관을 대조한다. [1922] *Busch*, p. 134 지상에 있는 인간의 책으로서 성경은 계시에 대한 증거이며, 그것 자체가 하나님의 말씀이다. 따라서 성경은 단순한 그리스도인의 지식의 원천이 아니라 핵심적인 규범이다. [1923] Busch, p. 161

3) 바르트와 불트만의 "종말론."

불트만의 "종말론"은 바르트로 하여금 "종말"에 대한 논의를 원하게 했다. 그에게 종말은 신자가 자신의 경험에서 마지막으로 직면하는 궁극적 이슈를 의미하며, 모든 사람은 그것에 대해 인간으로서의 실존과 관련된 중요한 결단을 내려야 한다. 불트만은 바르트에게 "종말"을 어떻게 이해했는지 물었으며, 바르트는 종말은 세상 질서 전체의 실제적인 전환과 연결되어야 한다는 대답을 제시했다. "만물의 종말… 존재하는 모든 것들의 전적인 근원이 되는 탁월한 실재에 대해 말할 수 있는 자, 사실상 만물의 시작에 상응하는 마지막에 대해 말할 수 있는 자만이 마지막 일들에 대해 말할 수 있다"[1924] *Busch*, p. 149 우리는 바르트의 종말론만이 기독교 아나키와 일치한다는 사실을 알아야 한다. 불트만의 이질적 종말론은 통치자들과 권세들이 하나님의 나라에 의해 삼킴을 당할 것이라는 사실은 물론 그들의 객관적, 역사적 존재에 대한 인식조차 부족하다.

그러나 바르트도 종말론이 하나님의 온전한 계시에 얼마나 중요하며 지금 당장의 삶과 얼마나 관련이 있는지 말하고 싶어한다.

> "기독교 종말론은 마지막 날의 영역에 대한 진술이기 때문에, 하나님만이 있는 그대로 말씀하실 수 있는 것들에 대한 담론이라는[즉, 인간의 지혜와 재능은 아무런 도움이 되지 못한다는] 사실을 잘 알고 있다." 따라서 "종말론의 대상은 미래[자체]가 아니라 장차 오실 자이다.… 기독교 종말론은 마지막 일들 자체에는 관심이 없다… 하나님의 말씀을 형성하는 계시 자체가 종말론적이다.… 기독교 종말론은 무익한 지식이 아니다." 그것은 사람에게 구체적인 믿음과 순종을 요구한다는 특징을 가지고 있다. [1925] *Busch*, p. 166

2. "자연 신학"과의 싸움

우리는 이 기간에 바르트의 용어와 강조점에 있어서 약간의 변화가 나타나지만 사실상 이전 논리를 강화한다는 사실을 발견할 수 있다. 그는 하나님의 전적 타자성을 강조하기보다, 그것을 부인하는 인간 중심 신학의 오류에 비난의 초점을 맞춘다. "새로운 개신교"NeoProtestant라는 용어는 더 이상 거짓 신학을 규명하는 용어로 사용되지 않았다. 대신에 더 보편적이고 포괄적이며 정확한 표현으로 "자연 신학"이라는 용어가 뒤를 이었다. 이 용어는 예수 그리스도를 통해 주시고, 성경에 기록된 하나님의 특별 계시와 상관없이 사람이 스스로 하나님을 알 수 있을 만큼 그에게 다가갈 수 있는 "자연계의" 유사성 및 관련성이 있다고 주장하는 모든 사상을 포괄한다. 이제 사람은 하나님이 자신을 계시하시기까지 기다릴 필요가 없다. 그는 자신의 방식으로 하나님과의 만남을 시작할 수 있다.

바르트의 말로 돌아가면, 이제 그는 인간 세계에 하나님 나라에 대한 표지가 존재한다는 사실을 기꺼이 인정하지만, 그것을 자연 신학의 발판으로 삼을 생각은 꿈에도 없다. "[바르트는] '문화적 산물은… 하나의 유비가 될 수 있다.… 그것은 육신이 되신 영원한 로고스에 대한 인간적 관점의 사색이 될 수 있다.… [그러나] 교회의 소망은 인간을 위하시는 하나님께 있으며, 인간이나 신자, 심지어 사람이 하나님의 도우심으로 결국은 [바벨] 탑을 세우고 완성할 것이라는 믿음에 있지 않다'라고 말할 것이다" [1926] *Busch*, p. 171 같은 본문에서 바르트는 이 진술이 자신이 7년 전 탐바흐에서 했던 강연과 "다른 견해"라고 밝힌다. 그러나 나는 그의 말과 달리 실제로는 다르지 않다고 생각한다. 어떤 지배 신앙도 인정하지 않는 기본적인 기독교 아나키 사상은 온전히 보전되었다.

1) 슐라이에르마허에 대한 여전한 반론

"바르트는 슐라이에르마허의 신학을 '하나님과 사람의 관계, 신앙과 계시를 인간의 술어로 이해하려는… 오래전에 인문학이 되어버린 신학'을 만들려는 시도로 보았다"[1926] *Busch*, p. 169 "바르트는 슐라이에르마허에 대해 '인간이 주어가 되고 그리스도는 그의 술어가 되는 한 인간이 이 영역이 주인이 될 수밖에 없는' 신학을 대표하는 인물로 보았다"[1933] *Busch*, p. 221

2) 자연 신학의 지배 신앙은 무너져야 한다

회중의 삶 속에 전파된 메시지는 여전히 문제가 되고 있다. "기독교의 전파는 '인간의 행위와 사역'에 대한 것이 아니라 '전능하신 하나님의 행위'에 대한 선포이다"[1927] *Busch*, p. 176 "인간적 관점에서 보면, 믿음[나엘러의 강조이다]의 결정적 행위는 자신의 능력과 의지를 동원한 모든 노력이 좌절되고 이러한 좌절의 절대적 필연성을 인식하는 것이다. 반면에 인간이 다른 요소를 본다면, [즉] 자신이 의롭다는[나의 강조이다] 생각에 사로잡힐 경우… 그는 자신을 하나님의 관점에서 보게 된다. '그러나' 이 의는 심리학적 영역에 해당되지 않는다. 그것은 하나님의 손에 달려 있다"[1917] *Busch*, p. 172

3) "자연 신학"과 함께 "자연 윤리"도 사라져야 한다

"기독교 윤리"는 하나님과 그의 말씀을 전적으로 무시하고, 옳고 그른 것과 선하고 악한 것에 대한 인간적인 판단에 기초한 신학적 영역이 될 수 있다는 점에서, 이 부제는 특별한 주의를 요한다. 그러나 바르트는 "윤리 역시 하나님의 말씀에 대한 사색과 관련된다"고 말한다. "특히 인간에 대한 말씀, 즉 '무엇이 선이냐?' '사람이 하나님의 말씀을 들은 자처럼 행동하는 한, 합당하게 행하여야 하며, 순종이 선이다'라는 요구와 관련된다"[1927] *Busch*, p. 182

4) 자연 신학과의 은밀한 전쟁

1931년, 바르트는 - 중세 가톨릭 신학자 안셀름에 대해 연구한- 가장 특이한 책을 내고, 이 책을 통해 『교회 교의학』*Church Dogmatics*이라는 대작을 준비하기 시작한다. 가톨릭 학자들은 바르트의 책이 안셀름의 사상을 정확히 이해했다고 생각하지 않았다. 바르트는 안셀름이 옳은지 그런지에 대해 관심이 없으며, 자신이 원한 것은 사람들이 그의 주장을 이해하는 것이라고 대답했다.

"안셀름에 대한 나의 관심은 결코 지엽적인 문제가 아니다. 반대로, 이 성인에 대한 나의 역사적 해석이 옳든 그르든, 나는 그를 마음속 깊이 새기고 있다.… 대부분의 주석가들은 나의 교회 교의학에서 유일한 신학적 규범으로서 깊은 인상을 남긴 사상적 흐름을 이해하는데 이 안셀름의 책이 유일한 해법은 아닐지라도 중요한 열쇠가 된다는 사실을 전혀 깨닫지 못했다."*Busch*, p. 210

이 열쇠는 정확히 무엇인가? 이것은 "'기독교 교리에 대한 정당화 및 설명이라는… 철학적, 인문학적 마지막 유산'으로부터의 [사상적 자유]… 하나님의 존재에 대한 캔터베리의 안셀름의 증명에 대한 이 책은… 나의 어떤 책보다 애정을 가지고 쓴 책으로… 가장 덜 읽힌 책이다"*Busch*, p. 206 사실 안셀름의 책과 『교회 교의학』의 모든 내용은 자연 신학의 지배 신앙 및 모든 흔적을 지우는 작업에 최선을 다했다.

5) 브루너에 대한 『아니오』(Nein)로 바르트가 겪은 고초

공적인 관점에서 보면, 1934년에 나온 이 소책자는 자연 신학에 대한 바르트의 가장 강한 비판이다. 이 책은 개인적으로 바르트에게 가장 고통스럽고 값비싼 대가를 치르게 했다. 그는 확실히 당시의 "유명한" 신학자들 가운데 자신의 스위스 동포이자 성경에 헌신적인 동료이며 블룸하르트의 영향을 받은 에밀 브루너를 자신의 사상과 가장 가까운 자로 생각했다. 그러나 바르트는 브루너에 대한 "기탄없는 비판"으로 그에게 모욕감을 주었다. "왜 그렇게 했는가? [이유는] 브루너가 '우리의 신학적 일반화 작업은 자연 신학을 정당화하기 위해 되돌아가는 길을 찾는 것'이라고 주장했기 때문이다"Busch, p. 248 확실히 바르트에게 중요한 것은 지적인 신학적 논쟁이 아니라 예수 그리스도의 복음의 진리였다.

6) 가톨릭의 이단적 가설로서 존재 유비

바르트는 동시에 적어도 두 전선에서 자연 신학과 맞서 싸워야 했다. 그러나 가톨릭 전선은 개신교와의 싸움이 시작되고 오랜 후 – 1930년대 초에 들어와서야– 시작되었다. 존재 유비에 대한 가톨릭의 교리는 하나님의 신적 속성과 인간의 속성은 상호 끌어당기게 할 만한 유비적 속성을 가진다고 말한다. 따라서 자연스럽게 인간적 "존재"는 하나님을 만나며, 하나님의 신적 "존재"는 우리를 만난다. 이것은 확실히 "상응적 형상"correspondent image의 관계가 아니라 "하나님과 같은"like God 관계이다. "나는 존재 유비를 적그리스도가 꾸며낸 이야기라고 생각하며, 사람들이 가톨릭 신자가 될 수 없는 것은 그런 이유 때문이라고 믿는다" [1931-32] Busch, p. 215

바르트는 존재 유비라는 용어를 사용하지 않은 채 이 개념을 어거스틴과 연결한다.

> 어거스틴은 "하나님과 인간 사이에는 연속성이 있다는 가톨릭 관점의 고전적 대표자이다. 이 사상은 인간의 편에서 나온 것으로, 인간을 자신의 창조자이자 조정자로 만들기 위해 끊임없이 위협한다." [그러나

바르트의 관점에서 보면] 하나님과 인간의 연결[이것 역시 인간의 편에서 존재한다]은 오직 성령 안에서[즉, 오직 하나님의 선물]로 일어나는 사건이기 때문에 이 "사건"과 관계없는 – 가령, 이전부터 있는 내재적 속성이나 사후에 "주입된" 산물로서의– 연결은 있을 수 없다.[1929] *Busch*, p. 188

바르트는 하나님과 인간 사이에는 유비, 즉 접점을 통해 하나님을 알 수 있는 상응점이 있을 것이라고 생각했다. 그러나… 이 "상응점"은 태생적으로나 환경적으로, 또는 존재론적으로 주어지지 않는다. 하나님과 그의 말씀을 알 수 있는 유일한 가능성은 말씀 자체에서 발견되기 때문에 이 상응점은 오직 믿음을 통해[신앙 유비] 주어진다.[1931-32], *Busch*, p. 116

"신앙 유비"는 우리 안에서 그것에 상응하는 믿음을 창조하는 것은 우리에 대한 하나님의 신실하심 뿐이라는 사실을 보여준다.

3. 독일의 사회민주당(SPD)에 입당함

이제 우리의 초점은 바르트의 기독교 아나키의 신학적 영역에서 정치적 영역으로, 이론에서 실제로 옮긴다. 우리는 바르트가 첫 번째 시기[1914-21년]에 가장 아나키적인 방식으로 종교사회주의에 가담한 사실을 지엽적인 문제로 다루면서, 그것을 지지했던 만큼이나 즉시 전적인 비난을 제기했다는 사실을 상기할 필요가 있다. 또한 우리는 당시에 바르트가 했던 경고를 기억한다. 즉, 정치에 "마음"을 빼앗겨서는 안 되며, 우리의 정치 활동은 하나의 "게임"으로 다루어야 하며, 무엇보다도 우리는 자신의 정치적 인간 아르키 사상을 정당화하거나 뒷받침하기 위해 "하나님"[신앙, 신학, 기독교]을 이용해서는 안 된다. 바르트는 이곳에서 진술할 자신의 정치적 개입을 통해서도 이러한 기독교 아나키의 원리들과 전적으로 일치하는 일관된 모습을 보여준다.

바르트가 완숙한 독일 시민으로서 독일 사회민주당SPD을 탈퇴한 것은 1932년이다. 그 무렵, 바르트는 교회의 정치 개입에 대한 중요한 진술을 한다. "교회가 이교도 체제의 잘못된 질서를 바로잡고 정의의 실현을 요구할 의무를 지는 한 교회의 선포는 본질상 정치적일 수밖에 없다. 이 선포는 하나님의 구체적인 계명을 제시할 때는 효과적이지만, 정치적 이데올로기의 추상적 진리를 제시할 때는 그렇지 않다" [1932] *Busch*, p. 216 교회는 국가에 성경 말씀을 전할 수 있으며 마땅히 전해야 한다. 그러나 교회가 자신을 특정한 정치적 철학을 지닌 아르키로 규명하고 단체를 형성한다면 잘못된 것이다.

바르트가 SPD를 탈퇴한 진정한 의미는 당시 독일의 일반적 정치 상황을 알면 분명해진다. 다음은 바르트가 1926년에 겪었던 상황에 대한 회고적 묘사이다.

> 또한 나는 당시 소위 "독일 국민"에 대해 보고 들었다. 그들은 지금까지 만났던 하나님의 피조물 가운데 가장 바람직하지 않은 기억으로 남아 있다.… 그들은 적대적 연설과 함께, 향후 20년간 독일에게 쏟아질 진노의 잔을 끝까지 채우는데 가장 많은 기여를 한 것으로 보인다. [1947 *Busch*, p. 189

물론 "독일 민족주의"는 조만간 공포의 나치즘으로 이어지게 된다. 그러나 바르트가 이곳에서 참을 수 없었던 것은 그런 공포 때문이 아니었다. 그때까지 그런 조짐은 나타나지 않았다. 아니, 바르트를 화나게 한 것은 독일 정신문화, 민족주의, 혈통을 세상을 구원하기 위한 하나님의 거룩한 메시아적 아르키로 규명한 뻔뻔한 위선이었다. 그러나 바르트가 몸담았을 당시 SPD는 "야당"으로, 신생 나치 국가 사회주의에 대한 대안으로 활동한 소수당이었다. 따라서 바르트의 선택은 나치즘을 정당화하는 것을 거부한 의도적인 행위였던 것이다. 그러나 진정한 기독교 아나키스트로서 바르트는 나치와 싸우거나 전복하기 위해 애쓰는 수준까지 내려가지는 않는다. 오히려 그는 하나님의 것을 하나님께 드리는 일에 집중하게 된다.

바르트는 틸리히에게 보내는 편지에서 다음과 같이 설명했다.

> 내가 SPD에 입당한 것은 사회주의의 이념과 세계관을 공유하였기 때문이 아니다. 나는 기독교 신앙고백의 배타성에 대한 이해에 따라 어떤 사상이나 세계관에 대해서도 진지한 의미에서의 "고백"을 할 수 없다. 따라서 "마르크스주의"와도 본질적으로 무관하다.… 나는 하나의 사상이자 세계관으로서 사회주의를 두려워하거나 사랑하거나 신뢰하지 않는다. 나에게 SPD 입당은 단순히 실천적인 정치적 결정일 뿐이다.… 나는 건강한 정치에 대한 요구가 SPD를 통해 그리고 오직 SPD에서만 이루어진다는 사실을 알았다. 따라서 나는 이 당을 택했다. *Hunsinger, p. 116*

바르트의 정치는 정치를 "하지 말라"는 명령에 따른 것으로, 결코 지배 신앙통상적인 정치 활동, "파이팅"을 외치는 메시아적 열심주의을 찾아볼 수 없다. 바르트는 아나키스트로서 합류했을 뿐이다. 그는 신성한 아르키에 대한 망상에 사로잡히지 않았으며, 하나님이 자신을 인도하셨다고 주장하거나 모든 선한 그리스도인은 자신과 함께해야 한다고 암시하거나 당이 "이 땅에 하나님의 승리"를 가져올 것이라는 꿈을 꾸지 않았다.

1933년 3월, 나치는 공무원 대학 교수를 포함하여 이 SPD 당원으로 드러나면

불이익을 줄 수 있을 만큼 막강한 권력을 가졌다. 이런 상황에서 당은 SPD 교수들에게 그들의 직책을 걸기보다 당을 탈퇴하고 개인적으로 은밀한 활동을 계속할 것을 권했다. 틸리히는 이 제안을 좋게 여겨 받아들였으나 바르트는 인정하지 않았다. 바르트는 지금이야말로 공적인 헌신을 철회해서는 안 될 때라고 생각했다. "이런 나를 원하지 않는 자에게는 결코 나를 내어줄 수 없다" *Busch*, p. 225

바르트는 저항에 대한 어떤 암시도 없이, 주무관청인 프러시아 문화부 장관에게 자신의 결정을 직접 전달하고 SPD 당원으로서 계속해서 여름 학기 강의를 맡을 수 있는지 물었다. 장관은 "조직을 만들어서는 안 된다"는 조건으로 허락했다. 그러나 바야흐로 여름이 시작되기 전, 6월에 전국적으로 SPD의 정치 활동이 금지되고 해체되었다. 그 시점에 대학의 행정 책임자는 바르트에게 SPD와의 관계에 대한 생각을 물었다. "나는 '장관과 이 문제에 대한 협의가 끝났'고 대답했다. 나는 제3제국나치 정권에서는 결코 SPD 당원이 되지 않을 것이다" *Busch*, p. 225

바르트는 떠밀려 그만둔 것이 아니라는 사실을 알아야 한다. 그는 독일 민족주의를 정당화하는 행위로 해석될 수 있는 활동을 단호히 거부했을 뿐이다. 그러나 정중하고 예의 바른 그는 기존의 아르키에 대한 저항, 분노, 비난 및 반역에도 신중했다. 이러한 바르트의 태도야말로 전형적인 "아나키적" 행동이었다.

4. 교수직을 박탈한 나치

1933년 1월 30일 히틀러가 권좌에 올랐다. 바르트는 독감으로 앓아누웠으나 "내가 어떤 상황에 놓여 있으며 무엇을 할 수 없는지" 즉시 알았다. "이것은 전적으로 내가 사랑하는 독일 국민이 거짓 신을 섬기기 시작한 사실을 알았기 때문이다"*Busch*, p. 223 바르트는 독일 국민 – 심지어 동료 교수들 및 옛 제자들까지 포함하여– 이 별다른 저항 없이 신속히 굴복한 것은 교회가 이번에도 같은 사례로 생각할 만큼 오랫동안 문화적, 정치적 아르키의 메시아적 외침을 무조건 믿었기 때문이라고 생각했다. "사실상 개신교 교회는 지난 수 세기 동안 겉으로 드러나지 않고 덜 공격적인 온갖 종류의 외적 압력으로 인해, 교회와 교회의 메시지와 교회의 삶이 국가 사회주의 체제에 '동화'될 수 있다는 노골적인 가정을 신속하고 확실하게 반박할 수[나의 강조이다] 없을 만큼 철저히 '동화'되었다.*Busch*, p. 223 따라서 바르트의 국가에 대한 '저항'은 '공격'이 아니라 '동화'나 '정당화'에 대한 거부였다."

그렇다면 바르트또는 그리스도인는 이러한 거대 악에 맞서 무엇을 해야 하는가? "그의 '최우선 과제'는… '내가 맡은 학생들에게 소란한 가운데서도 가능한 정상적으로 학업에 매진하며 새로운 체제와 지배적 이데올로기에 맞서 성경적 복음을 주장할 것을 촉구하는 것'이었다"*Busch*, p. 224 역사의 진로에 있어서 히틀러 정권을 무너뜨리려는 노력보다 더 중요한 것은 이데올로기적 탈취로부터 성경적 복음을 보존하는 신학적 작업이다.

바르트와 이 정권의 첫 번째 정면 대결은 대학의 모든 수업에 앞서 히틀러에 대한 경의를 표하라는 지시에 의해 촉발된다. 바르트는 당연히 거부했다. 바르트가 학교 당국에 설명한 대로, 그는 이 지시를 "명령"이 아니라 "권고"로 받아들였다. 나아가 바르트는 항상 해오던 대로 자신의 수업을 찬양과 기도로 시작했다. 히틀러에 대한 경의는 합당하지 않았다. 결국 당국은 그의 행위를 문제 삼지 않기로 했다. 바르트의 현명한 대처가 이긴 것이다.*Busch*, p. 242

이어진 대결에서는 바르트에게 좋은 상황이 아니었다. 대학은 "총통"에 대한 충성 서약을 지시했다. 우리의 교수는 지시를 거부할 만큼 저항적이었는가? 물론 그렇지 않다. "나는 공식적인 서약을 거부하지 않았지만, 복음적 그리스도인으로서 할 수 있는 범위 내에서만 총통에게 충성할 수 있다는 취지의 단서를 달았다"*Busch,* p. 255 그러나, 확실히 총통은 이러한 충성이 충분하다고 생각하지 않았다. 바르트의 강의는 중단되었으며, 1935년에 대학 강단에서 영구적인 "퇴출"을 당했으며, 스위스로 돌아가는 "도피"라는 표현을 사용하지 않는다 그곳에서 그의 생애를 마쳤다.

바르트가 히틀러에 대한 경의나 충성 서약을 통해 이어지는 8장의 의미에서 "시민 불복종"을 실천했다고 말할 수는 없다. 그는 자신의 불복종을 계산된 정치적 힘의 정책으로 전개하지 않았다. 바르트는 자신의 이데올로기적 세력을 규합하여 악한 정권의 이데올로기에 맞서려 하지 않았다. 그는 공적인 시위나 저항, 또는 증언의 형태로 언론에 아부하지 않았다. 그는 대적을 향해 분노하거나 비난을 퍼붓지 않았다. 그는 국가를 "대적"으로 대하지 않았다. 그는 하나님의 것을 하나님께 드리려는 생각뿐이었다. 바르트는 이 일을 수행하면서 한편으로는 체제에 대한 정당화와 다른 한편으로는 혁명에 대한 정당화 사이에서 조심스럽게 순수한 아나키적 노선을 따랐다.

5. 바르멘 선언 및 고백 교회

우리는 다시 한번 이러한 발전적 노선과 함께 나아가기에 앞서 1933년으로 되돌아갈 필요가 있다. 칼 바르트는 고백 교회로 분류되는 초교파 교회의 "투쟁"에서 중요한 역할을 했으며, 바르멘 선언의 초안을 잡은 핵심적인 인물이었다.

바르트는 먼저 교회가 정치가 아니라 신학을 고수해야 한다는 방침을 정했다. "나는 독일 기독교에서 아무 것도 발견할 수 없었지만, 새로운 개신교에서는 가장 궁극적이고 완전한 최악의 괴물을 보았다"*Busch,* p. 230 이것은 신학적인 문제였다. 따라서 이 문제에 대한 대답도 신학적이어야 했다. "바르트는 지금 시점에 중요한 것은 '신학, 그리고 오직 신학'뿐이라고 했다.… '마치 아무 일도 일어나지 않았다는 듯이… 이것은 받아들여야 할 자세이며… 간접적인 정치적 태도이다" *Busch*, p. 226 이것은 "정치를 하지 말라"라는 명령에 따른 정치이다. 그러나 나치는 이러한 태도를 가장 다루기 힘들어했다. 그들은 "직접적인 정치"에 대해서는 모든 활동에 대처하고 반격하는 방법을 알고 있었으나, "바르트식의 정치를 하지 않는 정치"에 대해서는 속수무책이었다. 그들을 어떻게 막을 것인가? 이러한 기독교 아나키 사역은 골칫거리였다.

　"[바르트는] 무엇보다도 교회의 직접적인 정치 전략나의 강조이다에 대해 경고한다. '우리는 무엇보다도 먼저 믿는 자가 되어야 한다. 우리에게 필요한 것은 오직 그것뿐이다'" *Busch*, p. 231 한 방문자가 미국 교회가 어떻게 도와주면 좋겠느냐고 묻자 "바르트는 앵글로색슨 교회들은 [나치가 아니라] "자연 신학"나의 강조이다과 맞서 싸우는 고백 교회와의 신학적 동맹이라는 오직 한 가지 방식으로만 고백 교회를 도와야 한다고 강조했다." *Busch*, p. 231

　이어서 1934년의 바르멘 선언에 대해 살펴보자.

　　이 선언에 나타난 한 가지 중요한 구절은 지금 우리에게 "중요한 문제"는 "어떻게 독일 기독교의 허튼소리를 제거할 것이냐가 아니라나의 강조이다 그것이 하나님의 뜻이라고 해도, 어떻게 하면 수 세기 동안 복음적 교회를 망친 오류에 맞서 전선을 형성하는 것이 가능하겠느냐는 것"이라고 진술한다.… 즉 "하나님의 계시를 따라… 교회의 메시지와 형식에 대해 자신의 권위를 정당화하는" 관점이 필요하다는 것이다. *Busch*, p. 236

그렇다면, 고백 교회는 "저항 운동"이었는가? 그렇다. 칼 바르트가 주도하는 한, "저항"이 "신성한 아르키의 힘의 방식"이 아니라 기독교 아나키의 저항인 한, 고백 교회는 사실상 최고의 저항 운동이다.

IV. 광인 히틀러로부터 왕적 인간, 예수님으로(1939-55)

히틀러에 맞선 투쟁은 바르트의 사상에 있어서 결정적인 전환점이 되었다. 이제 우리는 이 사실로부터 시작하여 기독교 아나키에 대한 그의 두 번째 고전적 작품인 1955년의 왕적 인간Royal Man에 대한 본문을 살펴볼 것이다.

1. 바르트가 아나키로부터 (일시적으로) 물러남: 제2차 세계대전

나는 히틀러와의 투쟁에서 바르트가 수행한 역할이 기독교 아나키에 대한 바르트 자신의 이해에서 상당히 벗어났다고 생각한다. 그의 출발은 훌륭했다. "나는 내가 감당해야 할 가장 시급하고 중요한 임무는 광기로 가득한 유럽에서 적어도 한 곳, 나의 고국 스위스에서만은 '아무 일도 없었던 것처럼' 신학을 철저히 수행하는 것이라고 생각한다"*Busch*, p. 299 그러나 바르트는 강좌를 계속할 수 없었다. 오히려 그는 즉시 정신을 차렸다고 말할 수 있을 것이다. 이것은 바르트 "이전" 및 "이후"와 비교할 때 그의 이야기를 훨씬 교훈적으로 만드는 계기가 되었다. 여기서 기독교 아나키가 아닌 것에 대해 살펴봄으로써, 아나키에 대한 우리의 이해는 더욱 풍성해질 것이다.

바르트가 아나키로부터 벗어났다는 평가는 폭력에 호소한 행위 때문이 아니라 기독교에 대한 논리 및 정당화를 시도한 사실에 기인한다는 것이 나의 생각이다. 이것은 지금까지 어떤 정치적 인간 아르키도 허용하지 않고 반대해왔던 사람이 갑자기 기독교의 신학적 입장을 주장하는 상황에 해당한다. 자끄 엘륄은 그의 책, 『폭력에 맞서』를 통해 바르트의 활동에 대한 가장 정확한 평가의 틀을 제시한다.

엘륄은 모든 인간의 활동은 철저한 인간적 가능성과 개연성에 따라 특정 인과적 결과를 산출한다는 제한적인 영역의 정치적 활동의 지평 안에서, 폭력이 불가피한 상황이 발생한 것으로 보아야 한다고 말한다. 그러나 "평화주의자"는 이러한 지평 안에서는 인간이 실천할 수 있는 효과적인 비폭력적 해법을 결코 도출할 수 없다고 주장한다. 이런 사람들은 어떤 정치적 현실감도 보여주지 못하는 몽상가들일 뿐이다. 물론, 모든 경우에 있어서 인간의 폭력은 필요하다고 말하는 사람은 없다. 그렇게 되면 정치적 중재도 엄청난 폭력을 진압해야 할 것이다. 그럼에도 불구하고, 폭력이 필요할 때도 있다는 엘륄의 말은 정당한 것처럼 보인다. 우리에게 대안이 없다면 어쩔 수 없다. 따라서 폭력은 정치적으로 정당화된다. 이 문제의 도덕적 판단을 위해서는 "필요한 전쟁과 불필요한 전쟁" 정당한 전쟁과 부당한 전쟁에 대한 정치적 구분이 절대적으로 필요하다.

그러나 정치적으로 정당하다는 것이 기독교적으로 정당하다는 것은 아니다. 물론 그리스도인은 정치적 지평이 실재의 궁극적 한계가 아니라는 사실을 알고 있다. 만일 이것을 한계로 받아들여야 한다면, 이 한계는 하나님과 하나님의 모든 가능성죽은 자 가운데서의 부활, 하나님 나라 및 그 나라의 모든 가능성을 포함해야 할 것이다. 이러한 포괄적 영역으로부터 누군가 폭력이 필요하다고 말하는 것은 신성모독이나 다름없다. 그것은 하나님도 우리처럼 폭력을 피할 방법이 없다는 한계를 주장하는 것이다. 이런 이유로 엘륄은 하나님이 우리를 모든 인간적 한계로부터 벗어나게 하려고 예수 그리스도를 보내셨다고 말한다. 일단 하나님의 가능성을 받아들이게 되면, 인간의 정치라는 지평 안에서 요구되던 모든 것은 전적으로 불필요하게 된다. 따라서 기독교의 폭력은 결코 정당화될 수 없다. 물론 그리스도인은 다양한 전쟁과 갈등에는 상대적인 정치적 정의와 불의가 존재한다는 사실을 인정한다.

따라서 엘륄은 그리스도인이 폭력을 지지하거나 동참하는 행동을 하는 순간, 그들의 신앙은 실패한 것이며, 하나님과 그의 가능성을 진정으로 믿지 않은 것이며, 그리스도 안에서의 자유를 잊은 것이며, 필요한 영역으로 물러나는 것이 아니라 정치적 한계를 실재의 실제적인 한계로 착각한 것이라는 결론을 내린다. 물론 다른 것과 마찬가지로 이러한 실패에도 용서는 있다. 그러나 그리스도인이 폭력의 필요성을 받아들인다는 것은 예수 그리스도의 자유하게 하시는 사역을 부인하는 것이며, 따라서 죄를 범하는 것이다.

나는 칼 바르트가 이 모든 것에 대해 알고 있으며 나보다 더 잘 설명할 수 있다고 생각한다. 그러나 아마도 그는 히틀러의 끔찍한 압제 때문에그것을 잊어버렸을 것이다.

1938년, 바르트는 한 서신을 통해 "히틀러의 위협을 받고 있는 체코슬로바키아"에게 "지금 체코의 모든 군인들은 유럽의 자유뿐만 아니라 기독교 교회를 위해 일어서야 할 것"이라고 말했다.*Busch, p. 289* 그는 나중에 "나는 로마드카Hromádka에게 신앙을 위해 쓴 편지에서 무장 위협과 공격에 맞서 무력 저항을 촉구했다. 그것은 세계대전을 원한 것은 아니지만, 확실히 저항에 대한 요구였다"고 설명한 바 있다.*Busch, p. 289*

바르트는 설명할 수 있는 근거가 충분함에도 불구하고, 왜 이러한 정치적 상황을 정치적으로 설명하는 것으로 만족하지 못하고 체코의 저항에 대한 정치적 필요성을 역설하였는가? 그는 왜 자신의 신학적 원리에 반하는 "기독교 교회"와 "신앙"을 주장하면서, 체코 군대에 하나님을 섬기는 거룩한 아르키로 기름 부었는가? 기독교 아나키스트라면 그 정도로 어리석지는 않아야 할 것이다.

"정치적 질서와 자유가 위협을 받으면, 이 위협은 교회에 간접적인 영향을 미친다. 만일 정당한 나라가 질서와 자유를 수호하려 한다면, 교회도 간접적인 관련이 있다." 그렇다고 해도, "교회로서는 영적으로 싸우며 인내해야 한다. 그러나 교회가 계속해서 무관심을 보인다면 자신의 선포를 진지하게 받아들이지 않을 것이다"[1938] *Busch*, pp. 289-90

바르트는 여전히 기독교 아나키보다 "교회"와 "국가"의 밀접한 관계에 초점을 맞추지만, 그럼에도 불구하고 우리는 교회의 방식은 국가의 방식이 적어도 다를 수 있다는 암시는 다행으로 생각해야 할 것이다.

"히틀러에 대해서는 이데올로기적이든, 군사적이든 무조건적 저항이 필요하며… [교회는] 민주 국가의 시민이 하나님과 싸우고 있다는 반론을 제기하지 않아야 한다. 교회는 그들에게 하나님을 위해나의 강조이다 인간으로서 권력의 절망적인 비인간적 맹공에 맞서 자신을 보호해야 한다고 말해야 할 것이다"[1939] *Busch*, p. 303 바르트는 여기서 현재의 정치적 가능성 너머에 있는 하나님의 가능성에 대해 인식하지 못할 뿐만 아니라, 사실상 하나님을 위해 정치적 필요성을 받아들일 것을 요구한다. 사실 바르트는 앞서올바른 생각을 하고 있을 때 "우리가 어떤 대안적 가능성도 발견하지 못하면 싸울 수밖에 없을 것이다. 그러나 적어도 하나님을 위해 그렇게 했다고 말하는 결례를 범해서는 안 될 것"이라고 말했다.

"그는 그리스도인은 '지상 전쟁보다 훨씬 어렵고 중요한' 마지막 전쟁으로 가는 길에 있지만, 이것은 그들에게 인간적 수단과의 '일시적' 전쟁을 담대하고 의롭게 싸우도록 촉구한다고 말했다"[1940] *Busch*, p. 305 우리의 인간적 전쟁은 그 나라를 위한 하나님의 종말론적 전쟁의 긍정적 표지인가? 나는 개인적으로 바르트가 『로마서 II』에서 다른 식으로그리고 바르게 진술한 내용을 선호한다. "우리의 인간적 전쟁과 모든 아르키는 그 나라의 부재 및 그 나라가 아직 이르지 않았음을 보여주는 부정적 표지이다."

> 그는 스위스를 기독교 국가라고 생각하지 않지만 오히려 "세속적인 스위스"였다, 그럼에도 불구하고 그는 스위스를 기독교적 기초 위에 세워진 나라로 이해했다. "자유로운 개인들이 법적으로 연합한 자유로운 국민 공동체"로서 스위스 연방은 사실상 "알프스의 석양처럼, 우리와 모든 서방에 선포된 예수 그리스도의 복음을 반영한다. 이러한 스위스를 지키기 위해 스위스 국민은 '굴복이냐 저항이냐'라는 타협할 수 없는 선택의 갈림길에 서 있다"[1941] *Busch*, p. 310

이제 바르트는 우리에게 "예수 그리스도의 복음을 반영하는 스위스"가 신성한 아르키이며 그 나라의 긍정적인 표지임을 믿게 한다. 그러나 스위스 국가주의가 독일 국가주의보다 훨씬 낫다는 보장이 있는가? 바르트는 왜 "민주적 자유"를 단순한 정치적 가치 -정치적 필요에 따라 군사력으로 보호해야 할 가치- 로 제시하지 못하는가? 그는 지금 기독교 아나키의 준거가 되는 정치와 신학을 일시적으로 구별하지 못하고 있다.

그러나 1942년, 바르트는 바른 궤도로 되돌아온다. 그는 미국 교회에 보내는 메세지를 통해 다음과 같이 경고한다.

> "십자군 사상"은 잘못된 것이다. 교회는 "무시무시한 전쟁의 소리"에 발맞추어 "종교적 화음"을 제공해서는 안 된다. 또한 전쟁은 "신적 보복의 도구"가 아니라 "공동의 죄에 의해 손상되고 파괴된 공적 질서를 회복하기 위한 최후의 수단"으로 이해해야 한다. 독일과 맞서 싸우는

전쟁이 "사실상 그들을 위한[나의 강조이다] 전쟁"이 되지 않는 한 "선한 양심"을 가질 수 없다. *Busch*, pp. 317-18

바르트 교수의 귀환을 환영한다! 전쟁은 인간 아르키의 정치적 지평의 억압에 의해 초래된 비극적 필요로 이해해야 한다. 그것은 정치적으로는 충분히 정당화될 수 있지만, 신학적인 정당화는 시도할 생각조차 하지 않아야 할 것이다.

이곳의 바르트 및 이어지는 장의 본회퍼와 관련하여, 나는 그들이 원래의 사상을 버리고 새로운 방향으로 진로를 바꾸는 신학적 전환을 시도했을 것이라는 추측에 대해 조그만 가능성의 여지도 없다고 믿는다. 오히려 바르트와 본회퍼는 끔찍한 압제하에서 스스로의 힘으로는 자신의 이상을 실현하기 어렵다는 사실을 깨달은 두 명의 인간일 뿐이라는 것이 나의 생각이다. 따라서 나는 자신에게서 똑같은 신앙적 실패를 발견하지 못한 독자가 있다면 누구든 앞장서서 돌을 던져보라고 촉구하는 바이다.

2. WCC: 암스테르담 1948/에반스톤 1954

바르트는 WCC 암스테르담 총회에서 연설을 해달라는 초청을 받았으나 수락하기를 꺼렸다. "나는 이전에 '에큐메니칼 운동'에 거의 가담하지 않았으며, 그들에 대해 온갖 비판을 쏟아냈다. 사실 나는 모든 운동에 대해 의구심을 가지고 있었다." *Busch*, p. 357 이것이 아나키스트로 되돌아온 바르트의 진술이다. 따라서 암스테르담으로 간 바르트는 기독교 아나키 운동에 대한 강의를 할 기회를 잡았다.

기독교는 지상의 필요에 대한 인간적 묘사와 평가는 물론, 결국 이러한 필요와 맞서 싸워 극복하기 위한 인간적 계획과 수단에 있어서도 실패할 위험이 크다.… 그는 무엇보다도 "그리스도인과 교인으로서 우리는 나의 강조이다 하나님만이 이루실 수 있고 하나님 홀로 온전히 이루시기를 원하는[나의 강조이다] 것을 우리가 이루어야 한다"는 사고방식을 비판한다. "우리는 이 악한 세상을 좋은 세상으로 바꾸는 자가 되려고 해서는 안 된다.… 우리에게 필요한 것은 이와 같이 정치적, 사회적으로 무질서한 세상 속에서 그의 증인이 되는 것이다." [1948] *Busch*, p. 358

바르트는 에반스톤에서 개최된 1952년 WCC 총회 준비에 함께했으나 조직에는 관여하지 않았다. 그는 총회의 주제가 "교회와 세계의 희망"이 아니라, 여러분이 추측하는 대로 "십자가에 못 박히신 구주, 세상의 유일한[물론 그의 강조이다] 소망이신 예수 그리스도"가 되어야 한다고 생각했다. 또한 "총회 주제를 살펴 본 [라인홀드] 니버가 종말론을 '한편에' 제쳐두자 바르트는 화를 냈으며, 희망[물론 자신의 '기독교적 소망'이 아니라]을 버린 그는 집으로 돌아가려 했다.… [그는] '우리는 기독교적 소망을 누리는 대신 그것에 대해 심각하게 고민해야 한다'며 안타까워했다." [1951] *Busch*, p. 396

3. 옛 주제로의 회귀

1) 교회, 국가, 정치

"[교회는] 국가가 하는 일에 책임감을 가지고 적극적으로 동참해야 한다. [그러나] 바르트의 관점에서 교회가 국가를 위해 해야 할 중요한 일은 말씀 선포이다. '교회가 인간적 정의를 확립하고 유지하기 위한 최선의 방법은 신적 정의를 선포하는 것이다.'" [1938] *Busch*, p. 288 그러나 오늘날 어떤 사회적 관심을 가진 교회가 이처럼 기본적인 정치적 사역을 염두에 둘 뿐만 아니라 신적 정의까지 선포하고 있는가? 그들은 정치를 "하지 말라"는 명령에 따른 정치를 선포하고 있는 것이 아닌가!

1946년, 바르트는 콘래드 아데나워Konrad Adenaur에게 "기민당을 창설하지 말라고 경고했다. 그는 교회가 정치적 책임을 다해야 하지만, 기독교 정당 형태를 취해서는 안 된다고 생각했다."*Busch*, p. 333 그것은 하나님이 특정한 인간 아르키를 택하셨다는 사실을 함축하는 것이 분명하기 때문이다. "그는 교회가 정치적 결정을 지시하거나 열어놓아서는 마치 '분별의 문제'인 것처럼 안 된다고 생각했다. 교회의 사명은 쟁점에 대해 명확하게 규명하는 것이다."[1952] *Busch*, p. 386 "쟁점에 대한 분명한 규명"은 목회자또는 누군가가 이미 결정한 한 가지 노선이 그리스도의 노선이라고 밀어붙이는 것이 아니라, 다양한 해석과 관점을 있는 대로 제시한다는 의미라는 것이 나의 생각이다. 이것은 훌륭한 ^{아나키}적 조언이다.

2) 성경적이고 목회적인 것이 아니면, 기독교 신학이 아니다

신학자 및 신학 교수들과 관련하여 "바르트는 교수가 되려는 자들이 그토록 강조하는 케리그마를 자신의 본분으로 삼지 않는다면, 또한 설교와 교육 및 참된 공동체를 섬기는 목회 사역에서 정경 신구약 성경을 겸손과 인내, 기쁨과 사랑으로 제시하지 않고 단지 성경에 관해 생각하고 성경에 관해 말하기만 한다면, '그때마다' 사람들이 알아차릴 것이라고 생각한다"[1950] *Busch*, p. 353 "또한 그는 '바른 해석의 문제는 주석학적 방식에 대한 논쟁에 의해서가 아니라, 오직 주석 자체에 의해서만 결정된다'고 믿었다"[1952] *Busch*, p. 390

3) 자연 신학을 반대하는 논거는 정제되었을 뿐, 변하지 않았다

우리는 여기서 존재 유비에 대한 바르트의 가장 탁월한 진술을 들을 수 있다. 그는 몇 해 전, 존재 유비를 거부하고 대신에, 우리의 신앙은 우리에 대한 하나님의 선행적 '신실하심'에 대한 반영이자 그것에 상응하는 이미지라는 신앙 유비를 주장한 바 있다. 이제 우리는 마지막으로 인간적 경험의 단계에 있어서 아래로 반영되는 관계 유비에 대해 듣는다. "인간에게 있는 하나님의 형상에 대한 바르트의 설명은⋯ [첫 번째 단계] 성부 하나님과 성자의 삼위일체적 '자기 만남'에서 찾을 수 있으며, [두 번째 단계] 이 관계는 '하나님과 사람의 관계에 반영되며,' [세 번째 단계] '나와 너'의 인간적 만남을 통해 [네 번째 단계] '남자와 여자'(나는 '남편과 아내'라는 의미로 받아들인다)의 관계에 순차적으로 반영된다"[[1942] *Busch*, p. 317] 그의 다른 사상과 조화를 이루는 이 "유비"는 전적으로 일방적이다. 즉, 각 단계의 실재는 아래 단계의 반영을 "창출하며," 모든 단계는 우리가 하나님을 규명하는 것이 아니라 하나님이 우리를 규명하심을 보여준다.

> "기독교 휴머니즘"은 손상된 칼이다.⋯ 복음의 핵심적인 관심사는 사람에게 초점을 맞춘다. 그러나 복음이 사람에 대해, 사람을 위해 또는 사람에 맞서, 사람을 향해 말한 것은 오늘날 다양한 휴머니즘이 포기한 그 지점에서 시작한다.⋯ 우리는 복음의 관점에 비추어 이 모든 휴머니즘을 이해할 수 있으며, 어느 정도 가치를 확인하고 인정할 수 있다.⋯ 그러나 결국 우리는 복음에 비추어 이러한 휴머니즘들에 맞서야 한다. 내가 말하는 것은 "하나님의 휴머니즘"이다. 이것은 사람이 고안하거나 초래한 인도주의가 아니라, 모든 인간의 권리와 지위의 원천이자 규범이 되는 하나님이 인간에게서 느끼시는 기쁨을 가리킨다. 나는 분명한 의

하나님은 구체적으로 무엇을 "기뻐하셨는가?" 그는 자신이 인간에게 은혜로 베푸신 그것을 기뻐하셨다.

바르트는 "자연 신학의 자유"에 맞서 오늘날 자유주의자들이 귀담아들을 필요가 있는 말로 대응한다. "바르트는 이 자유가 자연적으로 주어지는 권리도 아니고 선천적으로 수여되는 소유물도 아니라고 주장한다. 자유는 하나님이 자신의 뜻에 따라 베푸시는 은혜로운 선물이다. 그것은 공적인 통치권, 선택의 자유가 아니라 만남을 통해 이루어지는 자유이다." [1953] *Busch*, p. 400

4) 자연 신학의 윤리에 대해서도 같은 주의가 요구된다

"바르트의 관점에서 율법은 복음을 따르며, 따라서 윤리는 '복음의 형식으로서의 율법'을 선포하는 일을 한다.… 따라서 윤리가 제시하는 것은 '이상'이 아니라 이미 완성된 명령이다. 윤리는 '은혜의 윤리이며, 그렇지 않으면 신학적 윤리가 아니다.' 따라서 '무엇을 할 것인가?'라는 옛 질문에 대한 대답은 '우리는 이 은혜에 상응하는 무엇이든 해야 한다'이다." [1939] *Busch*, p. 302

그는 "창조 규례"가 하나님의 말씀과 무관하며 "자연적으로" 알 수 있는 법이라고 생각하여 이에 대한 교리를 단호히 거부하는 것으로 시작한다.… 따라서 기독교 윤리의 핵심 개념은 "자유"이다. 우리는 이것을 순종과 대조되는 개념으로 이해 해서는 안 되며, "하나님의 자녀의 자유"라는 개념으로 받아들여야 한다. 그것은 "순종의 자유이며, 따라서

진정한 자유"이다.[1951 *Busch*, pp. 376-77]

오늘날 "자연적 윤리"와 "기독교 윤리"가 어떤 차이가 있는가? 바르트가 말하는 "신학적 윤리"에 대한 일말의 관심도 보이지 않는 기독교 윤리는 또 얼마나 많은가?

4. 동유럽 및 공산주의와의 냉전

제2차 세계대전 기간 중 기독교 아나키에 "타격을 가한" 칼 바르트는 냉전 기간 중 기독교 아나키에 대한 최고의 진술을 제공함으로써 다시 명예를 회복했다. 바르트의 관심은 개인적 관계 및 관심 때문에 주로 헝가리에 집중되는 경향이 있다.

그는 헝가리에서 행한 연설에서 다음과 같은 진술을 했다.

> "기독교 공동체"가 옛 질서를 지킴으로써 새로운 질서에 반대하거나 자신을 새로운 질서와 똑같은 당파적 색깔로 규명하는 것은 둘 다 피해야 할 유혹이다. 또는 교회가 비정치적 "내부" 노선을 따라 거짓 중립으로 물러날 수도 있을 것이다. 그러나 한편으로 "교회가 정치적 변화의 와중에 옛 질서의 대표자와 새 질서의 대표자에게… 겸손과 하나님에 대한 찬양과 인도주의를 촉구하고, 함께 그리스도의 죽음과 부활을 통한 위대한 변화를 믿고, 그의 계시에 대한 소망을 가질 것을 권면할 만큼 독립적이고 공감적일 때… 교회로서는 최선의 역할을 수행할 수 있을 것이다"[1948 *Busch*, p. 355]

"예수님과 조세" 비유에 포함된 교훈에 대한 적절한 적용이라고 생각하지 않는가?

다음의 사례도 살펴보자.

> 새로운 체제에 대한 반대와 협력 사이의 조심스러운 길을 걷고 있는 교
> 회는 죄 문제를 인식하고 있는 것이 분명하며- 이제 복음화 및 공동체
> 건설에 관심을 가져야 할 것이다… 바르트는 헝가리의 친구들에게 당
> 신들은 "새로운 질서와 결탁하는 방향으로 너무 많이 나아간 것처럼 보
> 인다"는 공개 편지를 쓰지 않을 수 없었다. *Busch*, p. 355

에밀 브룬너는 바르트에게 나치에 맞서 했던 것처럼 "공산주의를 반대하
고 기독교적 고백을 촉구하는" 발표를 하라고 재촉했다. 그러나 바르트는 기
독교 아나키를 고수하며 다음과 같이 지적했다.

> 그리스도의 교회는 "원리에 대한" 판단을 하지 않으며, 사안별로 "새
> 로운 사건마다 새로운 판단을 내린다"[이것은 특정 정치 노선의 원리
> 를 자동적으로 따르는 것을 반대하는 것으로, 아나키적인 접근에 해당
> 한다]… 이전 시대와 오늘날의 차이가 있다면 볼셰비즘에 대한 신격화
> 가 나치 통치하에서는 큰 유혹이 되었으나 서방에서는 심각한 유혹이
> 되지 않는다는 것이다… [그러나] "나는 공산주의에 대한 두려움을 반
> 대한다. 사회적 민주적 삶의 질서가 잡혀 있는 선한 양심을 가진 국가는
> 그것을 두려워할 필요가 없다. 예수 그리스도의 복음을 확신하는 교회
> 는 두말할 필요도 없다" *Busch*, pp. 355-56

나는 바르트가 "서방의 민주주의가 공산주의 이데올로기에 빠질지도 모

른다는 두려움"을 염두에 두었을 것이라고 생각한다. 그가 소비에트의 군사
적 팽창주의의 가능성을 고려했던 것으로는 보이지 않는다. 1949년 강연에
서 바르트는 다음과 같이 주장했다.

> 동구권과 서구권의 세력 형성은 권력과 이데올로기의 갈등에 의한 것
> 으로, 교회는 "혐오스러운 전체주의자"인 동구나, 동구의 정당한 비판
> 의 빌미를 제공한 서구 가운데 어느 한쪽 편을 들 필요가 없었다. 그러
> 나 "오늘날 예수 그리스도의 공동체의 방식"은 "그 자체로 또 하나의
> 제3의 길"이 되어야 한다. *Busch, p.357*

그 후,

> 일리아 에렌버거Ilya Ehrenburg는 바르트가 "원자탄에 반대하는 스톡홀
> 름즉, 모스크바 평화 선언에 서명하기를 원했으나, 바르트는 두 시간에
> 걸친 대화가 끝난 후 이를 철회했다." "나는 그처럼 명백한 선전 운동에
> 대해서는 결코 함께 할 수 없다…" 그러나 바르트는 다른 편에도 서지
> 않았다. 어쨌든 1950년 여름, 그는 미국 정보당국의 감찰대상이라는
> 말을 듣게 되었다.… "따라서 사람은 언제나 두 개의 최전선 사이에 있
> 다." [1950] *Busch, p. 382*

기독교 아나키는 어디서든 친구로 환영받지 못한다.

> 나는 세상에 알려진 것처럼 동구 공산주의로 기울어져 있지 않다. 나
> 는 공산주의의 영역에 사는 것을 결단코 싫어하며 누구도 그렇게 하기

를 바라지 않는다. 그러나 나는 서방이 도출한 결론을 요구하거나 허용한 것이 정치인지 기독교인지 알지 못한다… 나는 하나의 주의로서 반공산주의는 공산주의 자체보다 더 큰 악이라고 믿는다[이것은 아마도 "진실에 가장 가까운 아르키"로서 반공산주의가 그리스도인에게 사람들로 하여금 그것을 기독교라고 믿게 만들라고 촉구하기 때문일 것이다]… 기독교 교회들은 하나님 나라의 평화와 소망에 대한 탁월한 증거를 통해 정치적 책임이 있는 지도자나 여론에 영향을 미치는 것을 사명으로 생각해야 할 것이다.[1969] *Busch*, pp. 382-83

"반-"이라는 말은 대적한다는 뜻이다. 하나님은 사람을 대적하지 않으시고 위하신다. 공산주의자도 사람이다. 하나님은 공산주의자도 위하신다. 그러므로 그리스도인은 공산주의자를 대적하지 말고 품어야 한다. 공산주의자를 품는다는 것은 공산주의를 품으라는 말이 아니다. 나는 공산주의를 품지 않는다. 그러나 우리는 공산주의자를 품기 위해 공산주의를 대적하라는 말밖에 할 수 없다.[1958] *Busch*, p. 383

독자는 이러한 정서에 대해 성급하게 환호하기 전에, 먼저 반공산주의 우파도 품어야 한다는 바르트의 말을 기꺼이 받아들일 수 있는지 자문해보아야 할 것이다. 여러분은 공화당 대통령도 사람이라는 사실을 받아들이는가? 바르트의 말을 양 방향으로 해석할 수 있을 때만이 기독교 아나키라고 할 수 있다.

나는 아래의 글을 이 책에 제시된 최고의 진술로 추천한다. 열심주의의 영원한 부르짖음, 악한 아르키의 파괴적 활동에 대한 규범적 아나키 반응은 무엇인가? 스위스의 한 라디오 방송에서 다음과 같은 질문이 제시됐다. "강대국들의 현재적 대결에 아무런 영향을 미칠 수 없는 보잘것없는 연약한 국민으로서 우리는 어떻게 해야 하는가?” 바르트의 대답은 “우리는 걱정할 필요가 없다”라는 것이다. 이것은 “하지 말라”라는 권면이다. 예수님은 “염려하지 말라. 너희는 하나님의 사역에 아무 것도 더할 수 없다”라고 말씀하신다.[1952] *Busch*, p.385

V. 아나키적 ‘왕적 인간’

베다니 신학교의 워렌 그롭Warren Groff은 바르트의 로마서 13장에 대한 나의 논문을 읽은 후, 바르트의 『교회 교의학』에 나오는 “왕적 인간”Royal Man 본문을 주목하게 했다. “왕적 인간”은 1921년 『로마서 II』와 전혀 다른 방식으로 접근하지만, 기독교 아나키에 대한 성경적 개념을 잘 보여주는 두 번째 고전적 제시이다. “왕적 인간”은 “로마서 13장”이 『변증적 신학』1914년의 7년 후에 나왔듯이, 바르트의 은퇴1961년 7년 전에 나왔다. 세심한 사람이라면 누구나 이 두 책이 바르트의 알파와 오메가라고 생각할 것이다.

이 두 번째 진술의 큰 장점은 우리의 사상의 신약성경적 기초를 제시한다는 것이다. 지금까지 바르트뿐만 아니라 다른 사상가들조차도 우리에게 마가복음 12장과 로마서 13장에 초점을 맞추게 했다. 그러나 이제 역사적 예수에 대한 복음서 이야기 전체가 우리의 시야에 들어왔다.

“예수님과 당시 주변 세상에서 볼 수 있는 삶의 질서 및 가치관과의 관계에서 확실히 혁명적 특징이라고 부를 수 있는 요소들 가운데에는 인간 예수와 하나님의 존재 및 행위 방식과의 일치를 얼마든지 찾아볼 수 있다”P. 171 “혁명적”이라는 단어는 바르트를 이해하기 위해 반드시 살펴보아야 할 용어이다. 우리는 책을 읽으면서 그가 이 단어를 『로마서 II』에서처럼 -“정당화”라는 상대적 원리와 함께- 금지 및 거부했던 “혁명”의 원리로 사용하지 않는다는 사실을 확인 할 수 있다. 바르트의 문장에서 "혁명적"이라는 단어는 어떤 인간 아르키와의 연결도 불허하는 "하나님의 혁명"이라는 의미로만 사용된다. 사실상, "아나키적"기독교 아나키이라는 단어는 바르트가 염두에 둔 최고의 표현이었을 것이다. 우리는 바르트가 "혁명"이나 "혁명적"이라는 단어를 예수님과 관련하여 사용할 때마다 이러한 개념적 수정을 염두에 두어야 할 것이다.

> 예수님은 결코 새 질서로 옛 질서에 승리하거나 후자를 전자로 대체하기 위해 싸운 [바르트와 우리는 앞서 이것을 "혁명"으로 규명한 바 있다] 개혁가가 아니셨다. 예수님은 제자들과 함께 기존의 어떤 정파에도 가담하지 않으셨다. 그는 반대 정파와 맞서 싸우지도 않으셨다. 예수님은 정치적, 경제적, 도덕적, 종교적, 또는 보수적이든 진보적이든이후로 이 한 쌍은 앞서 사용했던 "정당화"나 "혁명적"이라는 용어를 대체하는 것으로 보아도 된다 어떤 체제도 대변하거나 변증하거나 옹호하지 않으셨다. 그는 특정 체제를 공격하지 않았으나 모든 체제에 대해 똑같이 의심하고 부정적으로 생각하셨다. 예수님의 존재가 모든 영역에 불안을 조성한 이유는 그가 모든 체제와 원리를 문제 삼았기 때문이다. 예수님은 긍정적이든 부정적이든 그를 중심으로 다투는 모든 질서에 대해 놀라운 자유 – 우리는 이러한 자유에 대해 다시 한번 "왕적"이라고 묘사할 수 있을 뿐이다– 를 누렸기 때문에 그렇게 하실 수 있었다. pp. 171-72

이곳에는 우리가 정의하는 기독교 아나키와 관련된 모든 요소가 나타난다.

한편으로 예수님은 어떤 체제도 계속해서 공격하거나, 그것을 완전히 파괴하거나, 그것을 대체 또는 교정하기 위해 애쓸 필요가 없으셨다. 예수님은 이러한 체제[바르트는 신전 제의 및 로마의 시민 혁명으로 구체화 한다] 안에서 지내셨다.… 그는 이러한 체제에 맞선 "시스템"에 대해서도 반대하지 않으셨다. 예수님은 에세네파의 개혁 운동과 제휴하지 않으셨다. 예수님은 단지 이 모든 것들의 한계와 영역을 드러내실 뿐이었다. 그는 진정 하나님 나라의 자유를 누리셨다.p. 172

그 나라, 하나님의 아르키는 바르트의 묘사 속으로, 정확히 기독교 아나키가 말하는 바로 그곳으로 들어온다.

우리는 앞서 아르키의 문제점은 그것이 악마적이기 때문이 아니라 인간적이기 때문이라는 사실에 대해 살펴보았다. 이제 바르트는 "[질서나 아르키의] 잠정적이거나 상대적인 특징, 인간적인 한계를 가진 방식 및 그들의 은밀한 오류성은 모두 드러날 수밖에 없다"고 말한다.p. 172

이러한 예수님의 아나키 자체는 하나님 자신의 아나키를 여과 없이 보여준다.

그것은 결국 이러한 예수님의 성품의 비밀을 형성하는 하나님 자신과 다시 한번 일치한다.… 이것은 하나님 자신이 역사가 존재하는 한 인간의 삶에서 일시적 정당성을 누릴 모든 질서의 삶 및 가치관과 어떤 방식으로 관계를 맺을 것인지를 보여준다. 이런 이유로 하나님은 인간에게 시공세계를 허락하시면서 누구에게도 구속당하지 아니하게 하셨으며, 누구에게도 자신의 신적 권위를 주시거나 모든 사람을 통제할 수 있는 정당성을 부여하지 않으신 것이다.pp. 172-73

이 시점에서 바르트는 작은 문자로 인쇄된 단락을 통해 자신의 주장을 뒷받침하기 위한 성경적 증거를 모두 인용한다.p. 173 우리는 그가 인용한 성경에 대한 최소한의 암시와 함께 이 논쟁의 윤곽을 추적할 것이다. "먼저 우리는 소위 예수님의 수동적 근본주의에 초점을 맞추어야 한다. 놀랍게도 예수님은 우리가 예수님께서 원리나 실제를 모두 공격하고 무시하실 것이라고 생각하는 많은 것들을 받아들이고 용납하신다."p. 173

바르트가 말하는 "근본적 반동주의"는 "분명한 정통주의"라고 부를 수 있다. 이것은 바르트가 말한 "권세에 대한 복종"이며, 우리가 앞서 언급한 "하나님이 아르키를 용납하심"에 해당한다. 물론, 예수님 시대와 우리 시대의 혁명적 활동가는 기독교 아나키의 이러한 요소와 결코 부합되지 않는다. "우리는 이 모든 악에 대해 참지 않을 것이다." 반면에 바르트는 성경적 증거를 통해 예수님께서 (a) 성전 제의, (b) 가정의 문화적 질서, (c) 회당과 유대 율법, (d) "예수님 시대 및 이전 시대의 경제적 관계 및 의무", (e) "정치적 관계와 질서 및 무질서에 대해" 순종하셨음을 보여준다.

나의 생각은 이렇다. 만일 이 게임의 제목이 그들을 기독교 사회 질서로 대체하거나 질서의 일부로 편입시키는 "악한 아르키와의 전쟁"이라면, "복종"은 최악의 운동이 될 것이다. 그러나 만일 예수님이 이미 그들을 정복하시고 계속해서 승리를 실현하고 계신 중이라면, "복종"은 우리가 옆으로 비켜서서 예수께서 그들을 선으로 이기시게 하는 최상의 방법이 될 것이다. 오직 예수님의 선하심만이 악을 이길 수 있다는 것은 분명하다. 바울은 결코 우리의 선한 생각이나 선한 의도나 선한 행위가 이 일에 충분하다고 말하지 않는다.

그러나 예수님의 "복종"은 그의 아나키즘의 첫 번째 요소일 뿐이다. 바르트는 계속해서 다음과 같이 말한다.

그러나 원칙적이고 일관된 인식에 대한 어떤 흔적도 발견되지 않는다는 것은 분명한 사실이며, 우리는 이러한 점을 간과해서는 안 된다. 이것이 기존의 체제에 대한 잠정적이고 제한된 존중容納이라는 점에서, 우리는 예수님의 태도를 근본적 보수반동주의라고 묘사할 수 있다. 예수님은 그들을 받아들이고 인정하셨으며 그들에게 복종하시고 제자들에게도 그렇게 하라고 명령하셨다. 그러나 예수님은 언제나 그들 위에 계셨다. 이제 우리는 이 부분에 대해 살펴볼 것이다. 이러한 탁월성, 하나님 나라의 자유는 그의 말과 행위를 통해 수시로 구체적인 모습을 드러내며, 나무에서는 삐걱거리는 소리가 들릴 수밖에 없다.p. 175

바르트는 이제 (a)에서 (e)까지의 목록에 대해 차례대로 다루며, 이번에는 성경적 증거를 통해 예수님의 "아르키에 대한 복종이 어떻게 제한적인지" 보여준다. 우리는 이러한 제한이 결코 위협적 공격이나 혁명을 암시하는 형태를 취하지 않는다는 사실을 알아야 한다. 우리는 두 가지 사례만 인용할 것이다. 첫 번째는 예수께서 성전 제의에 따르셨다는 a 항목에 해당한다. "예수님은 마태복음 17:24 이하에서 자신과 베드로를 위해 성전세를 내실 때, 제자들이 구속이라고 생각한 무조건적 인식에 의한 것이 아니라 [아들들은 세를 면하리라 그러나 우리가] '그들권세자들이 실족하지 않게 하기 위하여' 그렇게 한다고 말씀하신다"p. 175 이것은 "그렇게 하겠다. 나와 제자들은 복종할 것이다. 그러나 너희는 우리가 의무적으로 복종하는 것이 아니라는 사실을 알아야 한다"는 의미이다. 또는 "이를 내게서 빼앗는 자가 있는 것이 아니라 내가 스스로 버리노라 나는 버릴 권세도 있고 다시 얻을 권세도 있으니"라는 요한복음 10:18의 말씀과 같다. 이것은 "제한적 복종"이라고 부를 수 있다. 그러나 기독교 혁명가들은 예수께서 실족하지 않게 배려하셨던 권세자들을 실족시킬 기회를 찾고 있는 것처럼 보인다.

두 번째 사례는 예수께서 정치 당국에 순종하셨다는 e 항목에 해당한다.

> 가이사에게 세금을 바칠 것인가 말 것인가? 동전에는 가이사의 형상이
> 있다. 따라서 "가이사의 것 '오직 그것만'이라는 뜻이 분명하다은 가이사에게,
> 하나님의 것은 하나님께" 바쳐야 한다. 하나님의 나라는 하나뿐이며,
> 두 번째[즉, 하나님이 가이사에게 맡긴] 나라는 없다. 다만 인간 아르키
> 로서 복종을 요구하는 인간의 나라만 있을 뿐이다. 이 나라는 하나님의
> 유일한 나라와 철저히 구별된다.p. 176

따라서, 예수님의 아나키의 두 번째 요소는 이것이다. 즉, 그의 복종의 형
식은 결코 정당화가 아니라는 것이다. 그러나 분명한 것은 "혁명적 복종"은
아르키에 대한 정당화를 거부하는 유일한 수단과 무관하다는 것이다. 예수
님은 더 나은 "제한적인 복종"에 대해 알고 계신다.

바르트는 이어서 예수님의 아나키가 앞서의 두 요소로부터 도출한 급진
적 결론에 부합함을 보여주는 세 번째이자 마지막 요소를 찾는다. 그것은 물
론 다가오는 하나님의 나라의 본질 및 행위와 관련된다.

> 그러나 사람이신 예수님을 통한 모든 인간적 질서에 대한 파괴 위기는
> 이러한 개별적 사례 전체를 통해 모을 수 있는 것보다 더 급진적이고 포
> 괄적이다.… "생베 조각을 낡은 옷에 붙이는 자가 없나니…"막 2:21 이하
> 예수님에게 있어서나 예수님의 관점에서 인간의 모든 체제는 낡은 옷
> 이나 낡은 가죽 부대에 해당한다는 것은 분명한 사실이다. 이러한 것들
> 은 결국 하나님 나라의 생베 조각이나 새 포도주와 양립할 수 없다.…

진지한 근본주의[즉, 정당화]와 진보에 대한 진지한 믿음[즉, 혁명주의]
은 새 것과 옛 것이 확실히 양립할 수 있다고 전제한다.… 그러나 예수
님의 새것은 세상과 그 모든 질서에 대해 반대하지 않는, 침투적 하나님
나라이다.… 그 외에 예수님을 통해 구현되고 나타나는, 옛 질서의 전
체성에 대한 급진적 반대에 대해 언급해야 할 모든 내용은 이러한 세상
질서에 대한 전적인 무시 및 초월과 관련된다고 말할 수 있다. 우리는
단지 예수께서 전적인 무시 및 초월을 통해 얼마나 심오하게 그것을 공
격하시는지 알고 싶을 뿐이다. 예수님은 옛 질서의 영역 안에서 그것이
결코 돌이킬 수 없는 이질적인 존재로 그들을 만나시는 방식으로 공격
하신다. pp. 176-77

이어지는 장에서 키에르케고르는 바르트가 말한 "전적인 무시 및 초월"
의 태도에 대해, "세속적 열정의 당파심"에 대한 "하나님의 무한한 무관심"
이라는 독특한 표현을 사용한다. 그러나 우리가 어떻게 규명하든, 이 태도는
우리가 말하는 기독교 아나키의 핵심에 위치한다.

바르트는 계속해서 아나키의 세 번째 요소에 초점을 맞추어 a로부터 e까
지 다룬다. 우리는 다시 한번 e 영역으로부터 인용할 것이다. 이 부분에서 바
르트는 놀랍게도 예수님의 가르침 가운데 기독교 혁명가들이 개인적 차원에
서 강력히 적용하다가 정치적 아르키와의 싸움에서는 중단해버린 구절들을
인용한다.

법정적 및 정치적 영역에 대한 관계도 똑같다. 우리는 여기서도 전제들
에 대한 의문을 가진다. 그것은 어떤 직접적인 공격도 없지만 그럴수록
더욱 강력해진다나의 강조이다는 것이다. 예수께서 직접 동참하시거나

동참을 촉구하거나 명령하실 수도 있었던 모든 개혁적, 전복적 시도는 그가 이 영역에서 몸소 실천하신 "혁명"과 어떻게 다른가? 예수님은 자신이 근절한 악에 대항하지 않으셨다… 제자들에 대한 예수님의 명령은 법이 아니라 자유로의 부르심으로써, 이러한 사역의 일환이다. 그들은 악에 항거해서는 안 된다.… 비판을 받지 않으려면 비판하지 않아야 한다… [사실 그들은 예수님과 함께, 가장 무기력하지만 가장 자유로운 복종을 위해 기도해야 한다]. "아버지 저들을 사하여 주옵소서 자기들이 하는 것을 알지 못함이니이다"pp. 178-79

이것은 "왕적아나키적 인간"에 대한 바르트의 최고의 아나키적 주석이다. 바르트는 한 가지 결론을 도출하지 않았으나, 허락한다면 내가 제시하고자 한다. 그것은 우리가 아무리 아르키의 불법에 대해 열변을 토해도 아무런 소용이 없다는 것이다. 그들은 우리가 말하는 것을 이해하지 못하며, 어쨌든 그 전선에서는 어떤 긍정적인 결과도 기대할 수 없다. 그러나 그리스도인은 아르키의 선하든 악하든, 모든 아르키의 불법성을 상기시켜야 한다. 다만 이 일을 행함에 있어서 우리의 목소리를 높일 필요는 없다.

VI. 지금부터 영원까지: 블룸하르트 (1955-68)

이제 우리는 바르트의 은퇴 및 죽음까지의 생애를 좇을 것이다.

1. 헝가리 혁명을 통한 동서양의 위기

물론, 헝가리 혁명을 진압한 소비에트의 만행은 바르트에게 그가 고수해 온 아나키적 불편부당의 원리를 버리고 반공산주의에 동참하라는 거대한 압력으로 작용했다. 그러나 바르트는 한 걸음도 물러서지 않았다. "바르트의 관점은 공산주의가 헝가리에서 '자체적 판단을 시행'한 것뿐이며 '우리도 그래야 한다'는 것은 아니다. 더구나 우리는 다른 사람의 눈 속에 있는 티에 관심을 가지기 전에 먼저 자신의 눈 속에서 들보를 빼어야 한다"[1956] *Busch*, p. 427

이런 상황에서 바리새인과 헤롯당이 바르트의 말을 책잡기 위해 보낸 사람은 바로 라인홀드 니버였다… 그러나 그들의 위선을 알았던 바르트는 마가복음 12장의 교훈에 기초하여 대답했다.

"칼 바르트는 왜 헝가리 사태에 대해 침묵하는가?"라는 질문은 미국에서도 내게 제기한 바 있다. 그러나 칼 바르트는 침묵했으며, 그 이유를 알고 있었다. 그것은 확실히 진지한 질문이 아니었다. 그것은 서로의 생각을 나누고 교제하기를 원하는 그리스도인의 실천적 문제에서 비롯된 것이 아니라, 상대를 살얼음판으로 몰고 가려는 한 냉정한 서양 정치인의 확고한 요새로부터 나온 것이다. 그것은 그의 원초적 반공산주의를 받아들이거나 내가 은밀한 공산주의자임을 드러내라는 압박이며, 둘 다 나를 신학자로 신뢰하지 않음을 보여준다. 그런데 내가 어떤 대답을 할 수 있겠는가?[1957-58] *Busch*, p. 427

물론, 그는 "하나님의 것은 하나님께 바치라"고 대답했을 것이다. 그는 앞서 좋은 선례를 남겼다.

바르트는 요세프 흐로마드카Josef Hromádka라는 체코 친구의 저서에 대한 후기를 통해 다음과 같이 진술했다. "양쪽 교회는 ㅡ전통이나 이데올로기, 또는 해석 등ㅡ 어떤 구속도 받아서는 안 되며, 오직 복음만 전해야 한다. 이 사역은 사람들이 '예수 그리스도는 마르크스주의자, 자본주의자, 제국주의자, 파시스트를 위해서도 돌아가셨다'는 관점으로부터 출발할 수 있는, 전적으로 열린 신앙으로 이해해야 한다"[1958] *Busch*, p. 433 그러나 흐로마드카에게서도 여전한 이데올로기적 성향을 인식한 바르트는 "나는 프라하 신자들의 기독교 평화 운동All Christian Peace Movement에 대해 공감하지만, 진정으로 편안함을 느끼지는 않는다"고 말했다.[1964] *Busch*, p. 433

바르트는 체코의 다른 친구들을 이해시키기 위해 가장 예리한 요약을 제시한다. "복음은 우리를 '서로 반목하고 경쟁하는 이데올로기, 이해관계 및 권력터 보다 높은' 위치로 끌어간다. 그러므로 [바르트는] '유비의 주체복음가 비교 대상정치적 통찰력 및 신학적 관심사보다 탁월하다는 사실이 분명하게 호환할 수 없는 방식으로, 가시적으로 드러나지 않는 상황에서, 신학을 사회적·정치적 사상과 동일시하거나 양자 사이의 비유나 유추를 도출하는 행위'에 대해 가장 예민한 거부 반응을 보인다. 그러나 바르트는 사회적 정치적 무관심에 대한 설명에 있어서 갈등 이상의 준거를 찾지 못한다. 그러나 이러한 무관심은 오히려 '하나님의 뜻을 위해, 우리가 가진 말씀으로 도울 수 있다는 결연한 태도를 촉구한다. 우리는 좌파와 우파, 고통을 당하는 자와 싸우는 자, 정의와 불의, 그리스도인과 무신론자 사람들과의 결속을 통해 그분과의 연합을 보여주는 동시에, 그들에 대한 공감적 비판을 제시해야 한다'"[1962-63] *Busch*, p. 433

2. 첫 번째 주제들에 대한 결론

나는 오직 하나님의 말씀 위에 서 있다.

"이것은 우리가 성경의 증거를 만나는 문제가 아니라 성경의 증언을 증거할 대상을 만나는 문제이다.…" 그러나 어떤 상황에서도 "하나님의 말씀의 자유는… 우리가 이 증언에 미리 부여한 주권에 구속받지 않는다. 우리는 성경 자체의 주권을 인정해야만 한다"[1963] *Busch*, p. 466

성경은 우리의 아르키 전제들로부터 어떤 제한도 받지 않는다. 따라서 "성경은 우리가 '해방'에 대해 가지고 있는 정치적 이해에 동의해야 한다"거나, "성경은 우리가 선택한 '성차별'을 드러내거나 우리가 '성차별주의자'로 규명한 언어를 사용해야 한다"고 말해서는 안 된다.

『교회 교의학』은 시작할 때와 마찬가지로 기독교 아나키로 끝난다. 부쉬는 이 마지막 요약을 통해 바르트에 대해 다음과 같이 진술한다.

> [그는] "인간의 의를 위한 싸움"에 대해 계속해서 말한다. 그의 관점에서 이것은 "통제받지 않는 권력들"을 직접 겨냥한다. 그가 의미하는 것은 인간의 삶의 가능성이 사람에게서 분리되어 사람이 하나님과 분리되는 것처럼 그를 지배할 때, 이러한 권력이 발생한다는 것이다. [바르트는] 정치적 절대론, 돈, 이데올로기, 유행, 스포츠 및 직업을 인용한다. [그는] 하나님의 나라는 사람에 의해 성취되거나 준비되지 않는다고 강조한다. 그것은 세상과 맞설 뿐만 아니라 기독교 세계와도 맞서는 독특한sui generis 요소이다. [1960] *Busch*, p. 444

3. 블룸하르트와 함께 잠들다

그는 "교의학"의 마지막 부분에서 다시 한번 처음으로 돌아가, 주기도문의 "나라가 임하옵시며"라는 구절에 대한 주석을 통해 신학을 시작하면서 하나님 나라에 대한 이해를 풍성케 해 준 두 명의 [멘토] 블룸하르트에 대해 회고한다. *Busch*, p. 454 바르트는 영감으로 아버지 블룸하르트에게 보내는 찬양시와 함께 이 본문을 마친다.

> 예수님은 승리의 주
>> 모든 대적을 정복하신다

> 온 세상은 머지않아
>> 그의 발아래 부복하리니

> 그는 권능으로 임하사
>> 어둠에서 빛으로 이끄시리라

칼 바르트는 1968년 12월 9일 밤, 침상에서 부르심을 받았다. 그는 그날도 강의 준비를 하며 보냈다.

그는 밤 9시경, 두 대의 전화가 울릴 때까지 연구 중이었다. 하나는 대자 godson, 율리히 바르트Ulrich Barth에게서 온 것이었다. 바르트는 그에게 그리스도인의 소망에 대해 격려하는 찬송 한 구절을 인용했다. 늦은 밤에 그와 말하고 싶어 했던 또 한 명의 사람은 그의 친구 에두아르드 트루나이젠이었다. 그는 예순이 넘어서까지 그의 곁을 지킨 신실한 친구였다. 두 사람은 암울한 세상에 관해 대화를 나누었다. 바르트는 "그러나 걱정하지 말고 기운 내시게!"라고 말했다. [이제 아버지 블룸하르트의 좌우명으로 마치고자 한다] "그가 통치하실 것이다" *Busch*, p. 498

바르트는 그렇게 잠이 들었다. "그날에" 그는 트루나이젠과 두 블룸하르트 및 우리 모두와 함께 일어나 외칠 것이다. "그는 실로 통치하실 것이다."

제6장

▶

디트리히 본회퍼

나는 첫 장에서 칼 바르트와 본회퍼에 대해, 일정 부분 블룸하르트 부자그들 역시 일정 부분 아나키스트이다를 따르는 자들로 규명한 바 있다. 물론 칼 바르트에 대해서는 내가 완전히 잘못 생각했음이 드러났다. 그의 아나키즘은 결코 "일정 부분"이 아니었다. 그러나 본회퍼의 경우, 나의 생각이 옳았다. 그럼에도 불구하고 이 주제와 관련된 그의 진술은 우리의 시선을 끌기에 충분하다.

내가 생각하는 본회퍼의 기독교 아나키 사상의 문제점은 그의 급진적 제자도에 대해 느끼는 것과 같다. 그는 거의 수긍하지만 완전히 동의하지는 않는다. 『나를 따르라』*Nachfolge*[『제자도의 대가』: *The Cost of Discipleship, Macmillan*]의 첫 번째 세 장은 전통적인 급진적 제자도에 바탕을 둔 고전적 작품이 분명하다. 그러나 교회에 관한 제4장에 이르러 본회퍼는 내가 적어도 한 차례 그의 책 앞부분의 제자 공동체와 전혀 일치하지 않는다고 생각하고 있는 기존의 형식적이고 구조적인 개념으로 치우쳐 버린다. "아나키" 개념에 대해서도 마찬가지이다.

본회퍼에게서는 아르키또는 "검"에 대한 두 가지 자료를 찾을 수 있다. 하나는 1937년에 나온 『나를 따르라』이고, 또 하나는 1940년에서 1943년 사이에 나온 『윤리학』*Macmillan*이다. 아나키스트들에게서 흔히 볼 수 있는 것처럼, 본회퍼도 마가복음 12장 및 로마서 13장에 직접 호소한다. 『나를 따르라』는 기독교 아나키에 대한 주제를 다루며, 우리가 앞서 살펴본 내용에 포함되어 있다. 그는 바울이 그리스도인에게 부르심을 받은 그대로 지내라 - 특히 종은 자유를 위해 애쓰지 말라혁명에 대한 반대- 고 권면한 본문고전 7:20-24을 다룬다. "그는 종으로서 이미 세상의 손아귀에서 벗어났으며, 그리스도께 속한 자유인이 되었다. 부르심을 받은 대로 지내라는 권면은 이 때문이다. 그리스도의 몸의 지체로서 종은 어떤 반역이나 혁명도 가져다줄 수 없는 자유를 얻었다"pp. 290-91 우리가 살펴본 기독교 아나키는 인간의 자유라는 명분에 헌신한다. 그러나 훌륭한 아나키스트로서 본회퍼는 진정한 자유와 진정한 해방은 아르키와 맞서 싸우거나 그들에 대항하여 혁명을 일으키는 방식으로는 얻을 수 없다고 생각한다.

바울은 사회 체제의 어두운 면을 모른 체하거나 얼버무리려 한 것으로 보이지 않는다. 그는 세속 사회의 계급구조가 혁명으로 붕괴시키지 않아도 될 만큼 좋다고 생각하지 않는다. 사건의 진상은 자유자나 종 모두에게 해방을 주신 예수 그리스도의 사역으로 온 세상이 뒤집혔다는 것이다. 혁명은 예수 그리스도께서 세우신 신성한 새 질서를 흐릴 뿐이다. 또한 그것은 하나님 나라의 도래로 기존의 세상 질서가 붕괴되는 것을 방해하고 지연시킬 것이다.… 반역과 혁명에 대한 거부는 그리스도인의 소망이 이 세상이 아닌 그리스도와 그의 나라에 있다는 우리의 확신을 가장 잘 보여준다. 따라서 종은 종으로 남아야 한다! 세상이 필요로 하는 것은 개선이 아니다. 세상은 이미 멸망할 때가 무르익었기 때문이다.… 그러므로 종은 혁명을 거부하고 그리스도의 몸과 교회의 지체로 지내야 할 것이다. 그렇게 함으로써 그는 종말을 재촉하게 될 것이다. pp. 291-92

본회퍼는 기독교 아나키가 복음의 종말론적 성향으로부터 도출됨을 보여준다. 그는 반역과 혁명을 거부하는 만큼 기존의 제도적 아르키에 대한 정당화도 거부한다. 나는 혁명이 "신성한 새 질서를 흐릴 것"이라는 본회퍼의 말을 혁명의 집요한 확신, 정죄, 위협, 도전 및 분노는 하나님의 나라와 조화를 이루지 못한다는 뜻으로 받아들인다. 또한 그것은 그 나라의 정신과도 배치된다. 그리스도인이 세속적 정치에 대해 더욱 정치적으로 반응하는 것은 세속성에 세속성을 더하는 것으로써, 선으로 세속성을 약화시키려는 하나님의 계획에 방해만 될 뿐이다.

"'사람들의 종이 되지 말라.' 이러한 '종 됨'은 두 가지 방식으로 일어난다. 하나는 기존의 질서에 대한 혁명 및 전복에 의해 초래되며, 또 하나는 기존의 질서에 정신적인 영광을 돌림으로써 초래된다." p. 292 아르키에 동참하거나 그것과 싸우는 것은 그들의 종이 되는 것이다. 유일한 자유는 그들을 무시하고 하나님의 아르키를 따르는 것이다.

"세상은 힘으로 지배하며, 그리스도와 그리스도인은 섬김으로 정복한다." p. 293

본회퍼는 로마서 13장에 기초하여 다음과 같이 말한다.

[바울이] 그리스도인에게 원하는 것은 어떤 상황이나 위협에 부딪힐지라도 끊임없이 회개하며 순종해야 한다는 것이다. 그는 특정 아르키에 대해 변론하거나 정죄할 생각이 없다. 어떤 국가도 바울의 말을 자신의 체제를 정당화하는 것으로 해석해서는 안 된다.… 바울이 그렇게 말한 것은 이 세상의 정부들이 선해서가 아니라 국가가 선하든 악하든, 교회는 하나님의 뜻에 순종해야 하기 때문이다.p. 294

본회퍼는 국가가 특정 시점에서 얼마나 잘하느냐 못하느냐라는 상황주의적 문제는 바울의 권면과 무관하다는 사실을 분명히 한다.

로마서 13장의 국가에 대한 바울의 교리 전체는 "악에게 지지 말고 선으로 악을 이기라"롬 12:21 는 도입부에 의해 지배당한다. 권력이 선하냐 악하냐는 중요하지 않다. 중요한 것은 그리스도인이 선으로 악을 이겨야 한다는 것이다. 황제에게 세금을 바치는 문제는 유대인에게 하나의 중요한 시험이다. 그들은 스스로 다스릴 수 있는 독립적 지배권을 부여해줄 로마 제국의 멸망에 희망을 걸었다. 예수님과 그의 제자들이 없었다면, 이 문제로 동요할 필요가 없었을 것이다. 예수님은 "가이사의 것은 가이사에게, 하나님의 것은 하나님께 바치라"마 22:21. 또는 마가복음 12장 참조고 말씀하셨다. 바울은 자신의 설명 끝부분에서 "너희가 조세를 바치는 것도 이로 말미암음이라"롬 13:6고 말한다. 따라서 바울의 권면은 예수님의 말씀과 배치되지 않으며 정확히 일치한다. 어쨌든 그리스도인은 가이사의 것을 가이사에게 바쳐야 한다. 이것을 반대하거나 거부하는 것은 하나님의 나라와 세상 나라를 구별하지 못한다는 사실을 드러낼 뿐이다.pp. 295-96

나는 마지막 진술의 의미를 다음과 같이 해석한다. 즉, 납세를 거부하는 행위 즉, 세상의 악에 정치적 힘으로 맞서는 정책이 하나님 나라의 도래와 관련이 있다고 생각하는 사람은 자신이 어느 나라의 정신을 대표하는지 혼동하고 있다는 것이다. 본회퍼가 동료 아나키스트와 함께 이 세금 본문에 정확한 초점을 맞추고 혁명은 그리스도인의 대안이 될 수 없다는 사실에 완전히 동의했다면, 우리가 살펴본 어떤 아나키스트와 마찬가지로 신망을 얻었을 것이다.

본회퍼가 여기서 글쓰기를 멈출 센스가 있었다면, 기독교 아나키는 그의 입장이 되었을 것이다. 그러나 우리가 이 부분을 다룬 그의 윤리학으로 눈을 돌리면, 사정이 달라진다. 그곳에서 본회퍼는 정당화와 혁명에 대한 탁월한 균형 감각을 잃어버리고 한 편으로 치우치게 된다. 여러분은 그가 자발적으로 국가에 맞선 폭력적 혁명[히틀러 암살]에 합류했으며, 그의 신학은 다른 방향, 즉 교회와 국가를 정당화하는 해석으로 기울었다는 사실이 믿어지는가?

이 긴 글에서 본회퍼는 여전히 교회나 국가에 대한 어떤 불복종에 대해서도 강력히 반대한다. 그러나 나는 이 글에서 사실상 이러한 아르키들 자체가 불법적이며 불신앙적이라는 인식이나 균형 감각을 찾을 수 없다. 여러분은 아래에 인용한 한 가지 본문[세금]에 대한 윤리적 논쟁만 살펴보아도 본회퍼의 태도 변화를 알 수 있을 것이다.

> 불복종은 특정 상황[그는 문제의 국가가 확실하게 말세의 묵시적 적그리스도로 규명될 수 있는 경우에 해당한다고 말한다]에서 이루어지는 개별적 결심이다. 일반화는 정부에 대한 묵시적 악마화로 이어진다. 그러므로 교회를 핍박하는 정부에 대한 납세 거부는 용납될 수 없다. 정부의 정치적 기능, 납세, 충성 맹세 및 병역 의무를 받아들이는 순종은 정부를 묵시적 관점에서 보지 않는다는 증거가 된다. 특정 정부에 대한 묵시적 관점은 전적인 불복종이라는 결과로 이어진다. p. 343

우리는 여기서 본회퍼가 그리스도인에게 세금은 국가에 갚아야 할 빚이라는 특별한 경우에 해당한다는 예수님의 주장을 완전히 넘어선다는 사실에 주목할 필요가 있다. 동전에 가이사의 형상이 새겨져 있다는 것은 동전이 그의 것이 아님을 보여준다. 반면에 본회퍼의 주장은 군 복무, 자신에 대한 분향, 복음에 대한 침묵 요구 등 가이사가 원하는 것은 무엇이든 정당화된다는 의미로 들린다. 그는 마치 국가는 하나님의 도구이기 때문에 "하나님의 것은 하나님께 바치라"는 예수님의 말씀은 가이사라는 중개인을 통해 하나님께 바치라는 의미라고 말하는 듯하다. 이것은 더욱 명확한 정당화의 사례이다.

나는 불복종은 자신이 종말의 시대를 살고 있으며 현재의 국가는 사실상 적그리스도를 구현한다는, 말하자면 전적으로 악한 마귀의 화신이라는 확신을 가질 때에만 용납된다는 본회퍼의 글을 읽은 적이 있다. 나는 악인에 대한 판단이 쉽지 않을 것이라고 생각한다. 본회퍼는 계속해서 국가가 적그리스도라면, 그리스도인은 어떤 복종도 해서는 안 된다고 주장한다. 국가가 적그리스도가 아니라면 전적으로 복종해야 하지만, 적그리스도라면 전적으로 불복종해야 한다는 것이다. 이것이 본회퍼가 고려하는 유일한 대안이다. 따라서 그는 사람보다 하나님께 순종하라는 성경적 명령을 위한 어떤 여지도 남기지 않는다.

이 해석은 문제 해결에 도움이 안 된다. 예수님과 바울은 제자들에게 로마 제국에 세금을 내라고 명령한다. 본회퍼에게 있어서 이 명령은 국가가 아직 묵시적 상황 가운데 있지 않다는 의미가 되어야 한다. 우상숭배, 예수님을 처형하고 교회를 박해한 행위, 과중한 조세, 사실상 모든 백성을 종으로 삼음, 총체적인 부도덕성 및 성지를 황폐화한 군사적 잔인성 등에도 불구하고도 말이다. 따라서 이런 국가는 정당하게 그리스도인의 전적인 복종을 요구해야 할 것이다. 그러나 이처럼 합법적인 국가가 복음 전파를 중단하라고 명령했을 때, 본회퍼는 이 명령을 거부하기 위해 어떤 식으로 바울의 선택적 불순종에 접근하는가?

물론 이 책을 쓸 당시 나치는 악의 정점에 있었고 본회퍼 자신은 국가에 맞선 최후의 불복종 음모에 가담한 상태였다. 히틀러 암살 음모에 가담한 혐의로 체포되기 2년 전인 1941년, 본회퍼는 "첩보국의 비밀 지령을 수행하기 위해 스위스를 방문했다. '당시 본회퍼는 나[즉, 칼 바르트]에게 독일 군대를 저지할 군사 정부 수립 계획을 들려주었다'"[Busch, pp. 314-15]. 그렇다면 그는 독자들에게 무엇을 말하려 했는가? 그는 (1) 독자에게 나치 독일에 전적으로 복종할 것을 호소했는가? 아니면 (2) 나치 독일을 묵시적 적그리스도로 보고 그것을 전복하기 위해 전적인 불복종을 호소했는가? 물론 어느 대안도 본회퍼의 일관성을 보여주지 못한다. 둘 다 이치에 맞지 않는다.

나는 본회퍼의 사상에서 체제를 정당화하려는 보수적 경향이 드러난 사실이 놀랍지 않다. 키에르케고르와 바르트 및 다른 아나키스트들은 바늘로 아르키 풍선을 터뜨리는 듯한 쾌감을 느끼게 하지만, 본회퍼의 경우에는 그의 교회 중심적 루터주의의 영향과 관련이 있는지는 모르겠으나, 이러한 모습이 전혀 나타나지 않는다. 그는 교회와 국가 및 사회 구조 안에서 다른 아나키스트가 전혀 찾지 못했던 "상주하는 거룩함"을 종종 인식한다. 가령 바르트를 아나키스트 그룹을 대표하는 인물로 생각한다면, 그는 하나님의 거룩하심에 전적으로 매달린다. 따라서 이 거룩하신 하나님이 그의 백성 가운데 임재하실 경우, 그곳에도 어느 정도 거룩함이 드러난다. 바르트는 오직 이런 의미에서만 교회의 거룩함을 받아들인다. 그러나 바르트와 모든 참된 기독교 아나키스트는 이러한 거룩함이 교회가 조직의 근간으로 삼은 인간적 아르키 권력 구조 속에 상주하는 거룩함으로 바뀌는 것을 전적으로 거부할 것이다. 하지만 본회퍼의 정확한 의도는 나도 알 수 없다.

따라서 나는 본회퍼의 보수적 정당화에 놀라지 않는다. 그것은 갈피를 잡을 수 없는 그의 입장의 연장선에 있기 때문이다. 만일 본회퍼가 나치의 포악이 극에 달하면서 보수적 정당화로부터 기독교 아나키로 바뀐 것이라면 충분히 이해할 수 있다. 그러나 나치 권력의 절정과 함께 기독교 아나키로부터 보수적 정당화로, 보수적 정당화에서 폭력적 혁명으로 이어진다면… 어쨌든 나는 정확히 알 수 없다.

1943년 여름, 본회퍼는 감옥에 구금된 상태에서 판사에게 자신의 사건을 변론하기 위한 서신을 보냈다. 그는 이 서신을 통해 자신의 활동 및 정부와의 관계에 대한 정당성을 주장했다. 본회퍼는 『나를 따르라』에 나오는 로마서 13장에 대한 기독교 아나키적 해석을 인용했으나 『윤리학』에 나오는 정당화 논리는 인용하지 않았다. 그는 국가에 대한 전적 복종을 더욱 강조한 자료를 인용하지 않았던 것이다. 참으로 알 수 없는 행보이다. *Letters and Papers from Prison*

본회퍼가 암살 음모에 가담했던 것은 확실히 정부에 대한 그의 공인된 입장과 일치하지 않지만, 이것이 불가피한 신학적 딜레마를 형성하는지는 알 수 없다. 우리는 바르트^{아마도 거의 모든 사상가}에게서도 이와 유사한 모순을 발견한 바 있다. 그러나 우리는 본회퍼와 바르트 및 그와 유사한 사례에 관련하여, 확실한 이유나 설명이 없는 한 이러한 불일치를 신학적 변화로 해석해서는 안 된다는 원칙을 유지해야 한다. 우리는 누구나 여러 가지 사건을 통한 압력으로 인해 최상의 통찰력에 미치지 못하는 행동을 할 때가 있다. 바르트와 본회퍼는 여러 상황에도 불구하고 기독교 아나키의 진정한 지지자로 판명되었다는 것이 나의 주장이다.

이 책은 기독교 아나키에 대한 연구이다. 이 책은 납세 거부 문제를 다룰 의도가 없었으며, 나도 예상하지 않았다. 이 문제가 쟁점이 된 것은 나의 책임이 아니다. 이런 상황이 발생한 것은 예수님이나 그의 인도하심을 따르는 바울과 무관하다. 문제는 기독교 아나키를 거부하고 조세 저항을 혁명가의 지배 신앙에 대한 상징으로 생각하는 자들에게 있다. 후기 아나키스트들이 이 문제를 다루지 않고는 자신의 주장을 뒷받침하는 성경적 토대를 발전시킬 수 없었던 것도 이 때문이다. 그러나 이미 발을 디딘 이상, 우리는 이 문제에 대한 결론을 내리지 않을 수 없다.

우리는 지금까지 자끄 엘륄, 마틴 헹겔, 칼 바르트 및 디트리히 본회퍼의 주석 및 설명을 만나보았다. 이들은 매우 독창적인 해석학적 사고에 대해 놀랄만한 일치를 보여준다. 그러나 학문적 사상으로 발전시킨 것은 그들보다 앞선 시대의 아나키스트, 키에르케고르이다. 다음은 『기독교 실천』*Training in Christianity* 에 나오는 그의 주장이다.

세속적인 모든 것에 대해 모든 사람에게 가장 무관심한 예수께서 왕적 권력을 가지신다면 얼마나 좋겠는가? 그가 속한 작은 나라는 외세의 지배 아래에 있었으며, 모든 사람은 본능적으로 멍에를 벗어버리고 싶어했다. 따라서 그들은 예수님을 왕으로 환호했다. 그러나 보라! 그들이 예수께 동전을 보여주며 그의 의지와 상관없이 어느 한쪽 편을 들게 했을 때 어떤 일이 일어났는가? 오, 그대들이 아무리 스스로 거룩하고 민족적[애국적]이라고 부를지라도 세속적 열정의 당파심은 그의 무관심을 흔들 수 없다. 예수님은 "동전에 새긴 것이 누구의 형상이냐"고 물으신다. 그들이 "가이사"라고 대답하자 예수님은 "그런즉 가이사의 것은 가이사에게, 하나님의 것은 하나님께 바치라"고 말씀하신다. 참으로 철저한 무관심이다. 예수께는 가이사가 헤롯이든 살마네스든, 로마든

일본이든, 아무런 차이가 없다. 그러나 한편으로, 하나님과 가이사 사이에는 엄청난 간격이 존재한다. "하나님의 것은 하나님께 바치라." 그들은 세속적 지혜로, 가이사에게 세금을 바치는 것이 정당한지의 여부를 하나님에 대한 의무 및 신앙적 문제로 삼으려 했다. 세속성은 자신을 경건한 모습으로 포장하며, 이곳의 질문 속에는 마치 하나님과 가이사가 상호 분명하게 직접적인 연관이 있거나, 경쟁상대이거나, 하나님도 황제 가운데 한 명인 것처럼 결합되어 있다. 말하자면, 이 질문은 [하나님이 자신의 것을 받거나 받지 못하는 문제는 가이사가 자신에게 속한 세금을 받거나 받지 못하는 문제와 동일하다는 함축을 통해] 하나님을 함부로 대하며 세속화한다. 그러나 그리스도는 양자를 분명히 구분하신다. 그는 마치 하나님의 것을 하나님께 바치는 데 전념하기 위해 가이사에게 세금을 바치는 문제에는 한마디의 말이나 촌각의 시간도 허비할 수 없다는 듯이, 가이사에게 세금을 바치는 문제를 세상에서 가장 무관심한 일로 다루신다.

"이와 같이 키에르케고르는 우리 모두를 소심한 자들로 만든다." 그는 이 주제에 대해 가장 먼저, 가장 탁월한 방식으로 말한다. 성경을 연구하는 학문이 역사적 배경을 텍스트에 대한 이해의 출발점이라고 가정할 만큼 발전하기도 전에, 그는 어떻게 마가복음 12장의 본문이 1세기 팔레스타인의 혁명적 상황에 해당하는지 알았으며, 그런 관점에서 혁명의 문제를 다루었는가? 어떻게 순수한 아마추어가 마틴 헹겔과 같은 전문가들의 몫이어야 할 광맥을 발견했는가?

"오, 그대들이 아무리 스스로 거룩하고 민족적[애국적]이라고 부를지라도 세속적 열정의 당파심[이것은 '인간적 지배 신앙'이라는 나의 표현을 작아 보이게 만든다은 그의 무관심을 흔들 수 없다." 확실히 "무한한 무관심"이라는 표현은 예수님의 무지배성을 가리키는 바르트의 용어조차 무색하게 만든다. 또한 키에르케고르는 하나님과 황제, 신학과 정치, 신적 행위와 인간적 행위, 하나님의 아르키와 인간의 아르키 사이의 연결을 거부함으로써 바르트의 기선을 제압한다. 그는 납세 거부자가 정치적 혁명을 하나님의 뜻으로 받아들인 것은 체제를 정당화하는 자들이 정치적 체제를 하나님의 뜻으로 받아들인 것과 마찬가지로 "세속성이 자신을 경건으로 치장하는 행위"라고 보았다. 맞는 말이다. 키에르케고르는 우리가 정치적 다툼에서 한쪽 편을 들어야 한다고 말할 때마다 그것은 "하나님을 함부로 대하며 세속화하는 행위"라고 생각한다. 적어도 이 논쟁에 관한 한 그가 말하는 "무한한 무관심"이 옳다. 따라서 가이사는 – 언급할 시간조차 아까울 정도로- 속히 자신의 동전을 가져가야 한다. 여러분은 오히려 다음과 같이 고백해야 할 것이다. "내 모든 시간을 다해 나의 예수님을 찬양하리라. 내 모든 시간을 다해 나의 주님을 찬양하리라. 내가 그를 찬양하지 않으면, 돌들이 영광과 존귀를 부르짖을 것이다. 나에겐 죽을 시간도 없다."

나는 이 문제에 대한 연구를 제안하는 것이 아니다. 그러나 오랫동안의 철저한 아르키 하에서, 마가복음 12장 및 로마서 13장에 대한 한결같은 해석은 체제를 정당화하는 쪽으로 굳어졌다는 것이 나의 생각이다. 따라서 예수님과 바울의 세금을 내라는 권면은 불필요한 언급에 해당할 만큼 의미가 분명하다. 국가와 교회는 하나님의 거룩한 아르키이며, 납세 거부나 혁명은 생각조차 할 수 없다. 예수님이나 바울이 세금을 내라는 말 외에 어떤 말을 할 수 있을 것인가?

따라서 우리의 아나키스트 전통은 이러한 초기 해석을 광범위하게 와해시키고 뒤집어야 했다. 예수님과 바울은 아르키를 정당화하지 않았으며, 하나님이 그런 것들을 인정하지 않으신다고 주장한다. 이제 세금을 내라는 그들의 명령은 갑자기, 합리적이고 명백한 말씀이 아니라 아무도 예상치 못한 이해하기 힘든 말씀이 되었다. "만일 기존의 아르키들이 하나님 앞에 불법적이라면, 우리 선한 그리스도인은 확실히 그들과 맞서 싸우고 대적하며 대체하고 변화시켜야 할 것이다." 그러나 예수님과 바울의 주장은 "결코 그렇지 않다"는 것이다. "하나님이 기존의 아르키들을 정당화하지 않으신다면, 같은 관점에서 혁명적 아르키 역시 정당화하지 않으신다. 하나님은 정치적 편을 들지 않으신다. 오히려 하나님은 자기 백성에게 이러한 권력 싸움에서 철저히 물러나라고 촉구하신다. 세금을 거부하는 것은 세금을 정당화하는 것과 마찬가지로 권력 싸움에 해당한다."

텍스트에 대한 전문적 주석, 역사적 개연성, 복음서 전체와의 조화, 또는 신학적 일관성 등 모든 면에서 아나키스트적 해석은 고전적, 정당화 해석보다 훨씬 탁월하고 정확하다는 것이 나의 생각이다. 그러나 제3의 해석 – 나는 귀로는 종종 들었으나 공표된 것을 보지는 못했다– 은 앞서 언급한 모든 검증을 충족하는 것으로서, 예수님과 바울이 사실상 오늘날 미국 정부에 대한 납세 거부를 권하는 것처럼 보인다.

재세례파가 이 텍스트에 대한 특별한 독창적 해석을 제공한 것은 아니지만, 우리는 그들에 대해 살펴볼 필요가 있다고 생각한다. 수년 전, 나는 이 주제에 대한 형제교회의 공식 입장문의 일부로서, 납세 거부와 관련된 모든 역사1708년 이후를 조사한 바 있으며 그 연구의 결과에 대해서는 형제교회 역사 전문가인 도널드 던바Donald Durnbaugh의 검증을 받았다. 나는 그런 자료를 찾을 수 없었지만, 형제교회의 학자들 가운데에는 일부 신자가 독립전쟁 기간 중 세금을 내지 않았다는 사실을 입증할 수 있다고 생각하는 사람들도 있다. 그러나 그들의 주장과 별개로, 최근까지 형제교회의 모든 공식적인 입장이나 진술에 의하면 확실히 그들은 성경이 납세 거부를 장려하기보다 반대하는 것으로 이해해왔다는 것이다.

나는 메노나이트 및 후터파의 여러 단체에 대해서도 같은 권위로 말할 수는 없지만, 그들 역시 형제교회의 사례와 같을 것이라는 인상을 받는다. 그러나 제세례파에 관한 한, 나는 월터 클라센Walter Klaassen이 초기 재세례파 문헌에 대한 가장 포괄적인 연구인 『재세례파 요약』*Anabaptism in Outline* 을 통해 주저 없이 말한 사실을 잘 알고 있다. "정부는 하나님이 세우시고 하나님을 대신하기 때문에 복종해야 한다. 납세는 당연하며 세금을 거부해서는 안 된다. 후터파만 전쟁이나 살인자를 위한 세금을 거부한다." 나는 공식적인 입장을 확인해본다면 이들 그룹이 형제교회와 마찬가지로 납세 거부를 반대해왔다는 사실이 드러날 것이라고 생각한다.

이것은 마가복음 12장 및 로마서 13장에 대한 재세례파의 해석이 우리가 살펴본 학자들과 같다는 의미는 아니다. 나는 박해당한 무리인 재세례파가 실존적 차원에서 아르키의 불법성을 인식하기 때문에 텍스트에 대한 어떤 정당화 해석도 직관적으로 거부할 것이라고 생각한다. 그 외의 부분에 있어서는, 성경을 전적으로 순종하려는 마음이 세금을 내도록 했을 것이다. 그들은 다른 이유나 변명을 찾으려는 생각조차 하지 않았을 것이다. 그들은 신학적 입장 때문이 아니라 단지 성경에 순종하는 삶을 통해 자연히 기독교 아나키스트가 된 것이다.

따라서 형제교회와 메노나이트 배경의 재세례파 가운데 납세 거부에 대한 가장 큰 압력과 촉구와 주장이 분출된 것은 가장 최근의 일이라는 것이 분명하다. 그것이 새로운 성경적 통찰력에 따른 결과라는 증거는 없다. 납세 거부를 찬성하는 이 세 번째 해석은 아직 드러나지 않았다. 그렇다면 이러한 재세례파 입장의 변화는 무엇을 의미하는가? 내가 알고 있는 유일한 사실은 우리가 기독교 아나키스트의 전통을 오늘날 자유주의 기독교 혁명가의 전통과 바꾸고 있다는 것이다. 나는 또 하나의 해석을 듣기 원한다.

제7장

▶

아나키 신학 및 아르키 정치학

조지 훈싱어는 칼 바르트에 대한 책에서 바르트의 기본적 전제를 제시한다. "신학과 정치학은 각자 고유한 특성을 가지므로 이 둘을 혼동하지 않아야 한다. 신학은 정치화하지 않아야 하며, 정치는 신학화하지 않아야 한다." 우리는 확실히 바르트 자신이 이 원리를 믿고 따랐다는 사실을 확인했다. 엘륄은 자신의 활동 및 저서와 관련하여 이 원리를 강력하게 주장한다.

다음은 1949년에서 1959년까지의 지적 여정에 대한 요약이다. 나는 과연 모든 역사, 인간의 모든 발명을 그리스도인의 관점으로 기독교화할 수 있는가? 다시 말하면 종합이 가능하냐는 것이다.… 종합이나 일치는 불가능하다. 그렇다면 우리는 기독교에서 흔히 발생하는 이러한 오류에 대해 묵인할 것인가? 종합이 불가능하고 대립이 분명하다고 해서 그것을 배제하거나 정죄하거나 비난할 것인가?… 따라서 나 역시 법과 도덕 및 정치적 시스템이 기독교 밖에서 그들 나름의 가치를 가진다는 사실을 받아들이지 않을 수 없다. *Season*, pp. 173-74

그는 이 책의 다른 곳p. 213에서 "계시와 세상의 부조화"에 대해 언급한다. 우리는 이것이 엘륄의 입장에서 단지 신학적 주장만은 아니라는 사실을 알아야 한다. 그의 전공 분야는 성경 신학과 함께 제도와 정치에 대한 역사이다. 신학과 정치학을 연결할 수 있는 사람이 있다면, 엘륄이 바로 그런 사람일 것이다. 엘륄도 연결 작업을 시도한 적이 있었다. 그의 부정적 결론은 힘든 경험을 통해 나온 것이다.

그러나 오래전에, 키에르케고르는 바르트와 엘륄에게 양자의 결합이 불가능한 이유를 말해줄 수 있었다. 그리고 실제로 말했다.

> "정치는 불가능한 것에 도전하지 않으며, 인간적 가능성을 넘어서지 않는다. [한편으로] 기독교에서 가능한 것을 넘어서는 도전이 없다면, 하나님은 결코 우리와 함께하시는 것이 아니다. 물론 우리가 불가능한 것에 도전할 때마다 하나님이 우리와 함께하신다는 것은 아니다"나의 키에르케고르에 대한 책, p. 304

맞는 말이다. 모든 일이 인간적 가능성 및 개연성에 의해 일어난다면, 그리고 인간의 언어로 설명할 수 없는 일은 일어나지 않는다면, 하나님이 임재하시며 활동하신다는 주장은 아무런 의미가 없을 것이다. 하나님의 개입이 인간적인 것을 초월한다. 아니면 그것을 하나님의 개입이라고 부르는 것조차 허튼소리가 될 것이다. 정치가 오직 인간적 가능성과 개연성만 다룬다면, 인간적 한계를 넘어서는 실제에 대해서는 인식할 방법이 없을 것이다. 신학이 오직 하나님의 개입으로 인해 달라진 변화에 대해서만 다룬다면, 하나님을 인식하지 못하는 정치적 한계 안에서는 할 말이 없을 것이다.

결론적으로, 신학과 정치는 두 개의 서로 다른 참된 질서 아래에 있다. 신학은 복음에 신실하며 역사에 나타난 하나님의 자기 계시신적 임재로 변화된 역사를 성경에 기록되고 해석된 대로 신실하게 전달하는 한 참되다. 한편으로 정치는 주장과 행위가 완전한 인간적 가능성의 한계 안에서 실제적이고 실현할 수 있는 한 참되다. 두 가지 참된 질서 모두 타당하다. 키에르케고르나 바르트나 엘륄은 정치를 억압할 의도가 없다. 신학과 정치는 자신의 전제 안에 머무는 한 완전한 정당성을 가진다. 그러나 신학과 정치를 결합하려는 어떤 시도도 혼돈을 초래할 것이다. 우리는 어떤 순간에도 하나님이 세상에서 변화를 초래하신 복음을 신실하게 선포할 것인지, 아니면 순수하게 인간적인 가능성을 주장할 것인지에 대한 태도를 명확히 해야 한다. 두 가지가 아무런 차이가 없다면, 그는 하나님에 대해 말하고 있는 것이 아니다. 하나님은 반드시 변화를 초래하시며, 그렇지 않으면 그에 대해 언급할 이유가 없다.

엘륄은 키에르케고르의 구분에서 보다 깊은 함축을 발견한다.

> 그것은 [세상의 정치적 문제에 대한] 기독교적 대답이나 해법을 제시하는 것에 대한 문제가 아니다. 그것은 어리석은 일이다. 우리가 어떻게 신앙이 없는 사람들에게 우리의 믿음에서 나온 해법을 제시할 수 있는가? 중요한 것은 성경이 요리책이나 해답 책이 아니라는 사실이다. 오히려 성경은 우리에 대한 하나님의 질문을 담고 있는 책이다.

믿지 않는 세상에게 하나님의 방법과 수단을 권하는 것은 자동차를 본 적이 없는 사람들에게 그들의 교통 문제에 대한 해법으로 휘발유를 판매하는 것과 같다.

본 장의 목적은 우리가 지혜로운 선배 그리스도인의 권면을 무시하고 신학과 정치를 같은 목소리로 언급하면 횡설수설하게 되고 만다는 사실을 보여주는 것이다. 구체적인 사례는 평화 신학과 평화 정치이다. 우리의 요지는 양자가 같지 않다는 것이다. 각각은 어느 것을 언제 행하든 상대의 영역을 절대적으로 침범하지 않을 때에만 타당성을 가진다. 신학을 정치적 용어로 번역해서는 안 된다. 그것은 하나님에 대해 침묵하게 할 것이기 때문이다. 정치의 신학화도 마찬가지이다. 그것은 하나님에 대한 진술을 불가능하게 할 것이기 때문이다.

나는 이 시점에서, 이러한 신학과 정치 -"평화 신학"과 "평화 정치"- 에 대한 구분이 엘륄과 바르트는 물론 키에르케고르보다 앞선 시점에 가장 먼저 가장 탁월한 방식으로 형성되었음을 발견했다는 보고를 할 수 있어 참으로 만족스럽게 생각한다. 사실 나는 좋은 아이디어를 얻을 때마다 돌이켜보면 무의식적으로 이들 세 사람 가운데 하나로부터 가져온 것이라는 사실을 발견하곤 했다. 이제 나는 기쁘게도 이들의 모든 탁월한 아이디어가 주로 성경에서 나왔다는 사실을 알았다. 성경이야말로 모든 도용이 이루어지는 원천이다.

여기에서의 원조격인 사상가는 구약 시대 선지자 이사야이다. 그는 사실상 여호와께로부터 온 말씀임을 인정하지만, 이사야 30:1-5는 다음과 같이 진술한다.

> "여호와께서 이르시되 패역한 자식들은 화 있을진저 그들이 계교를 베푸나 나로 말미암지 아니하며 맹약을 맺으나 나의 영으로 말미암지 아니하고 죄에 죄를 더하도다 그들이 바로의 세력 안에서 스스로 강하려 하며 애굽의 그늘에 피하려 하여 애굽으로 내려갔으되 나의 입에 묻지 아니하였도다 그러므로 바로의 세력이 너희의 수치가 되며 애굽의 그늘에 피함이 너희의 수욕이 될 것이라 그 고관들이 소안에 있고 그 사신

들이 하네스에 이르렀으나 그들이 다 자기를 유익하게 하지 못하는 민
족으로 말미암아 수치를 당하리니 그 민족이 돕지도 못하며 유익하게
도 못하고 수치가 되게 하며 수욕이 되게 할 뿐임이니라"

이어지는서 15절에서 하나님은 자신의 대안적 계획에 대해 밝히신다.
"주 여호와 이스라엘의 거룩하신 이가 이같이 말씀하시되 너희가 돌이켜 조
용히 있어야 구원을 얻을 것이요 잠잠하고 신뢰하여야 힘을 얻을 것이거늘
너희가 원하지 아니하고."

이곳에서 이사야는 오늘날과 매우 유사한 정치적 상황에 대해 언급하고
있다. 임박한 앗수르의 침공은 오늘날 핵무기가 우리를 파멸시키겠다고 위
협하듯 이스라엘을 완전히 끝장내겠다고 위협했다. 앗수르의 재앙은 오늘
날의 핵 재앙보다 훨씬 피하기 어려운 상황이었다. 사실상 앗수르의 공격은
시작되었으며 이스라엘에게는 그들을 저지할 방법이 없었다. 반대로, 우리
의 상황에서 핵전쟁의 심각성을 피부로 느끼는 사람은 많지 않으며, 실제로
"상호확증파괴"가 강력한 억제력을 발휘하고 있다는 상황이기도 하다.

그러나 이사야의 유다 입장에서는 "평화 계획" 우리의 경우, "군축" 프로그램에
해당하며, 유다의 입장에서는 "무기가 없을 때 어떻게 할 것인가"에 대한 간절함이 있었
다. 유다가 생각해낸 계획은 애굽과 상호 방위 조약을 체결하는 것이었다. 조
약의 내용은 앗수르가 유다를 공격하면 애굽이 유다를 돕는다는 것이었다.
그들은 당연히 이 조약이 앗수르의 침공을 저지해주기를 바랐을 것이다.

물론, 이사야는 여호와께서 이러한 정치적 평화 협정에 대해 정치적으로
책망하시는 모습을 제시한다. 나는 다른 관점에서 보다 근본적인 비판에 대해 언급하겠
지만 그러나 여호와는 철저히 정치적인 이 계획이 완전히 비현실적이라는 사
실을 지적하며, 인간적 가능성에 대한 어떤 관심도 보여주지 않으신다. 애굽

이 유다를 구원할 것이라고 기대해서는 안 된다. 그들이 어떻게 이스라엘을 구원할 생각까지 하겠는가?

이것을 오늘날에 적용해보면, 우리가 일방적 군축이라는 정치적 해법을 결단하면서 소련도 자신이 의무를 다할 것이라고 믿는다면, 여호와께서 과연 그것을 현실적 대안이라고 여기실 것인지, 진지하게 생각해본 적이 있는가? 모든 인간적 가능성을 고려해볼 때, 일방적 기대는 다른 쪽의 기대와 마찬가지로 비현실적이지 않은가?

그러나 하나님의 책망은 유다의 초라한 정치적 선택에 초점을 맞추고 있지 않았다는 사실에 주의하라. 그는 어떤 탁월한 평화 계획에 대해서도 암시하지 않으시며, 어떤 가능성도 제시하지 않으신다. 아니 하나님은, 정치적 실재는 존재하는 유일한 실재이고, 인간의 가능성은 우리가 할 수 있는 전부이며, 유일한 해법은 정치적 해법뿐이라는 유다의 가정에 비난의 초점을 맞춘다. 그러나 그 누구도 '우리 곁에는 하나님이 계신다'는 사실에 관심을 두지 않았다. 그에게는 정치인이 고안한 것보다 훨씬 실제적이고 가능성이 높은 계획과 방안이 있으며, 우리는 이러한 조언에 귀를 기울여야 한다. 자신이 의지해야 할 하나님을 소외시킨 유다는 신학적으로 생각해야 할 것을 정치적으로 생각했다는 비난을 받고 있다. 우리의 평화 노력은 더 나은가?

하나님은 15절에서 "너희가 돌이켜 조용히 있어야 구원을 얻을 것이요 잠잠하고 신뢰하여야 힘을 얻을 것"이라는, 전적으로 신학적인 평화 계획을 밝히신다. 인간적 가능성이라는 관점에서 볼 때, 하나님의 계획은 가장 비실제적인 주장이다. 그러나 살아계신 하나님의 능력에 대한 신학적 믿음으로 볼 때, 이 계획은 유일한 실제적 해법이다.

따라서 이사야는 키에르케고르, 바르트, 엘륄 및 오늘날의 우리를 향해서 "평화 신학"과 "평화 정치"는 전제와 준거의 틀이 서로 다르기 때문에 독립적으로 구분해서 다루어야 하는 두 개의 다른 참된 질서라고 생각할 수 있게 해주는 근거를 제공한다.

내가 기독교 아나키스트라는 사실을 알기 전, 본 장의 처음 버전서문에서 나는 "나는 평화주의자"라는 언급을 한 바 있다. 이제 나는 사람이 동시에 "평화주의자"와 "아나키스트"가 된다는 것은 불가능하다는 사실을 안다. "평화주의"는 아나키스트가 대적해야 할 인간적인 아르키이기 때문이다. "평화주의"라는 용어는 인간의 종교적 믿음이 비폭력과 화해의 기술을 통해 사회를 평화롭게 하고 군국주의와 전쟁을 근절하도록 형성되고 강화될 수 있다고 믿는 지배 신앙과 관련하여, 가장 자주, 가장 일관된 방식으로 언급된다.

기독교 평화주의는 나사렛 예수를 평화주의 윤리 및 방법론의 선생이자 가장 큰 지지자로 보아야 한다는 주장만 더할 뿐이다. 이것은 물론 전쟁과 평화라는 변화를 초래하는 데 절대적으로 중요한 "하나님의 능동적인 임재"가 될 수 없으며, 따라서 평화 신학이 아니라 단지 평화 정치로 규명되어야 한다.

또한 나는 앞의 글에서 "나는 교회 밖에 있는 대부분의 '평화주의자'와 조화를 이루지 못한다"고 주장한 바 있다. 이것은 그들과의 차이를 보여주기에 충분하지만, 이제 나는 기독교 아나키스트로서 나의 입장이 정치적인 아르키 "평화주의"와는 완전히 다르다는 사실을 말하지 않을 수 없다. 물론 호칭보다 실제적인 차이가 더 중요하지만, 내가 생각하는 가장 적합한 표현은 "아나키적 비저항"이다.

기독교 아나키스트로서 나는 전쟁 문제가 인간의 가능성이라는 한계 안에서 작동하는 평화 정치의 신성한 아르키를 통해 해결될 수 있다는 가정을 받아들일 수 없다. 나는 인간의 역사가 이런 가능성을 보여주었다는 사례를 발견할 수 없다. 더 중요한 것은 그것을 약속하거나 예언한 성경을 찾아보지 못했다는 것이다.

따라서 나의 신앙은 모든 변화를 초래하는 하나님의 능동적인 임재를 통해서만 평화가 가능하다는 평화 신학을 요구한다. 따라서 먼저 이러한 "평화 신학"을 추구하는 것이 필요하다. 나는 『무장되지 않은 자들을 무장시키시는 왕-성서에 나타난 전쟁과 평화』War and Peace from Genesis to Revelation라는 책을 통해 이 주제에 대한 모든 것을 제시한 바 있으므로, 이곳에서 그 내용을 반복할 생각은 없다. 따라서 여기서 필요한 것은 이 신학 전체에 대한 최소한의 요약이다. 그러나 이 요약은 하나님의 개입을 통한 매우 실제적이고 필요한 변화에 초점을 맞춘다. 따라서 이 내용은 어떤 실제적, 세속적, 정치적인 관련성도 주장하지 않는 평화 신학이다.

고린도전서 15:22에 나타난 "아담 안에서" 모든 사람이 죽었다는 사도 바울의 언급은 매우 중요한 진술이다. 나는 이 진술에 대해, 인간은 도덕적 설득의 아르키 권력성경적으로는, 선악을 알게 하는 나무의 열매를 따 먹는 주제넘은 행위을 통해 하나님처럼 공의와 의를 성취하려는 아담과 같은 판단을 함으로써 죽음으로 향할 수밖에 없다는 뜻으로 이해한다.

따라서 이 언급에 모든 사람이 "삶을 얻으리라"라는 바울의 이어지는 진술은 인간의 도덕적 성취를 조금도 염두에 두고 있지 않다. "삶을 얻으리라"라는 구절은 확실히 "생명," "구원," "샬롬," "공의," "폭력으로부터의 전적인 자유" 등 그 어떤 표현을 사용하든, 그것을 얻는다는 것과 같은 뜻으로 받아들일 수 있다. 바울은 여기서 의도적으로 수동태 동사를 사용했음이 틀림없다. 죽은 자는 스스로 "삶을 얻거나" "삶을 얻게" 할 수 없다. 그들의 유일한 소망은 인간보다 훨씬 탁월하고 매우 특별한 누군가가 살려주는 것뿐이다. 물론 바울은 이 누군가를 구체적으로 제시한다. 그는 아담 안에서 죽은 후 다시 살아나신 그리스도이시다.

바울은 다른 곳에서 예수님을 우리를 샬롬으로 이끄시는 부활의 대행자로 소개할 뿐만 아니라, 예수님의 개인적 경험을 개인이든 사회든, 폭력에서 샬롬으로의 변화를 초래하는 패러다임으로 제시한다. 나사렛 예수는 확실히 사랑과 평화와 비폭력의 가장 위대한 모델이자 교사이다. 그러나 이처럼 가장 모범적인 도덕적 가르침과 행위는 한 사람의 호응도 얻지 못하고 결국 십자가로 상징되는 전적인 거부에 직면했다. 신성한 정치적 아르키로서 그의 "평화주의"는 큰 효과를 발휘하지 못했다. 불행히도 예수님은 어쩌다 특별히 비정한 무리를 만났지만, 우리는 우리의 평화주의가 폭력적 대적을 사랑의 사람들로 바꿀 수 있다는 주장은 성경의 의도가 아닌 것이 분명하다.

예수님을 죽인 책임이 로마인에게 있느냐 유대인에게 있느냐에 대해서는 오랫동안 논쟁이 되어왔다. 나는 이 논쟁이 오해에서 비롯된 것이라고 생각한다. 성경은 이 책임이 인류 전체에게 있다고 말한다. 유대인이나 로마인도 죄가 있지만, 가장 확실한 책임은 제자들에게 있다. 유다는 예수님을 팔아넘겼으며, 베드로는 그를 부인했고 나머지 제자들은 달아났다. 그리고 복음서에서 제자들은 언제나 기독교 공동체 전체를 상징한다. 예수님을 처형하는 광경을 멀리서 보고 울었던 여자들조차 그를 위해 직접적으로 나서기보다는 "방관자"를 자처함으로써 책임을 피할 수 없게 되었다.

수난일이 이야기의 끝이었다면, 즉 전혀 예기치 않은 부활의 행위를 통한 하나님의 반전이 없었다면 예수님의 평화주의적 증언은 기억이나 기록조차 되지 않았을 것이다. 역사상 가장 위대한 이 평화 시위는 전혀 긍정적인 정치적 효과를 거두지 못했으며, 인류의 죄로 인한 보편적 죽음이라는 부정적인 도덕적 결과만 초래했을 뿐이다. 예수님은 결코 평화주의의 실천을 보여주는 훌륭한 사례로 드러나지 않았다.

"아담 안에서 모든 사람이 죽은 것 같이." 평화주의자 예수의 운명은 본질상 의를 향한 개혁과 혁명이 아니라, 생명을 십자가에 못 박고 죽음을 택하는 인류의 성향을 보여준다. 내가 확인한 대로, 십자가는 신성한 아르키와 자기 실현적 신앙과 인간에 대한 도덕적 교육 가능성에 대한 믿음이 어떤 치명적 결과를 초래하는지를 보여주는 신학적 상징이다. 바울은 십자가에서 죽은 것은 예수님뿐만이 아니라는 사실을 분명히 한다. 아니, 그를 십자가에 못 박은 자들과 마찬가지로 우리 모두는 그곳에서 죄인으로 정죄를 받아 그와 함께 십자가에 못 박혔다. 사실 하나님의 죽음도 이 십자가에서 일어났다. 그의 죽음은 누구나 분별할 수 있을 만큼 확실했다. 인간은 어떤 군사적 침공보다 위협적인 완전한 사랑을 발견했으며, 몸만 죽일 수 있는 핵무기의 공격보다 훨씬 치명적이고 많은 죽음과 파괴를 초래하는 반응을 보였다. "아담[과 십자가] 안에서 모든 사람이 죽은 것 같이."

"…같이 그리스도 안에서 모든 사람이 삶을 얻으리라." 인간의 길은 죽음의 길이다. 그러나 다행히도 인간은 이 무대 위의 유일한 연기자가 아니다. 이제 부활은 예수님 혼자만의 삶을 가리키지 않는다. 아니, 하나님은 부활을 통해 처음 살아나신 분이다. 그는 다시 한번 모든 사람이 인식할 수 있도록 역사의 현장으로 돌아와 무대에 서신다. 이어서 바울은 예수님의 말씀에 덧붙여 "모든 사람"이 그 안에서 다시 살아날 것이라고 말한다. 나는 바울의 말을 받아들일 준비가 되어 있으나, 아직 "모든 사람"이 다 자신이 부활했다는 사실을 듣거나 받아들이거나 이해한 것은 아니다. 그리스도는 자신이 해야 할 일 또는 할 수 있는 일을 다 하셨다. 그러나 "부활"은 각 개인이 관에서 나와 자신이 더 이상 시체가 아님을 보여주기 전까지는 이루어진 것이 아니다.

그러나 나는 예수께서 부활하신 날 아침에는 적어도 또 하나의 다른 부활도 있었다고 주장한다. 평화주의를 가르치는 도덕적 교사로서 예수님의 명성과 부활이 없었다면, 여전히 죽은 채로 잊혔을 그에 대한 이야기가 되살아난 것이다. 그러나 이 "평화주의"는 이제 부활 신앙의 일부가 되었으며, 따라서 전적으로 "신학화" 되었다. 죽은 자의 부활을 통한 하나님의 개입은 이 평화주의를 인간적 가능성의 정치적 프로그램과 완전히 분리시켰다. 부활 후에는 스스로 죽음으로 이끈 예수님의 "평화주의"를 세속적 정치 아르키에 대한 지혜로운 조언이나 그것으로 이루어진 요구로 이해할 방법이 없다. 아니, 세상은 이미 갈보리에서 예수님과 그의 가르침에 대한 최종 판단을 내렸다.

따라서 평화 신학, 평화의 복음은 "그리스도와 함께 살아난" 자들만이 들을 수 있는 단어라는 것은 분명해 보인다. 그것은 부활한 사람들을 위한 부활의 용어이며, 부활을 벗어난 상황에서는 어떤 의미나 감각이나 타당성도 갖지 못한다. 그것은 샬롬의 단어이지만, 그것이 아는 유일한 샬롬은 이 평화의 왕으로부터 말미암은 샬롬뿐이다. 이 샬롬은 그의 부활을 통해 창조되고, 그의 재림을 통해 우리의 샬롬이 된다. 그러나, 여기서 평화 신학은 인간의 가능성이라는 한계 안에 있는 선한 정치를 통해 인간의 폭력이 얼마나 완화될 수 있는지에 대해 어떤 지혜나 권면도 제공할 수 없다. 그것은 오직 하나님이 초래하신 변화에 대해서만 알고 말할 수 있을 뿐이며, 그 외의 내용에 대해서는 어떤 주장도 제시할 근거가 없다.

따라서 나는 이 신학을 신학적 윤리학이나 성경적 명령의 형식으로 바꾸는 작업을 통해 다음과 같은 형식으로 진술하고자 한다. 여러분은 이제 그의 부활의 능력으로 그리고 오직 이러한 능력으로만 자기주장이나 자기방어를 위해 모든 폭력을 거부할 수 있다. 여러분은 여러분이나 여러분의 나라의 죽음으로 이끌 만큼 자신을 취약하게 만들지라도 담대히 그리스도를 죽은 자 가운데서 살리신 하나님이 그의 뜻대로 부활이 필요한 모든 것을 끊임없이 다시 살려내실 수 있다는 믿음을 견고히 해야 한다.

우리는 여기에서 보편적 패턴은 아닐지라도, 성경의 윤리적 명령의 규칙적인 패턴이 반복되고 있다는 사실에 주목해야 한다. 이것은 이원적 진술이다. 물론 여기에는 에이전트가 무엇을 할 것인지를 지시하는 "명령절"이 있다. 그러나 동시에 여기에는 하나님이 에이전트가 명령을 지킬 수 있도록 어떤 일을 하셨거나 할 것인지에 대해 설명하는 "전제조건절"도 있다. 물론 이 경우에 하나님의 개입으로 초래된 변화에 대한 신학적 진술에 해당하는 것은 전제조건절이다. 어거스틴의 기도는 가장 탁월한 일반화 버전이다. "주여, 당신이 뜻하신 바를 명령하소서. 그리고 당신이 명한 것에 대해 설명해주소서." 따라서 이와 관련된 성경적 사례를 살펴보자.

"여호와께서 아브람에게 이르시되 너는 너의 고향과 친척과 아버지의 집을 떠나 내가 네게 보여 줄 땅으로 가라"창 12:1 네가 귀하게 여기는 모든 것을 버리고 떠나라는 명령은 이어지는 가능화 절 때문에 사리에 맞는 진술이 될 수 있다. "내가 네게 [땅을] 보여줄" 것이라는 약속은 "내가 그곳에 너와 함께 할 것이며 네게 길을 보여줄 것이다. 그것만이 너의 길을 가능하게 할 것"이라는 뜻이다.

십계명은 결코 첫 번째 계명으로 시작하는 것으로 해석해서는 안 된다. 그것은 전제조건절을 무시하는 해석으로, 이어지는 계명 자체를 사실상 나쁜 소식으로 만든다. 출애굽기 20:1-2의 "하나님이 이 모든 말씀으로 말씀하여 이르시되 나는 너를 애굽 땅, 종 되었던 집에서 인도하여 낸 네 하나님 여호와니라"라는 말씀은 "내가 이미 네게 이런 은혜와 능력을 베풀었으니, 너는 내가 계속해서 너로 하여금 이처럼 불가능한 계명을 지킬 수 있게 역사할 것이라는 사실을 믿어야 할 것"이라는 뜻이다.

바울이 복음 선포로부터 윤리적 명령으로 옮겨간 로마서 12장은 "그러므로 형제들아 내가 하나님의 모든 자비하심으로 너희를 권하노니 너희 몸을 하나님이 기뻐하시는 거룩한 산 제물로 드리라"라는 전환구로 시작한다. 사실 이곳에는 두 개의 전제조건절이 나타난다. "그러므로"라는 짧은 구절은 사실상 "하나님이 너를 위해 지금까지 내가 말한 모든 것을 행하셨으므로, 이제 너는 네 몸과 모든 것을 바칠 수 있다"라는 뜻이다. 이어서 바울은 더욱 분명하게, 우리가 "아무에게도 악을 악으로 갚지 말고"와 같은 불가능한 권면을 지킬 수 있는 것은 우리의 신앙적 능력 때문이 아니라 바로 "하나님의 모든 자비하심" 때문이라고 말한다.

마지막 사례는 "평화" 주제로 돌아가게 한다. 이사야 2:1-5에서 칼을 쳐서 보습을 만들라는 명령은 확실히, 하나님이 많은 백성에게 그의 길을 가르치시며 열방을 판단하실 것즉, 바로 잡으실 것이라는 전제조건절을 선행절로 가진다. 우리가 추구하는 평화 신학은 '가능화'를 그리스도를 통해 계시된 능력인 '하나님의 부활'로 구체화함으로써 이 개념을 기독교화한다는 차이만 있다.

확실히 이러한 평화 신학은 특정 청중에게 기우는 경향이 있으며, 그들과 관련하여 의미를 가진다. 우선 이 신학은 믿음의 형제자매 - 즉, 이미 복음을 듣고 받아들였으나 더욱 넓고 깊고 분명한 통찰력이 필요한 자- 를 청중으로 한다. 둘째로, 평화 신학은 확실히 새로운 그리스도인을 얻기 위해 전하는 복음의 중요한 한 요소로 제시되어야 한다. 이런 점에서 평화 신학은 확실히 세상에 대한 훌륭한 조언이 될 수 없으며, 다만 사람들을 세상 밖으로 끌어내기 위한 선포가 되어야 한다. 따라서 기독교의 선교 사역은 개인적 차원에서 수행되어야 하며, 집단적 기독교화라는 아르키 개념은 치명적 시도라는 사실이 드러났다. 따라서 평화 신학의 "바른" 청중은 신앙 공동체와 이 공동체의 일원이 되기 위한 과정 중에 있는 개인들이라 할 수 있다.

　세상 정부가 다스리는 정치적 상황에서 평화 신학에 대한 선포는 큰 해가 되지 않을 것이다. 그러나 우리는 이러한 상황의 규모에 대해 명확히 할 필요가 있다. 하나님의 개입으로 인한 변화에 대한 진술은 인간의 가능성만 고려하는 대화와 관련된 것으로 받아들여서는 안 된다. 따라서 세상이 신학적 선포에 귀를 기울이지 않는 것이 어쩔 수 없는 일임에도 불구하고, 복음 선포자가 이성을 잃고 기독교 진리를 거부한 정치인을 책망하고 비난하는 비그리스도인적 태도를 보이는 것이다. 그리스도인이 정치인이라고 해도, 개별적 헌신은 가능하지만 정치인으로서 신학적인 사역을 수행하는 것은 금지하는 것이 마땅할 것이다.

　예를 들면, 의회 의원들이 군대를 지지하면서, 나라를 살리시는 하나님의 힘을 의지하는 행위라고 증언한다면 즉시 비난을 받아 마땅할 것이다. 그들의 종교가 우연히 기독교였을 수도 있다. 그럴 수도 있다. 그러나 그들이 공직에 선출된 것은 그리스도인으로서가 아니라 '인간의 가능성이라는 한계 안에서' 가능한 최선의 행위를 찾으려는 정치인으로서이다. 미국의 연방헌법으로부터 현재의 헌법에 이르기까지, 그들의 직무, 역할 및 기능과 관련된 모든 증거 서류는 이 나라가 기독교적, 신학적 기관이 아니라, 세속적이고 정치적이며 인간적인 기관임을 보여준다.

　기독교 정치인이 정치 단체가 공유하지 않는 종교적 신앙에 호소함으로써 자신의 판단을 정당화하는 행위는 기독교 물리학자가 하나님의 기적에 대한 추측을 통해 주어진 논제에 대한 현상을 설명하는 이론을 주장하는 것과 마찬가지로 용납될 수 없다. 정치는 물리학과 마찬가지로 인간적 가능성의 영역 안에서만 학문이 된다. 따라서 기독교 평화 신학은 정부의 호의적 반응을 기대할 수 없다. 정부를 하나님에 대한 다양한 신학과 이론을 위한 토론의 장이 되게 해보라. 그 어떤 생산적인 결과도 얻을 수 없을 것이다. 바르트와 엘륄과 키에르케고르가 주장한 것처럼, 정치는 신학과 철저히 분리될 때에만 좋은 정치가 될 수 있다.

물론 그렇게 함으로써 긍정적인 결과를 기대할 수는 없겠지만, 경우에 따라서는 복음으로 정치에 도전하는 것도 나쁘지 않을 것이다. 때때로 정부에 대해 그들이 불신앙적이라는 사실을 상기시키는 것도 나쁘지 않을 것이다. 물론 그들은 "네 말이 옳다. 그러나 그것은 의도적인 것이다. 우리가 다원적이고 세속적인 시민을 다스리기 위해서는 얼마든지 불신앙적이 되어야 하며 신학적으로 무지할 필요가 있다"라고 대답하겠지만.

예수님은 이러한 신학과 정치의 차이를 분명히 알고 계셨다. 예수께서 빌라도 앞에 섰을 때 그의 행위는 의사소통을 시도하려는 노력보다 서로의 관점이 일치할 수 없다는 사실을 확인했을 뿐이다. 그는 빌라도를 회심시키려고 노력하거나 신학적 논쟁으로 끌고 가려 하지 않으셨다. 오히려 예수님은 자신과 빌라도가 두 개의 전혀 다른 세상에 속한다는 사실을 보여주셨다. 그러나 예수님은 결코 로마 국가를 책망하거나 빌라도를 저주하지 않으셨다. 정치적 판단은 신학이 할 일이 아니다. 신학은 신학적으로 판단해야 하며, 정치는 정치적으로 판단해야 한다. 따라서 예수님은 정반대로, 빌라도의 처지에 대해 측은함에 가까운 근본적인 통찰력을 보여주신다. 요한복음 18:36에서 예수님은 "내 나라는 이 세상에 속한 것이 아니니라 만일 내 나라가 이 세상에 속한 것이었더라면 내 종들이 싸워"라고 말씀하신다.

예수님의 말씀은 오늘날 평화주의자들의 말과도 근본적으로 다르며, 빌라도의 계속되는 도전에 대한 분노의 위협도 아니다. 오히려 예수님은 사실상 다음과 같이 말씀하신다. "빌라도여, 그대도 알다시피 내가 경험하는 실재는 그대 같은 인간이 경험하는 이 세상에 한정된 것이 아니라 하나님께 열려 있으며, 그것이 바로 그대가 매여 있는 싸움의 방식에서 나를 자유롭게 하는 것이다. 만일 내 나라가 그대의 나라와 같은 수준의 나라라면, 나 역시 그대와 같은 방식으로 싸웠을 것이다." 빌라도를 싸움꾼이라고 비난하는 것은 아무런 소용이 없다. 딱하게도 이 상황에서 빌라도에게는 다른 대안이 없다.

따라서 당시 폭력의 성향 및 수준이 보여주는 것은 단지 가해자나 그 순간에 이루어진 그의 행동이 "그리스도 밖"에 있었다는 사실뿐이다. 이것은 어떤 의미에서, 세상의 폭력이 그리스도인의 폭력보다 변명의 여지가 있음을 보여준다. 그런 면에서 세상은 결코 "그리스도 안에" 있다고 할 수 없다.

이러한 사실은 엘륄과 헹겔을 비롯한 사람들이 폭력은 세상 정부가 자신을 보존하기 위해 반드시 필요한 기능적 요소라는 주장을 제시하게 했을 것이다. 따라서 그리스도인은 정부가 마음만 먹으면 평화를 이룩할 수 있다는 그럴듯한 주장에 말려들 필요가 없다. 그것은 어떤 통찰력도 제공하지 않는다. 예수님은 폭력으로부터의 자유는 오직 하나님의 샬롬 안에서만 발견할 수 있다고 말씀하심으로 훨씬 진실에 가까이 다가서신다. 따라서 예수님은 특정 총독에 대해서가 아니라, 하나님을 알지 못하고 끝없이 반복되는 싸움에 빠져 있는 불쌍한 로마 제국과 전적으로 세속적인 사회에 대해 진정한 연민을 느끼셨다. "그들은 자기들이 하는 것을 알지 못함이니이다." 물론 이곳에는 죄가 있다. 그러나 본질적인 죄는 하나님 없이 가겠다는 선택이다. 많은 평화주의자는 그들이 비난하는 세속 사회와 마찬가지로 이러한 죄를 범하고 있다. 그러나 이처럼 하나님을 상실한 비극적 상황에도 불구하고 사람들에게 "왜 당신은 우리 선한 평화주의자들처럼 평화하지 못합니까"라고 부르짖는 것은 지각과 인식의 부족을 드러낼 뿐이다.

따라서 평화 신학은 믿음이 없는이들에겐 어쩔 수 없다. 하나님의 말씀은 들을 수 있는 믿음의 귀를 위한 것이며, 하나님을 모르는 세속적 사회에 대한 정치적 조언으로 사용될 수 없다. "난리와 난리의 소문을 들을 때에 두려워하지 말라 세상이 하나님의 샬롬에 귀를 닫고 있는 한 이런 일이 있어야 하되 아직 끝[하나님이 오셔서 자신을 세상에 나타내시고, 폭력의 수의를 걷어내고 세상을 부활시키실 때]은 아니니라"막 13:7라는 예수님의 말씀은 이러한 사실을 염두에 두고 하신 말씀일 것이다.

그러나 아르키 평화주의는 신학과 정치 모두가 가치가 있음에도 불구하고 신학의 정치화나 정치의 신학화를 반대한 바르트의 아나키적 권면을 듣지 않았다. 그 결과 우리는 신학과 정치를 동시에 말함으로써 좋은 신학도 좋은 정치도 아닌 지리멸렬한 상태로 끝나버린 종교-정치적 주장을 들을 수 있을 뿐이다. 평화 신학은 자신의 방식대로만, 부활의 능력을 입증한 참되신 하나님을 신뢰함으로써만 실제적이다. 세속적 사회의 근간을 이루는 정치적 전승 역시 인간적 가능성이라는 실제적 한계를 받아들이고 하나님을 의지할 수 없는 상태에서 폭력을 강요받는 현실과 씨름한다는 점에서 실제적이다.

나는 평화주의의 정상적인 작동 방식은 다음과 같다고 생각한다. 즉, 앞서 살펴본 대로 성경적 평화 신학은 "너는 그리스도 안에서 다시 산다는 것의 의미를 깨닫고 하나님의 부활 능력을 전적으로 확신하기 때문에 이제 모든 폭력을 거부하고 무방비로 살아갈 수 있다"라고 선포한다.

그러나 평화주의자는 대부분 신학에 무관심하고, 우선해야 할 전제조건절에 대해 사실상 세속적 정치 현장과 무관하며 "귀담아 듣지 않을 것"이라고 생각하기 때문에, 전제조건절을 생략한 체 명령절만 정치 노선으로 삼아나서는 경향이 있다. 그들은 무조건 "너개인, 공동체, 단체 또는 국가는 확실히 마음만 먹으면 얼마든지 모든 폭력을 거부하고 무방비로 살 수 있다"고 명령한다.

물론 전제조건절에 대한 생략은 하나님의 개입으로 초래된 변화에 대한 언급을 제거하며, 따라서 신학적 주장을 인간적 가능성의 정치적 주장으로 전락시킨다. 이러한 사태를 바로 잡기 위해 "예수님은 우리가 모든 폭력을 거부하고 평화의 삶을 살 수 있으며, 그렇게 살아야 한다고 가르친다"는 진술이 종종 사용된다. 그러나 이 진술은 여전히 하나님의 능력에 대한 필요성을 인식하지 못하며, 예수님을 단지 세상의 도덕적 교사로 생각하기 때문에 신학적 진술로는 볼 수 없다.

뿐만 아니라, 이 진술은 거짓되고 비성경적이다. 예수님은 어떤 세상적 조언도 가르치신 적이 없다. 그는 모든 것을 하나님의 능력과 연결하셨다. 세상이 하나님의 능력 없이 평화할 수 있는지에 대한 예수님의 생각을 알고 싶다면, 그가 빌라도에게 하신 말씀을 들어보라. "만일 내 나라가 [네 나라처럼] 이 세상에 속한 것이었더라면 내 종들이 싸워 나로 유대인들에게 넘겨지지 않게 하였으리라."

따라서 평화주의자는 자신의 입장이 "신앙적"이며, 예수님과 성경 및 교회의 지지를 받는다고 주장하지만 평화 신학과는 거리가 있다. 그들의 신학은 정치로 전락한 것이다.

그렇다면 평화주의는 훌륭한 평화 정치를 보여주는가? 그렇지 않다. 바르트를 비롯한 학자들이 주장한 것처럼, 좋은 신학이나 좋은 정치에 이르는 유일한 방법은 자신의 준거의 틀을 지키면서 구별된 전제 위에서 움직이는 것이다. 좋은 신학을 정치적 프로그램으로 바꾸거나 접목하는 방식으로는 좋은 정치를 만들 수 없다. 엘륄이 말한 것처럼 "정치적 문제에 대한 그리스도인의 반응이나 해법을 제시하는 것은 어리석은 일이다. 우리가 어떻게 우리의 신앙으로부터 불신자에 대한 해법을 도출할 수 있겠는가?"

엘륄이 암시한 것처럼, 기독교 좌파 "평화주의"의 정치가 가진 가장 큰 문제점은 현실성의 결여이다. 정치가 인간의 가능성의 학문 또는 과학이라면, 어면 정치적 주장도 다음과 같은 두 가지 가능성을 확실히 보여주지 않는 한 아무런 유익이나 가치를 갖지 못한다. 첫째로, 시민들이 받아들일 수 있는 주장이어야 한다. 둘째로 그것을 이행했을 때 실제적인 유익이 있어야 한다. 물론 이 주장은 인간의 유한성, 자기중심성, 도덕적 연약성, 민족주의, 권력욕과 총체적 악이라는 현실적 한계 안에서 작동해야 한다.

세속적 사회에서 자신의 힘으로 복음이 주장하는 바, 하나님의 부활 능력으로만 가능한 방식을 통해 평화할 것을 요구하는 평화주의자의 공격적 방식이 무슨 도움이 되겠는가? 확실히 그것은 병든 세상에 대해 스스로 치유하라는 복음기쁜 소식?을 전한 후 이처럼 불가능한 권면을 거부한 세상을 향해 노골적으로 저주하는, 그런 방식은 아닐 것이다. 그런 식의 평화주의는 예수께서 빌라도에게 보여주신 모습을 따르는 것이 아니다. 엘륄과 같은 진정한 전문적 정치인에게 철저한 정치 역학으로서 평화주의자의 접근 방식은 마치 목표에 도달하기 위한 실제적 계획을 제시하는 것인양 거짓된 꿈을 만들어내는 기발하고 낭만적인 유토피아주의라는 인상을 줄 뿐이다. 그것은 인간의 실존 및 세계 문제에 대한 이해가 거의, 또는 전혀 없음을 보여주는 정치적 사상이다. 그들은 예수께서 말씀하신 것처럼 해가 없는"순결한" "비둘기"가 아니며, "뱀처럼" 지혜롭기는커녕 비둘기보다 지혜롭지 못한 자들이다.

물론, 근원적인 문제는 우리가 처음부터 주장해왔던 바이다. 종종 "평화주의"로 규명되는 지배 신앙은 정직한 신학도, 정직한 정치도 아니다. 그것은 신학과 정치가 양립할 수 없는 준거의 틀을 각각 가지고 있고, 상호 구별되어야 하며, 각자의 한계가 있다는 사실을 인식하지 못한다. 따라서 평화주의의 "평화 정치"는 그것을 신학이 되게 하는 유일한 요소인 하나님에 대한 언급을 생략함으로써 신뢰를 잃는다. 그것은 신학을 정치화하려는 시도이다. 또한 그들의 평화 정치는 세상에 대해 신학적으로만 가능한 것을 스스로 이루라고 요구한다는 점에서 비현실적이다. 동시에 신학과 정치가 되려는 시도는 어느 쪽도 되지 못하게 한다.

"그렇다면 진정한 기독교 평화 정치는 존재하는가?"

이것은 잘못된 질문이며, 따라서 대답은 부정적일 수밖에 없다. 바르트가 정치적 프로그램이나 정파가 "기독교적"이나 "신앙적"이라는 형용사를 사용함으로써 자신의 진실성과 탁월성을 드러내려 했던 시도를 얼마나 강력히 반대했는지 상기해보라. 기독교 정치 프로그램은 기독교 수학 공식이나 기독교 요리책과 마찬가지로 불가능한 발상이다.

다시 한번 질문해보자. "그리스도인이 양심적으로 동참할 수 있는 가치 있는 평화 정치는 존재하는가?"

물론이다. 정치적 동참이 그리스도인의 평화 신학 때문이라고 해도 거부할 이유는 없다. 그러나 이러한 시도를 할 때에는 오직 시민정치 단체으로서만 행동해야 하며, 그리스도인이라는 지위를 이용해서는 안 된다. 모든 주장은 인간적 확신을 통해 특정 결과를 성취한 것처럼 정치적 근거 위에서 정당화되어야 하며, 하나님이 그것을 명령하셨다거나 그런 식으로 약속하셨기 때문이라는 이유를 제시해서는 안 된다. 마찬가지로 그리스도인은 물리학자가 될 수 있지만, 그의 물리학 이론은 어디까지나 인간적 한계 안에서 이루어져야 하며 하나님의 기적에 대한 호소로까지 확장해서는 안 된다. 담론의 한계도 지켜야 한다. 신학을 할 때에는 하나님에 대해 말해야 하지만, 정치를 할 때에는 하나님에 대해 언급해서는 안 된다.

신학과 정치를 동시에 말하는 두 개의 입을 가진 "평화주의"와 하나의 입을 가진 정치에 대한 구분하기 위해, 후자에 "평화 유지"라는 새 이름을 붙여보자. 우선, 나는 이러한 평화 정치, 평화 유지를 위한 노력이 평화주의자들의 노력보다, 세상과 통치자들에 대한 더 큰 통찰력과 동정심을 보여준다고 생각한다. 우리는 하나님을 모르는 세상인 세속적 사회가 폭력 외에는 다른 대안이 없는 상황에 갇혀 있다는 사실을 이해할 필요가 있다. 우리는 어떤 상황에서도 사람들의 생명을 지켜야 할 책임이 있는 통치자들의 입장이 될 수 있어야 한다. 반대로, 이러한 통치자들을 모두 "악인"으로 일축하는 것은 무책임한 행위이며, 쉽게 해결할 수 없는 복잡한 문제에 직면하여 완전한 일방적 군축 같은 그럴듯하고 쉬운 해법을 주장하는 것은 아무런 유익이 없다는 사실을 알아야 한다.

우리는 평화 유지 사역을 수행할 때 국정이나 정치적 학문 또한 의학과 마찬가지로 그 영역의 전문가를 필요로 한다는 사실을 알아야 한다. 개인의 "기독교"는 정치적 지혜를 대체할 수 없다. 순수 아마추어의 최고 의견은 암 치료에 도움이 되지 못하는 것처럼 국가 정책에도 도움이 되지 못한다.

예를 들어 나는 니카라과와 같은 복잡한 정치적 문제와 관련하여, 니카라과에 대한 정보가 제한되어 있고 전문적 지식이 부족한 신실한 그리스도인이 종교잡지에 기고한 글보다 니카라과에 정부 관료로 파견되어 이 나라의 역사에 대해 잘 알고 있는 정치학자나 정치 평론가가 세상 언론에 기고한 글에서 훨씬 유익하고 통찰력 있는 기사를 발견한다. 지위가 높은 평화 유지가가 정부의 고문이 되어 자신의 주장을 펼치고 싶다면, 동시에 탁월한 정치적 전문성을 보여주어야 할 것이다.

상기 내용은 평화 정치와 관련하여 "세계적으로 생각하고 지역적으로 행동하라"는 엘륄의 조언을 결정적으로 적용하라는 함축을 담고 있는 것처럼 보인다. 그 문제에 관한 한 정치적 체제의 수준에는 못 미칠지라도 "지역적으로"는 정치적으로 아마추어 평화 유지가인 우리 모두에게 동참할 기회를 부여한다. 우리는 이웃에게 하나님과 화목하며, 자신과 평화를 누리고, 가정에 평화를 가져오며, 이혼을 방지하도록 도울 수 있다. 또한 당분간 이런 차원의 평화 유지를 국제적 평화 유지에 비해 하찮은 일이라고 조롱하지 말라. 인간적 가능성에 바탕을 둔 정치는 세계적 차원보다 지역적 차원에서 접근할 때 더욱 큰 변화를 초래할 가능성이 높다. 지역적 차원에서 이루어지는 많은 사람의 조금씩의 노력은 정상에 있는 소수의 전문가들이 창출할 수 있는 것보다 더 많은 평화를 구축할 수 있다. 누가 알겠는가? 하나님의 뜻이 위에서 아래로가 아니라 아래로부터 시작되는 것인지.

그러나 국가적 평화에 대해서도, 실제적이고 건설적인 평화 정치는 평화주의자의 습관적 노력과 대비된다. 오늘날 평화 유지는 세상에서 인간적 가능성이라는 정치적 한계 안에서 이루어지는 긴장과 갈등과 군사적 대결 상태를 개선하려는 현실적 시도이기 때문에, 평화 유지자들은 세속적 사회가 폭력에 대한 의존을 전적으로 거부하는 것이 불가능하다는 사실을 인식하고 받아들여야 한다. 그렇지 않고 평화 유지자가 "상대보다 거룩한 자"가 되어 완전한 일방적 군축 외에는 어떤 대안도 거부한다면, 그는 아무에게도 도움이 되지 않는 사람이 되고 말 것이다.

평화 신학에서는 하나님이 자기 백성, 신자들에게 완전한 무방비를 요구하실 수 있지만, 평화 정치에서는 우리가 세상 나라에 대해 무방비를 요구할 권리가 없다는 사실을 알아야 한다. 그럼에도 불구하고, 그리스도인은 무슨 권리로 세상에 대해 자신도 가정에서 이루지 못한 평화로운 질서를 스스로 창출하라고 요구하는가? 성도들을 평화롭게 하지도 못하는 교회가 그런 요구를 하는가?

평화 유지의 목적이 세상으로 하여금 불의를 거부하고 정의를 추구하게 하는 것이라면, 평화주의자가 세상의 자기방어 및 자기 해방의 권리를 빼앗는 것은 전적으로 불합리하거나 파괴적인 행위가 아니면 무엇이겠는가? 세상은 우리가 하나님께 기대하는 구원, 정의, 평화와 같은 것들을 얻기 위해 의존할 하나님이 없다는 사실을 기억하라. 따라서 세속적 사회로부터 그리스도인이 하는 것처럼 위험스러운 비저항과 같은 모험을 기대하기 어렵다.

따라서, 현실적인 정치적 평화 유지의 매개 변수들은 다음과 같이 진술되어야 할 것이다. 즉, 세상이 독재에 맞서 자기방어 및 정당한 혁명이라는 대안의 필요성을 느낀다면, 어떻게 국가 안보나 정당한 혁명을 위기에 빠트리지 않으면서 군사적 준비를 약화하고 감축할 수 있을 것인가라는 것이다. 이것은 인간적으로 훌륭한 정치라야 성취해 낼 가능성이 가장 높은 현실적인 목표라는 것이 나의 주장이다. 무기를 필요로 하거나 원하지 않는 세상에 대한 "기독교적" 비전을 위해 이러한 현실적 목표를 비난하는 것은 스스로 의로운 자로 여길 뿐이며, 누구에게도 도움이 되지 않을 것이다.

이런 식의 진술은 평화 유지에 대해 오늘날의 보편적인 관점과 전혀 다른 관점을 제공한다. "우리 도덕적 평화주의자"와 "그외 모든 부도덕한 전쟁광"에 대한 단순한 극단적 구별은 더 이상 가능하지 않다. 이제 정치적 스펙트럼의 사실상 모든 지점에서 지지자들은 안보가 보장되는 한 군사적 감축을 위한 모든 가능한 수단을 찾는 것이 전적으로 옳고 합당하다는 이론을 받아들일 수 있는 것처럼 보인다. 물론 "군사적 안보"를 위한 적정 수준의 군축이 어느 정도인지에 대해서는 다양한 견해가 있을 것이다. 그러나 이러한 토론은 얼마든지 가능하며, 다른 사람에 대한 도덕적 비난 없이도 해결될 수 있는 사안이다.

이제 평화 유지는 더 이상 의인과 악인의 싸움이 아니라 같은 목적을 추구하지만 방법론이 다른 사람들 간의 평범한 토론이 되어야 한다. 따라서 상황은 "상대화"되었다. 즉, 어떤 명분 그룹이든, 각자의 전략적 주장을 정직하고 선한 의도로 받아들일 수 있으며, 다만 상대적인 관점에서만 옳거나 그르며, 지혜롭거나 덜 지혜로우며, 실제적이거나 비현실적이며, 유익하거나 혼란을 조성할 뿐이라는 것이다. 이제 우리는 핵 기술 개발을 계속하는 것이 장래 러시아와의 상호 군축의 기회를 확장할 것이라는 레이건 행정부의 주장까지도, 가장 지혜롭거나 가장 확실한 방식은 아니지만, 평화 유지를 위한 정직한 노력이것은 결코 대통령의 핵전쟁 욕심이라는 비난과 같지 않으로 받아들여야 한다.

따라서 지혜로운 정치적 평화 유지자의 첫 번째 의무는 평화 유지 과정 자체에 대한 양극화를 해소하고 극단적 사고를 완화하는 것이다. 그는 시민에게 모든 과정을 공개하고 의심을 증폭하기보다 상호 존중과 신뢰를 구축하며 자신의 주장만 하나님의 진리라고 우기고 다른 사람의 생각은 악한 것으로 일축하기보다 모든 주장을 선의로 받아들여야 할 것이다. 평화 유지가 언급해야 할 세상, 그것이 함께해야 할 세상은 국가의 안보를 보장하는 동시에 불필요하고 위험한 군국주의를 멀리해야 하는 매우 어렵고 복잡한 문제를 안고 있다. 쉬운 해법은 없으며, 자신또는 성경이 해법을 제공할 수 있다고 주장하는 평화 유지자들은 별로 도움이 되지 못한다.

아니, 평화 유지를 위한 회담은 침착하고 냉정하며 합리적이고 정치에 정통한 토론의 장이 되어야 한다. 그것은 상호 만족할 수 있는 해법을 찾기 위해 공통적 문제를 다루는 합의 과정이다. 이것은 먼저 완전한 상호 존중이 이루어져야 하며, 이어서 가장 신중하고 조심스러운 발언과 청취, 대등한 주고받기, 협상, 중재, 타협 및 정치적 창의성을 필요로 한다. 반대로 평화 유지가 원하지도 필요로 하지도 않는 요소는 자신의 슬로건만 주장하는 행위, 상호 비난과 비방 및 맞고소, 분노와 혈기, 융통성 없는 오만함, 또는 "우리는 이런 시시한 대화를 더 이상 참을 수 없다. 우리는 이 문제의 해결을 원한다. 우리는 지금 당장 해결하기를 원한다"라는 과격한 발언이다. 평화 유지는 결코 분노로 해결되지 않는다.

따라서 우리의 결론은 다음과 같다. 신실한 신학은 자신의 방식대로 약속과 은혜에 대한 매우 감동적이고 영감 있는 선포가 될 수 있다. 마찬가지로, 현실적이고 실제적인 평화 정치는 나름의 방식으로 인간적인 유익을 끼칠 수 있다. 그러나 우리에게 필요 없는 것은 전적으로 평화로운 세계를 만들기 위한 정치적 방법과 수단을 가지고 있다고 주장하는 신성한 아르키즉, 신학적 권위에 대한 주장이다. 따라서 나는 우리가 하나님이 정하신 시간이 될 때까지 그의 역사하심을 기다려야 할지도 모른다고 생각한다.

내가 말하고 싶은 것은 분명하다. 즉, 우리는 여기서 "평화"에 대해서만 언급했지만, 우리가 다루는 이슈가 무엇이든 신학과 정치를 구별하는 본질적인 원리는 동일하게 적용할 수 있다는 것이다.

오늘날 종교와 정치에 관한 광범위한 토론은 대부분 우리가 말하는 "종교"나 정치의 명확한 의미를 놓치고 있다. 다음은 적어도 내가 생각하는 의미이다.

1. "그리스도인은 정치에 적극적이어야 하는가?" 물론이다. 정치에 관심과 흥미가 있다면 당연히 그래야 할 것이다. 그러나 동시에 내가 말하고 싶은 것은 어떤 성경이나 복음도 모든 그리스도인이 정치 활동을 거룩한 의무라고 여겨야 할 만큼 정치가 이웃을 섬기고 세상에 선을 행할 수 있게 하는 특별한 수단이라고 말하지 않는다는 것이다. 그럼에도 불구하고 그리스도인 역시 시민이며, 따라서 다른 시민과 동일한 정치적 지위를 누린다. 그리스도인과 불신자는 똑같이 정치적으로 참여하거나 참여하지 않을 수 있는 자유를 가지며, 정치적 책임도 마찬가지이다. 나는 그리스도인이 정치적 문제에 특별한 영향을 미쳐야 한다고 생각하지 않으며, 정치적 영역에서 특권을 누리거나 손해를 보는 일도 없어야 한다고 생각한다.

2. "그리스도인이 다원적 사회에서 정치적 수단을 통해 자신의 특별한 종교

적 가치관과 도덕성을 증진하는 것은 합당한가?" 물론이다. 그리스도인이 다른 신앙체계또는 비신앙적 체계와 마찬가지로 자신의 가치관을 증진하는 것은 타당하다. 오히려 내가 생각하는 문제점은 이러한 것들을 "기독교"또는 "종교적" 가치관이나 도덕성이라고 불러도 되느냐는 것이다.

다른 신앙체계와 마찬가지로, 그리스도인이 복음으로부터 특별한 가치 규범 및 도덕성을 끌어낸다는 것은 의심의 여지가 없는 사실이다. 그럴지라도, 우리가 이렇게 도출한 도덕성을 "기독교 도덕성"으로 규명하는 것은 중대한 잘못이라고 생각한다. 우리가 생각하는 것과 달리, 기독교-성경적 복음은 단지 여러 도덕 체계 가운데 하나의 탁월한 도덕 체계가 아니다. 즉, 단순히 인간의 선한 행위를 형성하기 위한 지혜로운 권면 이상이라는 것이다 아니, 복음은 본질적으로 역사에 나타난 하나님의 행위에 대한 설명이며, 선한 사람이 어떻게 처신할 것인지에 대한 도덕적 교훈이 아니다.

사회적 유익과 구원을 가져오는 "기독교-성경적 도덕성"과 같은 것은 없다는 말은 두 가지 관점에서 접근할 수 있다. (a) 그처럼 통일성 있는 기독교-성경적 도덕 체계가 존재한다면, 교회의 신앙 공동체는 왜 지금까지 한 번도 그런 체계에 대한 공감대를 형성하지 못했느냐는 것이다. (b) 지금까지 "기독교적"이라고 주장했던 모든 도덕적 체계는 다른 종교전적으로 세속적인 종교를 포함하여와 중복된 부분이 있다는 것이다. 기독교만의 독특한 요소가 있다면, 확실히 기독교에서 도출한 도덕 체계 안에 있는 것은 아니다. 그리스도인이라고 해서 잘 받아들이고 그리스도인이 아니라고 해서 받아들이지 않는 것이 아닌데도 불구하고, 그런 체계를 "기독교적"이라는 이름을 붙임으로써 특정 시스템 속에 가두는 것이 합당한가?

나름의 훌륭한 주장과 증거 및 성경적 근거와 함께, 다양한 도덕적 체계가 성경적 복음으로부터 도출될 수 있으며, 실제로 도출된 것이 사실이다. 따라서 교회가 분열되어 서로의 것을 "진정한 기독교 도덕 체계"라고 우기는 것은 아무런 유익이 없다. 뿐만 아니라 그로 인해 기독교적 사랑을 상실했다 나의 경우, 자유주의 좌파의 체계는 진정한 기독교적 도덕성이 아니며, 보수적 우파의 체계는 사실상 부도덕하다고 확신한다. 바꾸어 말해도 마찬가지이다 좌파는 성경을 부분적으로 해석하며 우파도 마찬가지이다. 나는 차라리 둘 다 기독교적 도덕성을 나타낸다거나 둘 다 기독교적 도덕성이 아니라는 말을 듣고 싶다. 두 주장 모두 일리가 있다 그러나 자신의 도덕성만 "기독교적 도덕성"이며 상대의 도덕성은 "비기독교적 도덕성"이라는 주장은 옳지 않다.

그렇다면, 모든 그리스도인은 기독교 신앙으로부터 도출한 도덕성이라면 그것이 무엇이든 상관없이 정치적 영역을 통해 증진할 권리가 있는가? 물론이다. 자신의 도덕성이 기독교적이라고 생각하는 한 그것은 당연하다. 그러나 도덕성을 공적인 정치적 영역에서 제시하러 나올 때는 "기독교적"이라는 형용사를 집에 두고 나오는 것이 현명하다. 그들은 "기독교"라는 용어가 자신의 도덕성에 신성함을 부여하지만 다른 사람에 대하여는 핸디캡이 될 뿐이라는 사실을 알아야 한다. 자신의 도덕성이 유일하게 참된 기독교적 도덕성이라고 "알고 있는" 다른 그리스도인은 엉뚱한 생각에 신성함을 부여한 상대에게 아무런 감흥도 느끼지 못할 것이다. 또한 하나의 입장에 대하여 "기독교"라는 이름을 붙이는 것도 확실히 유대교, 힌두교, 세속주의자 및 무신론자가 기독교를 받아들이는 데 있어서 큰 지장이 될 것이다. 아니, 복음에서 도출한 도덕적 관점일지라도 정치적 영역으로 가져갈 경우, 그 사상은 비신학적 방식으로 스스로 생존해야 하며, 신앙적 헌신과 상관없이 다원적으로 호소할 수 있는, 철저히 인간적인 지혜에 기초하여 설득해야 한다. 따라서 낙태를 신앙적 문제가 아닌 도덕적 문제로 접근하기를 바란다고 말한 레이건 대통령의 말은 옳다.

종교적으로 도출된 도덕적 사상은 종교적 주장의 형식이 아니더라도, 정치 시장에서 환영을 받고 있다. 그렇다면 그리스도인이 기독교적으로 도출한 가치관을 가지고 공적 영역에서 활동하는 것은 문제가 없는가? 물론이다. 그러나 세속적, 다원적 상황에서 정치적 장려를 위해 신적인 인정을 끌어들이는 것도 괜찮은가? 세속적 대중이 보는 앞에서 어느 것이 진정한 기독교 도덕성이고 어느 것이 부도덕한 배교인지 가리기 위한 내부 싸움을 하는 것이 과연 바람직하냐는 것이다. 나는 바로 이런 점에서 신앙과 정치는 엄격히 분리되어야 하며, 각자는 고유의 틀 안에서 나름의 전제에 기초하여 작동해야 한다고 주장해온 것이다.

그렇다면 여러분은 내가 어떤 형식의 "정치 안의 종교"를 주장하느냐고 물을 것이다. 그러나 이것이냐 저것이냐 즉, "'정치 안에 자유롭게 혼합된 종교'냐, '정치와 엄격히 구분된 종교'"냐라는 평범한 해법은 이처럼 복잡한 문제를 다루기에는 지나치게 단순한 방식이라는 것이 나의 생각이다.

3. 체제, 정당, 프로그램, 기관, 그룹 같은 "특정 정치 단체가 '기독교'라는 용어를 단체 이름에 포함하거나 자신을 '기독교'와 동일시할 수 있는가?" 기원이나 이데올로기와 관계없이, 이런 정치 단체가 많이 존재한다는 것은 두말할 필요도 없다. 그러나 일종의 신적 인정, 자신의 도덕적 우월성에 대한 하나님의 보장 및 초정치적 권위를 위해 그런 이름을 붙이는 행위는 확실히 문제가 있다.

칼 바르트는 "기독교"라는 이름이 들어간 정치 정당에 한 차례 이상 가입했으나 그가 호칭을 결정하는데 아무런 역할을 하지 않았다는 것은 분명하다. 아마도 그는 가장 이질적이고 비정치적이며 비인간적인 신앙적 이해를 주입함으로써 정치적 진리를 찾는 자들에게 편파적인 영향을 미치는 왜곡된 방식에 가장 강력히 맞선 사상가일 것이다. 그렇게 하는 것은 하나님을 당파적 정치의 수준으로 끌어내리는 범죄이며막 12장, 자신이 할 수 있는 최고의 정치적 지혜에 이르려고 애쓰는 인간의 노력을 파괴하는 범죄이다.

4. "교회의 직분자나 공식적인 단체목사, 회중, 지방 조직, 교단, 초교파 단체가 어떤 특정한 정치적 주장은 그리스도인만이 할 수 있는 충성과 순종의 수준을 보여준다는 의미를 내포하는 조례를 만들 수 있는가?" 이것은 교묘한 질문이다. 나는 이런 단체들이 전반적이고 포괄적이며 광범위한 정치적 목적에 대해 언급하는 것은 적절하지만 구체적이고 세부적이며 포괄적인 정치적 전략을 목표 달성을 위한 기독교적 수단으로 제시하는 것은 부당하다고 생각한다.

이를테면, 교회가 우리에게 세계 평화를 촉구하는 것은 타당하다. 그러나 "핵 동결"만이 목표 달성을 위한 유일한 기독교적 수단이라는 구체적인 주장은 적절하지 않다. 또한 교회가 그리스도인에게 태아의 권리에 대한 관심을 촉구하는 것은 옳다. 그러나 낙태와 관련하여, 어느 것이 도덕과 정의로 받아들일 수 있는 유일한 국법인가에 대한 구체적인 의견 개진은 교회가 할 일이 아니다. 나의 경우, 알콜 음료에 대한 가장 올바른 도덕법은 금주라고 생각한다. 그러나 이 법이 효과가 없다는 사실을 알기 때문에 다원적 사회를 위한 바른 법으로 지지하는 정치적 운동에 관심조차 없다.

이러한 문제들에 대한 나의 결론을 도출하게 한 도덕적 토대는 다음과 같다. 주목해야 할 중요한 사실은 모든 정치적 사상과 주장과 대안은 오류가 많고, 악한 인간의 산물로써 도덕적으로 완고한 사회적 상황의 제약 아래에서 이루어진다는 것이다. 이것은 아무리 기독교적인 주장이라고 할지라도, 어떤 정치적 주장도 선한 결과를 보장할 수 없다는 뜻이다. 가령, 평화 유지와 관련하여 기껏해야 일부 재앙을 피하고 일부 갈등을 완화하는 정도의 주장일 뿐, 확실히 사회 전체를 하나님의 평화의 나라로 바꿀 수는 없다. 그렇지 않으면 전적으로 무능하고 무기력한 주장이 될 수 있다. 그러나 특별한 해는 끼치지 않는다. 그러나 최악의 경우, 선한 의도에도 불구하고 기대와 달리 전혀 반대의 결과를 초래할 수도 있다. 한마디로 정치는 불확실한 영역이다.

따라서 도덕적 눈금을 0에서 100까지로 본다면, 하나님의 의는 100꼭대기이고, 모든 인간의 정치적 도덕성의 의는 바닥에 산재해 있다.가령, 0-3까지 이제 정치는 자신의 지평에 기초하여 바닥에 초점을 맞추어 작동하며, 따라서 바닥에 산재한 주장들가령 3.0에서 2.75까지 사이에 인식 가능한 중요한 차이가 있음을 발견한다.

그러나 교회가 신학적 사고하나님, 그리스도인이냐 아니냐, 하나님의 뜻, 하나님의 의를 끌어들임으로써 개입하게 되면 눈금에 대한 해석은 즉시 바뀐다. 이제 하나님의 의는 100에 위치하는 동시에 인간의 모든 정치적 대안은 불의로서 하나님의 판단 아래에 놓이게 되며, 3.0에서 2.75 사이의 차이들은 보이지도 않게 된다.

만일 교회가 자신의 엄숙한 정치적 선언과 조언비록 3.05일지라도이 사실상 2.75에 해당하는 이방인의 선언 및 조언과 아무런 차이도 구분할 수도 없을 만큼 같다는 사실을 인정하고, 교회가 국가와 세상의 정치에 맞서 의로운 판단과 정죄를 선포함으로써 자신의 정치를 동일한 정죄 아래로 가두게 된다는 사실을 고백할 준비가 되었다면, 전적으로 정확한 해석으로 이어질 수 있을 것이다.

그러나, 교회는 자신이 선택한 정치가 하나님의 뜻, 그의 의에 대한 표현으로써 "기독교" 정치라는 것을 공식적으로 선포함으로써 자신의 지위를 바닥에 있는 모든 불신자의 대안과 비교할 수도 없는 최고 눈금인 100에 둘 수도 있다. 확실히 이것은 실제적인 도덕적 눈금 배열에 대한 잘못된 해석이다.

물론, 특정 정치적 주장을 "기독교"의 주장으로 제시하는 것은 사실상 그리스도의 몸 안으로 아무도 원하지 않는 분노와 분열을 끌어들이는 행위이다. 확실히 교회는 지체 간의 신학적, 영적 분열을 최선을 다해 극복해야 한다. 이것은 교회가 지켜야 할 복음의 순수성과 관련된다. 그러나 성경 어디에도 교회가 세상의 정치적 정통을 보호할 권한을 위임받았다는 말은 없다. 나는 자신을 위대한 초교파주의자로 여기면서도 기독교의 하나 됨을 위해 노력하기보다 자신의 정치적 사상만 "기독교적"이라는 주장으로 그리스도의 몸을 분열시키고 다른 형제자매가 주장하는 대안적 기독교를 비난하는 그리스도인이 많다는 사실을 알고 있다.

따라서 우리는 교회와 복음을 정치화할 때마다 그리스도의 몸에 전적으로 불필요한 위해를 가하는 것이 된다. 예를 들면, 우리는 왜 네슬레 불매 운동처럼 의심스러운 문제로 인해 그리스도인의 연합을 위태롭게 하는가? 이 운동이 네슬레의 조제분유 오용 행위를 바로 잡으려는 순수한 정의감에서 시작되었다는 사실을 인정한다고 해도, 몇 가지 짚고 넘어가야 할 문제가 있다. (a) 우리는 왜 인간의 복지에 더 큰 위해가 되는 담배나 주류 산업에는 아무런 관심도 보이지 않고, 반대하기는 커녕 다른 신자가 그런 사업을 지원하는 것을 단념시키지도 못하는 상황에서 네슬레에 대해서만 모든 공격의 초점을 맞추는가? 우리는 어떤 도덕적 선택기준을 가지고 정치적 표적을 골라 정의를 위한 전의를 불태우는가? 솔직히 말해서 나는 교회가 네슬레의 제품 오용보다 자신의 제품성경적 신학에 대한 오용 문제에 관심을 가지는 것이 더 바람직하다고 생각한다.

(b) 네슬레의 행위가 아무리 잘못되었다고 해도 먼저 교회의 당파적 정치 권력을 결집하여 경제적 영향력을 통해 이 회사를 힘으로 공격하는 것이 인내하는 사랑의 복음에 일치하는 방식인지에 대한 의문을 제기했어야 했다. 경제적 불매 운동의 정당성에 대한 교회의 주장은 지역 회중이 기독교적으로 무익하다고 판단하는 교단 프로그램에 대한 재정적 지원을 중단하는 문제를 다룰 때에는 태도가 돌변한다.

그렇다면 왜 교회는 기독교 진리와 그리스도인의 연합을 지키기 위해 네슬레의 행위에 대한 도덕적 이슈를 제기하지 않았어야 했는가? 당시 교회는 (1) 불매 운동의 주동자, (2) 네슬레 집행부와의 대화를 통해 설득하는 온건한 접근을 선호하는 자, (3) 네슬레 문제가 아닌 다른 문제들에 초점을 맞추어야 할 필요성을 느낀 자들이 모두 기독교적 진실성을 가지고 있다는 사실을 인정해야 했다. 또한 모든 공동체는 그렇게 말하는 교회들에 대해 하나님의 말씀을 가진 자로 여겨 귀를 기울여야 했다. 그러나 그렇게 하지 못했다. 우리는 어떤 정치적 대안이 "기독교적 주장"인지에 대해, 오류가 없는 절대적 선포만이 "기독교적 용기"라고 믿고 싶어 하며, 이 선포에 동의하지 않는 자는 도덕적으로 같은 교리를 가진 형제라도 진정한 그리스도인으로 여기지 않는다.

"정치 안의 종교"가 이런 의미라면, 사실상 정치나 종교 모두에 아무런 기여도 할 수 없다는 것이 나의 생각이다. 이것은 하나의 정치적 주장을 하나님의 판단, 앞서 언급한 '다른 모든 대안들보다 높은 97개의 눈금' 밖에 두기 때문에 정치적 현실에 대한 왜곡일 뿐이다.

신앙인가 정치인가? 나는 신앙과 정치가 함께 하는 경우와 반드시 구별되어야 하는 경우 모두 의미가 있다고 생각한다. 내가 확신하는 것은 정치적-종교적-도덕적 교리는 아무런 유익도 주지 못한다는 것이다.

제8장

▶

기독교 아나키와 시민 불복종

이 책에 나오는 권위자들은 모두 기독교 아나키에 대한 진술을 위해 선정되었으나, 그들은 수시로 납세에 대해 다룬 성경으로 돌아갔다. 우리는 지금까지 많은 전문가의 견해를 들었으나 이제 우리 자신의 성경-신학적 분석에 들어가고자 한다. 우리는 이러한 성경적 기초로부터 시민 불복종 전반에 대한 고찰로 초점을 확장할 것이다. 납세 거부는 하나의 원형적인 사례에 불과하다.

납세 거부를 반대하는 성경 본문에는 그것을 뒷받침하는 근거가 제시된다. 이러한 근거는 상황에 따라 다르게 제시된다. 우리는 각각의 사례가 기독교 아나키 개념과 어떻게 직결되는지 이해하는 것이 중요하다.

I. 마가복음 12:13-17

우리는 마가복음 12장을 통해, 동전에 새긴 가이사의 형상은 그것이 가이사의 소유이며, 그에게서 나왔으며, 우리가 원하거나 가치 있게 여겨서는 안

되는, 마귀의 사악한 마몬임을 보여주기에 충분하다는 사실에 대해 살펴보았다. 가이사의 "돈"은 결코 우리의 것이 아니며, 우리의 소유가 되어야 하는 것도 아니다. 하나님도 그것을 자신의 것이라고 말씀하지 않으신다. 예수님은 하나님의 것은 하나님께 바치라는 말씀을 통해, 가이사가 만들었기 때문에 그의 것이라고 말씀하신 동전의 배금주의적 화폐제도에 대해서는 면해주신 것이 분명하다.

따라서 우리의 관심사는 이처럼 부정한 돈의 사용에 대해 누가 말할 수 있을 것인지에 대한 아르키의 권력 투쟁에 있지 않다. 가이사가 자신의 돈을 어떻게 사용할 것인지는 그의 소관이다. 하나님이 우리 그리스도인에게 가이사의 검사관이 될 것을 지시했다는 암시는 없다. 성경은 우리가 민주 시민으로서 감당해야 할 책임에 대해서도 언급하지 않는다. 나는 시민의 책임이 하나님의 것을 하나님께 바치는 성도의 가장 중요한 본분을 위협하지 않는 한 합당한 의무라고 생각한다.

어쨌든, 예수님은 돈과 관련하여 가이사와 싸우는 아르키로써는 이 중요한 본분에 집중할 수 없다는 사실을 분명히 하신다. 아르키 싸움 – 승자가 선한 자이든 악한 자이든– 은 하나님 나라의 임재나 그의 세상 구원과 전적으로 무관하다. 따라서 예수님은 우리에게 그런 문제로 싸우기보다는 가이사에게 그의 몫을 주라고 말씀하신다. 그렇게 함으로써 그를 계속해서 무시할 수 있기 때문이다. 이런 태도야말로 "반 아르키적"이라고 할 수 있다.

II. 로마서 12:14-13:8

나는 우리가 로마서 13장의 전통적인 "정당화" 해석에 얼마나 철저히 매여 있었는지 깨달았다. 이런 점에서 우리는 로마서 13장에 대해 더욱 세심한 관심을 기울일 필요가 있다. 이 해석에 대한 지지는 가장 흥미로운 대열에 합류하게 된다. 물론 모든 보수적 복음주의와 함께 기독교 우파는 로마서 13장에 대해 하나님의 통치를 따르기 위한 수단으로 선택된 정치 체제에 대한 보수적 입장을 지지하는 이러한 신학적 관점을 환영한다.

그러나 흥미로운 사실은 기독교 좌파 역시 전적으로 다른 이유와 목적 때문에, 이러한 정당화 해석을 환영까지는 아니더라도 큰 이견 없이 받아들인다는 것이다. 종종 제시되는 주장은, 마가복음 12장에서 예수님은 가이사에게 정당성을 부여하지 않지만, 로마서 13장에서 바울은 반대의 주장을 한다는 것이다. 양쪽의 주장이 드러난 상황에서 예수님은 확실히 바울보다 우위에 있다. 따라서 우리는 세금을 바치고 권세에 복종하라는 바울의 권면을 무겁게 받아들일 필요가 없다는 것이다. 대안으로 제시되는 주장은 다음과 같다. 물론 바울은 기존의 정부를 정당화한다. 그러나 그는 확실히 "선한" 정부를 염두에 두었다. 그러므로 세금을 내라는 권면은 세금을 받을만한 가치가 있는 정부에만 적용된다는 것이다. "받을 자에게" 세금을 바치라는 바울의 권면은 도덕적 자격이 있는 자를 가리키는 것이 분명하다. 따라서 바울이 염두에 둔 것은 오늘날처럼 "악한 제국"이 아니라 당시의 "선한" 로마 제국에 세금을 바치라는 것이다.

나는 우파나 좌파의 이러한 정치적 궤변을 피하기 위한 방법으로, 바울은 좌파나 우파, 정치적으로 선하든 악하든 평범하든, 정치 세계 전체를 불법화한다는 식의 로마서 13장에 대한 아나키적 해석을 주장하며, 따라서 어떤 종류의 정당화 논쟁도 고려하지 않을 것이다. 나의 주장은 "저자가 구약성경에 익숙하다는 전제하에 이루어진, 로마서 13장에 대한 해석"이라고 할 수 있다. 나는 이 전제에 대해 반대하는 자는 명백히 시대착오적이고 황당하며 무지한 자이기 때문에 논쟁할 가치도 없다고 생각한다.

1. 로마서 12:14-13:8 본문 전체에 나타난 바울의 문맥을 살펴보면, 권세에 대한 언급의 목적은 "결코 정당성을 주장하기 위한 것이 아니다." 그의 핵심 주제는 어떤 사람도 사랑하고 모든 사람과 평화해야 할 그리스도인의 의무에 초점을 맞춘다. 우리는 바울이 "너희를 박해하는 자를 축복하라 축복하고 저주하지 말라"롬 12:14라는 말씀으로 이닝을 시작하고 있음을 확인할 수 있다. 그는 이 주제를 2루까지 이어가며13:1, 그곳에서 "권세"에 대한 사례를 도입한다. 바울은 이 주제를 3루에서 산뜻하게 마무리한다.13:7 이어서 그는 출발지로 돌아가 "피차 사랑의 빚 외에는 아무에게든지 아무 빚도 지지 말라"13:8라는 진술로 홈플레이트를 밟는다. 깔끔하지 않은가?

따라서 "권세"는 이 의무에 대한 적용이 가장 어려운 자들 – 그럼에도 불구하고 하나님은 우리가 가장 강력히 거부하고 대적하는 그들까지 사랑하라고 말씀하신다– 에 대한 사례로 제시된다. 바울은 다른 곳에서 이 주제를 더욱 강조한다. "차라리 불의를 당하는 것이 낫지 아니하며 차라리 속는 것이 낫지 아니하냐." 이것은 물론 쉬운 일이 아니다.

따라서 예수님은 "[그들은] 자기들이 하는 것을 알지 못함이니이다"라고 기도하시고 "누구든지 네 오른편 뺨을 치거든 왼편도 돌려 대며," "누구든지 너로 억지로 오 리를 가게 하거든 그 사람과 십 리를 동행하고"라고 말씀하셨으며, 바울은 원수를 사랑하라는 명령을 위해, 우리의 도덕적 감정이 본능적으로 싫어하는 권력들을 사례로 든 것이다. 이러한 도덕적 감정은 결단코 하나님의 뜻과 일치하지 않지만, 우리는 어쨌든 계속해서 일치시켜 나가야 한다. 이 "차별 없는 사랑"이라는 해석이 옳다면, 7절"권세들"에 대한 결론은 사랑이라는 바울의 전체 주제와 일치해야 할 것이다.

"모든 자에게 줄 것조세와 관세와 존경을 주라"는 권면은 이러한 것들이 정당하다고 주장하는 권세들에게 아무 것도 주지 않는 자들에게 적용하면 가장 적합하다. 그러나 만일 이 절이 우리가 그것을 받을 가치가 있는 선한 정부에 대해서만 그렇게 하라는 뜻이라면, 우리는 "차별 없는 사랑"으로부터 "매우 차별적인 사랑"으로 바뀐 것이며, 바울은 사소하고 당연한 주장을 위해 기독교의 근본적인 주장을 잘라 먹은 것이 된다. "너희가 너희를 사랑하는 자를 사랑하면 무슨 상이 있으리요."[마 5:46]

그러나 이러한 절대론자의 해석은 바울이 "차별 없는 사랑"에 대한 자신의 고찰을 8절로 마무리함으로써 더욱 힘을 얻는다. 그는 "권세들"에 대한 사례를 멈추고 자신의 원리를 일반화한다. "우리 그리스도인은 권세들이 요구하는 세금이나 존경뿐만 아니라 모든 합당한 또는 부당한 것에 대해 저항하거나 거부해서는 안 된다. 아니, 우리는 아무에게도 하나님이 우리에게 주신 사랑만큼 주지 못했다. 그것은 우리가 갚지 못한 유일한 요구이다."

2. 우리는 로마서 13장을 해석할 때 바울이 다른 곳에서 언급한 로마 제국에 대한 주장을 고려하지 않을 수 없다. 물론 바울은 다른 본문에서 통치자들과 권세들과 이 어둠의 세상 주관자들과 하늘에 있는 악의 영들과 같은 것들에 대해 언급한다. 그러나 바울이 여기에 로마를 포함시킬 것이라고 믿을 수 있는 이유는 충분하다. 여러분이 구약성경의 관점을 원한다면 이렇게 설명할 수 있다. 랍비로서 많은 교육을 받은 바울은 애굽의 종살이로부터 시리아의 셀류시드 독재자들에 이르기까지 이스라엘을 학대한 이교도 박해자들에 대한 성경의 주장을 잘 알고 있었다. 따라서 나는 바울이 당시의 로마 정권을 이 대열에서 제외할 어떤 이유도 발견할 수 없다. 이러한 사실 자체는 우리에게 로마서 13장이 그들을 정당화한다는 해석을 쉽게 받아들이지 않도록 경고한다.

3. 바울과 로마의 관계 및 로마에 대한 지식 역시 그러한 해석을 경계한다. 우리는 앞서 바울이 경험을 통해 배운 내용에 대해 언급한 바 있다. 그는 로마가 유대 영토를 점령한 이교도 국가라는 사실을 알고 있었을 것이다. 바울은 어릴 때 예루살렘에서 랍비 교육을 받았다.행 22:3 아마도 그는 유대의 저항 및 로마의 잔인한 강제 추방-노예-십자가 처형에 대해 들었을 것이다. 다른 성도와 마찬가지로 바울에게도 로마의 이름은 "생명의 주를 죽인 자"였을 것이다.행 3:15 그는 불과 수년 전, 로마에 있는 그리스도인이 글라우디오의 명령에 의해 교회를 떠나 흩어져야 했다는 사실을 알고 있었을 것이다. 바울 자신도 제국이 자신의 사역을 방해하고 인격을 모욕한 사례를 얼마든지 들 수 있다. 따라서 로마서 13장이 그런 정부를 정당화한다는 해석은 우선하여 받아들여야 할 관점이 아니라 가능한 마지막 해석학적 대안이 되어야 할 것이다.

4. 바울은 "권세들"에 대한 본문을 시작하면서13:1a, 그들에게 "복종하라"고 명령한다. 나는 앞서의 장에서 "복종"은 "정당성에 대한 인정"이나 "충성"이나 "경배"를 의미하지 않는다는 바르트의 확신에 대해 살펴본 바 있다. 그것은 저항, 분노, 공격, 권력 다툼 등 바울의 핵심 주제인 "원수를 사랑하라"에 반대되는 어떤 것도 "하지 말라"라는 철저히 중립적이고 아나키적인 권면이다. 따라서 권세들에 대한 바울의 마지막 언급7절은 다른 저자와 마찬가지로 서두의 주제를 반복한다. "모든 자에게 줄 것을 주되"는 "권세들에게 복종하라"는 명령과 동일하다.

5. 로마서 13:1b-3은 정부가 "하나님이 세우신" 권세임을 보여준다. 탁월한 구약성경학자가 그렇게 말할 때, 나는 이스라엘 왕조의 제도가 그를 이해하는 데 가장 큰 도움이 될 수 있겠다는 생각을 했다. 그곳의 패러다임삼상 8장에서 백성이 세상 정부를 요구한 것은 하나님과 그의 나라에 대한 거부

임이 전적으로 명확하고 분명하며 명제적이다. 이스라엘 왕조조차 하나님에 대한 거부를 보여준다면, 로마 제국은 얼마나 더 그렇겠는가? 그러나 하나님이 "그렇다면 사무엘아, 너와 내가 해야 할 일은 우리가 가진 모든 것으로 그런 나라를 거부하는 것이다. 우리는 사울 왕조를 전복함으로써 백성이 세상 정부에 대한 잘못된 생각을 포기하고 내가 통치하는 참된 나라로 돌아오게 하자"라는 결론을 내리셨는가?

그런 결론은 탁월한 인간적 논리로 통할 것이다. 나는 오늘날 본질적으로 기독교 좌파의 논리가 이와 같다고 생각한다. 그러나 이것은 하나님의 논리가 아니다. 물론 하나님사무엘은 자신이 강력히 반대하는 나라를 세우도록 도우신다. 아니, 하나님은 이런 취지로 말씀하셨을 것이다. "사무엘아, 이 어리석은 자들이 세상 정부를 원한다면, 우리가 개입하여 우리가 가진 영향력을 발휘하여 이 제도가 가져올 손실을 최대한 줄이고 그것을 관리할 수 있을 만한 사람을 찾는 것이 좋을 것 같다."

하나님사무엘은 이스라엘의 잘못된 판단을 번복하게 하지 않고 존중하여 기정사실로 받아들여 그 일을 시행하신다. 하나님은 백성이 자신의 나라를 거부한 이상, 세금과 징병 제도를 비롯하여 세상 정부를 절대적으로 필요한 것으로 받아들이신다. 인정하신다는 말은 아니다 하나님을 원하지 않으면 세상 정부를 가질 수밖에 없다는 것이다. 따라서 "우리는 세상 정부가 세금과 징병 제도를 포기하게 해야 한다"는 오늘날 좌파의 주장은 매우 순진한 생각이다. 성경은 하나님 앞에서 정부의 본질적 불법성에 대해서도 전혀 언급하지 않지만, 인간의 종교가 세상 정부를 제거하고 하나님께 돌릴 가능성 역시 제기하지 않는다. 하나님은 그런 운동에 대한 어떤 암시도 하지 않으신다. 그것은 또 하나의 세상 정부를 만들기 위한 심각한 찬탈 행위일 뿐이다. 우리는 하나님이 받아들이신 것을 거부하지 않는 것이 옳다.

그렇다면 바울은 "정부가 존재한다는 사실은 그것이 하나님이 세우신 권세임을 보여준다"는 취지로 말하는가? 바울의 글을 구약성경과 같이 변증적으로 읽는다면, 확실히 그렇다. 바울은 세상 정부가 하나님의 권세를 불법적으로 찬탈한 사실을 알고 있다. 하나님사무엘도 그렇게 생각하신다. 그러나 로마에 대한 증오를 정당화하는 독자가 알아야 할 사실은 하나님이 자신에 대한 거부를 받아들이시고 세상 정부를 인간에게 필요한 제도일 뿐만 아니라 "정당화"는 아니더라도, 그것을 통해 더 큰 위험을 막고 약간의 유익을 얻을 수 있는 기정사실로 받아들여 그 일을 추진하셨다는 것이다. 따라서 바울은 그리스도인이 자기가 하나님보다 한 수 위라는 생각을 하지 않도록 경고한다. 하나님이 로마와 같은 괴물을 참으신다면, 우리가 참지 않는 것은 도덕적 영웅주의가 아니라 하나님이 세우신인정이 아니라 받아들이신 권세에 대한 교만한 저항이 될 것이다.

6. 바울은 4절에서 이러한 권세들을 "하나님의 사역자"라고 부른다. 바울은 그의 변증적 틀 안에서 탁월한 성경적 선례를 제시할 수 있다. 이와 관련하여 선지자 이사야는 이스라엘을 약탈할 준비가 된 잔인한 앗수르 무리에 대해 다음과 같은 여호와의 말씀을 전한다.

> 내가 거룩하게 구별한 자들에게 명령하고
> 나의 위엄을 기뻐하는 용사들을 불러
> 나의 노여움을 전하게 하였느니라
> 산에서 무리의 소리가 남이여 많은 백성의 소리 같으니
> 곧 열국 민족이 함께 모여 떠드는 소리라
> 만군의 여호와께서 싸움을 위하여 군대를 검열하심이로다

무리가 먼 나라에서, 하늘 끝에서 왔음이여

곧 여호와와 그의 진노의 병기라

온 땅을 멸하려 함이로다. 사 13:3-5

7. 우리는 여기서 이사야가 – 바울과 하나가 되어– 이교도 정복자를 "용사
들" 심지어 "사역자" 이라고 부른다는 사실을 보았다. 그러나 다른 본문에서
이사야는 이것이 "정당화"가 아니라는 사실을 확실히 보여준다.

앗수르 사람은 화 있을진저 그는 내 진노의 막대기요

그 손의 몽둥이는 내 분노라

내가 그를 보내어 경건하지 아니한 나라를 치게 하며

내가 그에게 명령하여

나를 노하게 한 백성을 쳐서 탈취하며 노략하게 하며

또 그들을 길거리의 진흙 같이 짓밟게 하려 하거니와

그[앗수르 사람]의 뜻은 이같지 아니하며

그의 마음의 생각도 이같지 아니하고

다만 그의 마음은 허다한 나라를 파괴하며

멸절하려 하는도다

그러므로 주께서 주의 일을 시온 산과 예루살렘에 다 행하신 후에 앗

수르 왕의 완악한 마음의 열매와 높은 눈의 자랑을 벌하시리라

그의 말에 나는 내 손의 힘과

내 지혜로 이 일을 행하였나니 나는 총명한 자라 사 10:5-7, 12-13

8. 본문에서 앗수르 사람의 죄로 인용된 것은 인간 아르키의 본질적인 죄와

같다. 그들은 이것이 인간의 역사를 좌우하는 자신의 총명함에서 나온 지혜와 손의 행위라고 생각한다. 우리는 심지어 하나님의 주권적 통치의 진리에 대한 거부를 은폐하기 위해 적극적인 그리스도인의 사랑과 제자도의 기치를 이용한다. 우리는 앗수르 사람처럼 자만에 차서 "내 손의 힘으로… 내 지혜로… 내 마음은 순수하기 때문에 열 배의 힘이 있다"고 떠벌린다.

9. 나중에, 제2이사야 및 이교도 페르시아 정복자 키루스와 함께 변증적 모순은 더욱 극단적이 된다.

> 누가 동방[바울에 관한 한, 서방으로부터]에서 사람을 일깨워서
> 공의로 그를 불러 자기 발 앞에 이르게 하였느냐
> 열국을 그의 앞에 넘겨 주며
> 이 일을 누가 행하였느냐 누가 이루었느냐
> 나 여호와라 사41:2-4

> 여호와께서 그의 기름 부음을 받은["메시아," "그리스도"]
> 고레스에게 이같이 말씀하시되
> 네 이름을 불러
> 너는 나를 알지 못하였을지라도
> 네게 칭호를 주었노라
> 내가 공의로 그를 일으킨지라
> 그의 모든 길을 곧게 하리니
> 그가 나의 성읍을 건축할 것이며
> 사로잡힌 내 백성을 값이나 갚음이 없이 놓으리라

[그러나 이것은 단지 내가 신하에 명하였기 때문이라]
만군의 여호와의 말이니라 사 45:1, 4, 13

10. 바울이 로마의 권세자들을 "하나님의 사역자들"이라고 부른 것에 대해, 그들이 하나님을 간절히 순종하고 섬기기를 원하는 선한 그리스도인이라는 식으로 해석하면 전혀 이치에 맞지 않는다. 그러나 바울의 글을 구약성경의 선지자적 멘토들과 함께 읽어보면, 본문 전체의 일관성 있는 의미를 파악할 수 있다. 하나님이 이사야가 "하나님의 용사들"이라고 부를 만큼 앗수르 사람들을 사용하신다면 하나님이 제2이사야가 "하나님의 메시아"라고 부를 만큼 페르시아 왕을 사용하신다면 우리는 하나님이 그와 같이 무익한 방식으로 로마를 사용하실 수 있을 것이라고 생각할 수 있다.

11. 구약성경의 병행구는 2-5항 전체를 뒷받침한다. 바울이 하나님께서 로마를 "사역자"로 이용할 수 있을 것이라고 볼 만큼 그들은 앗수르 용사들과 마찬가지로 악한 자를 처벌하는 일에 익숙해 있었다. 이것이 로마에 대한 바울의 "정당화"라면, 그들에 대한 가장 비꼬는 찬사가 될 것이다. 앗수르 사람들과 마찬가지로, 로마는 언제나 징벌하는 일에 열중했으며, 하나님은 그들의 행위에 대해서도 앗수르처럼 받아들였을 것이다. 그러나 그렇다고 해서 하나님이 로마를 자신의 정당화 사역에 사용하실 수 있다는 사실이 바뀌지는 않는다.

그러므로 이 모든 내용은 로마에 있는 그리스도인에게 다음과 같은 의미를 가진다.

a. 너희는 권세들이 너희가 스스로 초래한 하나님의 의로운 분노를 대신하게 하는 행악자가 되지 않도록 조심해야 한다. 하나님의 "심판의 사역자"

가 "악하다"는 것은 너희가 "선하다"는 증거가 될 수 없다. 미국 정부가 하나님의 정당성을 인정받지 못한다고 해서, 베리간Berrigan의 "시민 불복종"을 징계한 행위가 잘못되고 하나님의 뜻이 아니라는 증거는 결코 될 수 없다. 앗수르의 드러난 악이 이스라엘의 무죄에 대한 논거가 되는 것은 아니다. 실제로 로마는 많은 무고한 백성을 처벌했다. 이에 대해 하나님은 "원수 갚는 것이 내게 있으니 내가 갚으리라"[롬 12:19]고 말씀하신다. 그러나 그러한 사실이 로마가 심판이 필요한 자들을 징벌하는 "하나님의 사역"에 사용되는 것을 금할 수는 없다.

b. 특히 4-5절을 살펴보라. 너희 그리스도인은 로마 제국이 확실히 불신앙적이고 악하다는 사실을 안다고 해서 그들에 대해 거부하고 싸우는 것이 하나님의 뜻이 틀림없다는 단순하고 인간적인 결론을 내려서는 안 된다.

바울과 이사야는 문제가 없으나 예레미야의 경우, 이교도 압제자를 거부하지 않아야 한다는 주장을 가장 강력히 제시한다. 이것은 정확히 심판의 막대기가 하나님의 사역에 적극적으로 동참하기 때문이다. "왕과 백성은 바벨론 왕의 멍에를 목에 메고[바울의 경우 '복종하라'] 그와 그의 백성을 섬기소서[바울의 경우 '줄 것을 주되'] 그리하면 사시리라 어찌하여 당신과 당신의 백성이 여호와께서 바벨론의 왕을 섬기지 아니하는 나라에 대하여 하신 말씀과 같이 칼과 기근과 전염병에 죽으려 하나이까"[실제로 로마에 저항하지 말라는 바울의 권면을 무시하고 그들과 싸우다 죽은 유대인처럼]렘 27:12-13

너희는 하나님이 로마 제국을 특별한 용도로 사용하시는 것을 거부하고 있다. 심지어 너희는 하나님의 일을 넘겨받은, 그의 추수를 위해 남겨진 가라지를 뿌리 뽑으려 하고 있다. 하나님이 제국의 멸망을 원하시면, 얼마든지 그렇게 하실 수 있다.

그리고 만일, 너희가 제국과 싸우다 죽는다면, 반드시 악한 제국 때문이라고 할 수 없다. 너희의 죽음은 자동적으로 하나님을 위한 영웅적인 순교자의 죽음이 되는 것이 아니다. 그것은 로마 제국처럼 "역사의 주인"이 되려 한 자에 대한 하나님의 의로운 진노를 드러내는 것일 수 있다.

12. 따라서 바울은 5-8절에서 다시 한번 "복종하라" -저항하거나 다투거나 자신의 지혜와 의지를 믿지 말고 항상 사랑하라- 고 명령한다. 이것이 바로 너희가 세금을 바쳐야 하는 납세를 거부하지 않아야 하는 이유이다. 너희는 그렇게 함으로써 예수님으로부터 바울 자신이 책망을 받았던 것처럼 "가시채를 뒷발질"하느라 고생한다는 비난을 듣지 않아야 할 것이다. 즉, 바울이 그리스도인에게 했던 것처럼 너희가 하나님이 사역자로 사용하시는 로마의 역할을 방해해서는 안 된다는 것이다. 피차 사랑의 빚 외에는 **아무에게든지** 아무 빚도 지지 말라

앗수르 용사들을 사랑한다는 것은 결코 쉬운 일이 아니다. 그러나 너희가 그들에게 저항하는 대신 그들을 사랑함으로써 하나님께 복종할 때, 경건한 체하는 성직자가 너희에게 앗수르의 악을 인증하고 지지한다는 말로 죄의식을 느끼게 해서는 안 될 것이다. 로마서 13장이나 신약성경 어디에도 "악한 자를 대적하지 말라"마 5:39라는 명령이 그를 정당화하는 의미라는 함축은 나타나지 않는다. 마찬가지로, 이사야의 비저항은 앗수르의 군국주의를 정당화한다는 의미가 아니다. 예레미야의 바벨론이나 제2이사야의 페르시아, 바울의 로마, 그리고 오늘날 기독교 국가인 미국의 군국주의도 마찬가지이다.

끝으로, 로마서 13장에 대한 이런 해석은 가장 아나키적인 해석에 해당한다. 이 해석은 로마를 정당화하지도 거부하지도 않는다. 이것은 어떤 정치적

단체 - 국가, 정당, 이데올로기, 명분 그룹- 도 인정하거나 존중하지 않는다. 역사의 주인은 한 분뿐이며, 그는 하나님이시다. 각 아르키의 도덕적 행위 간의 상대적 차이를 부인하는 것은 아니지만, 하나님은 우리가 일반적으로 하나님이 뒷받침하실 것으로 생각하는 거룩한 아르키와 그가 반대하실 것으로 생각하는 악한 아르키 사이에 느끼는 차이를 인식하지 않으신다. 그러나 기원적 모델이 되는 이스라엘 이후, 모든 아르키는 자신이 세상의 구주이자 역사의 진정한 주인이라는 거짓 메시아의 불법적 주장으로 시작한다. 그럼에도 불구하고, 모든 아르키는 우리 모든 개인과 마찬가지로 심판 아래 있지만, 하나님은 어떤 아르키든 언제 어떻게 사용할 것인지 선택하시는 대로 도구로 삼으신다. 또한 그는 이 도구를 동일한 방식으로 심판하신다. 이것이 기독교 아나키이다.

III. 마 17:24-27

우리는 마태복음 17장에서 세금과 관련된 세 번째 권면을 찾는다. 이 권면은 전혀 다른그러나 가장 강력한 근거에 의해 뒷받침된다. 본문에서 세금은 "두 드라크마[반 세겔]"로 불린다. 이 돈은 유대인의 "성전"을 유지 및 관리하는 비용으로 사용된다. 그러나 본문에는 세 가지 주목할 요소가 나타난다.

1. 저자 마태는 이 세금이 자신의 논쟁에서 중요한 개념인 "성전"을 위한 것이라는 사실에는 관심을 기울이지 않는다. 사실 그는 성전 함락 후 -아마도 유대인이나 팔레스타인 사람이 아닌 자들을 대상으로- 이 복음서를 기록하고 있다. 그들은 오늘날 우리와 마찬가지로 마태가 특별한 "성전세"에 대해 언급하고 있다고 생각하지 않는다.
2. 마태는 로마가 성전을 함락한 후, 이 사건을 자신의 복음서 안에 기록했다.

만일 마태가 생각한 청중이 이 교훈을 읽을 당시에 "성전세"가 존재했다면, 아마도 이교도 로마 신전 유지비를 가리키는 것이었을 것이다. 부르스 F. F. Bruce는 적어도 일부 지역에서는 성전이 함락된 후에도 일정 기간 성전세가 유지되었을 것이라고 주장한다

따라서 우리는 마태가 결코 다음과 같이 설명했을 것으로 생각하지 않는다. "이 본문은 전적으로 예수께서 자신의 시대에 성전에 세금을 낸 사실에 대한 기록을 보존하기 위한 것이다. 나는 너희 시대에 이런 세금이 존재하지 않는다는 사실을 안다. 따라서 나는 이 사건이 우리에게 주는 말씀이라고 생각하지 않는다. 전혀 그렇게 생각하지 않는다. 정확히 세금과 관련된 우리의 상황은 다르기 때문에 예수께서 우리에게 어떤 세금을 거부하라고 가르치셨다는 결론을 내릴 수 있다."

3. 마가복음 12장 및 로마서 13장과 마찬가지로, 마태복음 17장의 본문 역시 일반적인 신학적-윤리적 원리를 다룬다. 이러한 본문들이 상황적, 특수적 사례 연구에 해당한다는 암시는 나타나지 않는다. 이 텍스트는 사랑이 많았던 1세기 그리스도인이 특별한 세금을 내어야 했다는 사실을 가르칠 뿐이라고 주장하는 사람도 있다. 이런 주장은 예수께서 우리가 악한 세금을 거부하기를 원하셨을 것이라는 추측을 가능하게 한다. 그러나 이와 같이 예수님바울의 말씀을 완전히 왜곡하는 해석이 충실한 "성경적 학문"이라면, 근본주의자가 보편적으로 비난을 받는 비학문적 "증거 본문 삼기"proif-texing 보다 훨씬 못할 것이다.

마태복음 17장 본문에는 전혀 수식이 없는 확실하고 솔직한 질문이 제시된다. "너의 선생은 반 세겔을 내지 아니하느냐." 대답도 분명하다. 베드로는 "글쎄, 말하기 어렵다. 경우에 따라 낼 수도 있고 안 낼 수도 있다. 질문을 구체적으로 하라"고 하지 않았다. 베드로의 대답은 결코 모호하지 않다. "내신

다."

어쨌든, 마치 세금은 그리스도인에게 아무런 문제가 되지 않는 것처럼 단호하고 퉁명스러운 대답은 확실히 약간의 설명과 이유를 요한다. 예수님은 "시몬아 네 생각은 어떠하냐 세상 임금들이 누구에게 관세와 국세를 받느냐 자기 아들에게냐 타인에게냐"라고 물으셨다. 베드로가 "타인에게니이다"라고 대답하자 예수님은 "그렇다면 아들들은 세를 면하리라"고 말씀하신다.

본문을 자세히 들여다보자. 이것은 예수님의 입에서 나온, 납세 거부를 지지하는 주장이다. 로마서 13장에서 바울은 우리에게 "세금을 받을 자에게 세금을 바치라"고 명령한다. 납세 거부자는 이 구절이 "세금을 받을 자격이 있다고 생각하는 정권에만 세금을 바치라"는 의미라고 강변한다. 우리는 앞서 이러한 주장이 잘못된 것임을 살펴보았다. 그러나 마태복음 17장에서 예수님은 정권의 합당성과 관련된 상대적 문맥화를 일체 생략한 체 다음과 같은 취지로만 말씀하신다. "베드로야, 너와 나에게 통치자는 오직 한 분뿐이다. 우리는 오직 한 주Lord의 주장만 인정하며, 오직 한 황제 ─ 즉, 전능하신 하나님 아버지─ 만 모든 것을 받으시기에 합당하다는 사실을 알고 있다. 그는 자기 자녀들에게 어떤 세금도 받지 않으신다. 베드로야, 그의 자녀로서 우리는 아무에게도 아무 세금도 낼 필요가 없으며 특히 저 악한 가이사는 말할 것도 없다. 우리는 자유하다!"

이 예수님은 아나키스트적 요소가 다분하다. 예수님은 혁명이나 체제, 좌파나 우파나 중도, 선하거나 악하거나 평범한 어떤 아르키든 관계없이 이렇게 말씀하신다, "나는 오직 내 아버지께 속한다. 나는 어떤 아르키에도 매이지 않고 누구에게도 충성할 필요가 없으며 그들에게 아무것도 원하지 않는다. 나는 그들의 주장을 인정하지 않으며, 그들이 나에게 받을 것이 있다는 생각도 하지 않는다. 하나님의 아들들은 자유하다!" 예수님은 이런 식으로 납세 거부자들보다 앞서가신다. 만일 그들이 생각하는 것처럼 세금을 바치는 것이 그것을 요구하는 정부에 대한 도덕적 평가를 전제로 한다면, 그들은 누구에게 어떤 세금도 바치지 않아야 할 것이다. 어떻게 예수께서 명백히 합당하지 않다고 선언하신 세금을 바침으로써 그에게 불순종하는 자가 되겠는가? 그것은 우리가 자유하다는 사실을 거부하는 것이다.

물론 이 자유의 의미에 대해서는 이어지는 구절에 잘 나타난다. 그럼에도 불구하고 예수님은 자신과 베드로는 세금으로 낼 것이라고 말씀하신다. 이것은 아르키를 인식하거나, 그것의 힘을 두려워하거나, 그것의 주장이나 권리나 공적을 인정하는 것과 전혀 무관하게 이루어지는 자유로운 행동이다. 예수님은 자신의 의지로 세금을 내지만, 이것은 결코 아르키와 그들의 행위에 대한 정당화가 아니다. 또한 예수님은 자신의 자유를 폐기하신 것도 아니다. 그는 어쩔 수 없이 세금을 내신 것이 아니라 아르키와 무관하며, 전적으로 하나님과 관련된 이유로 그것을 원하셨다.

세금과 관련된 세 본문 가운데 마태복음 17장에서 가장 분명한 논증이 제시된다. 이 주장은 본질상 변증적이다. 즉, 상호 직접적인 관련성은 없으면서도 어느 쪽도 간과할 수 없는 두 개의 상이한 개념 간의 긴장을 통해 작동한다. 따라서 변증적 사고는 우파와 좌파의 차이가 흑백처럼 분명하게 드러나는 단순한 도덕주의와는 정면으로 배치된다. 그러나 마태복음 17장의 흐름을 좇아가 보라.

1단계:세금을 내신다. "너의 선생은 반 세겔을 내지 아니하느냐." 이에 대해 베드로는 분명한 어조로 "내신다"고 말한다. 그러나 이 대답은 온전한 진리가 될 수 없다. 약간의 설명이 보충되어야 한다. 이것은 그리 간단한 문제가 아니다. 베드로의 대답은 윤리적 딜레마에 대한 해법 이상의 것을 제공한다.

2단계: 세금을 내지 않으신다. 따라서 예수님은 "변제하다"라는 "pay"의 일반적 의미에서 사실상 세금을 내지 않으신다는 주장을 제기하신다. 아니, 모든 가이사는 본질상 불법적이라는 사실을 생각하면 그리스도인은 어떤 제약도 받지 않으며, 사실상 누구에게 어떤 빚도 진 것이 없으므로 어떤 가이사에게 어떤 것도 바칠 필요가 없다. 자녀는 자유하다.

3단계: 가이사는 자신의 돈을 가져가지만, 예수님은 세금을 내든 안 내든 죄가 되지 않는다. 이제 예수님은 베드로에게 다음과 같이 말씀하신다. "우리가 자유하다는 것은 가이사에게 '변제한다'는 개념 없이 세금을 낼 수 있다는 것이다. 우리는 원수를 사랑할 수도 있고, 바르트가 말한 '하지 말라' - 분노하지 말라, 공격하지 말라, 파괴하지 말라, 실족하게 하지 말라- 를 실천할 수도 있다. 그러니 베드로야, 그에게 그의 돈을 주라. 그러나 너를 악한 자와 결탁한 자라고 비난하는 자들 때문에 죄책감을 가질 필요가 없다. 너는 '악한 자를 대적'하는 것이 하나님의 일이라는 사실을 알고 있다. 그러니 자유하라. 너는 그를 대적할 필요가 없다."

마태복음 17장에 대한 이러한 논리는 성경에 가득한 윤리적 변증의 한 사례로 보아야 한다. 본문을 형성하는 두 축은 다음과 같다. **부정적인 축**은 세상 임금들모든 통치자들과 권세들이 하나님과 맞서 경쟁하며 인간 사회를 통치하는데 열중한다는 사실을 보여준다. 하나님이 보시기에 그들은 불법적이며 심판 아래에 있다. 우리가 보기에도 마찬가지이다 그러나 하나님의 심판은 언제나 은혜로우며, 따라서 **긍정적인 축**은 이러한 반역적 권세들에도 불구하고 하나님은 "다시 한번 바르트의 말을 인용하면 사람들이 스스로 가장 강력한 행동으로의 부르심을 받았다고 생각하는 그 일을 '하지 말라'고 명령하시는 의외의 방식으로" 반응하심우리도 그래야만 한다을 보여준다.

이러한 변증은 사실상 낯설다. 이것은 죽어 마땅한 죄를 범한 아르키에 대한 하나님의 심판의 선언이자 그들을 생명으로 이끌기 위한 칭의의 심판 행위이기 때문이다. 그러나 이것이 하나님의 은혜이다. 성경 역사에서 하나님은 이스라엘 왕조를 합법화하신 적이 없지만, 그것과 싸우거나 혁명을 시도하지 않으셨다. 하나님은 불법적인 아르키의 부정을 드러내시면서도 완전히 갈아엎기보다 사악한 그들과 대조적으로 언제나 거룩함을 유지하신다. 아니, 하나님은 그들에 대해 분노하시거나 공격하시거나 파괴하시거나 실족하게 하지 않으시는 놀라운 인내와 사랑을 보여주신다.

그러므로 우리는 이러한 사실을 믿어야 한다. 모든 것을 자기 뜻대로 행하시는 하나님은 자신을 거부한 다윗의 불법적인 아르키를 사용하여 우리를 위해 참된 다윗의 후손, 우리의 방식이 아닌 그의 방식으로, 우리의 때가 아닌 그의 때에 아르키 정부의 세금과 징병 제도를 비롯한 모든 필요를 제거하실 유일한 합법적 왕을 나게 하셨다. 할렐루야! 승리의 날이 이를 것이다.

"하지 말라"NO라는 하나님의 "의외의 방식"은 언제나 그의 "합당한 사역"YES을 위해 일한다. 그러나 인간이 직접 YES로 감당하기 위해 NO를 회피하거나 거부한다면, 그때마다 YES를 가리게 된다.

따라서 이 전반적 변증의 대부분이든, 마태복음 17장의 일부이든, 우리는 같은 장소에 나타난다. 우리는 하나님이 불법화하신 아르키를 정당화하거나 하나님이 은혜로 도우시려는 아르키동일한 아르키다를 거부하는 죄를 범하지 않아야 한다. 따라서 예수님은 부정적 축을 위반하며 세금을 내실 것이며,

더 이상 긍정적 축을 위반하며 세금을 거부하지 않으실 것이다. 그는 먼저 하나님을 진노케 하지 않으시고, 이어서 아르키들을 실족하게 하지 않으신다.

우리는 여전히 마태복음 17장에 대해 다루고 있으며, 예수께서 합당하지 않은 정부들에 대해서도 세금을 내라고 말씀하신 이유를 살펴보고 있다. 마태복음 12장에 제시된 분명한 이유는 "가이사에게 데나리온을 바침으로써, 너희가 그의 훼방을 받지 않고 하나님의 것을 하나님께 바칠 수 있게 하라"는 것이다. 로마서 13장에서는 "가이사에게 동전을 바침으로 그를 사랑하지 않는 불순종에 빠지지 않게 하라"는 것이 이유이다. 이제 마태복음 17장에서는 "그들을 실족하게 하는 죄를 범하지 않기 위해" 세금을 바치라고 말씀하신다.

이것은 흥미롭다. 심지어 로마서와 베드로전서 1장은 그의 이름을 실족하게 하는 바위["거치는 바위" "걸려 넘어지게 하는 바위"]로 부를 만큼, "실족"이라는 성경적 단어가 예수님 자신과 관련하여 더 많이 나타나는 상황에서 우리에게 실족하게 하지 말라신약성경의 다른 책 7권에서 13차례 나타난다고 말씀하실 수 있는 이 예수는 누구신가? 성경은 두 가지 다른 "실족"을 염두에 두고 있음이 분명하며, 기독교 아나키 개념은 이러한 차이를 구별하게 도와줄 수 있을 것으로 생각한다.

우리의 준거의 틀은 이렇다. 그리스도인의 납세가이사의 요구에 어떤 정당성도 부여하지 않는 자유로운 행위로서 그에게 세금을 바치는 것는 예수님의 모든 실족하게 하는 행위의 모델이다. 이 지불은 전적으로 신학적이며, 아나키적인 행위이다. 그것은 오직 하나님 중심, 하나님에 대한 순종만 목적으로 한다는 점에서 신학적이다. 한편으로, 그것은 아르키를 전적을 무시한다는 점에서 아나키적이다. 이 행위는 그들과 무관하다. 그들이 우연히 그곳에서 예수님이 하신 일에 실족했다면, 그것은 그들의 소관이다. 그들을 넘어지게 하는 것은 그의 생각이 아니다. 그에게는 오직 하나님을 순종하려는 마음만 있을 뿐이다.

한편으로 그리스도인의 납세 거부는 전적으로 정치적이며, 지배 신앙적 행위이다. 그것은 하나님의 개입으로 초래된 특별한 변화와 관계없이 인간적 가능성 및 개연성의 공적인 영역 안에서 사건들에 영향을 주기 위한 전략으로써 사람들을 실족하게 한다는 점에서 정치적이다. 또한 그것은 나쁜 아르키에 대해 자신의 힘으로 개선할 수 있다는 확신을 가진 선한 아르키의 행위라는 점에서 지배 신앙적 행위이다. 이제 "실족"은 의도적 행위이며, 정치적 이익을 달성하기 위한 수단으로 사용된다.

그렇다면, 실족을 유발하는 두 가지 방식의 차이를 보여주는 하나의 흥미로운 비대칭에 대해 살펴보자. 마가복음 12장에서 예수님은 세금을 내시는 것으로 가이사에게 세금을 바치라는 권면으로 말씀을 마치시지만, 아무도 실족하지 않게 하려는 마음에도 불구하고 우파의 기존 체제나 좌파의 혁명 같은 주변의 아르키들에 대해 걸림이 되었다. 물론 제자 공동체를 포함하여 모든 파벌은 그의 십자가에서 이루어진 마지막 결탁의 순간에 이르기까지 실족했다. 예수님은 전적으로 우발적이지만 그는 누구도 넘어지게 하고 싶지 않으셨다 모두를 넘어지게 한 보편적 실족에 해당한다. 모든 아르키는 오직 하나님에게만 초점을 맞추고 자신들에 대해서는 무관심한 - 사실상 "하나님"의 것으로 보지도 않으시는- 예수님에게 상처를 받았다. 아르키가 받은 상처의 도덕적 의미는 이렇다. 즉, 그것은 예수님의 진리에 대한 확인이자, 그들의 잘못에 대한 심판이라는 것이다. 아르키에 대한 심판은 그가 세상에 오셨으나 세상은 그를 알지 못하고 실족하는 길을 택했다는 것이다.

한편으로 납세 거부로 인한 실족은 전혀 다른 구조를 보인다. 먼저, 납세 거부는 우발적이 아니라 나쁜 아르키를 넘어지게 하려는 의도적 전략이다. 둘째로, 그것은 보편적 실족이 아니라 일방적인 실족에 해당한다. 이 개념은 자신과 모든 신성한 아르키에 대해서는 환영하고 악한 아르키만 공격한다. 실족을 유발하는 것은 사실상 아르키 전쟁의 무기무력적 수단이다. 그러나 확실히 그들에 대한 정죄의 도덕적 의미는 예수님에 의해 실족을 당한 경우와 동일하다. 즉, 나쁜 아르키는 선한 아르키의 진리에 분노함으로써 스스로 정죄했다는 것이다.

이처럼 실족을 유발하는 두 가지 상반된 요소를 고려할 때, 예수님이 베드로에게 "그들이 실족하지 않게 하기 위하여" 세금을 내라고 말씀하실 때, 아르키가 상처받지 않도록 보호하는 것이 관심사가 아닌 것은 분명하다. 그들은 곧 실족할 것이며, 그렇게 된 것은 전혀 잘못된 것이 아니다. 오히려 예수님은 베드로에게 "아나키적" 태도를 가지라고 명령하신다. 즉, 자신의 아르키의 의로움을 내세우고 상대를 심판하기 위해 실족하게 하려는 아르키 싸움에 뛰어들지 말라는 것이다. 하나님의 진리가 아르키와 만날 때마다 발생하는 실족과, 하나의 아르키가 다른 아르키와 맞서 싸울 때 찾는 실족의 차이는 성경의 "실족"에 관한 본문을 이해하는 열쇠가 된다. "죄가 있어[즉, 실족하게 하고] 매를 맞고 참으면 무슨 칭찬이 있으리요 그러나 선을 행함으로[즉, 실족하게 할 마음이 없음을 보여준다면] 고난을 받고 참으면 이는 하나님 앞에 아름다우니라"벧전 2:20

우리는 이 시점에서 "납세 거부"로부터 "시민 불복종"으로 주제를 확장할 필요가 있다. 납세거부는 시민불복종의 특수한 사례에 해당한다. 내가 생각하는 "시민 불복종"은 특정 국가나 사회의 악에 맞선 그리스도인의 증거나 저항을 통해 이루어지는 의도적인 위법한 불법적 행위를 가리킨다. 우리는 나중에 이 범주에 해당하지 않는 그리스도인의 위법 행위가 있다는 사실을 알게 될 것이다. 그러나 지금으로서는 우리의 관심사를 앞서 규명한 "시민 불복종"에만 두도록 할 것이다.

이곳의 핵심 용어는 "증거와 저항"이다. 두 단어는 동의어가 아니지만 항상 함께 사용될 만큼 밀접하게 연결되어 있다. 어원학적으로는 '-를 위해 증언하다'라는 뜻이지만, "저항"은 인지된 악에 대한 불평을 가리키는 반면, "증거"는 제기된 선한 대안에 대한 보다 근본적인 확신을 가리킨다. 물론 불복종 행위 자체는 증거보다 저항의 의미를 더 많이 담고 있다. 그러나 여기서도 저항의 내용을 관찰해보면, 언어적이고 인식적인 요소가 따른다는 사실을 알 수 있다. 따라서 분노한 사람들이 길가에 가득한 장면을 보면 시위 중이라는 결론을 내릴 수 있다. 그러나 진정한 저항이나 증거는 누군가 우리에게 무엇 때문에 시위하는지 말해주기 전에는 효력이 발생하지 않는다. 어쨌든, "증거"와 "저항"은 "시민 불복종" 안에 두 개념을 분리해서 생각할 수 없을 만큼 밀접하게 연결되어 있다.

그렇다면 "정치적으로 실족하게 하는 것"시민 불복종 -특히 그리스도인의 사회적 증거 및 저항의 수단으로 사용될 경우- 에 대한 분석 및 탐구를 계속해보자. 그것은 어떤 구조로 이루어지는가? 그것은 무엇을 성취하고자 하는가? 그것의 도덕적 의미와 효과는 무엇인가?

그리스도인의 사회적 증거와 저항의 목적이 "사람들에게 억지로 자신에 대한 진리를 알게 함으로써 그들이 회개하고 변화하여 노선을 바꾸게 하는 것"이라는 주장은 옳은가? 이 목적을 화제로 삼아보자. 정확한 어법은 가령, '핵무기를 통한 평화' 같은 "특정 아르키를 주장하는 자들에게 이 아르키의 악을 제시함으로써 회개하고 변화하여 군축, 핵 동결 등의 아르키 지지자로 노선을 바꾸게 하는 것"이 되어야 할 것이다. 이 정도면 충분한 진술이라고 할 수 있는가?

"사람들에게 억지로 자신에 대한 진리를 알게 함으로써"라는 구절은 나중에 다루기로 하고, 우선 "사람들에게 진리를 제시하다"라는 진술에 대해 살펴보자. 확실히 우리의 증거와 저항이 가진 "무력성 및 강압성"보다 중요한 요소는 그 내용이 "진리"라는 사실이다. 그리고 그것이 실제로 "진리"라면, 증거와 저항은 가능한 분명하고 논리적이며 지적인 확신을 줄 수 있는 방식으로 진리를 제시하는 데 초점을 맞추어야 할 것이다. "설득"은 모든 참된 증거와 저항의 목표이다. 설득력 있는 내용을 제시하기 위해 가장 좋은 매개는 충분한 정보와 상세한 설명 및 확장된 논리라고 생각한다. 따라서 최상의 증거와 저항은 비공식적 대화, 공식적인 토론, 전화, 서신, 논평, 기사, 소책자, 강연, 설교, 책, 영화 등 사색적 내용에 적합한 형식이다. 우리가 전하는 내용이 "진리"이고 이것은 "우리의 것"이기 때문에 쉽게 단정해서는 안 된다, 그것을 듣는 청중이 그 내용에 상처를 받았다면, 그 상처는 진리를 듣고 거부한 자에 대한 심판으로 보아야 할 것이다.

그러나 상처를 받았음에도 불구하고 상대가 회개하지 않은 경우, 여러분은 어떻게 할 것인가? 이것은 어려운 문제이다. 나는 우리가 할 수 있는 유일한 일은 자신이 유권자의 마음을 얻지 못했다는 사실을 받아들이고, 가장 어려운 일이 되겠지만 유권자들이 행위가 확실히 악하거나 잘못되었다고 생각할지라도 여전히 다수결의 원칙에 따라야 한다는 사실을 인정하는 것이다. 이 나라의 국민 다수시민, 입법부, 행정부의 다수가 국방예산의 증가가 필요하다고 생각한다면 동의하기 어렵지만 따르는 수밖에 없다. 우리는 전국교회협의회의 임원들이 그리스도인의 지혜로 모임을 이끈다면 더 이상 바랄 것이 없을 것이다. 그러나 그들이나 다른 공동체가 다수의 뜻에 반하는 결정을 한다면, 악하거나 잘못된 것이다. 그러나 자신의 진리를 거부당한 것이 아무리 실망스러울지라도, 그리스도인은 민주적 절차를 전복하거나 무시하는 정치적 반대를 추진해서는 안 된다. 민주적 절차가 완벽한 것은 아니지만, 다른 방법은 더 나쁘다. 또는 바르트의 말처럼, "민주주의의 부족은 그것을 폐지한다고 개선되는 것이 아니다."

아니, 설득은 진리가 가진 유일한 힘이며, 이 힘은 진리와 일치한다. 따라서 만일 설득이 효력을 발휘하지 않으면, 계속해서 설득하는 방법 외에 다른 대안은 없다. 이 시점에서 가장 도움이 되는 것은 하나님만이 통치자시며, 그는 기쁘신 뜻대로 우리에게 나라를 주신 아버지라는 믿음을 가지는 것이다. 따라서 우리는 세상의 구원과 의의 승리는 우리의 설득에 달려 있지 않다는 사실을 알아야 한다.

우리는 이성적 설득을 위한 최선의 노력이 실패한 때 어떻게 할 것인가에 대해 살펴보고 있다. 그러나 일반적으로 이 경우에 어떤 일이 일어나고 있는가? 특히 우리가 세상의 생명과 핵으로 인한 죽음 사이에 오직 우리가 증거하고 저항하는 진리만 있다고 확신할 때, 우리에게 유권자들의 마음을 얻을 때까지 이성적으로 설득하는 외에 다른 방법이 없다는 사실을 받아들이기란 참으로 어렵다. 어쩌면 시간이 촉박할 수도 있다. 가만히 서서 악을 지켜보는 것은 도덕적으로 생각할 수 없는 일이다. 우리는 무엇이라도 해야 한다.

이 시점에서 가장 일반적인 움직임은 목소리를 높임으로써 우리의 증거와 저항을 강화하는 것이다. 목소리를 높인다는 것은 우리의 방식이 이성적 설득으로부터 분노, 집요함, 고소, 비난, 폭언, 엘륄이 말하는 "극화," 선전, 요구, 플래카드다섯 자 구호 속에 설득력 있는 주장을 담기는 어렵겠지만, 시위 등 "사랑 안에서 진리를 말하는 것"이 아닌 다른 방식으로 바뀐다는 의미이다.

이것은 우리를 "사람들에게 억지로 자신에 대한 진리를 알게 함"이라는 첫 번째 구절로 돌아가게 한다. 물론 "이성적 설득"은 이 목록에 포함되지 않는다. 그것은 상대가 자유로운 선택을 할 때까지, 동의하지 않고 마음을 바꾸지 않을 수 있는 그의 권리에 유의심지어 보호하기 때문이다. "억지로 진리를 알게 함"은 하나님과 그리스도와 "여호와께서 가라사대"라는 표현을 사용할 수 있는 선지자들 만의 특권이다. 그리고 나는 성경이 그리스도의 몸의 지체 모두에게 자신이 생각하는 진리를 억지로 알게 하거나 "우리가 가라사대"를 "여호와께서 가라사대"와 동일시하는 도덕적 권리를 부여했다고 생각하지 않는다. 우리의 진리, 즉 우리의 정치적 조언은 사람들에게 강제적인 권위를 가지지 않으며, 조심스럽게 제시되어야 한다. "이 상황에서 우리에게 옳은 것처럼 보이는 우리의 생각이 잘못된 것일 수도 있다"

"목소리를 높이는 것"은 그리스도인의 증거와 저항의 내용에 도움이 되지 않는다는 사실을 알아야 한다. 내용이 바른 진리로 드러날 수 있는 기회는 사상과 대화에 초점을 맞추는 "이성적 설득"의 단계에서 극대화된다. 증거와 저항을 "크게" 하는 것은 경청과 분석과 사색을 더욱 어렵게 만든다.

목소리를 높이는 것은 증거와 저항의 설득으로 관심을 끄는 데에도 도움이 되지 않는다. 큰 소리는 듣는 자를 설득하는 것이 아니라 제압하려는 노력으로 들린다. 세상은 얼마든지 "나는 당신이 소리 지르는 것을 멈출 때까지 듣지 않을 것"이라고 말할 권리가 있다. "사람이 성내는 것이 하나님의 의를 이루지 못함이라"약 1:20

그렇다면 왜 목소리를 높이는가? 그리스도인의 증거와 저항의 목적은 무엇인가? 대답은 "실족상처 주기"이다. 그것은 사람들을 화나게 만든다. 상처를 주는 행위는 나쁜 아르키의 관심을 끌고 반응을 촉구하게 하는 가장 효율적인 방법 가운데 하나이다. 또한 앞서 언급한 대로, 우리는 나쁜 아르키의 실족을 자신에 대한 진리를 거부하는 행위이자 그러한 잘못에 대한 심판으로 이해한다.

물론 이 대답의 문제점은 목소리를 높임으로써 유발한 상처가 증거와 저항의 내용진리에 대한 관심을 불러일으키지 못할 뿐아니라 증거-저항하는 자에 대한 공격적 행위를 초래한다는 데 있다. 증거와 저항의 설득력 있는 내용은 소란스러운 행위에 완전히 묻혀버리고 더 이상 설득력을 갖지 못한다. 만일 증거-저항하는 자의 공격적 행위가 문제가 된다면, 나쁜 아르키의 실족은 아르키에 대한 도덕적 심판이 아니라 증거-저항하는 자에 대한 심판이 된다. "죄가 있어 의도적으로 누군가에게 상처를 줌으로써 매를 맞고 참으면 무슨 칭찬이 있으리요 그러나 선을 행함으로 사랑 안에서 그리스도인으로서 증거와 저항을 함으로써 고난을 받고 참으면 이는 하나님 앞에 아름다우니라." 벧전 2:20

우리는 이와 함께 그리스도인이 목소리 조절의 고점, 즉 "시민 불복종" - 불법적 행위, 의도적인 위법 행위- 이라는 도구를 통해 증거하고 저항하는 데까지 이른다. 기독교와 시민 불복종의 관계에 대한 질문들은 오랫동안 나를 당황하게 했다. 그리스도인의 증거와 저항에 더해진 불법적 요소는 어떤 것인가? 증거와 저항에 불법을 더할 때 그것이 더욱 진실하고 신실해진다고 생각하는 이유는 무엇인가? 왜 불법이 증거와 저항을 더욱 효과적으로 만든다고 생각하는가? 내가 할 수 있는 유일한 대답은 "실족하게 하기 위해서"라는 것이다.

나는 특별히, 거의 모든 단체가 완벽하다고 생각하며 아무도 법을 위반할 이유를 찾지 못하는 무해한 법이라는 사실을 알면서도 그 법을 위반하려는 움직임에 대해 놀라지 않을 수 없다. 평화 운동의 조세 저항은 국가가 법을 만들어 세금을 징수할 수 있는 권리를 문제 삼지 않는다. 그들이 반대하는 것은 세금의 용도이다. 확실히 국세청은 이 부분에 대한 책임이 없으며, 영향력도 행사하지 않는다. 사실, 이 다툼은 다수결의 원리가 아닌 한 "법"에 대한 것이 아니라, 의회와 행정부 및 궁극적으로는 다수 국민의 마음과의 싸움이다. 그러나 위법 행위 및 증거와 저항은 명령 계통과 무관한 기관에 불만을 제기한다.

마찬가지로, 침입을 금지한 법의 정의는 징병소에 침입한 자들이 주장하는 내용과 관계가 없으며, 도로교통법이나 접근금지법은 그것을 위반한 시위대의 주장과 무관하다. 그들이 위반한 법은 그들이 제기한 이슈와 아무런 관계가 없다. 또한 그러한 법에 대한 위반은 그들의 증거와 저항이 옳은지 그른지에 아무런 영향을 주지 않는다. 그렇다면 이러한 행위의 목적이 단지 상처를 주기 위한 것이 아니라면 무엇이겠는가?

이제 시민 불복종에 대한 반응으로 초래된 상처의 이유와 원인에 대해 잠시 생각해보자. 우리의 민주적 과정에는 다수결 원칙이 포함하지만, 그것이 유일한 원리는 아니다. 이 원리와 조화를 이루는 또 하나의 원리는 선거 전에 그리고 선거 후, 다음 선거를 위해 그가 생각하는 중요한 명분이 무엇이든 누구든지 청중에게 자신의 증거와 저항을 제시하고 이성적으로 설득할 수 있는 기회를 가진다는 것이다. 그는 "명예훼손"과 "폭력 시위 선동"만 위반하지 않게 조심하면 된다. 아마도 역사상 어떤 나라도 이견을 가진 자에게 모든 생각을 자유롭게 제시하고, 언론과 정부가 모든 시민의 의견에 귀를 기울이는 이만한 표현의 자유를 부여하는 나라도 없을 것이다. 기독교 평화 운동이나 어떤 명분 그룹도 자신의 증거와 저항 활동으로 유권자들의 마음을 얻을 수 있는 기회를 박탈당했다고 비난할 자격이 없다.

그러나 이러한 자유 안에는 사회 계약에 의한 제약이 있으며, 원한다면 신사협정을 맺을 수도 있다. "만일 당신이 같은 내용으로 동의한다면, 나는 이러한 제약을 지키면서 증거와 저항 활동을 할 것이며, 그것을 벗어나지 않도록 자제할 것을 약속한다." 우리의 논의에서 "이러한 제약"의 의미는 자신의 증거와 저항을 확장하기 위해 불법적 행위를 수단으로 삼지 않겠다는 것이다. 또한 나는 선하든 악하든 그저 그렇든 시민 불복종 활동은 다음과 같은 반발에 직면할 수 있다고 주장한다. "이것은 규칙 위반이다. 당신은 자신의 증거와 저항에 대해, 우리가 정치적 목적을 추구할 때 생각조차 할 수 없는 특별한 권리를 주장한다. 만일 우리가 스스로 중요하다고 생각하는 모든 증거와 저항에 대해 불법적 시민 불복종을 허용한다면, 위법이 판을 칠 것이고 우리의 민주 사회는 무너질 것이다. 확실히 우리는 당신의 증거와 저항이 기독교적이라는 이유로 면제해줄 생각이 없다."

이것은 마치 규약을 논의하는 자리에서, 대표들이 마이크 앞에 줄을 서서 자신의 연설 차례를 기다리는 가운데 몇 명이 끼어들어 "그러나 내가 할 말은 중요하다. 나는 너희 같은 멍청이들의 시시한 말이 아니라 기독교 진리를 말할 것이다"라고 주장하는 것과 같다. 여러분은 그것이 아무런 상처도 주지 않을 것이라고 생각하는가? 자신의 증거와 저항에 대한 관심을 끌어모으기 위해, "차례를 기다리라"는 법을 위반하는 것은 그의 의도적인 전략이다. 이것은 자신의 명분은 공정한 경쟁의 룰을 중단할 만큼 중요하다는 확신 아래, 시민 불복종의 확성기 P. A. 시스템을 가로채려는 행위와 어떻게 다른가?

이것이 그리스도인의 시민 불복종을 정당화하는 논리가 아니라면 어떤 논리가 있는가? 우리의 민주적 전통에서 시민 불복종이 정치를 위한 합당한 수단이라는 주장은 근거가 없다. 그 경우, 이 게임의 이름은 "아무나 마이크를 잡으라"가 되어야 하지 않겠는가? 마이크를 잡을 특권을 가진 자는 누구이며 그렇지 못한 자는 누구인가?

나는 신문을 통해 자신은 정부 당국에 평화를 증거할 모든 방식을 적어 보내었으나 아무도 들어주지 않아 납세 거부라는 시민 불복종 운동을 전개한다는 마치 다른 사람이 자신의 진리를 받아들이지 않은 것이 문제가 있는 방식에 호소하는 행위를 정당화하는 것처럼 한 퀘이커교도의 기사를 읽었다. 나는 그가 민주적 절차에 대해 잘 알고 있다고 생각하지 않는다. 물론 그는 자유롭게 증거와 저항을 할 권리를 보장받으며, 얼마든지 그러한 권리를 행사할 수 있다. 그러나 그의 증거와 저항이 진실하기 때문에 다른 사람정부 전체도 그의 주장에 동의해야 한다는 보장은 없다. 선거는 공정했으며 유권자는 자신을 지지하지 않았다. 그는 다시 한번 밖으로 나가 다음 선거를 위해 그들의 마음을 붙들어야 한다.

성경이나 헌법, 다른 어디에서도 자신이 "최고"라고 생각하는 팀은 시합에 지더라도 규칙을 무시하고 선한 것, 참된 것, 아름다운 것은 무조건 승리한다는 불법적 방법에 호소할 수 있다는 원리는 찾아본 적이 없다. 시민 불복종으로 인해 초래될 수밖에 없는 상처는 전적으로 정당화되며, 상처받은 자의 도덕적 지위에 대해서는 어떤 언급도 제시되지 않는다.

확실히 악한 아르키 정부의회, 행정부 및 대중는 자신이 동의하지 않는 소수의 증거나 저항에 대해 전적으로 무시하는 경향이 있다. 그러나 원하든 원하지 않든, 이것은 민주적 권리이다. 나는 법을 제정하는 자들과 행정가들 및 대중이 평화를 주장하는 자들특히 존중하는 마음을 가진 자들의 편지를 읽고 그들의 말에 귀를 기울여야 하지만, 그들의 주장에 동의할 의무는 없다고 생각한다.

또한 시민 불복종 행위는 때때로 아르키에게 타격을 가함으로써 증거-저항하는 자에게 관심을 기울이게 하는 역할도 한다. 그러나 이러한 타격은 그 자체로 위법 행위이며, 아무런 내용을 담고 있지 않을 뿐만 아니라 어떤 메시지나 합리적 설득도 제시하지 않는다는 사실을 알아야 한다. 증거-저항하는 자가 - 법정이나 언론을 통해- 평화의 메시지를 설명하고 자신이 가한 타격은 의사소통을 위한 것이라는 변명을 할 기회를 가질 때에는 이미 야수가 깨어난 후이다. 그들은 "우리가 사람들에게 억지로 자신에 대한 진리를 알게 한 것은 그들의 유익을 위한 사랑의 행위라는 사실을 알아야 한다"고 주장한다.

그러나 증거-저항하는 자는 자신이 택한 방식 때문에 도리어 이성과 사랑의 온유한 설득을 위한 분위기를 조성하지 못하며 사실상 최악의 상황을 초래한다. 조금 전 타격을 당한 야수가 그들의 말에 귀를 기울일 가능성은 없다. 그는 몇 가지 이유 때문에 자기 앞에 있는 자를 평화의 메신저라고 생각하여 듣기보다는 사기꾼이나 악당으로 여길 것이다. 모든 상황은 전적으로 혼동된 도덕적 의미들에 대한 정치적 싸움판이 되고만다.

이제 증거-저항하는 자가 이 짐승이 입은 상처에 대해 어느 정도 책임이 있는지, 공정한 경기와 민주적 절차를 전복하려는 의도적인 공격적 행위에 대한 야수의 반응은 어느 정도 정당했는지, 그리고 진리를 직면하기를 거부한 야수의 실족상처에 대한 심판적 의미는 어느 정도 부여해야 하는지에 대해 정확히 규명할 수 있는 방법은 없다. 가령, 베리간에 대한 재판은 도덕적 의미나 계시적또는 악을 드러내는 가치를 부여할 수 없다고 생각한다. 그것은 확실히 세상이 심판과 정죄를 명확하게 선포했던 예수님에 대한 재판 및 십자가 처형과는 다르다. 정반대로, 시민 불복종의 정치 안에는 서로를 정죄하는 두 개의 세속적 아르키만 있을 뿐이다. 기독교 아나키스트로서는 "두 집 모두의 재앙"이라고 말하지 않을 수 없다.

이상은 내가 전략적 시민 불복종의 이치 및 배후의 논리를 이해하기 위해 최선을 다해 진실하게 노력한 결과이다. 나는 이 결과에 만족하지 않는다. 누군가 나에게 이 현상에 대해 보다 정확한 해석을 제시할 수 있었으면 좋겠다. 나는 기꺼이 들을 것이다. 나는 대부분의 기독교 납세 거부자들이 자신은 양심적으로 오직 하나님께 순종하는 마음으로 그렇게 한다는 확신을 가지고 있다는 사실을 알고 있다. 그러나 그들에게서는 그러한 확신을 성경적으로나 신학적으로 뒷받침하려는 노력을 찾아볼 수 없다. 그들은 실제로 자신의 행동에 대해 설명하고 변론하지만, 악한 아르키에 대한 강압적 증거와 저항의 정치적 용어만을 사용할 뿐이다.

나는 그들의 논리가 다음과 같다고 생각한다. 그들은 "그리스도인은 기존의 악을 정당화하는 죄를 범해서는 안 된다"고 생각하는 것이 분명하다. 그러나 그들은 이것의 의미를 "혁명적 반대에 동참하지 않는 모든 행위는 그러한 정당화에 동참하는 것"이라고 해석한다. 그들은 기독교 아나키라는 세 번째 대안을 보지 못한다. 이것은 그들이 하나님이 정한 때 정한 방식으로 완전하게 세우실 "이 세상에 속하지 않는" 나라를 믿지 않기 때문이다. 따라서 그들은 하나님의 나라의 도구로서 가장 가능성이 있다고 생각하는 신성한 아르키에 동참하여 지지하는 것 외에는 다른 방법을 찾지 못한다. 물론 그들의 근본적 오류는 인간의 사회적 운명이 무한한 "부활"까지 포함하는 신학적 가능성에 달려 있지 않고 정치적 가능성에 한정된다고 하는 가정에 있다.

그러나 이에 대해, "넘어지게 하는 바위" -그의 나라는 사실상 "이 세상에 속하지 않는다"- 는 베드로에게 다음과 같은 취지로 말씀하신다. "우리가 세상 통치자에게 세금과 같은 것을 바칠 의무는 없다. 참된 통치자의 자녀는 자유하다. 그럼에도 불구하고 베드로야, 세금을 요구하는 자에게 세금을 주고 거부하지 말라. 거부하는 것은 그들을 의도적으로 실족하게 하는 것이며, 우리를 상처만 주고받는 정치적 싸움판으로 끌어들일 것이다. 동시에 그것은 무죄한 진리에 걸려 넘어진 악에 대한 도덕적, 계시적, 심판적 능력을 상실하게 할 것이다."

여러분은 베드로가 다음과 같은 고백을 할 때, 이 대화를 기억했다는 사실을 생각할 필요가 있다. "죄가 있어[세금이나 다른 정당한 법을 의도적으로 위반함으로써] 매를 맞고 참으면 무슨 칭찬이 있으리요 그러나 선을 행함으로[실족하게 하기 위해서가 아니라, 아무런 의무가 없는데도 세금을 납부할 만큼] 고난을 받고 참으면 이는 하나님 앞에 아름다우니라"벧전 2:20

[주석] 우리는 이곳에서 고려하지 않은 다양한 "그리스도인의 위법 행위"에 대해 분명히 할 필요가 있다. 하나님께 순종하는 신학적 행위는 부당한 법에 대한 불복종을 포함하더라도, 바울이 복음 전파를 중단하라는 명령을 거부한 행위처럼 그것은 정치적 권력 다툼으로써의 위법 행위와는 전혀 다르다. 그것은 두 가지 형태의 실족 가운데 예수님으로 인한 실족에 해당한다. 바울의 행위는 정부에 대해 비난하고 정죄하기 위한 것이 아니었다. 사실 바울은 정부가 상처를 받았는지의 여부에 대한 아르키적 관심이 없었다. 이런 식의 기독교적 위법 행위는 "시민 불복종"이라고 부를 수도 없다. 그것의 유일한 목적은 하나님에 대한 순종이며, 국가에 대한 불순종은 전적으로 부수적인 것에 불과하다.

분명한 구분을 위해 리트머스지를 사용해보자. 위법 행위가 오직 하나님께 순종하기 위한 것이라면, 모든 미디어 노출은 이 목적에 전적으로 부수적인 것이어야 한다. 그러나 만일 미디어 노출이 의도적이고 그것에 가치를 부여한다면, 그 행위는 단순한 하나님에 대한 순종을 넘어선 정치적, 아르키적 동기에서 비롯된 것이 분명하다.

열심당의 경우, 예수께서 납세를 거부했던 그들의 시민 불복종을 인정하지 않으신 것은 분명하지만, 이것은 우리가 앞서 고찰한 사례들과는 경우가 다르다. 열심당은 불법적 행위 외에는 달리 증언과 저항자신을 압제한 제국에 대한 "저항"이나 자신을 구원하시기 위해 오실 메시아에 대한 "증거"의 수단이 없는, 억압과 지배를 받은 백성이었다. 그들의 "시민 불복종"은 고통에서 나온 자연스러운 신앙의 부르짖음이었다.

물론, 자신에 대한 가장 큰 불의를 불평 없이 참으신 분으로서 예수님은 이 절망적 인내자들의 행위까지도 심판하실 권세가 있다. 나는 이런 부류의 상황에 대한 도덕적 의견을 제시할 입장에 있지 않으며, 앞서의 고찰에서도 그와 같은 것은 고려하지 않았다. 우리는 여기에서 증거와 저항의 가장 큰 자유를 누리면서도 그것에 만족하지 못하는 자들에 대해 다루고 있다. 그들은 세상에 대하여 자신이 "옳다"는 것을 설득할 수 없는 좌절 속에서라면 세상 정치인마저 부인하는 특권과 면제를 요구하는 것이 옳다고 생각한다.

제9장

▶

역사가 일하는 방식: 아르키와 아나키

"지배 신앙"과 "기독교 아나키"에 대한 우리의 기본적 개념과 일치하는 두 가지 역사 이해가 있다. 이 두 가지는 인간 역사가 어느 방향으로 진행하며 그로 인해 어떤 상황이 초래되는지에 대해 전혀 다른 관점을 가지고 있다. 특히 우리는 여기서 사회의 도덕적 진보와 윤리적 성취에 대해 언급할 것이다. 우리는 "선"이 어떻게 사회적 실제의 특징이 되기를 기대하는가? 현재로서는 이 "선"이 세계 평화, 정의, 사회적 평등, 빈곤 퇴치, 인종 간의 조화, 가정생활 등 무엇이든 상관없다.

이런 점에서 본 장의 목표는 성경이 얼마나 확실하게 아르키적 관점이 아닌 아나키적 관점에 초점을 맞추고 있는지를 보여주는 것이다.

첫째로 "지배 신앙" 개념은 역사 이론이 어떤 모습이 될 것인지를 최대한 보여준다. 지배 신앙은 우리가 선하다고 생각하는 아르키가 악한 아르키를 대체하거나 그들을 선하게 바꿀 때 사회적 선이 실현될 것이라고 믿는 신앙이다. 악한 아르키에 대한 선한 아르키의 정치적, 인간적 싸움은 정확히 역사가 세상을 바로잡기 위해 일하는 방식modus operandi이다. 기독교적 용어로 표현하자면, 이런 방식을 통해 하나님의 뜻이 하늘에서 이루어진 것처럼 땅에서도 이루어진다는 것이다.

여기에서 "선"의 도구는 이처럼 확실하게 하나님을 섬기는 아르키로 이해된다. 그러나 선이 승리하는 이치를 이런 식으로 설명하는 다른 용어들에 대해 살펴보자. 우리는 이것을 점진주의라고 부를 수 있다. 점진주의의 기독교 버전은 하나님이 말씀을 통해 우리를 위한 어떤 목적을 가지고 계신지 말씀하시며, 점진적으로 배우고 실천하며 발전하고 가령 "평화"의 방식을 평화가 승리할 때까지 강화하게 하는 조직적인 아르키 작업을 제시하신다는 것이다. 물론 이 점진주의는 우리가 자신에 대한 하나님의 뜻을 최종적으로 성취하기까지 점차 도덕적 양육과 성장을 이루며 숙련되어가는 것이다. 우리가 이 개념을 도표로 나타낸다면, 도덕성의 바닥으로부터 시작하여 부침을 거듭하며 점차 높은 도덕성을 향해 나아가는 모습으로 나타낼 수 있다.

이 과정은 "점진주의"로서 "진보"라는 용어를 사용할 수 있다. 자동적이거나 불가피한 발전이라는 개념은 염두에 두고 있지 않다. "진보" 역시 목표에 이를 때까지 조금씩 증가한다는 개념이다. 이것의 원리는 "지속성"으로 규명할 수 있다. 이것은 우리가 생각하는 만큼 급진적이지 않을지라도, 급진적 단절"사회적 혁명"이 아니라 출발점부터 목표에 이르기까지 중단없이 이어지는 과정을 가리킨다. 끝으로 "승리주의"라는 용어는 선한 아르키가 악한 아르키평화 세력이 전쟁 세력에 대해를 이기는 상향 운동을 가리킨다.

오늘날 세상세속 사회에는 악에 대한 선의 점진적 승리 외에 다른 도덕적 성취의 수단을 생각하기 어렵다. 나는 대부분의 그리스도인이 당연하게 이것을 성경에 대한 바른 관점으로 받아들인다고 생각한다.

우리는 "하나님은 손이 없으며, 우리의 손이 그의 일을 한다"는 가정으로부터 출발하는 경향이 있다. 따라서 우리는 하나님의 뜻이 이 땅에 이루어진 다는 것은 우리의 뜻이 그곳에 이루어지는 방식이어야 한다고 생각한다. 그 결과, 우리는 성경을 도덕적 진보를 통한 아르키의 승리에 대한 매뉴얼로 읽고 사용하며, 성경이 이런 가정의 방식대로는 우리와 함께하지 않는다는 사실에 대해 주목하지 않는다. 이것은 역사의 일하는 방식을 완전히 다른 관점에서 이해한다. 나는 다음의 연구가 나에게처럼 여러분에게도 충격적이기를 바란다.

우리가 살펴본 "지배 신앙"은 아르키 싸움에서의 진보적 승리를 도덕 성취의 수단이라고 말한다. "기독교 아나키"는 긍정적인 방법이 무엇인지에 대해 어떤 암시도 하지 않는다는 점에서 지배 신앙과 다르다. 정확히 말하면 이 용어는 아르키를 이용하지 않고, 그들을 인정하지 않으며, "비 아르키적인" 무지배 개념을 가리킨다는 점에서 부정적이다.

또한 앞서와 마찬가지로 여기서도, 기독교 아나키는 하나님의 아르키 및 예수 그리스도골로새서 1:18의 말씀처럼 그는 아르키[으뜸]이시다와 전적으로 조화를 이룬다. 예수님만이 아르키이시기 때문에 그리스도인은 아르키를 주장하는 모든 세력에 대해 아나키스트적이 되어야 한다.

우리가 아나키스트 원리와 관련하여 살펴볼 성경의 주제는 "죽음과 부활"이다. 우리는 "은혜"라는 용어에 대해서도 살펴볼 것이다. 부활은 오직 하나님으로부터 오는 은혜의 선물이며, 인간이 스스로 할 수 있는 일이나 공로는 없기 때문이다. 이런 점에서 지배 신앙은 확실히 인간의 행위에 대한 교리이다. 나는 지배 신앙이 우리의 아르키를 택하여 거룩하게 하고 그들에게 승리를 주시는 것이 하나님의 은혜라고 주장함으로써 행위에 의한 의라는 비난을 피할 수 있다고 생각한다. 그러나 지배 신앙은 확실히 기독교 아나키와 같은 "은혜의 교리"가 될 수 없다.

죽음과 부활에 대한 연구의 주제 진술로서, 우리는 다시 한번 고린도전서 15:22로 돌아갈 것이다. "아담 안에서 모든 사람이 죽은 것 같이 그리스도 안에서 모든 사람이 삶을 얻으리라."

바울이 우리가 "아담 안"에 있다고 말할 때, "아담"은 하나님과 그의 권위가 없이 지내기를 원하며, 스스로 자신의 사람과 역사를 결정하고 싶어 하는, 보편적 인간의 성향을 상징하는 것이 분명하다. 이러한 성향은 오직 선악을 알게 하는 나무로부터 얻은 지혜apple-wisdom에 대한 의존과 그것이 우리를 도덕적으로 유능하게 할 뿐만 아니라우리가 선과 악을 구별할 줄 안다는 것은 분명한 사실이다 선이 승리할 수 있도록 솜씨를 발휘하게 할 것이라는 확신에서 비롯된다.

그러나 바울 사도는 단호히 아담의 원리는 성장과 성숙과 도덕적 발전을 초래하는 것이 아니라 파괴와 죽음을 가져온다고 주장한다. 따라서 바울이 말하는 "삶을 얻는 것"이나 도덕적 신실함으로 부르심을 받은 것은 우리가 "그리스도 안에서" 그와 함께 "새로운 생명"으로 부활할 것이기 때문에- 오직 하나님의 은혜로우신 개입을 통해서만 가능하다.

따라서 "죽음과 부활"의 그래프는 아르키 승리의 지속적이고 점진적인 상승과 전혀 다르다. 이제 도표의 선은 성금요일의 저점으로 떨어진다. 인간이 자랑하는 선악과의 지식이 우리를 혼돈에 빠트려 모든 선한 것들의 아르키기원, 원천이자 하나님의 은혜의 현현이며 우리의 "평화"이신 그를 죽이게 했을 때, 인간은 도덕적으로 죽은 것이다. 바울은 우리가 죽었으며, 그리스도와 함께 십자가에 못 박혔다고 말한다. 그의 진술은 확실히 십자가가 아담 안에서 모든 사람이 죽은 현장이라는 것이다. 바로 이 현장에 하나님이 개입하셔서 그래프의 선을 모든 사람이 삶을 얻는 가장 높은 수준으로 끌어올리신 것은 지속성이나 점진주의를 통해서가 아니라 부활의 반전이라는 철저하게 근본적인 분리를 통해서이다.

이 그래프에서 눈을 떼어서는 안 된다. 우리는 이러한 죽음과 부활의 패턴이 단지 예수 그리스도의 성금요일로부터 부활까지의 경험으로만 끝나지 않는다는 사실을 보여주어야 할 목적이 생겼기 때문이다. 이것은 물론 모든 발전의 정점에 해당한다. 그러나 성경은 처음부터 끝까지 이러한 패턴으로 가득하다. 대략 살펴보기만 해도, 이 주제를 다룬 17개의 다양한 본문을 찾을 수 있다. 이것은 성경의 모든 메시지가 이러한 아나키적 색채를 띄고 있을 것이라는 기대를 갖기에 충분하다.

1. 우리는 출발하자마자 첫 번째 사례 - 창세기 3장-를 만난다. 아담은 스스로 자신의 삶을 주관할 수 있다고 생각하여 그것을 가능하게 해줄 나무의 실과를 원한다. 하나님은 그에게 만일 열매를 먹으면 죽을 것이라고 말씀하신다. 열매를 먹은 아담은 즉시 죽는다.그래프의 선이 바닥을 치는 것은 순식간이다 하나님과 관련하여 그의 죽음은 하나님을 피하여 숨는 모습으로 드러난다. 아담 자신에게 죽음은 자신이 벗었음에 대한 지극한 수치로 나타난다. 타인에게 그의 죽음의 의미는 불과 몇 절 앞에서 "내 뼈중의 뼈"라고 말한 사랑하는 아내에 대해 "하나님이 [억지로] 주셔서 나와 함께 있게 하신 [바보 같은] 여자 그가" 그렇게 했다고 말한 사실에서 찾을 수 있다. 세상과 관련하여 그의 죽음은 에덴에서 쫓겨나는 모습으로 제시된다. 이야기는 끝났다. 그러나 우리는 21절 속에 부활과 관련된 짧은 텍스트가 숨어 있는 것을 볼 수 있다. "여호와 하나님이 아담과 그의 아내를 위하여 가죽옷을 지어 입히시니라." 하나님은 죽은 자들이 다시 살아가는 데 필요한 것을 제공하셨다. 이 이야기는 계속될 수 있지만, 확실히 이 장면은 하나님이 죽은 자를 살리시는 은혜로운 그래프에 해당한다.

2. 창세기 7장에는 죄로 가득한 인류를 수장시킨 홍수에 대한 묘사가 제시된

다. 23절이 보여주는 대로 "오직 노아와 그와 함께 방주에 있던 자들만" 남았다. 이야기는 끝났다. 그러나 아니다. 이어지는 장의 첫 절은 "하나님이 노아와 그와 함께 방주에 있는 모든 들짐승과 가축을 기억하사"라고 말씀한다. 나는 노아 이야기의 핵심은 인류가 계속된다는 것이라는 설교를 들은 적이 있다. 허튼소리다. 노아 이야기의 핵심은 하나님이 언제나 기억하신다는 것이다. 심판의 홍수로 수장되었든, 버림을 받았든, 우리의 유일한 소망은 하나님이 우리를 노아처럼 기억하시는 것이다. 이것이 죽음과 부활의 패턴이다.

3. 창세기 22장에서 아브라함에게 독자 이삭을 제물로 바치라고 한 명령은 개인의 종말일 뿐만 아니라 아브라함의 후손에 대한 모든 약속의 종말을 의미한다. 이야기는 끝났다. 그러나 갑자기 하나님이 개입하셔서 상황을 반전시키신다. "아브라함이 그 땅 이름을 여호와 이레라 하였으므로 [오늘날까지 사람들이 이르기를 여호와의 산에서 준비되리라 하더라]." 아브라함은 결코 그곳의 이름을 "우리는 할 수 있다"로 정하지 않았다. 이것은 죽음과 부활의 패턴이다.

4. "야곱"이라는 이름의 뜻은 "빼앗는 자"이다. 야곱이 자신의 이름대로 사는 한, 그의 그래프는 자신이 속였던 형을 어떻게 만날 것인지를 고민하는 바닥 지점으로 치달을 수밖에 없다. 사실 "빼앗는 자 야곱"새로운 "이스라엘"=하나님의 뜻이 이루어질 때까지 그와 싸운 자이 다시 살 수 있도록 죽어야 했던 곳은 그 겟세마네이다. 이것은 죽음과 부활에 대한 강력한 묘사이다.

5. 요셉의 이야기는 형제들의 버림을 받아 노예로 팔려간 요셉이 그 먼 애굽 땅에서 죄수로 지내는 하향 궤도의 그래프를 그린다. 하나님이 개입하셔서 요셉에게 꿈을 해석하게 하심으로 애굽의 통치자와 백성의 구원자로 다시 살아나게 하신 곳이 바로 그 최저점이다. 이 패턴은 인간의 점진적

향상이 아니라 죽음과 부활의 패턴이다.

6. 사무엘하 12장에서 다윗 왕은 밧세바와 죄를 범한다. 나단의 비유에 대한 다윗의 반응은 "여호와의 살아 계심을 두고 맹세하노니 이 일을 행한 그 사람은 마땅히 죽을 자라"는 것이었다. 그러자 나단은 "당신이 그 사람이라"고 말한다. 이것으로 이야기는 끝나야 한다. 그러나 13절은 "여호와께서도 당신의 죄를 사하셨나니 당신이 죽지 아니하려니와"라고 말씀한다. 다윗은 - 하나님이 은혜로우신 부활로 반전시키실 때까지- 죽음을 향해 가고 있었다.

7. 앗수르의 침략자들은 예루살렘을 멸할 준비가 되었으며, 이사야 10:33-11:1에서 선지자는 여호와께서 빽빽한 숲앗수르와 이스라엘의 모든 나무을 어떻게 심판하실 것인지 묘사한다. 그러나 이야기는 여기서 끝나지 않고 11:1로 이어진다. "이새의 줄기에서 한 싹이 나며 그 뿌리에서 한 가지가 나서 결실할 것이요." 이것은 물론 궁극적으로 모든 사람이 그 안에서 삶을 얻을 메시아의 나무이다. 우리는 여기서 처음으로, 개인과 관련된 독립적 사례가 아니라 세상 역사의 사회적 패턴으로서의 죽음과 부활을 만나게 된다.

8. 이어서 제2이사야는 위대한 53장에서 여호와의 고난의 종이 많은 사람을 위한 속건제물이 되어 사망을 이기시고 부활하시며 신원하실 것이라고 말씀한다. 우리는 여기서, 아마도 처음으로 죄로 말미암아 자신을 죽인 것이 아니라 자발적으로 자신을 내어주신 죽음을 만난다. 그러나 이 패턴이야말로 확실한 죽음과 부활의 패턴이다. 이 종은 완전한 사랑과 순종에도 불구하고 자신을 구원하지 않는다. 그는 하나님에 의해 부활한다.

9. 에스겔은 37장에서 마른 뼈로 가득한 골짜기에 대한 환상을 통해 광범위한 죽음과 부활에 대한 놀라운 장면을 묘사한다. 마른 뼈가 스스로 살아날

수 없다는 것은 분명하다. 오직 하나님만이 놀라우신 능력과 은혜로 이 일을 하실 수 있다.

10. 신약성경에 들어오면, 우리의 패턴이 미묘하지만 관련된 방식으로 제시되는 것을 볼 수 있다. 마가복음 8:34-35는 "누구든지 나를 따라오려거든 자기를 부인하고 자기 십자가를 지고 나를 따를 것이니라 누구든지 자기 목숨을 구원하고자 하면 잃을 것이요 누구든지 나와 복음을 위하여 자기 목숨을 잃으면 구원하리라"고 말씀하신다.

예수께서 "누구든지 자기 목숨을 구원하고자 하면"이라고 말씀하신 것은 인간의 도덕적 승리주의에 대한 언급일 것이다. 그는 이 방식이 실패할 것이라고 말씀하신다. 한편으로, 자신의 목숨을 자발적으로 잃으면 구원을 얻는다는 말씀은 부활의 질서에 관련된 내용을 함축한다. 어떻게 부활과 관계없이 목숨을 잃는 것이 목숨을 구원할 수 있는가? 죽음과 부활은 여기서 – 아마도 처음으로- 그리스도인의 모든 행위를 위한 기독교 윤리의 정교한 원리 및 모델로 제시된다.

11. 이것은 우리를 성금요일의 예수님에 대한 십자가 처형과 주일 새벽의 부활에 관한 복음서 기사로 데려간다. 마가가 자신의 복음서 절반 가까운 분량을 이 사건과 사건의 배경이 되는 수난 주간에 대해 다루었다는 사실이 매우 중요하다. 물론 이 죽음과 부활은 앞서 제시한 모든 다양한 사례들이 가리키는 패러다임이자 앞으로 다양한 사례들을 분출하게 될 패러다임이다. 우리의 모든 이론과 연구는 여기에 초점을 맞출 것이다.

12. 바울은 세례를 예수님의 죽음과 부활을 우리의 모델과 모티브로 삼는데 필요한 연결장치로 사용한다. 그는 로마서 6장에서 다음과 같이 진술한다.

무릇 그리스도 예수와 합하여 세례를 받은 우리는 그의 죽으심과 합하여 세례를 받은 줄을 알지 못하느냐 그러므로 우리가 그의 죽으심과 합하여 세례를 받음으로 그와 함께 장사되었나니 이는 아버지의 영광으로 말미암아 그리스도를 죽은 자 가운데서 살리심과 같이 우리로 또한 새 생명 가운데서 행하게 하려 함이라 만일 우리가 그의 죽으심과 같은 모양으로 연합한 자가 되었으면 또한 그의 부활과 같은 모양으로 연합한 자도 되리라 그가 죽으심은 죄에 대하여 단번에 죽으심이요 그가 살아 계심은 하나님께 대하여 살아 계심이니 이와 같이 너희도 너희 자신을 죄에 대하여는 죽은 자요 그리스도 예수 안에서 하나님께 대하여는 살아 있는 자로 여길지어다

생각해보라. 여러분은 그리스도 예수와 함께 세례를 받음으로써 점진적 승리주의를 버리고 죽음과 부활의 패턴을 받아들인 것이다.

13. 에베소서 2장에서 바울은 이 패턴을 우리의 개인적 세례 경험으로부터 사회 전체의 경험으로 가져간다. 그는 죽음과 부활을 유대인과 이방인이 화목하여 그리스도의 몸으로 하나가 되는 광범위한 사회적 성취와 연결한다. 이 증오의 골이 얼마나 깊은지 생각해보면, 이 화목은 아르키와 같은 방식으로는 결코 얻을 수 없는 가히 "혁명적인 사회적 변화"라고 할 수 있다.

바울은 이것이 일부 헌신적인 그리스도인이 갈등 해소에 대한 강의를 듣고 솜씨를 발휘하여 분쟁을 해결하는 것과 같은 차원이 아니라는 사실을 분명히 한다. 이것은 본질적으로 "긍휼이 풍성하신… 그 큰 사랑을 인하여… 우리를 그리스도와 함께 살리셨고 또 함께 일으키신"4-6절 하나님의 은혜로우신 사역이다. 이것은 하나님이 하신 일이다. 그는 우리의 화평

이신14절 예수님을 통해 그렇게 하셨다. 그는 십자가를 통해 평화를 회복하심으로 원수된 것을 소멸하셨다.15-16절 따라서 한때 멀리 있던 자들이 그리스도의 피로 가까워지게 되었으며13절, 그 안에서 둘이 한 새 사람으로 지어져 화평을 이루었다.15절

하나님의 방식으로서 죽음과 부활이 사회적 화목, 평등, 정의 및 평화로 이어진 것이다.

14. 성경을 끝맺기에 가장 적합한 책인 요한계시록의 유익은 죽음과 부활의 패턴을 우리가 지금까지 보았던 어떤 것보다 큰 준거의 틀로 묘사한다는 것이다. 이것은 세상 나라가 우리 주와 그의 그리스도의 나라가 되는 과정이자, 만물이 하나님 나라 안에서 자리를 잡는, 우주적 역사의 패턴으로 제시된다.

요한계시록 12:10-11에서 요한은 이 승리를 어떻게 얻었는지 보여준다. "이제 우리 하나님의 구원과 능력과 나라와 또 그의 그리스도의 권세가 나타났으니 우리 형제들을 참소하던 자 곧 우리 하나님 앞에서 밤낮 참소하던 자가 쫓겨났고 또 우리 형제들이 어린 양의 피와 자기들이 증언하는 말씀으로써 그를 이겼으니 그들은 죽기까지 자기들의 생명을 아끼지 아니하였도다."

우리는 지금 사탄을 이기고 모든 개인적, 사회적, 자연적, 초자연적, 우주적 악을 멸하시는 하나님의 최후 승리에 대해 살펴보는 중이다. 이것은 정의, 평화, 의의 궁극적인 상태를 보여준다. 이 승리는 어떻게 성취되었는가? 확실히 우리의 점진적 성장을 통해서는 아니다. 이것은 "어린 양의 희생," 그의 죽음과 부활을 통해 얻는다. 그럼에도 불구하고 요한은 우리 인간이 이 승리에 기여해야 한다고 말한다. 어떤 기여를 말하는가? 우리는 어린 양이 하신 일을 증거하는 일을 해야 한다. 또한 텍스트는 그러기

위해서는 우리도 예수님처럼, 우리가 너무 사랑해서 내려놓지 못하는 목숨을 내려놓아야 한다고 말한다. 우리의 증거의 패턴은 우리가 증거하는 그분과 마찬가지로 죽음과 부활의 패턴이어야 한다.

15. 요한계시록 11장에서 계시자가 적용하는 패턴은 우리가 가장 주의 깊은 관심을 가져야 한다. 앞서 살펴본 것처럼, 제도적 교회는 아르키 권력 및 특권의 전철을 밟으려는 경향이 매우 강한 것으로 보인다. 교회의 부르심에 대한 일반적 이해는 교회의 규모와 영향력을 키워 점차 사회를 "기독교화"하고 세상을 도덕적으로 발전시킬 수 있는 자리에 이르는 것이다.

그러나 요한계시록 11장은 전혀 다른 그림을 제시한다. 이 환상에서 신실한 교회는 부드러운 벨벳이 아니라 베옷을 입고 근본적으로 적대적인 세상에 맞서 겸손히 증거하는 두 증인의 모습으로 제시된다. 그들은 하나님을 섬기는 두 감람나무 열매 맺는 자와 두 촛대빛을 가져오는 자이다. 그들의 방식은 영광과 인정이 아니라 자신을 내어주는 순교를 향하며, 그곳에서 하나님의 확실한 부활을 통해 승리로 이어진다. 요한은 교회가 세상을 통과하는 방법은 죽음과 부활의 방식이 분명하다고 말한다.

16. 이어서 계시자는 그리스도인의 개인적 구원, 영생에 대한 소망은 기존의 영원성이 아니라 예수님의 부활과 같은 실제적, 신체적 부활에 있다는 사실을 분명히 보여준다.20:6 "이는 첫째 부활이라 이 첫째 부활에 참여하는 자들은 복이 있고 거룩하도다 둘째 사망이 그들을 다스리는 권세가 없고 도리어 그들이 하나님과 그리스도의 제사장이 되어."

17. 끝으로, 요한은 21장을 시작하면서 죽음과 부활을 하나님의 새 창조의 방식modus operandi으로 제시한다. "또 내가 새 하늘과 새 땅을 보니." 그는 '부활한' 하늘과 땅이라고 말할 수도 있었다. 그가 염두에 둔 것은 옛 질서를 완전히 버리고 처음부터 다시 시작하는 것이 아니라 재생이었기 때문

이다. 그는 이어서 "보라 하나님의 장막이 사람들과 함께 있으매"라고 했으며 계속해서 "모든 눈물을 그 눈에서 닦아 주시니 다시는 사망이 없고 '부활'이 아니고서 어떻게 가능하겠는가? 애통하는 것이나 곡하는 것이나 아픈 것이 다시 있지 아니하리니 처음 것들이 다 지나갔음이러라"고 말한다. 요한은 다시 한번 "내가 생명수 샘물[부활 생명]을 목마른 자에게 값없이 은혜로 주리니"라고 진술한다.

성경이 아르키를 무시하고 죽은 자를 살리는 완전한 아나키적 은혜를 우주적 역사의 일하는 방식으로 보았다는 사실에 의문의 여지가 있는가? 이것은 인간의 신실한 아르키적 노력이 하나님과 복음을 위한 승리를 가져올 가능성을 믿지 말라는 분명한 경고가 아닌가?

이제 여러분이 잘못된 결론에 이르기 전에 나의 결론을 제시하고자 한다. 앞 장에서 그리스도인의 평화 신학에 대한 강조는 세상의 평화 유지 정책을 금한다는 의미가 아니었듯이, 이곳에서의 하나님이 역사를 운행하는 방식에 대한 강조는 도덕적 발전이라는 인간적 아르키 방식을 금한다는 의미가 아니다.

결국, 하나님을 몰라서 자신이 원하는 모든 것을 다시 살리시는 하나님의 은혜로우신 뜻이나 전적인 부활의 능력도 알지 못하는 세상은 기껏해야 선악과의 지혜를 통해 스스로 "선"과 "악"을 결정하고 선은 장려하고 악은 버리는 것 외에 다른 도덕적 대안을 찾지 못한다. 하나님은 우리를 이처럼 타락하고 초라한 세상에 보내어 거하게 하시되 그것에 속하지는 말라고 하신 것이다.

아니, 이것은 어떤 역사의 방식을 받아들이고 어떤 방식은 거부할 것인가의 문제가 아니다. 이 문제의 초점은 바르트가 바울의 조세에 관해 진술했듯이, 그리스도인은 자신이 무슨 일을 하고 있는지 알아야 한다는 것이다. 여러분은 인류의 도덕적 향상을 위한 아르키 간의 싸움에 빠져 있다. 그러나 여러분은 자신이 어떻게 그곳에 있으며, 왜 그곳에 있으며, 무엇을 하기 위하여 그곳에 있는지 알고 있는가?

확실히, 그리스도인에게 가장 중요한 것은 자신이 그리스도인이며 세상에 속한 자가 아니라는 사실을 기억하는 것이다. 세상에 속한 자는 자신의 믿음 말, 돈, 힘, 열정, 소망, 꿈, 확신, 기대을 도덕적 진보를 위한 인간적 가능성에 둔다. 그들에게는 다른 대안이 없다.

그리스도인은 이런 죄에 빠진 세상을 불쌍히 여겨야 하고, 세상이 아르키를 부르짖으며 그것에 매달리는 이유를 알아야 한다. 그러나 그리스도인이 하나님이 사랑하시는 세상과 하나가 되어 그것을 도와주려는 마음에서 이런 엉터리에 속아 기독교 부활을 가능하게 하시는 하나님의 은혜로우신 주권에 대한 신앙을 경시한다면, 사실상 자신에게 주어진 사명을 망각하는 것이며 이것은 의사가 좋은 약을 버려둔 채 환자를 위로만 해주고 즐겁게만 해주려는 것과 같다. 그리스도인은 세상을 사랑하고 능동적으로 봉사해야 하지만, 세상의 자기 인식을 믿거나 그것이 주장하는 신앙을 받아들여서는 안 된다.

따라서 그리스도인의 모든 관심과 노력은 물론, 모든 신앙과 확신은 세상에 속한 자의 관심사가 아니라 성경의 핵심인 하나님의 부활의 은혜에 초점을 맞추어야 한다. 세상이 구원을 받았다면, 그것을 행하시는 이는 하나님이어야 한다. 하나님의 뜻이 하늘에서 이루어진 것처럼 땅에서 이루어진다면, 그것을 이루시는 이는 하나님이어야 한다. 엘륄의 말처럼 "사람은 하나님 없이 하나님의 뜻을 행할 수 없다." 하나님의 나라가 인간의 실제가 된다면, 오직 하나님이 자신의 기쁘신 뜻대로 그 나라를 주시기로 하셨기 때문이다.

물론 이 개념은 기독교의 일반적인 교리이다. 내가 주목하는 것은, 오늘날 그리스도인이 정치적 개입, 사회 활동, 도덕적 발전을 통해 세상을 사랑하라고 말하거나 글을 쓰는 데서 볼 수 있듯이, 성경적 신앙은 거의 들을 수 없고 세상의 지배 신앙만 가득하다는 것이다. 하나님이 하실 일과 사람이 할 수 있는 일에 대한 그리스도인의 우선순위가 뒤바뀌었다고 생각하지 않는가?

우리의 연구는 성경이 하나님의 은혜로우신 부활만이 개인적, 교회적, 사회적, 우주적 구원의 유일한 길을 형성한다는 사상에 집중한다는 사실을 보여주었다. 따라서 도덕성에 대한 아르키 싸움의 기능은 약화되어야 한다. 물론 세상은 정반대로 가고 있다. 오늘날 기독교 신앙은 그러한 도움을 필요로 하는 자들에게 사실상 세상의 구원이 달린 사회적 싸움을 결심하게 하며 동기를 부여하는 대안적 요소이다. 나는 신앙의 우선순위에서의 이러한 모순에 당황하지 않는다. 내가 근본적으로 당황하는 것은 사람들이 그리스도인이라고 생각하면서 세상의 방식에 동참한다는 사실 때문이다. 우리는 무엇보다도 우리가 해 아래서 하고 있는 일을 아는 것이다.

그러나 만일 기독교적 이해에 따라 추구되는 도덕적 향상을 위한 세상의 아르키 싸움이 구원의 방식이 아니라고 한다면, 그것은 도대체 어떤 긍정적 의미와 기능을 가지는가?

이 질문에 대해 그리스도인에게 꼭 필요한 것은 엘륄이 말한 것처럼 "실제적"이 되는 것이다. 즉 사물을 우리가 원하는 방식이나 그것에 대한 선전적 주장이 아니라 있는 대로 보아야 한다는 것이다. 따라서 이것은 단지 지배 신앙을 거부하는 성경적 신학이 아니라 그것을 거부하는 사회적 역사에 대한 객관적이고 편향되지 않은 관점이다. 물론 이 부분에 대한 전문가는 내가 아니라 엘륄이다. 앞서 살펴본 대로, 엘륄은 전문적 관찰과 평생의 경험을 통해, 현장에서 극구 칭찬받는 메시아 운동에도 불구하고 사회가 의미 있는 도덕적 진보를 이루고 있다고 생각하지 않으며, 특히 사회를 구원하거나 바로

잡지 못하고 있다는 사실을 명확히 제시한다.

또한, 나는 엘륄 및 그와 유사한 실제론적 역사가들이 가지고 있는 "모든 인류 역사는 대규모의 장기적인 도덕적 진보를 보여주지 못했다"는 생각에 공감한다. 기술적, 문화적, 지적 진보는 있었으나, 진정한 "도덕적" 진보로 부를 수 있는 발전은 없었다. 인간의 도덕적 상태는 언제나 훨씬 낮은 단계에 머물러왔다. 확실히 고정된 변수들 안에는 움직임이 있다. 우리는 한편으로는 진보를 이루고 있는 것처럼 보이지만, 한편으로는 후퇴하고 있다. 일정 시점의 도덕적 유익은 지속되지 않으며, 모든 것은 이전 상태로 되돌아간다. 한마디로, 점진적인 도덕적 승리의 그래프는 꿈이며, 역사적 사회적 자료는 그것을 뒷받침하지 않는다.

따라서 기독교 현실주의의 관점에서 볼 때, 우리는 지속적으로 반복되는 상황에서도 언제나 새로운 시대를 향하고 있으며 정의와 공의의 르네상스의 문턱에 있다는 흥분된 전망에 대해 의심할 필요가 있다. 이러한 전망의 점수는 아무도 맞추지 못한 예수님의 재림에 대한 전망과 점수가 같다.

특히, 기독교 현실주의자는 모든 새롭고 영리한 아르키들이 제기하는 메시아적 주장에 대해 의심을 해야 한다. "그렇다. 우리는 마카비 혁명이 그것이라고 생각했으나 아니었다. 로마 제국의 기독교화라고 생각했으나 그것도 아니었다. 계몽주의라고 생각했으나 그것도 아니었다. 볼쉐비키 혁명이라고 생각했으나 그것도 아니었다. 자유 언론 운동Student Free Speech Movement이라고 생각했으나 그것도 아니었다. 성적 혁명이라고 생각했으나 그것도 아니었다. 베트콩 혁명이라고 생각했으나 더더욱 그것은 아니었다. 미국의 생명 운동이라고 생각했으나 그것도 아니었다. 케네디 대통령의 위대한 사회라고 생각했으나 그것도 아니었다. 지금까지는 잘못되었으나 이번만은 다르다. 이것은 반드시 변화를 가져올 것이다. 이것은 진짜다. 그것은 페미니스트 운동이다. 아니, 해방신학이 바로 우리가 찾던 그것이다. 하비 콕스가 어떤 이름을 붙이든, 그것이야말로 진정한 메시야 운동이 될 것이다.”

기독교 현실주의자는 현재 진행되고 있는 상황에 주목할 필요가 있다. 참되신 하나님을 믿지 않기 때문에 의지할 곳을 찾지 못하면 세상의 미래에 대한 전적인 절망에 빠질 수밖에 없는 그들에게, 이것은 믿음의 고백이며 신에게 영광을 돌리는 행위이다. 이 행위의 일반적 이름은 “어둠 속에서의 속삭임”이나 이사야가 말한 “구원하지도 못할 신에 대한 기도”가 될 것이다. 물론 그리스도인은 이러한 결박을 당한 자들에 대해, 그들이 구원을 위해 바라보는 신의 영감을 받았다고 믿고 있는 아르키에 대한 열정을 완전히 버릴 것을 종용하는 한편, 그들을 불쌍히 여기는 마음을 가져야 한다.

그러나 아르키들이 세상을 구원할 수 없다면, 도덕적 향상을 위해 싸우는 모든 인간 아르키들은 아무런 의미나 가치가 없다는 말인가?

결코 그렇지 않다. 실제로, 루이스 캐롤Lewis Carroll의 거울 체스판은 인간의 도덕적 세계에 대한 매우 정확한 묘사로 드러난다. 붉은 여왕이 앨리스에게 설명했듯이, “이곳에선 제자리에 머무르기 위해 최선을 다해 뛰어야 한다.”

인류human race는 그야말로 경주race 중이다. 그러나 인간은 확실히 그 나라를 향해 달리지 않는다. 인류는 자신의 자리를 지키기 위해 달리며, 아버지께서 자신의 나라를 주실 때에 찾을 수 있는 곳에 함께 모여 있다. 우리는 이것이 극단적인 경주임을 알아야 한다. 나는 인간의 실존적 지위 및 인간의 도덕성이 얼마나 불확실한지에 대해 대부분의 사람이 알고 있다고 생각하지 않는다. 또한 나는 핵 전쟁을 특별한 위협으로 생각하고 있지 않다. 나는 이러한 물리적 위협보다 도덕적 위협이 더 파괴적이고 긴박한 위기가 될 수 있다고 생각한다. 우리가 신체를 존재를 보존함으로써 온 세상을 얻고도 도덕적 생명을 잃는다면 무슨 유익이 있겠는가?

따라서 기독교 현실주의자는 세상을 변화시키고 새로운 시대를 이끌겠다는 그렇고 그런 메시아적 명분에 대한 아르키의 수사학을 받아들일 필요가 없으며, 그렇게 하지 않는 것이 더 낫다. 그러나 그들은 실제로 아르키 가운데 들어가서 둑을 막은 손처럼 제방 전체가 터져 물난리가 나지 않도록 무엇이든 하라는 그리스도인으로써 부르심을 받는다. "아버지께서 나를 세상에 보내신 것 같이 나도 그들을 세상에 보내었고" 요 17:18 그리스도인은 그곳에 있을 필요가 있다. 그러나 더욱 중요한 것은 그들이 그곳에 있는 동안 자신이 무엇을 하고 있는지를 아는 것이다. 그들은 세상에 속한 자들의 지배 신앙에 동참하기 위해서가 아니라, 아르키를 무시하고 하나님과 이웃을 섬기기 위해 그곳에 있다.

나의 경우를 예로 들면, 나의 직업은 "교육자"로 알려져 있다. 나는 오래되고 훌륭한 아르키인 교육계에 오랫동안 몸담은 사람으로서 최근에는 좋은 평판을 듣고 있는 교육자이다. 그들은 사회 구원의 우선성을 주장하는 아르키 단체가 아니다. 나는 교육이라는 아르키 안에서 교수이자 신학 박사이며 기독교 아나키에 관한 유일한 책의 저자이다. 아마도 여러분은 이런 사실을 알고 있을 것이며 이곳은 내가 마음대로 이런 진술을 해도 무방한 유일한 곳이다, 이런 품격은 총장이 학사 학위를 수여하면서 깔끔하게 정리한 것처럼, 문명사회에서 누릴 수 있는 모든 권리와 특권에 덧붙여 얼마든지 더 나열할 수 있다. 이런 말을 해서는 안 되겠지만, 한 마디로 교육에 관한 한 나는 잘나가는 사람이다.

그러나 이런 아르키에 헌신하고 있으면서도 나의 입장은 여전히 아나키적이라고 나는 생각한다. 나는 아르키 안에 있지만 결코 그것에 속한 사람이 아니다. 나는 교육계가 나를 아르키로 밀어 넣지 못하게 했고, 오히려 마음을 새롭게 하여 교육 숭배의 부당성을 드러냄으로써 교육계를 변화시키고자 했다. 교육계가 나를 주조하는 대신 내가 교육계의 구조적 균열과 틈을 메우려 했거나 균열과 틈을 드러내려 했다. 나는 무엇보다도 교육계의 노력을 현실적으로 보려고 했다.

가령, 나는 졸업생이자 오래된 교수이지만 한 번도 라번 대학이 세상에서 가장 작지만 위대한 대학이라는 대학 홍보부의 말을 믿은 적이 없다. 그렇지 않다. 라번 대학은 다른 모든 대학보다 못한 것은 아니지만 특별히 훌륭한 것도 없다. 나에게 사랑이나 돈을 준다고 해도 내 생각은 달라지지 않을 것이다.

나는 "교육은 도덕적 통찰력의 성장을 초래할 것이기 때문에 미국의 보편적 공교육은 경건한 나라를 만들 것"이라는 20세기 초 월터 라우센부쉬 Walter Rauschenbusch의 사회-복음 신앙을 공유하지 않는다. 나는 이 노교수의 모든 업적이 젊은이로 하여금 그가 표방한 순수와 선을 향한 삶을 살도록 영향을 주었다는 개회사를 받아들이지 않는다. 젊은이는 더욱 타락했을 가능성이 높다. 나는 대학의 강령이 보증금이라고 생각하지 않는다. 나는 우리가 세상에 진리와 의를 전할 새로운 세대를 교문밖으로 보낸다는 사상을 비웃는다. 교육의 목적이 그것이라면, "나는 진실하리라, 나는 참된 마음으로 빛을 따르리라"라고 노래하면서 자원하여 교문을 나선 학생들의 세대는 더 나아져야 했을 것이다.

나는 환상에 빠지지 않는다. 나는 교육이 돈을 많이 버는 방법 외에는 아무것도 가르쳐주지 못한 학생들이 많이 있다는 사실을 알고 있다. 나는 교육을 받지 않았으면 더 나았을 것으로 생각되는 학생들을 알고 있다. 그들에게 덧붙여진 "지식"은 그들을 더욱 위험스러운 존재로 만들 뿐이다. 나는 이미 자기들의 길에 들어 서 있는 사람들의 삶을 변화시켰다거나 "더 나은 사람"
이 되게 했다고 주장하지 않는다. 오늘날 우리의 교육계는 결코 과거의 교육
받지 못한 시대보다 도덕적으로 낮지 않다. 오히려 교육은 자체적으로 새로
운 도덕적 문제를 초래하고 있다.

그러나 나는 나에게 주어진 삶과 교육에 대한 열정을 후회하지 않는다. 내
가 바라는 것은 내가 그곳에서 손으로 둑을 막고 있지 않았을 때의 상황둑이
터졌거나 말라버렸겠지만, 어쨌든 보다 나빠지지 않는 것이다. 그러나 그것으로 충
분하다. 나는 내가 하나님이 나에게 원하시는 자리에 있다고 확신한다. 나는
나의 가치, 나의 구원, 세상의 구원에 대한 나의 희망조차 아르키 활동에 바
치지지 않았기 때문에, 무익한 종이라는 고백을 하는데 아무런 문제가 없다.
나는 어느 곳에 도달하기 위한 경주가 아니라 선한 경주, 즉 모든 것을 제 자
리로 돌리고 반드시 지켜야 할 영역을 더 이상 빼앗기지 않는 아르키로부터 기대
할 수 있는 전부이다, 선한 싸움을 싸웠다. 또한 이러한 평가가 사실이라면, 나는
나의 사치스러운 비현실적 정년퇴임 만찬보다 훨씬 행복할 것이다.

이런 식의 사례는 아르키 안에서의 그리스도인의 역할이 무엇인지를 잘
보여준다고 생각한다. 이 역할은 중요하며, 아르키적 관점에 따른 것이 아니
라 완전히 아나키적 관점에 따른 것이다. 따라서 나는 교육계에 몸담고 있지
만, 나의 신앙은 그것에 매인 적이 없다. 나는 이미 그것보다 나은 하나님께
속한 자이기 때문이다. 그는 나를 구원하실 자이다. 따라서 내가 봉사하는 아
르키가 무엇이든, 나는 아나키 형제 엘뤽과 함께 할 것이다. "나는 때때로 예
수 그리스도에 대해 증거할 기회를 가진다. 나의 말이나 글을 통해 누군가 그
가 없는 모든 인간적 계획은 유치해질 수밖에 없는 특별하고 유일한 분인 구
주를 만난다면 나는 만족할 것이며, 그로 인해 오직 하나님께 영광을 돌릴 것
이다."

제10장

▶

고양이 가죽을 벗기거나
선한 목적을 달성하기 위한 다양한 방법

나는 많은 그리스도인이 특정 아르키 신앙이 자신의 신조에 중요하다고 생각하는 이유를 안다. 그들의 논리는 다음과 같다. 선한 사람물론 우리 그리스도인이 신성한 권력 집단으로서 조직을 통해 자신의 선을 세상에 수여"부과"로 해석하라하지 않으면 세상의 향상은 결코 기대할 수 없으며 사회는 지옥으로 미끄러져 내려가고 말 것이다. 이 주장의 특징은 사회적 선을 초래하는 것은 오직 한 가지 방법뿐이라고 가정한다는 것이다.

이러한 주장에 동조할 뿐만 아니라 사실상 불가피한 결론이라고 생각한다는 말을 들으면 놀랄 것이다. 우리가 **정치적 실재인** 인간의 가능성 및 개연성만이 유일한 실재라고 생각한다면, 하나님의 팔은 없고 우리의 팔만 있다면, 하나님이 인간의 공적인 문제에 개입하기로 결정하지 않으셨다면, 하나님이 화면에서 사라지거나 밀려났다면, 그렇다면 사회적 구원에 대한 우리의 유일한 희망은 선한 사람이 메시아적 아르키를 가지고 악한 세력과 싸워 새롭고 정의로운 나라를 세우는 방법밖에 없을 것이다.

이것이 우리의 유일한 희망이라면, 우리는 적어도 이것이 얼마나 비참한 희망인지 솔직히 인정해야 할 것이다. 앞서 살펴본 대로 칼 바르트는 인간 집단이 평화와 정의의 사회로 바꿀 수 있는 지배권과 능력을 가지고 있다는 주장이 얼마나 거만하고 잘못된 것인지 신학-성경적 관점에서 보여주었다.

또한 우리는 성도의 의로운 혁명이라는 개념이 결코 20세기 후반에 생겨난 것이 아님에도 불구하고 끊임없이 이어졌다는 사실을 보았다. 그러나 혁명이 성공했든 실패했든, 사회적 유익은 없거나 미미했다. 메시아적 아르키의 직접적인 활동은 결코 좋은 성적을 얻지 못했다.

끝으로, 우리는 그리스도인으로서 성경 신학자이자 사회정치 과학자인 자끄 엘륄의 개인적 증언을 들었다. 그는 수년 동안 기독교 사회 운동에 매달렸으나 결국 비현실적이며 비효율적인 방법이라는 결론만 내리고 물러났다.

그럼에도 불구하고, 이것이 고양이 가죽을 벗기는 유일한 방법이라면, 그렇게 해야 할 것이다. 그러나 우리가 정직하다면, 이러한 우리의 희망은 아무런 소망이 없다는 사실을 인정해야 할 것이다.

그러나 적어도 마지막 두 장에서 나는 "방법은 하나뿐이다. 그 일을 해야 한다면 우리는 우리의 힘으로 그 일을 해내야 할 자들이다"라고 말하는 폐쇄적이고 제한적이며 대안이 없는 시스템으로부터 벗어나기 위해 노력했다. 그렇다면 복음, 자유하게 하시는 하나님의 말씀을 들어보라. "고양이 가죽을 벗기는 방법은 여러 가지이다." 이는 확실히 복음 사전 어딘가에서도 들을 수 있는 속담이다.

정치는 진리가 아니다. 그것은 온전한 진리도, 유일한 진리도 아니다. 하나님의 개입으로 초래된 실제적인 사회정치학적 변화에 대해 말하는 **신학**도 있다. 역사가 **일하는 방식**은 도덕적 승리를 향한 점진적 진보라는 인간적 방식과 다르며, 인간과 다른 전적인 타자Wholly-Other-than-Human의 은혜와 능력으로 부활을 가능하게 한다.

나는 10장에서 일반적으로 혁명과 계급 투쟁의 특별한 영역으로 생각하는 급진적이고 광범위한 구조적 사회 변화에서 제대로 작동할 수 있고 실제로 작동했던 또 하나의 방식에 대해 설명하고자 한다.

그리스도인이 정부나 사회 체제에 대해 정치 세력을 형성하여 적대적으로 맞서거나 누군가를 비난하거나 싸우는 일 없이 사회 활동 및 봉사를 통해 많은 선한 일을 할 수 있으며 실제로 그렇게 했다는 사실에 대해서는 앞서 들었던 것을 다시 한번 상기할 필요가 있다. 오늘날 해방주의자는 이러한 노력에 대해 세상을 변화시키기 위한 자신들의 대규모 활동에 비해 하찮은 활동이라고 경시하는 잘못을 범하고 있다.

사회 활동의 결과는 신속하거나 대단한 것은 아니지만, 구조적인 변화에 미치는 영향에 있어서는 오히려 혁명보다 후한 점수를 줄 수 있다. 이러한 활동은 압력이나 부담이 아니라 사회적 귀감이 되는 방식을 택함으로써 주변의 사회 구조에 개선 효과를 가져온다. 현재 일부 국가의 상황이 아무리 안 좋을지라도 우리는 기독교 사역자 및 봉사자들이 들어간 이후로 그들이 가지 않을 때보다 사회적 정의가 더 나아지지 않은 나라는 없다고 말할 수 있다. 혁명적 자유주의는 사회적 변화에 도움이 되는 유일한 방법이 **아니다**. 목적을 달성하기 위한 방법은 많다.… 그러나 이곳에 제시된 사례 연구는 단순한 기독교적 모델이 아니라 훨씬 직접적인 활동에 대한 것이다.

나는 다른 저서 *Towering Babble*, pp. 169-79에서 소위 '자발적 자기 복종'을 독특한 기독교적 방식으로 발전시킨 바 있다. 고양이 가죽을 벗기는 데에도 여러 가지 방법이 있지만, 선한 목적을 달성하는 방법 또한 다양하다. 이 구절과 '아르키 싸움'이라는 표현 간의 **문자적** 대조는 뚜렷하다. 그러나 이 개념을 더욱 분명히 제시하기 위해, 가장 근본적이고 본질적인 진술에 해당하는 마가복음 8:34-35의 예수님의 말씀을 인용하고자 한다.… "누구든지 나를 따라오려거든 자기를 부인하고 자기 십자가를 지고 나를 따를 것이니라 누구든지 자기 목숨을 구원하고자 하면 잃을 것이요 누구든지 나와 복음을 위하여 자기 목숨을 잃으면 구원하리라." 이 책에 대해서는 자세히 언급할 시간이 없지만, 이 책은 이 개념을 더욱 깊이 발전시키며 사실상 신약 전체를 요약한다.

나는 오늘날 많은 그리스도인이 적어도 '자기 복종'을 다른 사람과의 인격적 일대일 관계를 위한 방법으로 활용한다는 사실을 알고 있다. 그러나 정치 개혁, 급진적 사회 변화, 인간 해방, 사회 정의의 실현과 같은 영역과 관련된다면, 그들은 이 방법이 타당하다거나 적용가능하다는 생각을 전혀 하지 않는다. 이런 차원에서 그들은 '정의'를 '평등을 위한 정치적 싸움'이라는 의미로 받아들인다.

이런 점에서, 예수님과 신약성경은 해방론자들을 당황시킨다. 그들의 관점에 의하면, 예수님과 그를 따르는 신약성경 신자들은 정의로운 사회를 요구하며 투쟁하는 오늘날 개혁자들의 모습으로 나타나야 한다. 문제는 그들의 관점과 실재가 서로 어긋나며 따라서 설득력을 갖지 못한다는 것이다.

그들은 초기 교회가 끔찍한 불의가 만연한 사회에서 살았다는 사실을 알게 될 때 더욱 당황한다. 그러나 초기 교회는 이러한 악과 싸우거나 저항하기보다 용서했다. 이러한 모습은 광범위한 사회뿐 아니라 공동체 안에서도 찾아볼 수 있다. 바울이 빌레몬에게 보낸 짧은 서신은 많은 사람을 어리둥절하게 한다. 본문에서 바울은 노예제도와 직접 맞서지 않을 수 없는 상황으로 몰리지만, 노예제도에 맞서는 것을 포기한 것처럼 보인다. 그는 부당한 제도에 대해 저항하기 위한 어떤 움직임도 보이지 않으며, 빌레몬이 노예 소유주라는 사실에 대해서 한 마디의 책망도 하지 않는다.

그러나 나는 빌레몬서에 대해 해방론자와 전혀 다른 관점에서 해석한다. 나는 이 짧은 서신을 분명한 기독교적 자기 복종을 통해 성취한 사회적 정의의 모델로 받아들인다. 이 책은 아르키 정의를 주장하는 자들이 의미를 이해하지 못할 만큼 급진적인 해방 및 사회적 변화에 대한 묘사이다.

빌레몬서는 가장 절망적인 책이다. 이 짧은 개인적 서신은 우리가 이 책을 이해하기 위해 알아야 할 내용으로 시작하지 않는다. 우리가 알고 있는 내용은 바울이 자신의 친구인 빌레몬에게 빌레몬의 종 오네시모와 관련된 편지를 썼다는 것이다. 그러나 오네시모는 빌레몬의 종이지만 바울과 함께 지냈으며, 이제 바울의 편지를 주인에게 가져간다.

빌레몬은 골로새에 살았으며, 그곳의 교회 지도자였다. 사도행전에는 바울이 골로새에 갔다는 진술이 나타나지 않지만, 아마도 바울은 골로새나 그 부근에서 빌레몬에게 복음을 전하였고 자신과 가까운 형제로 삼았을 것이다. 바울이 골로새에 있는 교회에 보낸 편지인 골로새서와 골로새에 있는 개인에게 보낸 이 짧은 사신은 서로 연관이 있어 보인다. 아마도 골로새서는 바울을 보필하는 자 가운데 하나인 두기고가 교회에 전달하고, 오네시모는 이 서신을 주인에게 전달했을 것이다.골 4:7-9

이 편지를 쓸 당시 바울은 수감 중이었으나, 그곳이 어디였는지에 대해서는 언급되지 않는다. 이 문제는 나머지 이야기와 관련이 있으므로 그가 에베소에 있었을 것이라는 추측을 해본다. 사도행전은 바울이 에베소 감옥에 있었다고 언급하지 않지만, 수감되었다고 해도 이상하지 않을 만큼 충분한 기간 에베소에 머물렀다고 말한다. 바울이 계속해서 이년 이상을 감옥 밖에서 활동했을 것으로 보이지는 않는다. 에베소를 유력하게 생각하는 이유는 골로새라는 작은 마을에서 백마일 가량 떨어진 가장 가까운 바울의 사역에 있어서도 수도권의 중심이기 때문이다. 따라서 골로새의 노예에게 에베소는 좋은 피신처이자, 바울을 만날 수 있을만한 곳이었다. 또한 에베소는 바울이 속히 풀려나기를 바라며 빌레몬에게 숙소를 마련하라는 편지를 썼을 가능성이 큰 곳이다.22절

우리가 아는 오네시모는 빌레몬의 종이다. 바울은 10절에서 "갇힌 중에서 낳은 아들 오네시모"라고 부른다. 이 표현은 오네시모의 나이를 십 대로 추정하게 한다. "오네시모"라는 이름의 헬라어 어원은 '유익한, 도움이 되는, 쓸모 있는"이라는 뜻이다. 이것은 종의 성격에 영향을 주기를 바라는 마음에서 주인이 지어준 이름일 수 있다. 바울은 11절과 20절에서 이 이름에 대한 언어유희를 사용한다.

오네시모는 빌레몬의 종이다. 그러나 그는 골로새에서 주인 곁에 있지 않고 에베소에서 바울과 함께 있다. 바울은 그가 자신의 이름처럼 '유익'하지 않고 '무익'했다고 말한다.11절 오네시모를 빌레몬에게 돌려보낸 것은 빌레몬이 오네시모를 어떻게 받아들일 것인지에 대한 의문을 제기하게 한다. 사실상 빌레몬서는 이 부분에 대해서는 언급하지만, "도망자"라는 사실 외에는 특별한 정보를 제공하지 않는다. 우리는 오네시모가 바울에 대해 미리 알고 에베소 교회를 통해 그를 찾아갔는지, 아니면 우연히 같은 감방에 수감되었는지는 알 수 없다. 어느 쪽이든, 그는 지금 바울의 영적인 아들일 뿐만 아니라 동역자이다.

오네시모를 통해 전달한 편지에서 바울은 빌레몬에 대해 세 가지를 부탁했다. (1) 적어도 바울은 오네시모를 도망한 노예에 대한 관습고문과 사형은 합법적이었다에 따라 다루지 말고 그에게 자비와 용서를 베풀라고 한다. (2) 바울은 확실히 오네시모에게 자유를 주라고 말한다. "이 후로는 종과 같이 대하지 아

니하고 종 이상으로 곧 사랑받는 형제로 둘 자라" 16절 (3) 바울이 오네시모가 풀려난 후 에베소로 돌아와 자신을 섬기기를 원했다는 강력한 암시가 제시된다.13, 20절: "네 대신 나를 섬기게 하고자 하나"

이것이 빌레몬서가 우리에게 제시하는 내용이다. 이제 본문에 대한 해석에 들어가 보자.

오네시모는 주인으로부터 도망침으로써 정확히 오늘날 혁명주의가 목표로 설정한 일을 했다. 오네시모는 자신의 해방을 위해 노력했다. 즉, 그는 가혹한 압제에서 벗어나 빌레몬과 나란히 자유인이 되는 평등을 요구했다. 이것은 단지 한 개인의 노예혁명이지만 전적으로 가치 있는 혁명이며, 거대한 불의에 대한 일격이자, 참된 정의 사회를 향한 움직임이다. 이것은 해방신학이며, 모든 노예가 추구해야 할 모델이다. 따라서 오네시모는 자신의 행위에 대해 죄의식을 가지기보다 자랑스러워했을 것이다.

오네시모가 실제로 어떤 생각을 했었는지는 알 수 없지만, 자유를 향한 갈망에 대해 좋은 감정을 느꼈을 것이라고 가정해볼 수 있다. 그러나 본문은 그리스도인이 되고 바울에게 배운 후, 오네시모가 자신의 행위에 대해 다시 생각하기 시작했음을 보여준다. 그가 해방을 추구한 방식은 기대한 만큼 자유를 주지 못했다. 이제 그는 도망이 자유를 위한 행위로는 부족하다는 사실을 인식했을 것이다. 도망한 노예는 기대했던 만큼 안전하지도 않고 편안할 수도 없다. 항상 어깨너머로 누군가 쫓아오는 사람이 없는지 살펴보며 사는 것은 진정한 자유가 아니다. 나는 사람이 자유라는 명분을 내세울지라도 도망하거나 거짓말하거나 속이거나 죽인다면 고통스러운 후회와 죄의식을 느끼지 않을 수 없다고 생각한다.

더군다나 그리스도인으로서 오네시모는 자신의 자유를 위한 행위가 "빌레몬에게는 반대적 결과를 초래한다"는 사실을 알았을 것이다. 오네시모가 쟁취한 평등은 적대적 대열을 형성하게 하고 빌레몬을 '적'으로 돌려세웠다. 아마도 틀림없이 빌레몬은 정직한 방법으로 획득했을 소중한 재산을 잃어버리고 탈취당한 것이다. 확실히 오네시모가 부당한 방법으로 쟁취한 새로운 자유에는 여러 가지 문제가 있었다.

따라서 오네시모는 자신의 **요구**에 따른 것은 아니지만 바울의 도움으로 그리스도인의 자기 복종이라는 또 하나의 해방 방식을 **자유롭게** 선택한 것이다. 그는 **다시 돌아가** 자유를 포기함으로써 자유를 누리기로 했다. 그는 목숨을 잃음으로 목숨을 살리는 방식을 택한 것이다.

이러한 행위가 오네시모에게 어떤 의미인지 생각해보라. 여기 도망한 노예가 있다. 그는 어떤 법적 잣대에 대더라도 확실히 죄를 범한 자로서, 자신이 상처를 입힌 주인의 처분에 모든 것을 맡겼다. 그를 위한 유일한 변론은 마법적 이름이기를 바라는 '바울'이 서명한 한 조각의 종이뿐이다. 오네시모는 멀리서 두기고를 통해 편지를 보낸 후 답변을 기다렸다가 어떻게 행동할 것인지 결정하려 하지는 않았을 것이다. 그랬을 가능성은 거의 없다. 오네시모는 빌레몬에게 직접 편지를 전함으로써 자신이 어렵게 쟁취한 자유는 물론 목숨까지 내어놓고 처분을 기다렸을 것이다. 그는 어떤 결과에도 불구하고 그것이 진정한 자유를 위한 유일한 길이라고 확신했을 것이다.

그렇다면 처음에 오네시모가 도망한 것은 왜 진정한 자유의 행위가 될 수 없는가? 그의 행위는 이기심이 동기가 되었으며 이기적 필요와 욕구 때문에 자유를 추구한 것이었기 때문이다. 다시 주인에게 돌아가 **자발적**으로 복종함으로써 그리스도와 복음을 위해 기꺼이 자신의 목숨을 내어놓는 것만이 오네시모가 진정한 자유를 얻는 유일한 길이었다.

오네시모의 도망은 자유를 위한 행위가 아니었다. 우리는 앞서 그가 도망한 이유에 대해 추측한 바 있다. 그러나 우리는 오네시모가 다시 돌아감으로써 모든 자유를 누렸을 것이라고 확신할 수 있다. 우리는 빌레몬의 반응과 상관없이 그렇게 말할 수 있다. 우리는 그가 어떤 반응을 보였는지 모른다. 우리가 가지고 있는 것은 편지뿐이다. 성경은 우리에게 오네시모가 어떻게 되었는지에 대해 말해주지 않는다. 우리의 추정은 이런 것이다. 결과와 상관없이 오네시모의 행위는 **올바른** 것이었다. 나는 오네시모가 자신이 돌아가면 다시 노예가 되어 고문을 당하거나 죽을 수도 있다는 사실을 알았을지라도 그것이 자유를 누리는 길이라고 생각하여 돌아가기를 **원했을** 것이라고 믿는다. 그러나 이런 극단적 상황에도 불구하고 그가 누렸을 자유를 생각해보라.

오네시모는 회개, 화해, 손해 배상과 용서를 구하는 행위를 통해 이전 행위에 대한 죄의식에서 자유함을 누렸을 것이다. 그는 빌레몬의 증오심, 반감, 적대적 갈등의 관계에서 벗어났을 것이다. 우리의 관습과는 일치하지 않지만, 노예라고 자유를 누리지 못하는 것은 아니다. 오네시모는 하나님의 자녀로 행동했기 때문에 그의 후원자인 바울이 말한 "하나님의 자녀의 영광스러운 자유"에 대한 확신을 가지고 있었다. 바울이 갈라디아 사람들에게 쓴 편지는 빌레몬에게 속한 친구에게도 적용될 수 있다. "**그리스도**께서 우리를 자유롭게 하려고 자유를 주셨으니 그러므로 굳건하게 서서 다시는 종세상이 말하는 '자유'의 멍에를 메지 말라." 오네시모가 "주 안에서 부르심을 받은 자는 종이라도 주께 속한 자유인이요"라는 바울의 말 속에 포함된 것은 분명하다. 우리는 아르키 해방을 추구하는 온갖 사람들이 돌아다니는 것을 본다. 그들은 자진해서 죽음을 택한 그리스도의 종이 경험한 자유에 대해 알고 싶어 하지도 않는다.

자발적 자기 복종은 외적 결과로 판단할 수 없다. 이 점에서 오네시모의 이야기는 비록 그 결과를 알 수 없지만 그리스도인에게 행위의 귀감이 된다.

그러나 이것은 결과가 노예 생활이거나 죽음이라는 것은 아니다. 사실 그렇지 않았을 가능성이 훨씬 크다. 바울은 분명히 훌륭한 판단력의 소유자이다. 따라서 그가 동료인 빌레몬의 마음을 정확히 읽었다면, 오네시모는 틀림없이 이른 시일 안에 두기고와 함께 에베소로 돌아왔을 것이다. 그처럼 진지한 바울의 부탁을 거부한다는 것은 쉬운 일이 아니었을 것이다. 나는 빌레몬이 바울의 말을 거절했을 가능성은 없다고 생각한다. 가장 결정적인 근거는 결국 이 편지가 살아남았다는 것이다.

생각해보라. 오네시모가 자유를 얻어 바울에게 가는 대신 그의 신변에 무슨 일이 일어났다면, 누가 이 편지를 보존하고 싶어 했겠는가? 어쨌든 이 편지는 살아남았다. 그렇다면 그것을 원한 자는 누구인가? 물론 이 편지는 빌레몬의 것이며, 따라서 그가 소중히 여겼을 가능성은 충분하다. 그러나 나는 빌레몬이 편지를 내어주지 않으려 했다면, 오네시모가 그리스도인의 의무 때문에 그렇게 하지 않았겠지만, 그를 때려눕히고서라도 편지를 가져갔을 것으로 생각한다. 어쨌든 빌레몬에게 이 편지는 친구에게서 온 귀한 편지지만, 오네시모에게는 그를 죽음에서 벗어나게 하고 자유를 선언하는 헌장이었다. 어쨌든 이 편지는 일정 기간 보존된 후 신약성경의 목록에 들 수 있었다.

이것으로 이야기가 끝나는가? 그럴 수도 있고 아닐 수도 있다. 신약학자 존 낙스John Knox는 이어지는 이야기를 찾아낸 사람이다. 우리가 신약성경 너머로 가야 한다는 것은 명확하지만, 그 방법은 여러 가지이다.

바울이 편지를 쓴 시점으로부터 50-60년 후, 이그나티우스라는 주교는 시리아에서 로마정부에 체포되어 육로로 로마까지 후송된 후 그곳에서 재판을 받고 처형을 당한다. 이그나티우스는 교회의 탁월한 인물이었기 때문에 그의 일행이 한 장소에 이르렀을 때, 회중은 대표단을 보내어 그를 방문하고 편의를 제공하게 했다. 그가 로마에 도착한 후 이그나티우스는 자신을 맞아준 여러 교회에 "감사의 편지"를 전했다. 주후 110년경에 기록된 것으로 보이는 이 서신은 성경에 포함되지는 않았으나 신약성경 밖의 초기 기독교 문헌 가운데 하나로 남아있다. 그 가운데 하나는 에베소 교회에 보낸 것이다. 이 서신에서 이그나티우스는 오네시모 주교가 보낸 에베소 대표단의 환대에 감사하는 말을 전한다.

잠시만! 아직 결론으로 건너뛰지 말라. 내 말이 끝난 후 우리는 모두 즉시 결론에 도달할 수 있다. 긍정적인 증거는 없으며, 오네시모는 특별히 드문 이름도 아니다. 그러나 장소와 시간이 정확하다. 오네시모가 바울을 돕기 위해 에베소로 갔다면, 공동체 내에서 점차 존경을 받았을 것이며, 이그나티우스가 지나갈 무렵에는 70대가 되었을 것이다.

더구나 그의 편지 처음 여섯 문단에서 이그나티우스는 오네시모에 대해 세 차례 언급하며, 다른 곳에서 열한 차례 언급한다. 학자들이 바울이 빌레몬서에 사용한 언어와 미묘한 유사성을 지적한 곳도 이곳이다. '유익'이라는 단어에 대한 한 차례의 언어유희는 바울의 언어유희와 거의 흡사하다. 이그나티우스는 빌레몬서에 대해 알고 있었던 것이 분명하다. 그는 오네시모에 대한 칭찬에 빌레몬서의 표현을 사용한 것으로 보인다. 여러분은 이러한 사실이 이그나티우스가 언급한 에베소의 주교 오네시모의 정체에 대한 어느 정도 결정적인 요소로 작용하는지 결정할 수 있다. 그러나 나는 지금 바로 결론으로 넘어갈 준비가 끝났다.

이쯤에서 이그나티우스에 대한 이야기를 끝내야 하겠지만, 이야기는 더욱 흥미진진해진다. 학자들은 바울의 편지가 여기저기서 하나씩 신약성경에 포함된 것이 아니라고 한다. 그보다는 초기에 바울에 대한 관심을 가진 누군가가 회중에게 바울의 편지를 소장하고 있는지, 그것을 공람할 것인지 알아보았을 가능성이 크다는 것이다. 이 초기 바울의 글은 한 묶음으로 신약성경에 포함되었을 것이다.

이 일이 일어난 장소가 어디겠는가? 바울의 공동체 가운데 가장 유력한 곳은 에베소이다. 이 일을 배후에서 추진한 인물은 누구인가? 오네시모였을 가능성은 없는가? 그는 누구보다 바울을 기억하고 사랑할만한 충분한 이유를 가지고 있었다. 그리고 서신을 보존해야 할 이유도 분명했다. 그러나 우리는 이 주장을 통해 오늘날 빌레몬서에 대한 복잡한 질문 가운데 하나에 대한 훌륭한 답을 얻을 수 있다. 즉, 성경 가운데에서도 빌레몬서는 독특하다. 그것은 공동체의 삶이나 신앙적 교훈과 무관한 짧은 개인적 편지이다. 그렇다면, 이런 개인적 편지가 무슨 이유로, 어떻게 신약성경에 들어오게 되었는가?

나는 '오네시모 주교'를 염두에 두지 않는 한 이러한 질문에 대답하기 어렵다고 생각한다. '오네시모 주교'와 연결하면 대답은 쉬워진다. 오네시모가 바울서신을 수집한 자라면, '자신의' 편지도 포함되기를 바랐을 것이다. 마찬가지로 에베소 회중 역시 노예 출신 주교에 대한 존경과 감사의 표현으로 그 기록이 공식적으로 남기를 원했을 것이다. 이 편지가 신약성경 정경에 포함된 것은 주후 110년 에베소의 주교가 사실상 빌레몬서에 등장하는 종 오네시모와 같은 인물이라는 강력한 증거가 될 수 있다.

우리는 앞에서 오네시모가 실제로 노예로 돌아가 처형을 당했을 가능성을 염두에 둔 채, 그가 돌아갔을 경우 발생할 최소한의 자유, 해방 및 정의에 대해 묘사한 바 있다. 그리고 최대한의 묘사이든 아니든 하나님이 자기 십자가를 지러 돌아가겠다는 노예의 '그리스도의 예루살렘 입성과 비견할만한 결심'을 얼마나 놀랍게 받아들이셨을지에 대해 살펴보았다. 노예에서 주교로 부상한 오네시모는 단지 시작일 뿐이다. 에베소 회중은 그들을 강력한 교회로 세워 2세기까지 유지한바울의 공동체가 모두 그때까지 지속되었다는 증거는 없다 그의 경건한 리더십을 받아들인 것으로 보인다. 무엇보다도 하나님은 오네시모를 주인에게 돌려보내심으로 신약성경 1/4을 차지하는 바울의 글을 우리에게 남겨 오늘날까지 교회의 삶과 역사에 매우 가치 있는 신앙적 통찰력을 보존하게 하신 것으로 보인다. 하나님이 역사하실 때, '오네시모'는 얼마나 '유익한' 사람이 될 수 있었는가?

그러나 한 가지만 더 살펴보자. 나는 오네시모의 사례가 예기적이고 전형적인 방식을 통해 지금까지 선포된 모든 해방적 선언과 지금까지 싸워온 모든 계급 투쟁보다 더 많은 노예에 대한 진정한 해방을 보여주었다고 생각한다. 이 사례를 통해 하나님은 모든 시대 모든 피조 세계를 위해 모든 종류의 노예에 대한 종말을 고하신다. 기독교 교회오네시모의 교회가 노예 해방에 있어서 세상에서 가장 큰 힘을 발휘했다는 사실에는 한치의 의구심도 없다. 오네시모가 노예의 삶을 끝낸 방식은 확실하고 유일한 방법이었다. '혁명적 아르키 다툼'이라는 세속적 방식은 신속하고 화려해 보이지만 전혀 신뢰할 수 없을 뿐만 아니라 온갖 부정적 후유증을 드러낸다. 해방 선언과 시민전쟁은 어느 정도 정의를 창출하고 노예적 요소를 제거한다. 그러나 그들 역시 온갖 증오와 원한을 초래하고, 시체로 가득한 전장을 남기며, 우리를 흑인 차별로 밀어 넣는다.

오네시모의 방법은 훨씬 강력하다. 그것은 시간이 걸리지만, 어떤 노예소유주도 바울과 같은 사랑의 권면과 오네시모와 같은 자기희생적 사랑 또는 전능하신 하나님의 사랑을 영원히 거부할 수 없다. 그는 실제로 정치적 압력이나 계급 전쟁의 폭력에 대해 훨씬 강하게 저항한다. 뿐만 아니라 그의 방식은 노예소유주의 도덕적 존엄성을 정죄하고 파괴하기보다 은혜로운 출구를 제시한다. 오네시모는 빌레몬의 품위를 손상시키지 아니하고 자유를 얻었다. 물론 오네시모의 방법은 모든 당사자종, 주인, 사도가 그리스도 안에서 한 형제가 되는 최상의 결과를 초래했다. 이 방식은 경쟁에서 발생하는 어떤 부작용이나 후유증도 없으며 모두 긍정적이다.

그러나 나는 여기에서의 가장 중요한 차이가 다음과 같은 것이라고 생각한다. 해방을 위한 정치적 다툼은 전적으로 인간의 지혜, 이상주의 및 도덕적 능력에 근거한다. 그것은 목적 달성을 위한 방법이 오직 한 가지뿐이라고 생각한다.… 결과가 기대한 것만큼 나타나지 않음에도, 그것은 인간적 방법이 달성할 수 있는 것 외에는 어떤 것도 구하거나 기대하지 않는 폐쇄적 시스템을 작동시킨다. 특히 선한 의도를 가진 행위자인 인간은 자신의 신앙적 힘을 과신한다.

그러나 오네시모의 경우는 전혀 다르다. 그의 행위는 오직 하나님의 명령에 따라, 하나님을 섬기는 마음으로, 성령으로 말미암아, 하나님의 능력 주심으로, 하나님의 영광을 위한 신학적 행동이다. 이 행동은 하나님을 모셔서 그의 일을 하시게 하는 것이다. 그래서 어떻게 되었는가? 상상할 수도 없는 결과를 초래했다. 바울의 복음을 길이길이 보존할 수 있게 되었다. 오네시모처럼 하나님을 위해 자신의 목숨을 내려놓는 결단을 통해 하나님의 종들이 얼마나 많은 유익과 사회적 변화와 노예 해방과 복음과 하나님 나라를 초래했는지 알 수 없다.

결론적으로 오네시모의 방식이 고양이를 잡는 다양한 아르키 방식과 근본적으로 다른 "또 하나의 방법"이다. 그것은 지배 신앙의 어떤 특징도 찾아볼 수 없는 아나키적 방법이다.

확실히 노예는 해방되고 무계급 사회가 형성되었다. 그러나 모든 구성원

노예, 소유주 및 부수적 해방신학자은 각자 개인으로만 행동하는 세 명의 형제일 뿐이다. 그들, 특히 행동을 지시하는 신학자는 아무도 오네시모를 "압제당하지만 의로운 가난한 자"의 상징으로 보지 않는다. 불의에 대한 그의 인식은 계급 투쟁에 동참할 만큼 고양되었음이 분명하다. 그러나 바울은 그에게 "투쟁"을 그만두고 다시 노예가 되어 돌아갈 것을 설득한다. 반면에 특히 행동을 명령하는 모든 신학자는 빌레몬에 대해서는 아무도 "악, 압제, 노예소유 계급"의 상징으로 보지 않으며, 그와 맞서 싸우기 위해 계급 전사들을 모으는 수단으로서 그의 불의를 드러내지 않는다. 또한 특히 행동을 명령하는 모든 신학자는 아무도 이 싸움이 적대적 싸움인 줄 알면서도 타인의 싸움에 관심을 보이지 않는다.

물론, 노예 문제는 정치적이다. 그러나 우리의 "해방신학자"가 진정한 신학자가 되기 위해서는 다음과 같이 고백해야 한다. "고양이 가죽을 벗기는 방법은 정치적 방법즉, 인간의 가능성과 개연성에 한정된 방법만 있는 것이 아니다. 신학적으로즉, 하나님께 순종하며 그가 일하시게 하는 방법으로 행동하자. 그렇게 함으로써 하나님이 어디로 인도하시는지 지켜 보자."

따라서 그들을 그렇게 했으며, 오네시모도 그렇게 했다. 그래서 어떻게 되었는가? 그것은 사실이다. 방법은 더 있다.

제11장

▶

정의, 자유, 은혜: 아나키의 열매

정의와 자유와 은혜 가운데 성경적으로 가장 위대한 것은 은혜이다. 왜냐하면 성경적으로 정의와 자유는 사실상 하나님의 은혜의 선물또는 산물이기 때문이다. 따라서 해방신학의 지배 신앙은 정의와 자유를 강력히 부르짖지만, 성경적으로는 문제가 있다. 그들은 정의와 자유의 원천이자 정황으로 은혜라는 실체를 가지고 있지 않으며 인정할 수 없기 때문이다.

성경적으로 "정의"는 하나님 스스로 정하신 "의"의 기준에 따라 만물을 바로잡으신 최종 결과이며, "자유"는 바울이 말한 "그리스도께서 우리를 자유롭게 하려고" 주신 자유를 가리킨다. 따라서 성경적 정의와 자유는 처음부터 하나님의 은혜의 사역의 결과적 산물이다. 따라서 은혜를 떠나서 정의와 자유를 얻는다는 것은 불가능하다.

우리는 먼저 "은혜"의 개념에 대해 알아둘 필요가 있다. 바울은 여러 곳에서 은혜를 "선물"이라고 부른다. 맞는 말이다. 은혜는 언제나 선물이며, "보상"과 같은 다른 것이 될 수 없다. 그러나 우리는 이 말을 하나님의 모든 선물은 은혜의 특징을 가진다는 의미로 해석해서는 안 된다. 그렇게 하는 것은 은혜를 지나치게 광범위한 영역으로 확장함으로써 은혜의 의미를 약화시킨다.

우리가 하나님의 "은혜"를 생각하거나 빈약한 단어이긴 하지만, 식탁 "은혜"에 대해 말할 때, 우리는 주로 이 좋은 세상건강과 일용할 양식, 가정, 친구를 주신 것에 대해 감사한다. 이러한 것들은 모두 훌륭한 선물임이 분명하다. 그것들은 하나씩 세어야 하는 복이다. 그러나 우리가 여기서 그친다면, 성경이 의도한 은혜를 만지지도 못한 것이다. 우리는 혼돈을 피하기 위해 이러한 것들을 하나님이 은혜로 베푸신 "복"으로 규명할 것이며, "은혜"는 이러한 것들과 근본적으로 다른, 차원 높은 하나님의 선물을 가리키는 단어로 사용할 것이다.

내가 가진 신약신학 사전은 구약성경적 배경의 은혜라는 히브리 단어에 대해, 단순히 "훌륭한 사람을 위한 좋은 선물"이라는 뜻보다, 스스로 어려움을 자초했든, 인명구조원의 권고를 거절하고 그를 모욕했든 완전히 엉망이 된 사람을 끄집어내는 구조 활동이라는 의미로 제시한다.

로마서 5:12-18에서 사도 바울은 은혜의 신약성경적 개념을 보다 정밀하게 규명한다. 바울은 그곳에서 은혜를 하나님이 죄하나님에 대한 도전, 그의 사랑과 도우심과 인도하심을 받아들이지 아니함로 말미암아 죽은 우리를 다시 살리셨다는 뜻이라고 소개한다.

바울은 "모든 사람이 죄를 지었으므로 사망이 모든 사람에게 이르렀느니라"라는 말씀 속에 자신과 독자를 포함시키면서 확실히 신체적 죽음만을 염두에 두었던 것은 아니다. 그가 우리 모두가 이미 죽었다고 한 것은 분명하다. 따라서 나는 이러한 바울의 진술을 자신의 힘으로 자신과 사회의 타락을 피할 수 있으며, 스스로 개발한 인공호흡법을 통해 다시 살아날 수 있다고 생각하는 한, 우리는 이미 죽은 것과 같다는 의미로 받아들인다. 하나님의 은혜가 없으면 우리는 죽은 것이다.

이런 상황에서, 우리에게는 그런 은혜를 기대할 수 있는 여지가 없다. 우리에게 죽음은 우리가 원했던 결과일 뿐이다. 우리가 하나님을 악으로 대했기 때문에 하나님이 개입해서 우리를 구원하실 의무가 없으시며, 이미 사망을 택하여 그를 거부한 자에게 생명을 주실 의무도 없으시다.

나는 바울 및 헨리 라이트Henry F. Lyte와 함께, "만물은 변하고 부패한다"는 사실을 확인할 준비가 되어 있다. 나의 관점에서그리고, 내가 읽은 신문을 통해 볼 때, 우리가 죽은또는, 적어도 결코 "살아" 있는 것처럼 보이지 않는 자 가운데 살고 있다는 것은 분명해 보인다. 사실 과거 하나님이 수없이 베푸신 은혜의 구원 사역이 없었다면 인류는 지금까지 살아남을 수 없었다는 성경의 강력한 암시를 부인할 사람이 누가 있겠는가? 바울의 진술은 확실히 옳다. 우리는 "아담 안에서"즉, 우리의 내재적 신앙과 능력만으로는 개인이든 단체든 아무도 살아남을 수 없다. 우리는 죽은 자이며 죽어가고 있는 자이다.

우리는 앞장에서 인간의 도덕적 성취라는 관점에서 역사를 보는 지배 신앙의 '일 처리 방식'에 대해 살펴보았다. 또한 우리는 그것과 대조되는, 죽음과 부활이라는 관점에서 역사를 보는 아나키적 일 처리방식에 대해서도 살펴보았다. 이 분석에는 하나님의 은혜가 아니면 사회 정의가 이루어질 수 없다는 개념에 맞서, 하나님의 은혜와 무관하게 규명되고 확립될 수 있는 사회 정의도 암시된다. 또한 우리는 "부활"이 사전에서 은혜가 아닌 다른 어떤 용어로도 설명할 수 없는 유일한 단어라는 사실도 보여주었다.

마찬가지로, 앞장에서 자유를 향한 오네시모의 첫 번째 시도그러나 반역과 도망의 아르키 방법을 통한 자유는 만족을 주지 못했다는 은혜를 구하거나 이용하지 않았다. 그러나 두 번째 시도자발적으로 돌아간 완전히 비 아르키적인 행위에서 오네시모는 자신을 하나님의 은혜에 맡긴 것 외에는 아무것도 하지 않았다. 분명한 것은 은혜에 기초한 자유만이 실제적이라는 것이다.

지배 신앙arky faith과 기독교 아나키는 똑같이 "정의"를 받아들이지만 아나키만이 정의가 은혜를 필요로 한다는 사실을 안다. 지배 신앙과 기독교 아나키는 "자유"를 받아들이지만 아나키만이 자유가 은혜를 필요로 한다는 사실을 안다. 따라서 바울은 은혜에 대한 또 하나의 설명을 통해, 지배 신앙이 왜 은혜를 경시하고 위협하기까지 하는지에 대한 이유를 제시한다.

고린도후서 2장에서 바울은 자신이 받은 놀라운 "환상과 계시"에 대해 언급한다. 그러나 바울은 이러한 복이 오히려 자만심이 되어 자신을 과대평가할 수 있다는 사실을 인식한다. 따라서 그는 이렇게 고백한다. "여러 계시를 받은 것이 지극히 크므로 너무 자만하지 않게 하시려고 내 육체에 가시 곧 사탄의 사자를 주셨으니, 이는 나를 쳐서 너무 자만하지 않게 하려 하심이라. 이것이 내게서 떠나가게 하기 위하여 내가 세 번 주께 간구하였더니 나에게 이르시기를 내 은혜가 네게 족하도다 이는 내 능력이 약한 데서 온전하여짐이라 하신지라 그러므로 도리어 크게 기뻐함으로 나의 여러 약한 것들에 대하여 자랑하리니, 이는 그리스도의 능력이 내게 머물게 하려 함이라."

우리는 여기에서 두 가지 요지를 찾을 수 있다.

1. **"은혜"는 전적으로 신학적인 개념이다.** 물론, 궁극적으로 "그리스도의 능력"은 죽은 자를 부활시키는 능력이며, 멀리 떠난 자들을 돌아오게 하는 능력이다. 바울이 육체의 "가시"를 제거할 수 없듯이, 세상은 자신의 "가시를 제거"할 수 있는 은혜와 동등한 것을 만들어낼 수 없다. 아니, 은혜는 오직 하나님으로부터 오며, 그렇지 않은 것은 은혜가 아니다.

2. **신적 은혜를 받는 유일한 수신기는 인간의 약함이다.** 하나님은 은혜를 베푸실 준비를 하셨지만, 자신을 높게 생각하거나 자만심과 자기 과신으로

가득한 한, 은혜를 받을 가능성은 생각조차 할 수 없다. 우리가 자신의 힘이 미치지 못할 곳에서 큰 어려움에 처해 있으며 사실상 죽은 자라는 사실을 인정하지 않는다면 구원의 은혜, 죽음으로부터의 부활이라는 은혜를 결코 알 수 없을 것이다. 확실히 인간의 연약성은 신적 은혜의 유일한 상대역이며 유일한 수신기이다.

지금부터 살펴볼 지배 신앙은 사실상 이 두 가지 이유로 은혜를 거부한다. 우리는 앞에서 전적으로 인간적 가능성과 개연성에 기초하여 작동되는 정치와 공적인 문제나 역사의 흐름에서 하나님의 개입으로 결정적 변화를 초래할 수 있다는 유일한 전제하에 작동되는 신학의 차이에 대해 살펴본 바 있다. 역사의 산물은 인간의 선한 아르키가 악한 아르키를 이김으로써 결정된다는 지배 신앙은 본질상 정치적이다. 따라서 지배 신앙은 어떠한 실제적 "은혜" 개념도 감당할 수 없다. 은혜는 하나님만을 원천으로 하며 지배 신앙은 궁극적으로 은혜로우신 하나님이 아닌 인간의 가능성에 대한 믿음이기 때문이다.

그러나 바울의 두 번째 요지는 훨씬 직접적인 관계가 있다. 지배 신앙이 역사에서 선이 승리하기 위한 수단으로 전제하는 투쟁과 경쟁은 언제나 무력을 바탕으로 작동되기 때문이다. 연약 또는 죄은 투쟁적 아르키가 가장 인정하기 어려운 요소이다. 그러나 개인적 아르키든 집단적 아르키든, 자기방어와 자신의 의에 대한 강력한 확신은 이 시대의 특징이다. "정의"나 "자유"는 우리가 일반적으로 규명하는 대로 자신이나 자신의 집단이 스스로 합당하게 여기는 것을 얻기 위해 싸우는 "권리 투쟁"이기 때문에, 이 싸움에 필요한 행동은 어떤 식으로든 자신의 선한 아르키의 도덕적 힘과 우월성이 도덕적으로 연약하고 악한 상대 아르키를 누르고 지배하기 위한 행동이 될 수밖에 없다. 확실히 이러한 상태에서는 은혜라는 개념조차 정의의 가능성에 위협이 된다. 하나님의 은혜의 사역을 필요로 하는 자신의 연약성이나 죄를 인정한다는 것은 사실상 대적에게 무기를 제공하는 것과 같다는 것이다. 자신은 죽을 수밖에 없는 죄인이기 때문에 죽었다고 고백하면 경쟁에서 완전히 탈락한다. 지배 신앙은 은혜 개념을 받아들일 수 없다.

이 "은혜 없음"은 다른 차원으로도 나타난다. 우리를 향한 하나님의 은혜소위 "수직적 은혜"는 우리에게 있는 인간적 관대함소위 "수평적 은혜"으로 확장된 것이 분명하다. 물론 수평적 은혜는 수직적 은혜와 같은 현상이 아니다. 인간은 다른 사람을 구원할 힘이나 의지가 없으며, 죽은 자를 살릴 수도 없다. 사실 우리는 수평적 요소를 "관대함"으로 규명하고, "은혜"는 수직적 요소를 위한 용어로만 사용할 수 있다.

그럼에도 불구하고 양자 사이에는 유사성 및 관련성이 존재한다. "관대함"은 자신의 연약성을 인식함으로써 타인의 연약성에 너그러운 태도를 보이게 한다. 자신의 눈에 있는 들보를 깨달으면, 다른 사람의 눈에 있는 티에 관대하게 된다. 이제 우리는 은혜롭게도 그들에 대해 인내하고 이해하며 비판하지 아니하고 용서하며 예전 같으면 크게 호들갑 떨었을 일도 대수롭지 않게 넘긴다. 그러나 이 관대함의 두 번째 요소 역시 중요하다. 그것은 나에게 보여준 모든 관대함대적이 베푼 것까지에 대해 인식하고 그것을 반영하려 한다는 것이다.

신적 은혜와 인간적 관대함의 연결은 직접적이다. 우리는 정의를 위한 노력을 파괴하는 은혜 개념을 찾으면서, 우리를 향한 하나님의 은혜에 대한 경험을 받아들이려 하지 않았다. 우리는 사실상 그런 은혜에 대해 알지 못하며 그것이 수평적 차원에서 무엇을 요구하며 원하는지 모른다. 모든 사람이 자신의 몫이라고 생각하는 것을 차지하기 위해 이전투구하는 세상에 사는 우리는 수평적 관대함이 수직적 은혜에 부합되지 않는다는 사실을 안다. 우리는 은혜의 여지가 없는 세상에 살고 있다.

물론 우리가 좋아하는 사람들에게 관대한 것이 은혜라면 문제될 것이 없다. 그러나 누구나 할 수 있는 것은 진정한 은혜가 아니다. 진정한 은혜는 쉽게 베풀 수 있는 것이 아니다. 우리 자신이 훌륭해서 하나님이 우리에게 호의를 쉽게 베풀 수 있을 것이라고 생각해서는 안 된다. 그러나 나는 이런 은혜가 없는 선한 그리스도인이 자신이 "대적"이라고 생각하는 악한 사람에게 얼마나 저속하고 상스러운 태도를 보이는지 놀라지 않을 수 없다.

나의 생각을 대변하는 한 가지 작은 사례를 제시하고자 한다. 얼마 전, 미국 레이건 대통령은 의회에서 전문직 여성에 대해 언급했다. 그는 확실히 우호적인 칭찬을 위해, 여성이 인류를 문명화했으며 부족하고 야만적인 남성을 수렁에서 건져 좋은 옷을 입혔다고 말했다. 대통령의 언급이 상처를 주었든 아니든, 그의 연설은 결코 관대하게 받아들여지지 않았다. 여성들은 이해하고 넘어가기보다 소란을 일으킬 수 있는 모든 방안을 강구하여 레이건의 발언에 대응했다.

만일 여성 연설자가 그런 말을 했다면, 웃고 넘어갈 일이었다. 레이건 대통령이 아닌 다른 사람이었다면, 설사 어법이 서투르고 둔감해도 관대하게 넘어갔을 것이다. 쉽게 넘기지 않고 격렬한 반응을 일으킨 것은 연설의 내용이 아니라 화자였다.

알다시피, 대통령이 회의장에 들어오기 오래전, 이 여성들은 합법적이든, 불법적이든 그를 "나쁜 놈" "우리의 적"으로 규명했다. 우리는 아르키 경쟁의 원리에 따라, 상대의 약점을 발견하면 그것을 물고 놓지 않는다. 우리는 약점을 이용해 상대에게 수치심과 상처를 준다. 그렇게 하지 않고 관대하게 대한다면 상대의 약점을 간과하고 용서하면 첫 번째 돌을 던져 상대의 약점을 들추고 자신의 의를 드러낼 절호의 기회를 놓치는 것이다. 오늘날 정의와 해방을 위한 열정적 싸움은 사실상 하나님의 수직적 은혜의 필요성을 느끼지 못한 채, 우리의 수평적 관계를 망치는 악한 "은혜 없음"을 드러내는 것이 아닌가?

그러나 이와는 대조적으로 앞서 언급한 나의 책 *Towering Babble*, 6-7장은 정의와 자유의 성경적 전통에 대한 상세한 연구를 포함한다. 그곳의 "정의"는 우리의 평등과 인권을 위한 싸움이나 우리의 선한 아르키가 악한 아르키를 이기고 물리치는 방식과 전혀 같지 않다. 확실히 이곳의 정의 개념은 세상 법정으로부터 물려받은 것으로 보인다. 그것은 **정치**가 생각할 수 있는 가장 고상한 정의 개념임을 부인하지 않는다. 그러나 성경적, **신학적** "정의"는 진정한 "재판관 여호와"께서 "정당화"가 필요한 모든 자를 "정당화"하시고 바로 잡으시는 "심판적" 상황이다. 성경적 개념은 적대적 대열을 형성하지 않으며, "정의로운" 집단이 다른 "불의한" 집단을 물리친다는 개념을 염두에 두고 있지 않다. 그 결과 정의와 자유에 대한 정치적 개념과 반대되는 신학적 개념은 은혜를 **배제**하지 않고 의도적으로, 필연적으로 **포함**할 수밖에 없다.

나의 책에는 이러한 사실을 확인할 수 있는 두 개의 전형적인 본문이 인용된다. 먼저 이사야 1:21-27은 강력한 사례로 제시된다.

신실하던 성읍이

어찌하여 창기가 되었는고

정의가 거기에 충만하였고

공의가 그 가운데에 거하였더니

이제는 살인자들뿐이로다

네 은은 찌꺼기가 되었고

네 포도주에는 물이 섞였도다

네 고관들은 패역하여 도둑과 짝하며

다 뇌물을 사랑하며 예물을 구하며

고아를 위하여 신원하지 아니하며

과부의 송사를 수리하지 아니하는도다

그러므로 주 만군의 여호와 이스라엘의 전능자가 말씀하시되

슬프다 내가 장차 내 대적에게 보응하여

내 마음을 편하게 하겠고

내 원수에게 보복하리라

내가 또 내 손을 네게 돌려

네 찌꺼기를 잿물로 씻듯이 녹여 청결하게 하며

네 혼잡물을 다 제하여 버리고

내가 네 재판관들을 처음과 같이,

네 모사들을 본래와 같이 회복할 것이라

그리한 후에야 네가 의의 성읍이라,

신실한 고을이라 불리리라 하셨나니

시온은 정의로 구속함을 받고

우리는 한편으로 패역한 고관들과, 다른 한편으로 고아와 과부에 대해 압제자와 압제당하는 자의 계급 구조를 만드는 재주가 있다. 불행히도 본문에는 계급 구조를 간파하고 계급 의식을 고취하여 계급 전쟁을 촉구하는 "해방 신학"이 없다. 그런 흐름을 결코 찾아볼 수 없다. 뿐만 아니라 재판관 여호와의 도덕적 기준은 **모든 사람**이 죄인이라는 것이며, 악한 아르키에 맞설 신성한 아르키, 정의와 자유를 추구하는 정당 같은 것을 만들지 않으신다. 어떤

선한 사람들의 도움도 필요 없으신 하나님은 대안을 찾지 않으며 자신의 신학적, 아나키적 방식으로 정의를 창출하신다.

이 방법에는 악한 아르키에 대한 처벌과 보복 및 개조가 포함된다. 그러나 모든 사람이 악한 아르키에 해당하기 때문에 하나님의 방식은 인간 아르키가 서로 의로운 심판을 하는 방식과 전적으로 다르다. 마르쿠스 바르트는 신약성경이 상호 심판을 금하고 모든 원수 갚는 일을 하나님께 맡기라고 한 것은 정확히 이런 이유 때문이라고 말한다.

이사야의 "심판에 관한 용어"는 심판의 배후에 있는 궁극적 의도가 "+"에 있다는 사실을 보여주며, 본문의 흐름은 "부활"로 부를 수 있는 구속으로 이어진다. 바르트가 지적한 것은 "정의에 대한 인간의 열정은 의로운 정죄와 비난과 심판에 초점을 맞춘다"는 것이다. 그러나 구속과 부활이라는 궁극적 정당화에 관한 한 우리는 아무런 수단도 가지고 있지 않으며, 시작조차 할 수 없다. 따라서 우리의 정의의 과정이 궁극적 정당화로 이어질 여지가 없는 이상, 처음부터 하나님이 그의 방식대로 하시게 해야 한다.

그러나 핵심 요지는 "**정치적** 정의는 은혜를 금지하지만, **신학적** 정의, 하나님의 정의는 은혜와 동의어라는 것"이다. 하나님의 정의는 무죄한 자를 압제하는 집단이 스스로 합당하게 여기는 것을 얻기 위해 투쟁하는 프로그램이 아니다. 그것은 누가 어떤 **자격**이 있느냐와 상관없이 모든 집단이 정당화 상호 인정하는 프로그램이다. "모든 사람은 하나님이 **누구**를 정당화하든, **무엇**을 정당화하든, 받아들여야 한다." 그것은 "정의," "자유," "은혜," "부활," 그 무엇으로 불러도 마찬가지이다. 그렇다고 해도, 이사야의 본문은 시온을 **저주**하는 하나님의 심판으로 시작한다. 그러나 본문은 시온을 **구속**하실 것이라는 결론으로 이어진다. 내가 이것을 "구속하시는 은혜-정의"라고 부를 수 있다면, 이처럼 희귀한 정의는 우리 인간이나 신성한 아르키에서는 발견할 수 없으며 오직 정의와 은혜를 창출하시고 주관하시는 하나님에게서만 찾을 수 있다.

두 번째 인용문은 이사야 45:19-23이다. 본문은 "은혜-정의" 개념을 보다 분명하게 보여줄 것이다. 성경이 말하는 정의는 언제나 범죄한 피고에 대한 "칭의"를 최종적으로 결정하는 "심판"을 하시는 "재판관 여호와"에 대해 언급한다. 따라서 성경이 말하는 정의의 배후에 있는(때로는 전면에 드러나는) 정신적 이미지는 재판관 여호와의 법정에서 이루어지는 재판이다. 우리는 이 법정이 그리스-로마나 서구의 법정이 아니라 **히브리** 법정이라는 사실을 알아야 한다. 다음은 바울이 빌립보서 2장에서 제시한 현장을 가장 잘 묘사한 본문 가운데 하나이다.

> 나 여호와는 의를 말하고
> 정직한 것을 알리느니라
> 열방 중에서 피난한 자들아 너희는 모여 오라
> 함께 가까이 나아오라
> 나무 우상을 가지고 다니며
> 구원하지 못하는 신에게 기도하는 자들은
> 무지한 자들이니라
> 너희는 알리며 진술하고
> 또 함께 의논하여 보라
> 이 일을 옛부터 듣게 한 자가 누구냐
> 이전부터 그것을 알게 한 자가 누구냐
> 나 여호와가 아니냐
> 나 외에 다른 신이 없나니

나는 공의를 행하며 구원을 베푸는 하나님이라

나 외에 다른 이가 없느니라

땅의 모든 끝이여

내게로 돌이켜 구원을 받으라

나는 하나님이라 다른 이가 없느니라

내가 나를 두고 맹세하기를

내 입에서 공의로운 말이 나갔은즉

돌아오지 아니하나니

내게 모든 무릎이 꿇겠고

모든 혀가 맹세하리라

이 본문 여기저기에는 법정 메타포가 주관한다고 확신할 만큼 많은 법정적 용어가 흩어져 있다. 정의가 무엇인지 규명하고 그것을 실제 상황에 맞게 집행하실 수 있는 분은 세상을 심판하실 재판장으로 합당하신 하나님뿐이시다. 이 본문에서 피고는 앞서의 본문에서도 살펴보았듯이 하나님 자신의 성읍이나 불행히도 나쁜 길로 빠진 그의 백성이 아니다. 이곳의 피고는 확실히 "그 나라"에 합당하지 않은 자, "이방인"이다. 그들은 무죄한 이스라엘을 지속적으로 압제하는 절대적으로 악한 아르키이며, 이스라엘은 그들에 대한 정죄와 파괴를 "정의"로 생각했다.

재판관은 이 피고가 얼마나 악한지 알고 있다. 그들은 제1계명을 범한 자이며, 나무 우상을 세우고 구원하지 못하는 신에게 기도함으로써 심판을 피하려는 가장 불의한 자들이다. 확실히 이 피고는 어느 정도 처벌을 받았다. 그는 "열방 중에서 **피난한 자들**"로 규명된다. 그러나 그 처벌의 결과는 이스라엘이 생각하는 아르키 정의와는 정반대이다. 이런 본문은 이스라엘 문화의 산물로는 설명이 불가능하다. 이 재판관은 자신을 "재판관"공의를 행하시는 하나님으로 묘사할 뿐만 아니라 "구원"을 베푸는 하나님으로 제시한다. "정의"와 "은혜"가 사실상 일치한다면, 누가 둘 가운데 하나가 더 중요한 주제라고 말할 수 있겠는가?

그러나 이곳의 법정의심의 여지가 없는 심판의 법정은 은혜와 구원의 장소로도 제시된다. 이곳은 "압제당한 자"가 정의를 기대할 수 있는 곳인 동시에 땅의 모든 끝물론 "압제자"를 포함하여 이 재판관그는 같은 재판에서 그들을 정죄한 자이다에게로 돌아옴으로써 구원을 받을 수 있는 곳이다. 이 재판관의 최종적 선고는 모든 무릎이 꿇고, 그가 극악무도한 죄인을 구원하시고 의롭다고 하실 수 있으며, 그가 그렇게 **하실** 것이며, 이미 그가 그렇게 **하신**, 은혜정의의 재판관이시라는 사실을 인식할 때까지 그의 법정이 열려 있다는 것이다.

"우리에게 보여준 이사야 본문이 놀라운 신학적 비전이라는 사실은 결코 부인할 수 없다. 문제는 이 버전이 우리가 살고 있고 정의를 추구해야 하는 실제적인 정치적 세상과 전혀 무관할 만큼 신학적으로 이상주의적이라는 것이다. 우리가 싸워야 할 악하고 압제적인 아르키는 '은혜'와 같은 것에 전적으로 둔감하므로 우리가 은혜의 방식으로 그들에게 접근하는 것은 매우 어리석은 행위가 될 것이다. 실제로 그들은 매우 악하다. 그러나 진실은 우리가 어떤 대안도 찾지 못할 정도로 세상이 권력-정의의 방식에 뿌리를 내리고 있다는 것이다. 이사야의 의지는 놀라운 신학적 **비전**에 그대로 남아있어야 한다."

그러나 나는 동의하지 않는다. 위 반론은 사실상 하나님을 경시하는 것이다. 위 주장에 반박하기 위해 또 하나의 "재판" 이야기를 하고자 한다. 이 재판은 "미국 정부의 은혜"라고 불린다. 만약 당신이 "은혜"와 "악한 압제적 아르키, 미국 정부"를 하나로 묶은 것 때문에 분노와 비웃는 태도를 보인다면, 이 글을 더욱 읽어야 할 필요가 있다.

물론, 여기서 "은혜"는 잘못된 단어이며, 내가 염두에 두고 있는 것은 "미국 정부의 관대함"이다. 나는 기독교 아나키스트로서 교회를 포함하는 인간 아르키가 정당화, 구속, 부활의 은혜와 조금이라도 닮은 것을 전달할 만큼 하나님께 가까이 접근할 수 있다는 환상을 가지고 있지 않다. 내가 생각하는 것은 확실히 은혜로부터 파생된 수평적이고 인간적인 관대함이다. 누가 알겠는가마는, 사실 이러한 인간적 관대함조차 정의를 위한 아르키 다툼의 상황에서는 매우 드물게 나타난다. 따라서 특별히 나의 이야기는 어떻게 참된 기독교 아나키가 경쟁과 비난과 악의가 난무하는 정치적 아르키를 특징으로 하는 참된 기독교 아나키에 대해 관대함을 보여줄 수 있느냐는 것이다. 기독교 아나키는 정신적으로 지배 신앙의 정의와 전혀 다른 정의를 추구한다.

나는 다른 사람들에 비해 미국 정부가 부당하다고 생각할 이유가 많다. 실제로 개인적으로 감시를 받고 있는 것은 내가 아니라 아들 엔텐Enten이었지만, 나 역시 많은 불편을 느꼈다. 나는 지금 엔텐이 양심을 따라 징병을 거부한 행위에 대해 정부가 기소했던 사건에 대해 언급하는 중이다. 정부는 그를 매우 공개적인 연방 재판에 넘겼으며 그는 세상 앞에 중죄인이 되었다.

나는 피고를 위한 증인으로 법정에 섰으며, 법정 밖에서 이루어진 조치에 대해 소상히 듣고 있었다. 나는 미국 정부의 "대적"으로 취급받는 자를 위해 변론할 수 있다. 모든 신문은 "미합중국 대 엔텐 버나드 엘러"THE UNITED STATES OF AMERICA versus ENTEN VERNARD ELLER라는 제목을 달았다. 이것은 모든 힘이 한쪽으로 쏠린 일방적인 권력 투쟁이었으며, 정의를 규명하고 강화하는 모든 권리 역시 일방적이었다. 아르키와의 경쟁은 공정한 시합이 아니다. 적어도 아들에겐 골리앗에 맞선 다윗처럼 중상모략을 평화적으로 금지할 방법이 없었다.

나는 지금 미국 정부의 관대함에 대해 언급하고 있지만, 이 아르키를 하나님의 아르키로 정당화하거나 흠잡을 데가 없는 아르키라고 주장하고 싶은 생각은 없다. 나는 재판이 끝난 즉시, 법정에서 했던 증거와 저항에 대한 글을 발표하고 정부가 여러 면에서 매우 잘못되었다는 말까지 했다. 그 내용은 실제적인 군사적 가치가 없는 징병 등록에 대한 요구, 긴급사태가 확인되지 않은 상태에서 징병 등록에 대한 요구, 종교적 양심을 인정하거나 준비가 되지 않은 상태에서의 법률 제정, 훨씬 심각한 범죄와 비교할 때 병역 기피자에게 5년형이나 1만불의 벌금이라는 과중한 형량을 내리는 행위 등에 대한 것이었다.

그러나 이것은 이야기의 절반에 불과하다. 내편에서의 관대함과는 무관하게 엄격한 정직을 위해서는 다른 절반이 필요하다.

이제 나는 누구의 이름도 언급하지 않을 것이다. 물론 엔텐은 예외다. 나는 인정할 만한 공적을 인정하지 않겠다는 것이 아니라, 합당한 것만 인정하고 싶다는 것이다. 따라서 우리는 이름을 밝혀야 할 만큼 특별히 훌륭한 많은 개인들에 대해 다루지 않는다. 나는 엔텐이나 그의 아버지는 그 범주에 들어 있지 않다는 사실을 즉각 고백한다. 오히려 우리는 우리가 언제나 이름을 언급해야 할 탁월하게 훌륭하신 하나님에 대해 다루고 있다. 그러므로 나는 인간의 이름은 배후에 감추고자 한다.

첫째로, 엔텐은 처음부터 끝까지 정부에 대해 전적으로 정중한 매너로 말하고 행동했다. 그의 병역 거부는 자신이 생각하는 하나님의 뜻에 전적으로 순종하는 **신학적** 행위였다. 그것은 국가의 불의에 맞서 세력을 모으는 **정치적** "시민 불복종"이 아니었다. 그는 자신의 "정당한 명분"에 주의를 환기시키거나 정부의 명분이 악하다는 사실을 드러내려고 노력하지 않았다. 우리는 엔텐의 그런 행동에 고마움을 느끼며, 그렇게 할 수 있게 하신 하나님께 감사드린다.

물론 엔텐은 성경이 고소를 금한 사실을 알고 있었다. 따라서 그 문제에 완전한 자유를 누리지 못한 그는 차선을 택했으며, 변호사에게 정부의 행위나 법에 법적으로 도전하는 어떤 조치도 취하지 못하게 했다. 그의 생각은 재판이 자신의 병역 기피 행위와 배후의 근거에 대해서만 다루어야 하며, 국가와의 다툼으로 바뀌어서는 안 된다는 것이었다. 이를 충분히 이해한 변호사는 적잖이 실망한 기색이 있었지만, 재판관에 대한 약간의 불평과 함께 피고의 무방비는 공격적 의지나 기술이 없어서가 아니라 전적으로 엔텐의 기독교 신앙 때문이라는 설명으로 시작했다.

그러나 재판관은 엔텐의 판단은 가벼운 실수라고 생각하고 엔텐의 생각을 바꾸게 할 방법을 염두에 뒀다. 따라서 이 재판은 엔텐이 아니라 자신이 주도하고 있다는 것을 보여주고자 했다. 그는 마지막에 자신이 조사한 사실을 공표하면서, 엔텐의 변호사와 방청객에게 만일 자신이 엔텐의 변호사였거나 엔텐이 자신에게 조치를 취하게 허락했다면 판사를 설득시킬 수 있는 주장과 이의 제기가 어떤 것이 있는지 열거함으로써 그들을 가르칠 기회를 얻었다. 그는 이 특별한 사건에서 판사가 되기보다 피고석에 앉아 있는 것이 낫겠다고 생각하며 시샘하는 것 같았다. 판사는 이 사건을 재판하는 "고뇌"에 대해 언급했다. 나는 그곳에 있는 다른 사람들도 고뇌하고 있다는 사실을 알았기에 판사에 대해 특별히 안타까워하진 않았다.

그러나 정부를 대표해 나온 사람들은 엔텐을 존중해주었다. 그들은 엔텐의 죄를 비난하고 그의 명성을 더럽히는 공격적인 주장을 펼치지 않았다. 그런데 정부는 평화 운동과 마찬가지로, 어떤 "반대편의 강력한 공격"이 효과적인지 알고 있었다. 그들은 그렇게 적대적으로 대응할 수도 있었다. 정부가 그렇게 하지 않았다는 것은 수평적 은혜로 볼 수밖에 없다.

엔텐은 모든 재판 과정에서 한 번도 무장한 법무관의 제지를 당하지 않았다. 그는 체포당하거나 수갑을 차거나 어떤 구금도 당하지 않았다. 물론 그것은 고소당한 중죄인에게 어울리지 않은 특별한 대우였다. 그것은 엔텐의 상황에 무력을 사용하는 것은 적절하지 않다고 인식한 정부의 관대함 덕분이었다.

법무관에게 가장 가까이 있어야 했던 자는 이 사건을 담당한 FBI 요원이었다. 그는 엔텐이 징병 등록을 하지 않은 사실을 입증할 검찰측 증인이었다. 엔텐에 대한 확인만으로 끝나 심문 시간은 반으로 줄었지만, 피고측이 이 요원에 대한 반대 심문을 진행하는 동안 변호사는 엔텐을 개인적으로 만난 적이 있느냐고 물었으며, 그는 법정에 있는 피고가 징병을 거부한 자임을 확인할 수 있었다. 그는 자신의 딸이 엔텐과 같은 브리지워터 대학에 다닌다는 사실을 밝히지 않았다. 자신의 딸을 스파이로 이용하여 엔텐의 약점을 보고하게 했는지도 말하지 않았다. 그는 계속해서 자신이 피고를 확인한 사실에 대해 말했다. 이 요원은 자신의 거주지에 있는 장로교회의 장로였다. 어느 주일날 그가 있는 교회 브리지워터 순회 합창단이 공연을 위해 왔다. 나의 추측이지만, 프로그램에서 엔텐의 이름을 발견한 그는 무리 가운데 가장 범인처럼 보이는 사람이라고 생각했을 것이다. 그는 이어진 친교 시간에 엔텐을 찾아가 자신이 누구인지 밝혔다.

이 모든 이야기는 가능한 엔텐이 유죄임을 보이려는 정부의 증인에게서 나온 것이다. 내가 이런 사실을 우리 대학 법대에서 가르치고 있는 동료에게 말하자, 동료는 정부측 증인이 이런 정보를 법정과 언론에 자진해서 밝히는 것은 정부가 엔텐을 엄하게 처벌할 생각이 없다는 의미라고 말했다. 그것은 실로 관대함이었다.

이 재판에는 두 명의 검사가 있었다. 앞서 엔텐을 면접한 두 사람은 그를 배려하는 마음에서 징병 등록 요구를 계속해서 거부하면 어떤 처벌을 받게 되는지 설명했다. 그때 판사는 엔텐에게 검사와 친해지지 않았느냐고 물었다. 엔텐은 친하지만 "막역한 친구"까지는 아니라고 말했다. 두 검사 가운데 한 명은 정부는 엔텐의 양심적 기피의 진실성, 그의 종교관의 정당성, 어떤 단체든 평화주의를 주창할 권리, 특히 형제교회의 순수성에 대해 결코 의심하지 않는다는 진술로 심문을 시작했다.

다른 검사는 다음과 같은 진술로 심문을 마쳤다.

> 이제 법정의 모든 사람은 이 젊은이가 징병 등록을 하지 않았으며, 그의 결정은 오랜 시간에 걸쳐 이루어졌다는 사실을 알았을 것입니다. 여러분은 다 그의 결정이 많은 조언과 상담을 통해 총명하고 신중하게 이루어졌다는 사실을 수긍할 것으로 생각합니다. 정부는 이 젊은이의 신실한 확신에 대해 이의를 제기하지 않습니다. 우리는 결코 그가 보여준 신념이 거짓이라고 생각하지 않습니다. 우리는 그가 실제로 그런 신념을 가지고 있다고 확신합니다.

재판에서 검사가 하는 일은 **기소**이다. 검사는 피고를 가능한 궁지에 몰아 유죄를 드러내야 한다. 그러나 이 사건에서 검사는 매우 관대했다. 사실 이 과정에서 배심원석 전체와 방청석 절반을 차지한 기자단의 일원인 엔텐의 친구는 AP통신의 한 중견 기자가 "이렇게 이상한 재판은 평생 처음"이라고 속삭이는 것을 들었다고 한다.

기소의 최고 수위는 피고에 대한 반대 심문에서 나온다. 검사는 엔텐을 굴복시키기보다 시종일관 도와주려 했다. 그는 엔텐이 모든 과정에서 보여준

정직함과 솔직함에 대한 언급으로 시작했으며 자신의 기소도 정직하게 이루어졌다는 사실에 대해 엔텐의 동의를 얻었다. 엔텐이 기소되기도 전에 검사들에게 자신의 여름 일정을 보내어 엔텐이 어디에 있는지 쉽게 찾을 수 있게 한 사실을 기록하게 남기도록 요청한 것은 피고측이 아니라 검사였다.

비록 엔텐은 언론과 대중에 의해 공개수배되었지만, 피고와 검사가 전화상으로 이 사건을 사회문제화하려는 언론의 관심을 끌지 않기로 합의한 사실을 법정에서 밝힌 것도 피고가 아니라 검사였다. 그는 이어서 엔텐이 이 약속을 지켰다고 말하고 엔텐의 확인을 받았다. 나는 여기서 정부가 엔텐의 기독교 아나키와 "시민 불복종"이라는 신성한 아르키가 서로 다르다는 매우 중요한 사실을 알게되었다는 점을 밝히고자 한다. 아르키는 정부의 불의함에 도전하기 위한 힘을 **강화하기** 위해 언론을 **필요로** 하지만, 엔텐은 누구에게도 도전하지 않았으며, 어떤 언론의 도움도 필요로 하지 않았다.

판사 역시 미국 정부를 대표하는 사람이다. 피고의 순서가 거의 끝나가고 내가 증인석에 있을 무렵에, 판사는 이 사건에 대해 나와 같은 관점에서 해석하고 있음을 보여주는 언급을 했다. 즉, 이 사건은 엔텐이 선하냐 악하냐와 무관하며 단지 신앙과 법 사이의 갈등이라는 것이었다.

나중에 아마도 엔텐을 "심문하는" 과정에서, 판사는 사실상 엔텐에게 도움을 주기 위해 냉정한 어조로, 하나님이 다른 사람에게도 병역 거부에 동참하게 하셨는지에 대해 아는 바 없으며 자신은 어떤 세력도 대표하지 않는다는 진술을 하게 했다. 나는 여기서 다시 한번 정부가 매우 중요한 두 번째 차이를 인식한 것으로 생각한다. 즉, "시민 불복종"은 자신의 세력을 보여주기 위해 지지자들을 끌어모으고 세력을 규합한다는 것이다. 그러나 기독교 아나키는 세력다툼에 휘말려 들지 않으며, 다만 "나는 다른 사람이 어떻게 생각하고 행동하든, 오직 하나님이 나에게 원하시는 것에만 순종한다"고 고백

할 뿐이다.

　심리를 끝낸 판사는 다음과 같은 공식적인 결론을 내렸다. "나는 그가 '징병후보자등록제'Selective Service System에 대해서는 이번처럼 양심적으로 거부하지 않을 것이라고 생각한다." 물론 엔텐은 지금까지 조국을 배신한 비애국자로 온갖 비난을 받아왔다. 판사는 선고하는 동안 이러한 사실을 염두에 두고 다음과 같은 요지의 말을 했다. "이것은 당신의 종교적 신념과 국가법 사이의 전형적 충돌로 보인다. 나는 당신이 조국을 사랑한다고 믿는다. 나는 그 사실을 확신한다. 나는 당신이 이 나라의 국민을 사랑한다고 믿는다." 그날 법정에서 판사의 마지막 말은 다음과 같은 것이다. "나는 당신이 제기하지 않은 변론을 포함함 당신의 변론이 온 법정이 보는 데서 당신을 확실히 존경받을만한 사람으로 만들었다고 생각한다. 또한 나는 당신의 태도가 그러한 사실을 확인해준다고 생각한다."

　이 재판에는 여러분에게 들려줄 수 있는 관대함이 더 있었다. 그러나 사람들로부터 '존경하는' 재판장님이라는 호칭을 듣는 사람이 방금 유죄 판결을 내린 피고에게 같은 호칭을 부여한 사실 자체가 바로 은혜또는 적어도 차원 높은 관대함였다. 판사가 사실상 다음과 같은 말로 자신의 판결을 약화하는 데 무엇이 필요하겠는가? "나는 당신에게 중범죄의 판결을 내려야 하지만, 확실하고 분명하게 말할 수 있는 것은 당신은 결코 중범죄를 범한 사람이 아니라는 것이다." 여러분이 말해보라. 이 법정은 엔텐에게 유죄를 선고했는가, 무죄를 선고했는가?

　판사는 엔텐에게 보호관찰을 선고하면서 90일 이내에 "등록 요구에 동의해야 한다"는 조건을 달았다. 독자는 이야기의 이 부분에서 엔텐의 두 검사가 판사와 오랜 친분이 있다는 사실을 알아야 필요가 있다. 또한 이 현장에는 "그림자"the Shadow라고 부르는 한 사람이 등장하는데, 그는 내 친한 친구이자 형제교회 변호사이다. 그는 판사와도 오랜 친구 사이기 때문에 사건 내내 그와 접촉했다.

엔텐이 집행유예 조건을 이행해야 할 기간이 끝나자, 판사는 이 그림자를 통해 엔텐이 99% 감옥에 갈 것이라는 사실을 흘렸다. 그러나 엔텐이 등록 요구를 거부했다는 소식을 들은 판사는 즉시 보호관찰 기간을 2년으로 바꾸어 공익근무를 하게 했다. 이 사건에 대한 언론의 인터뷰 요청에 판사는 "나는 그에게 징역형을 선고할 생각이 없다. 그는 색다른 사람이다. 그는 매우 특별한 사람이다"라고 말했다.

엔텐의 검사는 판사가 엔텐이 등록을 거부할 것으로 생각했다는 의견을 제시했다. 그러나 그림자는 판사가 엔텐이 거부하지 않을 것으로 확신했던 것이 분명하다고 말한다. 그림자는 알고 있었다. 내가 분명히 아는 것은 한 가지이다. 이 특별한 판사는 하나님의 직접적인 인도하심에 따른 엔텐의 생각을 **바꾸려** 한 것에 대한 책임이 자신에게 있다는 사실을 알았다면 괴로워했을 것이다. 판사는 자신의 위협이 엔텐의 결정에 아무런 소용이 없을 것을 알면서도 엔텐이 감옥에 갈것이라는 정보를 흘렸을 것이다. 이 모든 과정이 "기독교적 관대함"이었다.

엔텐은 버지니아에서 기꺼이 공익근무를 시작했으며, 그의 누이가 캘리포니아에서 결혼하게 되어서 엔텐을 초청했다. 엔텐은 고용주와 결혼식에 다녀올 수 있는 최소한의 시간인 목요일과 금요일만 근무를 쉬기로 약속했다. 엔텐이 보호관찰 담당관에게 여행 허가를 신청하자 담당관은 "먼 여정이니 더 머물다 오라"고 말했다. 엔텐은 그의 권유를 받아들여 일주일을 온전히 가족과 함께 할 수 있었다.

피고는 재판 과정에서 판사에게 법정에서 '편의'를 베풀어준 것에 감사한 적이 있다. 그것은 '편의'라기보다 '자유'였다. 자끄 엘륄은 앞부분에서 기독교 아나키는 "권세자들과 싸워서 얻는 자유," "조직의 체계를 흔들고 균열을 만들어 분리함으로써만 획득할 수 있는" 자유를 추구해야 한다고 말했다. 나는 이 진술에 대해 언쟁하지 않을 것이다. 이 이야기에서 우리의 아나키 행위는 대부분 그 순간에 끝나고 말 것이다. 그러나 그러한 균열과 분리 속에 **하나님의 은혜**가 파고들고 신적 은혜가 인간의 관대함 속에 파생된다면 얼마나 큰 자유를 초래할는지 아무도 모른다.

엔텐은 유죄를 선고받는 중에서도 자유를 찾았다. 할렐루야! 그러나 참으로 놀랍고 궁금한 것은 확실히 엔텐과 같은 개인들로 구성된 미국 정부의 지긋지긋한 옛 아르키는 그처럼 인상적인 해방감을 경험하지 못했다는 것이다. 할렐루야!

재판에 참석한 모든 사람은 개인이 누려야 할 존엄과 존경 그리고 사랑까지을 잃지 않는 자유를 누렸다. 재판은 '미국 정부와 엔텐 버나드 엘러'의 대결이라는 아르키 다툼의 장이 되지 않는 자유를 누렸다. 엔텐이 언론에 말했듯이, 그것은 싸움이 아니었기 때문에 누가 이겼는지는 의미가 없다. 정부는 이렇게 이상한 재판은 평생 처음이라고 느낄 정도로, 까다로운 법적 관례를 모두 내려놓고 개인에 대한 공통적 관심사를 가진 집단이 되는 자유를 누렸다. 검사는 피고가 증거를 제시할 수 있도록 돕는 자유를 누렸다. 법정은 어떤 분노도 드러내지 않으면서 유죄를 선고하는 자유를 누렸다.

이 법정에서는 은혜와 자유, 그리고 정의도 찾아볼 수 있었다. 피고가 판사에게 한 말에는 이 정의의 성격이 잘 나타난다. "나는 판사님이 나에게 유죄를 선고해도 결코 비난하지 않을 것입니다.… 그것은 판사님에게 주어진 선택입니다. 나는 판사님에 대해 들은 것이 있기 때문에 판사님의 선택을 존중합니다. 사람들은 판사님이 의로운 사람이라고 말합니다. 따라서 나는 유죄든 무죄든, 판사님이 자신이 생각하는 정의를 시행한 것으로 믿고, 그것으로 만족할 것입니다."

이 모든 과정이 거대한 아르키의 법에 복종하기를 거부한 **아나키적** 행위로부터 시작되었다는 사실을 기억해야 한다. 이 법정에서는 체제를 정당화하거나 그것에 대한 신성한 의무를 인정하거나 그것이 흠잡을 데가 없다는 주장을 찾아볼 수 없었다. 이 사건은 '징병등록법'이라는 악과 불의에 맞선 나의 증언과 저항으로, 나는 앞서 언급한 대로 사랑 안에서 참된 것을 말하라는 합리적 설득이 되기를 바라는 마음에서 이 사건을 기록했다.

이곳에서 은혜와 자유와 정의를 찾았다는 것은 미국 정부의 아르키 활동이 결코 하나님이 택하신 신성한 아르키가 될 수 없음을 보여준다. 그러나 이것이 사탄이 택한 악마의 아르키라는 반대 지표도 볼 수 없다. 아니, 모든 지표는 이것이 때로는 선하고 때로는 악하지만, 대부분 어중간한 상태인 **인간**의 아르키임을 보여준다. 그러나 하나님은 때때로 우리 안에서 아르키에 관대사랑할 수 있으며 그로 말미암아 상대의 관대함까지 끌어내는 은혜를 밀어 넣을 수 있는 틈균열을 발견하신다.

엔텐에 대한 미국 정부의 재판과 이사야서의 재판관 여호와의 재판은 결코 같지 않다. 그러나 완전히 다른 것은 아니다. 내가 말하는 유사성은 미국 정부가 하나님과 똑같다는 것이 아니라, 두 재판을 주관하는 자가 결국 하나님이시라는 것이다. 할렐루야!

물론 우리가 언급한 것은 재판에 드러난 "인간의 관대함"이며, 반드시 하나님의 신적 은혜가 드러났다고 말할 수는 없다. 그러나 동시에, 나는 후자의 가능성을 **거부하는** 우를 범하고 싶지는 않다. 내가 이것을 꺼리는 것은 하나님의 은혜 여부에 대해 성급하게 판단하려는 자들이 주변에 서성이기 때문이다. 인간은 이런 점에서 누구보다 연약한 존재이다. 그러나 이 재판에서 하나님의 은혜는 누구에게나 주어졌다는 사실을 알아야 한다. 엔텐과 그와 함께한 자들은 연방 청사에 들어가기 전 계단에서 기도 모임을 가졌다. 우리가 입장할 때 판사는 입장이 늦다고 말했다. 판사를 잘 알고 있는 엔텐의 변호사는 "아마도 그는 목사님과 함께 기도하고 있을 것"이라고 말했다. 판사는 기본적으로 주일학교나 주말 법정이 같다고 생각하는 주일학교 교사였다. 그는 두 기관을 같은 방식으로 운영했다. 사실 나는 법정 안에서도 침묵 기도가 계속되고 있었다는 사실을 알고 있다. 그렇다면 그것도 위법인가? 그렇다고 해도, 우리는 엔텐의 재판에서 우리가 자랑하는 '정교분리'를 제대로 수행하지 못했다. 그러나 내가 말하고자 하는 요지는 '인간적 관대함'이 '하나님의 은혜'의 증거는 아니지만, 적어도 직접적인 산물이 될 수 있다는 것이다.

우리는 정의와 자유 및 은혜를 기독교 아나키의 열매로 묘사했다. 최근에, 나에게 지배 신앙에 대한 깊은 인상을 심어준 두 가지 사건이 동시에 일어났다. 하나는 보수적, 복음주의적 그리스도인이 레이건 행정부를 거룩한 교회와 어깨를 나란히 하는 신성한 정부로 규정한 공화당 전당대회이다. 그러나 이것은 진정한 기독교 정의나 자유나 은혜와 무관하며 그런 것들을 결코 기대할 수 없는, 철저한 열심주의이자 체제를 정당화하는 부역자들의 모임일 뿐이다. 확실히 미국 정부는 그 정도로 선하지 않으며, 교회도 마찬가지이다.

그리고 이와 거의 동시에 급진적 제자도 잡지인 「소저너스Sojourners」가 발간되었다. 이 잡지의 표지 헤드라인은 큰 대문자로 다음과 같이 적고 있다.

로날드 레이건은 니카라과에 대해 거짓말을 하고 있다.
미국이 니카라과를 침공하면,
수많은 미국 시민이
대중적 저항에 나설 것을 약속한다.

이것이 제자도라면, 우리가 알고 있는 것과 다른 주님을 따르는 것이다. 이것은 예수님의 "실족하게 한 것"과 전혀 다른 "실족"의 전형적인 모습이다. 이것은 진정한 기독교 정의나 자유나 은혜와 무관하며 그런 것들을 결코 기대할 수 없는, 열심주의와 혁명적 계급 전쟁의 목소리를 높이는 행위일 뿐이다. 확실히 미국 정부는 그 정도로 즉, 사랑 안에서 참된 것을 말하는" 행위에 대해 없는 죄를 뒤집어씌워 고소하고 정죄할 만큼 악하지는 않다.

감사하게도 미국 정부는 우리로 하여금 신성한 아르키의 대안들 가운데 어떤 것을 선택하지 않고, 기독교 아나키스트가 되어 하나님의 것을 하나님께 바치는 자유를 누리게 할 정도의 위치에 있다.